Lexikon des Verlagswesens

Herausgegeben
von
Detlef Jürgen Brauner
und
Martin M. Weigert
unter Mitarbeit
von
Robert Raible-Besten

R. Oldenbourg Verlag München Wien

Die Deutsche Bibliothek - CIP-Einheitsaufnahme

Lexikon des Verlagswesens / hrsg. von Detlef Jürgen Brauner und
Martin M. Weigert unter Mitarb. von Robert Raible-Besten. -
München ; Wien : Oldenbourg, 1997
ISBN 3-486-23267-3

Rosenheimer Straße 145, D-81671 München
Telefon: (089) 45051-0, Internet: http://www.oldenbourg.de

Gedruckt auf säure- und chlorfreiem Papier
Gesamtherstellung: R. Oldenbourg Graphische Betriebe GmbH, München

ISBN 3-486-23267-3

Inhaltsverzeichnis

Vorwort

Dieses Lexikon soll über die Erscheinungen und Vorgänge in der Verlagswelt zuverlässig orientieren. Es ist für alle im Verlagswesen Tätige und am Verlagswesen Interessierte geschrieben worden.

Kriterium für die Auswahl der Stichworte ist das aktuelle Standardwissen. Über wichtige Gebiete informieren Stichwortaufsätze, die von Experten verfaßt worden sind und weiterführende Literaturhinweise enthalten.

Zu danken haben wir den Verfassern der Stichwortaufsätze und besonders Herrn Dipl.-Wirtschaftsingenieur (FH) Robert Raible-Besten M.A., ohne dessen Mitarbeit dieses Lexikon nicht hätte erscheinen können.

Detlef Jürgen Brauner
Martin M. Weigert

Benutzerhinweise

Alle *Stichworte* sind in *alphabetischer Reihenfolge* geordnet. Umlaute sind in Selbstlaut mit angehängtem e aufgelöst. In Stichworten *enthaltene Begriffe*, die im Lexikon abgehandelt werden, sind durch einen Verweispfeil „→" hervorgehoben. Er erscheint nur einmal innerhalb eines Stichwortes bzw. Stichwortaufsatzes.

Wiederholung eines Stichwortes im Text erfolgt durch seinen ersten Buchstaben. Dieser steht für Singular, Plural und Genitiv des Stichwortes.

Autorenverzeichnis

Dipl.-Kfm. Mathias Bauer, Augsburg (Hauptstichwort: Direktmarketing)
Dr. Detlef Jürgen Brauner, Sternenfels
Günter Flenner, Hamburg (Hauptstichwort: Journalismus)
Rainer Hartl, München (Hauptstichworte: Buchbinderei, Druck, Kalkulation)
Dipl.-Volksw. Frank Katzenmayer, Stuttgart (Hauptstichworte: Lektoratskonferenz, Verlagskonferenz, Vertreterkonferenz)
Sieglinde Krichbaum, Korntal-Münchingen (Hauptstichwort: Ausbildung)
Dr. Arno Mohr, Heidelberg (Hauptstichwort: Autorenakquisition)
Ralf Patzig, Tautenhain (Hauptstichwort: Außendienst)
Ralf Pauli M.A., München (Hauptstichwort: Literatur-Agentur)
Dipl.-Volksw. Matthias Pfeil, Frankfurt a.M. (Hauptstichworte: Probemanuskript, Zitat(e))
Dipl.-Wirt.-Ing. (FH) Robert Raible-Besten M.A., Stuttgart (Hauptstichwort: Desktop Publishing u.a.)
Prof. Eduard H. Schönstedt, Stuttgart (Hauptstichwort: Verlagsmarketing)
Armin Schüler, Waiblingen (Hauptstichwort: Text)
Jörn Steinhauer, Augsburg (Hauptstichwort: Multimedia)
Thomas Montasser, München (Hauptstichwort: Literatur-Agentur)
Dipl.-Volksw. Martin M. Weigert, München

A

AAs

Engl.: author's alterations. Autorkorrekturen, die nicht die Hauskorrektur (der Setzerei) und damit Fehler der Setzerei betreffen, sondern reine Textkorrekturen des Autors sind.

ABA

Abkürzung von American Booksellers Association. US-amerikanischer Verlegerverband. Er veranstaltet u.a. seit 1901 jährliche Buchmessen für US-amerikanische Verlage. Seit dem 2. Weltkrieg dabei zunehmende internationale Beteiligung.

Abbildung

Figur

Illustration

Zunächst: Wiedergabe eines Bildes in einem Druckwerk. Im Blick auf die neuen elektronischen Medien unterscheidet man bei der Wiedergabe nach Hardcopy oder Softcopy.

Abbildungslegende

Bildunterschrift.

Engl.: caption, legend.

Abbildungsmaßstab

Größenverhältnis zwischen Abbildung (Bild) und Vorlage (Original, Gegenstand, Objekt). Bei linearer Abhängigkeit besagt das Verhältnis 1:1, daß Bild und Gegenstand die gleiche Größe aufweisen. Ein Verhältnis z.B. von 1:2 besagt, daß das Bild nur halb so groß wie der Gegenstand ist; es handelt sich um eine Verkleinerung. Umgekehrt, wenn das Verhältnis z.B. 2:1 beträgt, so ist das Bild doppelt so groß wie der Gegenstand; es handelt sich um eine Vergrößerung.

Abbildungsverzeichnis

Auflistung der Abbildungen mit Seiten- und eventuell mit Quellennachweis. Es befindet sich in einem Buch nach dem Inhaltsverzeichnis oder vor dem Sach- und Personenverzeichnis am Ende des Buches. → Titelei.

Abbreviatur

Das, was kürzer ist als das Original: Abkürzung. Speziell einzelne Buchstaben, die Wörter repräsentieren: Wortabkürzung.

Abbucher

Im branchenüblichen Sprachgebrauch Bezeichnung für den Abonnenten oder Anzeigenkunden, der den Verlag abbuchen läßt. Gelegentlich: der eigentliche A. ist der Verlag.

Beide Redeweisen sind nicht korrekt: → „Abbuchungsverfahren".

Abbuchungsverfahren

Verfahren zur Abwicklung des Lastschrifteinzugs. Fällige Forderungen werden hierbei mit einem Einzugsbeleg dem Girokonto des Zahlungspflichtigen belastet. Erforderlich dafür ist der Auftrag des Kunden an seine Bank (Zahlstelle), Forderungen bestimmter Zahlungsempfänger einzulösen. Werden der Bank im Rahmen des A. Lastschriften zur Einlösung vorgelegt, so ist sie verpflichtet zu überprüfen, ob ein Abbuchungsauftrag ihres Kunden vorliegt. Denn anders als beim Einzugsermächtigungsverfahren kann der Zahlungspflichtige einer Belastung nicht widersprechen.

ABC

Buchstabenfolge des Alphabets.

ABC-Analyse

Verfahren zur Differenzierung von Maßnahmen in der Materialbeschaffung und -bereitstellung, um das materialwirtschaftliche Optimum zu bestimmen. Die Materialien werden aufgrund ihrer Verbrauchswerte in einer Periode nach ihrem Mengen-Wert-Verhältnis in die Klassen A, B, C eingeteilt. So enthält Klasse A Materialien mit geringem Mengen-, aber hohem Wertanteil, Klasse B solche mit verhältnismäßig ausgeglichenem Mengen-Wert-Anteil, Klasse C Materialien mit hohem Mengen-, aber geringem Wertanteil. Aufwendige Materialbereitstellungsverfahren wie eine einsatzsynchrone Ablieferung sind dann nur für

Materialien der A-Klasse gerechtfertigt. Deren Lagerbestand wird damit niedrig gehalten. Gleichartige Überlegungen sind auch für die Lieferantenpolitik anzustellen. A-Lieferanten sind dann grundsätzlich anders als C-Lieferanten zu behandeln.
Die ABC-Analyse läßt sich anstelle von Mengen-Werte-Verhältnissen im Materialbeschaffungsbereich auch auf andere Relationen in anderen Funktionsbereichen oder auf Branchenspezifika anwenden.

Abdeckschablonen-Verfahren
Siebdruckverfahren, bei dem diejenigen Teile des Siebes, die farbundurchlässig bleiben sollen, mit schnelltrocknendem Wachs oder Lack abgedeckt werden.

Abdruck
1. Wiederabdruck: Wiederholung eines bereits erfolgten, anderen Druckes.
2. Druckübertragung: Sie kann erfolgen als direkter A. vom Druckträger auf den Bedruckstoff (z.B. beim normalen Tiefdruck sowie beim normalen Hochdruck, ebenso beim Stempeldruck), als indirekter A. vom Erstdruckträger auf den Zweitdruckträger und von diesem dann auf den Bedruckstoff (z.B. beim Offsetdruck).
3. Urheberrechtlich eine Vervielfältigung; A. ist ohne Einwilligung des Rechtsträgers grundsätzlich untersagt.

Abdruckhöhe
Meist in Millimetern gemessene, tatsächliche Höhe einer Anzeige.

Abfragesprachen, relationale
Sie ermöglichen das Finden von Daten in einer relationalen Datenbank und die Bereitstellung der gesuchten Daten in einer Ergebnisrelation.

Abgeordnetenversammlung des Börsenvereins
Die A. ist Willensorgan der im Börsenverein zusammengefaßten buchhändlerischen Unternehmen, soweit die Willensbildung nicht von der Hauptversammlung vollzogen wird. Durch die A. wirken die Landesverbände bei der Erfüllung der organisatorischen, verwaltungsmäßigen, wirtschaftlichen, beruflichen und sozialen Aufgabe des Börsenvereins mit. Die A. tagt zweimal im Jahr. Sie ist ein Organ, das zwischen Vorstand und Hauptversammlung eingeschaltet ist.

Abgestimmter Bogen
Bogen, der für den gesamten Fortdruck und damit für die gesamte Auflage verbindlich ist.

Abgestumpfte Farben
Farbtöne, die gebrochen oder abgedunkelt sind.

Abholabonnement
Die Abonnementsexemplare werden nicht frei Haus geliefert, sondern an einer Abholstelle (z.B. in einer Fachbuchhandlung am Wohnsitz des Abonnenten) hinterlegt bzw. zur Abholung bereitgestellt.

Abholfach
Ein oder mehrere Regalböden meist im Kassenbereich einer Buchhandlung, in das oder in die nach bestimmten Kriterien das vom Kunden bestellte Buch eingestellt oder einsortiert wird.
Einordnungskriterien können der Kundenname, die Bestellnummer, das Bestelldatum oder andere zielgerichtete Kriterien sein.

Abkürzung
→ Abbreviatur.

Abkürzungsverzeichnis
Liste von in einem Werk verwendeten Abkürzungen. Das A. befindet sich entweder nach dem Inhaltsverzeichnis oder hinten im Buch vor dem Index (Register).

Abkupfern
Umgangssprachlich für (unerlaubte) Vervielfältigungen oder Abschreiben (im Sinne von Plagiat).

Ablaufdiagramm
Flow chart. Graphisches Hilfsmittel zur Verdeutlichung von Abläufen und Zusammenhängen.

Ablauforganisation
(Prozeßorganisation). In gedanklicher Abstraktion die Organisation, die sich auf den Ablauf des Geschehens in der Unternehmung bezieht, so im deutschen

Sprachraum vor allem die raumzeitliche Strukturierung der Arbeits- und Bewegungsvorgänge. A. wird von der Aufbauorganisation unterschieden.

Ablauf- und Terminplanung
Ablauforganisation, mit der Arbeitsinhalte des Vorhabens (Was ist zu tun?), Arbeitszeiten (Wann ist etwas zu tun?) und Arbeitszuordnungen (Mit wem ist etwas zu tun?) geplant werden.

Ablegen
Abziehen

Kriterium bei der Prüfung der Druckqualität: Bei ungenügend weggeschlagener bzw. getrockneter Druckfarbe kann diese sich auf die darüberliegenden Bogen abschmieren. Gute Qualität verlangt das Nichtvorhandensein von A.

Ablehnungsgründe (für Anzeigen)
Der Verlag ist grundsätzlich nicht verpflichtet, eine Anzeige zu veröffentlichen. Es besteht beim Angebot kein Kontrahierungszwang. Üblicherweise werden aber Anzeigen nach einheitlichen, sachlich gerechtfertigten Grundsätzen abgelehnt. Für die Ablehnung von Anzeigen zieht man die H.I.T.-Formel heran: die A. können sich auf die Herkunft, auf den Inhalt oder die Technik (technische Ausführung) der Anzeige beziehen.

Ablieferungsfrist
Frist für die Ablieferung eines Manuskriptes durch den Autor an den Verlag. Sie ist in der Regel im Verlagsvertrag vereinbart. Sie ist wesentlich vom Zweck, dem das geplante Werk dienen soll, mitbestimmt.

Abonnement
Auftrag (Lieferungskauf) zur fortgesetzten Lieferung eines Exemplars einer jeden Ausgabennummer eines periodischen Druckerzeugnisses.

Abonnementsauflage
Zahl der abonnierten Exemplare, die an folgende Gruppen fester, zahlender Bezieher geliefert werden:

a) Empfänger, die den regulären Bezugspreis bezahlen (Abonnenten).

b) Buchhändler und WBZ-Firmen (= Werbender Buch- und Zeitschriftenhandel) für deren Abonnenten.

c) Mehrfachlieferungen mit einem Mengennachlaß von maximal 25%.

d) Verlagsangehörige, Mitarbeiter und Zusteller mit höchstens einem Stück pro Person.

e) Mitglieder eines Vereins (Abonnementspreis im Mitgliedsbeitrag enthalten).

Diese Definition entspricht der Festlegung der IVW – Informationsgemeinschaft zur Feststellung der Verbreitung von Werbeträgern e.V.

Abonnements-poste
Postabonnement. Abonnement im Postvertrieb. Bei der Abonnementsabrechnung wird die Überweisung der Bezugsgelder abzüglich der Vermittlungsgebühr von der Erhebung der Zustellentgelte streng getrennt.

Abonnementspreis
Pauschalpreis für den Bezug eines periodisch erscheinenden Verlagsobjektes für eine bestimmte Zeitdauer einschließlich Zustellung frei Haus.

Abonnementzeitung
Tageszeitung, die überwiegend lokal oder regional im Abonnement frei Haus zugestellt wird – im Unterschied zur Kauf- oder Boulevardzeitung.

Abonnent
Bezieher eines periodisch erscheinenden Druckerzeugnisses, das er in Form eines Abonnements bestellt hat.

Abonnentenkontrollbuch
Adressenverzeichnis für den Zeitungsausträger im Postzeitungsdienst.

Abo-Verwaltung
Im Buchhandel die Verwaltung von Abonnements und Fortsetzungswerken mit Hilfe von Objekt-, Leit- oder Titelkarten sowie Kunden- oder Bezieherkarten manuell oder mit Hilfe der EDV.

Abpressen
Herstellung einer Verformung des bereits gerundeten Buchblocks in einer Buchblockbearbeitungsmaschine, erzeugt ein

pilzförmiges Profil des Blocks (für bestimmte Einbandarten).

Abrasion resistance

Engl. für Abriebfestigkeit.

Abrégé

Auszug. Zusammenfassung.

Abreißkalender

Wand- oder Aufstellkalender mit täglich oder monatlich wechselnden Blättern.

Abridged edition

Engl. für gekürzte Ausgabe.

Abridgement

Engl. für eine gekürzte Buchausgabe.

Abriebfestigkeit

Fähigkeit einer Oberfläche, z.B. einer Druckplatte ohne Kratzer oder andere Verschleißerscheinungen der Reibung standzuhalten.

Abriß

Kurze, didaktisch verdichtete Darstellung eines Sachverhaltes oder Fachgebietes.

Absatz

1. Die von einem Produktions- oder Handelsunternehmen in einer bestimmten Zeiteinheit verkaufte Gütermenge.

2. Endphase des betrieblichen Leistungsprozesses nach Planung, Beschaffung und Produktion als marktliche Verwertung erzeugter Güter. S. → Marketing.

3. Teil des Textblocks einer Buchseite (auch Abschnitt, Paragraph). Damit sich ein A. von einem anderen A. besser abhebt, läßt man häufig eine ganze oder halbe Leerzeile (weiße Zeile) zwischen den A. Absatzeinzug ist das Einrücken der Anfangszeile eines A. meist um ein Geviert. Absatzüberschrift: Hineinrücken einer Überschrift in die Anfangszeile des A. (Spitzmarke). A. im schreibtechnischen Sinn bedeutet eine Unterbrechung des fortlaufenden Textes durch Zeilenschaltung (Schreibmaschine: Wagenrücklauftaste, bei Textverarbeitungssystemen auf PC: Returntaste).

Engl.: break, indentation.

Absatzausschließung

Das Ausschließen eines Absatzes kann auf vier Weisen erfolgen: linksbündig, rechtsbündig, zentriert, als Blocksatz.

Absatzbedingte Einzelkosten

Zusammen mit den herstellungsbedingten Einzelkosten bilden die A. die direkten Kosten, also Kosten die sich dem Buch direkt zurechnen lassen. A. fallen nur an, wenn und soweit das Buch abgesetzt (verkauft) wird. Zu den A. gehören Fremdauslieferungsgebühren, Kommissionsgebühren, Absatzhonorare, evtl. Skonti und Vertreterprovisionen, falls sie den einzelnen Buchtiteln zugerechnet werden können.

Absatzdeterminanten

In bezug auf den Absatz eines Buches fest vorgegebene oder durch den Verlag beeinflußbare Größen. Zur ersten Gruppe gehören die Marktdaten: Konjunktursituation, Wettbewerbsgesetze, Anzahl, Größe und Verhalten der Konkurrenzverlage, Anzahl der Wiederverkäufer, Kaufkraft des Konsumenten u.a. Zur zweiten Gruppe gehören die Marketinginstrumente des Verlages, die verbunden als Marketing-Mix eingesetzt werden können: Kommunikationspolitik, Produktpolitik, Preispolitik, Distributionspolitik.

Absatzeinzug

s. → Absatz 3., → Einzug.

Absatzhelfer

Im verbreitenden Buchhandel werden die Verlagsauslieferer und die (selbständigen) Verlagsvertreter als A. bezeichnet.

Absatzhonorar

Honorar des Autors als vertraglich vereinbarter Prozentsatz vom Ladenpreis (mit oder ohne Mehrwertsteuer: Brutto- oder Nettoladenpreis) oder vom Nettoverlagsabgabepreis (Bruttoladenpreis minus Buchhandelsrabatt minus Mehrwertsteuer) von jedem verkauften und bezahlten Exemplar einer Auflage.

Das A. kann mit einem Mindesthonorar oder mit einem Vorschuß verbunden sein. Auch eine Staffelung der Honorarsätze ist möglich. Da das A. meist

an eine Auflage gebunden ist, heißt es auch Auflagenhonorar.
Werden A. vereinbart, bewegen sie sich insbesondere bei Fachbüchern meist bei anfänglich 10% bis zu 15% vom Ladenpreis. Empirisch läßt sich sagen, daß ein Satz von 15% so gut wie nie überschritten wird, bedeutet dieser Prozentsatz doch immerhin ein Viertel vom Verlagsumsatz.

Absatzmittler
Im verbreitenden Buchhandel werden die Buchgroßhändler und die Bucheinzelhändler als A. bezeichnet.

Absatzpolitik
Konzeptionelle Zusammenfassung aller absatzwirtschaftlichen Maßnahmen in Werbung, Verkauf und Vertrieb.

Absatzstatistik
Tägliche, wöchentliche, monatliche oder jährliche Auflistung der abgesetzten Exemplare nach Titel, Anzahl und Wert.

Absatzüberschrift
s. → Absatz 3.

Absatzweg
Absatzkanal, Absatzkette
Der (kaufvertragliche) Weg eines Buches vom Verlag an den Endabnehmer.
Auf direktem Weg (direkter Absatz): Mail Order, Direktverkauf, eigene Buchläden, Club Center, Informationszentren.
Auf indirektem Weg (indirekter Absatz): Kriterium ist die Rabattgewährung; Absatz eines Buches an den Endabnehmer über Absatzmittler (Bucheinzelhändler unter Zwischenschaltung eines Buchgroßhändlers oder ohne den letzteren: zweistufiger oder einstufiger Absatz).
Absatzwege bei Zeitungen und Zeitschriften sind der Abonnementsvertrieb, der Einzelnummernverkauf (der Groß- und Einzelhandel, der Bahnhofsbuchhandel, der Werbende Buch- und Zeitschriftenhandel, der Lesezirkel).

Absatzwerbung
→ Werbung
A. ist die absatzpolitischen Zwecken dienende Beeinflussung von Menschen mit Hilfe spezieller Kommunikationsmittel. Intensivwerbung heißt, daß der A. im Rahmen des Marketing-Mix eine herausragende Rolle zukommt (dominante Werbung). Extensivwerbung meint eine eher akzidentielle Werbung. Bei der Einzeltitelwerbung unterscheidet man die Einführungswerbung von der Erinnerungswerbung (Nachfaßwerbung, Fortführungswerbung).

A/B-Schicht
Kurzbezeichnung der oberen Schicht in einer nach sozio-demographischen Merkmalen durchgeführten Leseranalyse insbesondere für die Medien Zeitschrift oder Zeitung. Die Zuordnung erfolgt durch die sogenannte Soziale Selbsteinschätzung (SSE), also durch die Befragten selbst.

Abschluß
Im Anzeigengeschäft die Vereinbarung über eine bestimmte Anzeigenmenge innerhalb eines bestimmten Zeitraums.

Abschlußauftrag
Rahmenvertrag im Anzeigengeschäft als Grundlage zur Aufwendung der Nachlaßstaffeln (Malrabatt oder Mengenrabatt) bei Einschaltung von mehreren Anzeigen innerhalb der Frist von einem Jahr.

Abschlußjahr
(Anzeigenabschlußjahr) Zeitraum von 12 Monaten als Berechnungsgrundlage für die Rabattierung von Anzeigen im Rahmen eines Abschlußauftrages. Das Abschlußjahr beginnt mit dem Datum der ersten veröffentlichten Anzeige.

Abschlußprüfung
Prüfung nach Abschluß einer Berufsausbildung (z.B. zum Sortiments-Buchhändler, Verlagsbuchhändler, Verlagskaufmann) werden nach dem Bundesbildungsgesetz (§ 34 I) vor den Prüfungsausschüssen abgelegt, die die zuständige Stelle (Industrie- und Handelskammer (IHK)) errichtet. Eine Rahmendefinition des BBiG regelt den Prüfungsgegenstand, die Zulassung, die Prüfungsordnung und die Ausstellung der Prüfungszeugnisse. s. → Ausbildung.

Abschlußrabatt
Aufgrund einer Abnahmeverpflichtung des Buchhändlers für einen bestimmten

Zeitraum vom Verlag eingeräumter Rabatt, im Taschenbuchbereich meist Jahresabschluß genannt. So kann etwa für ein Auftragsvolumen ab DM 100.000 netto jährlich 44% Rabatt vereinbart werden. Erreicht der Buchhändler das festgesetzte Einkaufsvolumen im festgesetzten Zeitraum nicht, kann der Verlag die Rabattdifferenz zurückverlangen.

Abschnitt
Inhaltlich zusammengehörender Teil eines Druckwerkes, der durch den Beginn auf einer neuen Seite oder durch einen größeren Zwischenraum vom Vorangehenden abgetrennt ist.
A. im Buch, engl.: paragraph, book section.

Abschreibung
1. Verfahren im Rechnungswesen zur Erfassung der Wertherabsetzung abnutzbarer Gegenstände des Anlagevermögens. Die Abschreibungsbeträge sind Aufwandsposten in der Erfolgsrechnung des Unternehmens und verteilen somit die Anschaffungs- und Herstellungskosten periodengerecht auf die Nutzungsjahre des Anlagegegenstandes. Durch die A. wird die richtige, d.h. periodengerechte Darstellung des Betriebsvermögens und entsprechende Ermittlung des Betriebsergebnisses sowie die Erhaltung der Kapazität der Betriebsanlagen erreicht.
Ursachen der A. sind abnutzungsbedingter und natürlicher Verschleiß, technischer Fortschritt, wirtschaftliche Überholung oder Ablauf zeitlich beschränkter Rechte (Verträge, Patente).
Es ist zwischen planmäßiger A. und außerplanmäßiger A. (Sonderabschreibung) zu unterscheiden. Letztere werden vorgenommen, wenn sich ein niedrigerer Stichtagswert infolge z.B. außerordentlichem Verschleiß oder falscher Schätzung der Nutzungsdauer ergibt. Für abnutzbares Anlagevermögen kommen A. in plan- und außerplanmäßiger Form in Betracht, für nicht abnutzbare Vermögensgegenstände nur außerplanmäßige A.
Bei der A. dürfen nur betriebsnotwendige Wirtschaftsgüter in Ansatz gebracht werden, so sind z.B. stillgelegte Anlagen nicht zu berücksichtigen.
Bei der Bewertung von A. ist zwischen dem finanziellen Rechnungswesen und dem betrieblichen Rechnungswesen zu unterscheiden. Die Bestimmung des Handelsrechts und des Steuerrechts bilden die Bemessungsgrundlage für die Abschreibungsberechnung im finanziellen Rechnungswesen. Im betrieblichen Rechnungswesen erfolgt die Bewertung der A. durch die Festsetzung des Kostenbegriffs.

Gemäß Handels- und Steuerrecht dürfen A. nur auf die Anschaffungs- oder Herstellungskosten vorgenommen werden. In Zeiten allgemeiner Inflation müßte vom Wiederbeschaffungswert abgeschrieben werden, wenn die betriebliche Substanz erhalten werden soll. Deshalb rechnen die Unternehmen in ihrer von rechtlichen Vorschriften freien Kostenrechnung mit kalkulatorischen A. Die Wahl der A.-methode hat nach dem Grundsatz ordnungsgemäßer Buchführung und Bilanzierung den wirtschaftlichen Gegebenheiten zu entsprechen, d.h. es dürfen weder willkürliche Stille Reserven angelegt noch außerplanmäßige A. angestrebt werden.

Da in der Regel kein Maßstab existiert, anhand dessen die Wertminderung der Anlagegüter objektiv und eindeutig erfaßt werden kann, gibt es standardisierte Verfahren.

In der Praxis sind lineare A. und degressive A. am geläufigsten. Während die lineare A. mit konstanten Periodenbeträgen vorgenommen wird, so daß der Buchwert des Anlagengegenstandes linear fällt, erfolgt die degressive A. in den ersten Perioden mit höheren Beträgen als in den folgenden. Bei der leistungsbedingten A. werden die Abschreibungsbeträge nach der Inanspruchnahme des Anlagenstandes verteilt. Alle drei Abschreibungsmethoden sind handels- und steuerrechtlich zulässig. In der Praxis sind auch Kombinationen und andere als die dargestellten Methoden anzutreffen. Handelsrechtlich sind sie grundsätzlich zulässig, steuerrechtlich z.T. nur eingeschränkt zulässig.

Unterschiede in der Nutzungsdauer als auch Bewertungsunterschiede bei den A. werden zwischen dem finanziellen und betrieblichen Rechnungswesen buchhalterisch in der Kontenklasse 2 und 4 des Gemeinschaftskontenrahmens der Industrie erfaßt.

Da A. nicht nur Kosten bzw. Aufwand darstellen, sondern auch gleichzeitig einen Geldmittelrückfluß für in einer vorherigen Periode finanzierte Vermögenswerte, sind sie auch ein Finanzierungsinstrument für künftige Investitionen. Der Gegensatz zur A. ist die Zuschreibung, die Wertheraufsetzung des Anlage- wie Umlaufvermögens. Die Zuschreibung ist steuerrechtlich verboten.
2. Im Steuerrecht ist A. der Oberbegriff für Absetzung für Abnutzung (AfA), Absetzung für Substanzverringerung (AfS).

Abschrift
Reinschrift oder Kopie eines Manuskriptes, das durch Korrekturen des Autors oder des Verlagslektors nur schwer lesbar geworden ist.

Absetzung für Abnutzung
Abk.: AfA. → Abschreibung.

Absetzung für Substanzverringerung
Abk.: AfS. → Abschreibung.

Absorbency test
Engl. für → Absorbierungstest.

Absorbierungstest
(Engl.: absorbency test) Labortest, um die Saugfähigkeit eines Papiermusters zu prüfen.

Abstract
Urheberrechtlich freies, zusammenfassendes Referat über den Inhalt eines wissenschaftlichen Aufsatzes oder Beitrages.

Abstrich
1. Anzeigenabstrich: Feststellung der Berechnungsgrundlage für die Anzeigen einer Ausgabennummer durch Nachmessen der tatsächlichen Abdruckhöhen in einem ausgedruckten Exemplar.
2. Honorarabstrich: wie 1. nur zum Zweck der Honorarermittlung.
3. Abfallender Teilstrich eines Buchstabenstrichzuges.
4. Begrenzungslinie zur Kennzeichnung eines zu reproduzierenden Ausschnittes einer Bildvorlage.

Abtastvorlage
Druckvorlage, die sich zur Eingabe in den Scanner eignet.

Abwärtskompatibel
→ kompatibel.

A/B-Wandler
→ Digital/Analog-Wandler, → ISDN-Terminaladapter.

Abweichungsanalyse
Verfahren zur Bestimmung der Ursachen für Soll-Ist-Abweichungen im Planungs- und Kontrollprozeß von Unternehmen.
Mithilfe der A. sollen Verantwortlichkeiten für Planabweichungen aufgedeckt und Gründe für die Entstehung gefunden werden.

Abwertung
(Devaluation) Verminderung des Außenwertes einer Währung durch Beschluß der Regierung oder der Zentralnotenbank. Nach der A. muß für eine Einheit der Inlandswährung weniger in ausländischer Währung bezahlt werden bzw. für eine Einheit einer ausländischen Währung muß mehr an Inlandswährung bezahlt werden.
Im allgemeinen werden durch die A. die Exporte billiger und die Importe teurer. Gegensatz: Aufwertung.

Abzahlungsgeschäft
Art eines Teilzahlungsgeschäftes, bei dem der Kaufpreis einer beweglichen Ware in Raten beglichen wird (Ratenkauf).

Abzinsungsfaktor
Multiplikator, mit dem eine Zahlungsreihe der Zukunft auf einen Gegenwartswert diskontiert wird.
Der allgemeine Ausdruck für A. lautet: $(1 + i)^{-t}$, wobei i der Zinssatz ist, mit dem die Zahlungsreihe verzinst und t für die Anzahl der Perioden steht.

Abzugspapier
Saugfähiges Papier zur Herstellung eines Bürstenabzugs bei Bleisatz oder bei Schablonen-Vervielfältigungen.

ac
à condition

a.c.
Abkürzung für à condition. Heute eher veraltete Bezeichnung für Kommission.

Accent
Engl. für Akzent.

Access
Engl.: für Zugriff, insbesondere auf Daten.
Markenname für Datenbanksoftware von Microsoft.

Accessions
Engl. für Pflichtexemplare für Bibliotheken.

Access time
Zugriffszeit.

Accordion fold
Engl. für Zickzackfalz.

Account
Engl. für Konto.

Accounting
Engl. für Buchhaltung.

Achselfläche
→ Letter.

Achselhöhe
→ Letter.

Achtelbogen
Bogen, der ein Achtel eines ganzen Bogens ausmacht.

Achtelpetit
Bezeichnung für eine Schrift, deren Größe ein Punkt beträgt.

Achtelpetitarchitekt
Scherzhafte Bezeichnung für einen Akzidenzler, also für jemanden, der bei der Herstellung von Gelegenheitsdrucksachen wie z.B. von Formularen, Briefbögen und Visitenkarten mit typographischen Maßgrößen wie einem Punkt (= Achtelpetit, → Petit = 8 p) Schriftgrösse herumtüftelt.

Acid free paper
Engl. für säurefreies Papier.

Acknowledgements
Engl. für Quellennachweis, auch Dank, Anerkennung (meist im Rahmen eines Vorworts).

à condition
a.c., ac, à.c., àc
Bedingter Kauf im Buchhandel (Lieferform, Lieferungsform): bedingt, engl.: on sale or return; on consignment; andere Bezeichnungen: in Kommission; in Konsignation.
Der Verleger sendet das Buch mit Lieferschein. Der Buchhändler kann das bezogene Buch (ac-Exemplar) nach vereinbarter Remissionsfrist (z.B. ein Jahr) im Anschluß an die Inventur als Remittende zurücksenden oder mit Erlaubnis des Verlags als Disponende weiter auf Lager behalten. Der Kaufvertrag erfolgt unter der aufschiebenden Bedingung des Weiterverkaufs des Buches innerhalb der Remissionsfrist. Die Zahlung erfolgt nach Bestandsaufnahme und nach Erhalt der Rechnung in bezug auf diejenigen Bücher, die der Buchhändler innerhalb der Remissionsfrist verkauft hat.
Von dieser Bezugsform macht der Buchhändler Gebrauch bei wissenschaftlichen und Fachbüchern mit einer geringen Lagerumschlagsgeschwindigkeit, die der Buchhändler jedoch risikolos auf Lager halten möchte.

ACs
Author's corrections.
Engl. für Autorkorrekturen. US-amerikanisch: → AAs.

Acta diurna
Von Julius Caesar 59 v.Z. eingerichtetes tägliches Nachrichtenbulletin in Staatsangelegenheiten. Durch Abschriften entstand daraus ein privatwirtschaftlich betriebener Nachrichtenbriefwechsel. Vorläufer der Zeitung im Einnummernverkauf.

Ad
Advertisement; engl. Abkürzung für Anzeige.

Adaptation
Engl.: Adaption. Anpassung bzw. Umarbeitung eines (literarischen) Werkes in eine andere Werkgattung (z.B. Roman in Drehbuch für einen Film).

Addenda et Corrigenda
Nachträglich eingefügte Zusätze und Verbesserungen in einem Druckwerk.

Additamentum
Ergänzung oder Anhang in einem Buch.

Additive colour mixing
Engl. für additive Farbmischung.

Addressing machine
Engl. für Adressiermaschine.

Adespota
Werke unbekannter Urheber.

Adhesive
Engl. für Klebstoff.
hot melt adhesive = Schmelzkleber; spray adhesive = Sprühkleber.

Adligat
Eigenständige Schrift, die mit weiteren zu einem Buch vereinigt wird.

Adman
Engl. für Werbefritze.

Admin
Administrator, Verwalter (etwa eines Rechners, eines Netzes), → sysop, → postmaster.

ADN
Allgemeiner Deutscher Nachrichtendienst
staatliche Nachrichtenagentur der (ehemaligen) DDR. Gegründet 1946, nach der Wiedervereinigung fortgeführt unter ddp/A.D.N.

Adreßbuch
1701 erschien in Leipzig das erste A. Heute werden in Deutschland jährlich mehr als 80 Mill. A. u. Fernsprechbücher verbreitet. Das A. enthält Informationen über Anschriften und adressenmäßige Daten. Typische A. sind Branchen-Fernsprechbücher („Gelbe Seiten"), Export-A., Einwohner-A., Fach-A., Bundes- und Landes-A. Das A.-Verlagsgewerbe ist weitgehend im Verband Deutscher Adreßbuchverleger e.V. zusammengefaßt.

Adreßbuch für den deutschsprachigen Buchhandel
Publikation der Buchhändler-Vereinigung GmbH, ein dem Börsenverein des Deutschen Buchhandels gehörender Verlag.

Adressiermaschine
Elektronisch gespeicherte Adressen werden auf Abruf auf Etiketten ausgedruckt oder direkt auf das Versandgut z.B. im Ink-Jet-Verfahren aufgebracht.

Adreßverzeichnisse
a) Adreßverzeichnisse in Buchform
Auswahl im Überblick:
1) → Adreßbuch für den deutschsprachigen Buchhandel (Buchhändler-Vereinigung) mit den Bänden: Bd. 1 Verlage, Bd. 2 Buchhandel, Bd. 3 Organisationen.
2) Deutschsprachige Verlage (Deutschland/ Österreich/ Schweiz) Verlag der Schillerbuchhandlung Hans Banger.
3) Taschenbuch des öffentlichen Lebens. Bundesrepublik Deutschland und Organisation der EG (EU). Hrg. von A. Oeckl, Festband Verlag.
4) Publishers' International ISBN Directory, K. G. Saur, P. R. Bowker.
b) Speicherprogramme in EDV-Anlagen.

Advance
Engl. für Vorschuß, Vorauszahlung.

Advance copy
Engl. für Vorausexemplar.

Advertisement
Ad
Engl. für Anzeige.

Advertising strip
Engl. für Buchschleife.

Advice note
Engl. für Versandanzeige, Avis.

AdZ
→ Anzeigenblätter der Zeitungen.

Änderungen des Werkes
Es ist grundsätzlich nur dem Urheber gestattet, Ä. am Werk vorzunehmen. Der Inhaber des Nutzungsrechtes muß daher immer die Zustimmung des Urhebers einholen, wenn er das Werk verändern will. Von dieser Regelung ausgenommen sind Änderungen, zu denen der Urheber seine Einwilligung nach Treu und Glauben nicht versagen kann (Verbesserungen → der Orthographie, der Interpunktion und der Grammatik, redaktionelle

Kürzungen von Beiträgen für Zeitungen oder Zeitschriften).

Änderungsrecht des Autors
Nimmt der Verfasser nach Beginn der Vervielfältigung Änderungen vor, welche das übliche Maß übersteigen, so ist er verpflichtet, die hieraus entstehenden Kosten zu ersetzen. Die Ersatzpflicht obliegt ihm nicht, wenn Umstände, die inzwischen eingetreten sind, die Änderung rechtfertigen.

Ätzung
Durch Ätzen hergestellter Druckstock, z.B. Klischee für den Hochdruck.

AE-Provision
Anzeigen-Werbemittler (früher Annoncen-Expeditionen genannt) erhalten in der Regel 15% A. vom Anzeigennettopreis.

Ästhetikprogramm
Programm eines Texterfassungs- und Textverarbeitungssystems, das für einen typographisch sauberen Dicktenausgleich bei bestimmten Buchstabenkombinationen sorgt. Es übernimmt die Funktion der Ligaturen des Bleisatzes und des Versalausgleichs. Das Satzbild wirkt dadurch gefälliger.

AfA
Abkürzung für Absetzung für Abnutzung. → Abschreibung.

Affiche
Französ. für Aushang, Anschlag, Plakat.

Affichenpapier
Plakatpapier für Anschlagtafeln mit spezieller Leimung.

AFJ
April Fool's Joke, Aprilscherz (Internet-Slang).

A.F.P.
Agence France-Presse, zentrale Nachrichtenagentur in Frankreich, die 1944 als staatliches Unternehmen gegründet wurde.

AfS
Abkürzung von Absetzung für Substanzverringerung. → Abschreibung.

AFTP
Anonymous FTP (File Transfer Protocol).

AGB
→ Allgemeine Geschäftsbedingungen.

AGB Anzeigenwesen
Allgemeine Geschäftsbedingungen im Anzeigenwesen.

AGB PZD
Allgemeine Geschäftsbedingungen für den Postzeitungsdienst, ins. Voraussetzungen für die Teilnahme am Postzeitungsdienst, Definition der Zeitung im Sinne des Postzeitungsdienstes, Bedingungen für die Sendungsarten Postvertriebsstück, Postzeitungsgut, Streifbandzeitung.

Agens
Handlungsträger im gegliederten Satz.

Agent, ausländischer
Fremdauslieferer, der mit dem inländischen Verlag einen Agentur- bzw. Auslieferungsvertrag, der meist das exklusive oder Alleinverkaufsrecht für das jeweilige Land beinhaltet, abgeschlossen hat.

Agent, inländischer
Selbständige Unternehmung (Firma), die die Bücher des ausländischen Verlages kommissionsweise – dies im Unterschied zum Importbuchhändler – ausliefert.

Agentur
→ Agentur, literarische
→ Nachrichtenagentur
→ Vertriebsagentur
→ Werbeagentur.

Agentur, literarische
Insbesondere im angloamerikanischen Bereich läßt sich der Autor häufig durch eine literarische Agentur (Literary Agency) vertreten. Tätigkeitsbereiche der A. sind: Vertragsverhandlungen mit Verlagen, Honorarkontrolle und Honorarzahlung an den Autor nach Abzug von z.B. 10% als A.provision.
In der Bundesrepublik Deutschland werden nur wenige, meist belletristische Autoren von A. betreut.

Agitationsschrift
Flugschrift.

AG.MA
Arbeitsgemeinschaft Mediaanalyse e.V., die nach soziodemographischen Merkmalen jährlich eine Nutzeranalyse der angeschlossenen Zeitschriften, Hörfunk- und Fernsehsender herausbringt. Mitglieder sind Verlage, Rundfunk- und Fernsehanstalten, Werbungtreibende, Werbeagenturen.

Agreement
Engl. für Vertrag.

AI
Artificial Intelligence, → Künstliche Intelligenz.

AIDA
Formelhafte Forderung an die Werbewirkung: Attention, Interest, Desire, Aktion (Aufmerksamkeit, Interesse, Besitzwunsch, Kauf).

Akademie der Künste
In sechs Abteilungen untergliedertes Gesamtarchiv mit über 53.200 Bänden. Sitz in Berlin.

Akkolade
Geschweifte Klammer bzw. Nasenklammer.

Akquisiteur
Anzeigenvertreter für Zeitungen, aber auch generell für (Werbe-)Vertreter.

Akquisition
Anwerbung von Kunden.

Akquisitionsmarketing
Mit dem Marketing für die Produkte wird zugleich die Akquisition neuer Produkte verknüpft. Beispiel: Ein Verlag wirbt u.a. mit seinem Verlagsprospekt bei potentiellen Autoren nicht nur für die angezeigten Titel, sondern zugleich für die Gewinnung neuer Autoren.

Akronym
Aus den jeweils ersten Buchstaben mehrerer Worte gebildete Abkürzung. In der EDV und der DFU verwendet man besonders häufig → TLAs.

Aktion Lesen
Verein zur Förderung des Lesens, begründet 1985 durch Vereine und Verbände der Zeitungsverleger, Zeitschriftenverleger, der Philologen, der Bibliotheken, dem Börsenverein u.a. Ziel ist es, durch planvolle und langfristige angelegte Maßnahmen, das Leseverhalten der Bevölkerung positiv zu fördern.

Aktionserfolg
Kauferfolg durch Werbeaktion:

$$\frac{\text{Buchkäufe} \times 100}{\text{Werbegemeinte (bzw. Werbeberührte)}}$$

Aktionsparameter
Marketinginstrumente bzw. -maßnahmen, die vom Aktor (z.B. Marketingleiter) bestimmt, gestaltet oder beeinflußt werden können.

Aktionsrabatt
Rabatt für jegliche Form von Veranstaltungen, die den Absatz der Bücher fördern (Schaufensterwettbewerbe, Signierstunden, Lesungen), unabhängig davon ob sie vom Sortiment oder vom Verlag initiiert wurden.

Aktionssortimente
Sortiment, das zeitlich befristet einen besonderen Schwerpunkt setzt, attraktiv angeboten und herausragend präsentiert wird.

Aktiver Bekanntheitsgrad
Die Bekanntheit eines Produktes ohne Gedächtnishilfe, daher auch ungestützter Bekanntheitsgrad.

Aktualität
Grunderfordernis für eine Zeitung: Gegenwartsbezogene Nachrichten und Berichte.
Weitere Erfordernisse sind: Publizität, Universalität, Periodizität.

Akkustikkoppler
Gerät zur Datenübertragung über das (öffentliche) Telefonnetz.

Akzent
Ton- oder Lesezeichen meist im Fremdsprachensatz, das über oder unter einem

Buchstaben steht. Betonungszeichen, Trema.

Akzeptanz

Verhaltensweise des Nutzers (Benutzers, Anwenders) gegenüber dem System. Es wird nach Einstellungs- und Verhaltensakzeptanz der Technikverwendung bzw. nach Hardware- und Softwareergonomie unterschieden.

Akzessionsjournal

Neuzugangsverzeichnis einer Bibliothek nach laufender Nummer.

Akzidenz

Gelegenheitsdrucksachen wie Formulare, Briefbögen, Visitenkarten u.a.

Akzidenzsatz

Satzherstellung für Gelegenheitsdrucksachen meist mit Akzidenzschriften (Antiqua-Varianten, Schreibschriften und handschriftliche Antiquaschriften).

Akzidenzgeräte

Fotosatzgeräte für alle Arten von Akzidenzen. Die Erstellung von Mengensatz ist mit A. wirtschaftlich nicht möglich.

Akzidenzschriften

Schriftenmaterial, von dem im Bleisatz direkt gedruckt wird (wurde). A. im Gegensatz zu Zeitungsschriften, die sich durch häufiges Prägen stark abnutzen und daher in der Setzerei getrennt von den A. gehalten werden (wurden).

Albion Press

Engl. für Albion Presse

Erzeugnis aus solider alter Handpresse.

Album

Sammelbuch.

Alexie

Verlust der Fähigkeit, bei sonst erhaltenem Sehvermögen Buchstaben oder Wörter zu erkennen. Buchstabenblindheit.

Alinea

Erste Zeile eines Absatzes (meist mit → Einzug).

Alla prima

Niederschrift eines Textes ohne Unterbrechungen und Korrekturen.

Alleinstellungswerbung

Keine Form des unlauteren Wettbewerbs, falls sie wahr ist. Im Unterschied zur übertreibenden Superlativwerbung wird die A. mit der behaupteten Spitzenstellung von der Mehrzahl der Umworbenen ernst genommen. Bei A. hat der beklagte Werbungtreibende die Beweislast zu tragen. Im Blick auf die regelmäßig hohen Prozeßkosten ist daher zuvor die Beweislage bei A. sorgfältig zu prüfen.

Allgemeine Geschäftsbedingungen

AGB

Für eine Vielzahl gleichgelagerter Vertragssituationen vorformulierte Vertragsbedingungen. Die A. gelten neben den gesetzlichen Bestimmungen (z.B. BGB, HGB usw.). A.-Bestimmungen, die den Vertragspartner entgegen Treu und Glauben unverhältnismäßig benachteiligen, sind unwirksam.

Allgemeine Sortimentsbuchhandlung

A. ist durch eine gewisse Sortimentsbreite gekennzeichnet. Diese rangiert vor der Sortimentstiefe. Neuerdings treten die Warengruppen Taschenbuch und Modernes Antiquariat in den Vordergrund.

Allonge

Ausklappbare Tafeln in Druckwerken.

Allonym

Deckname, der tatsächlich Name eines anderen ist.

Almanach

Buchähnlicher Katalog oder Prospekt, in dem die Jahresproduktion eines Verlages zusammengefaßt ist.

Alphabet

Festgelegte Reihenfolge der Buchstaben einer Sprache. Nach den ersten beiden Buchstaben des Griechischen Alpha und Beta benannt.

Alphabetbreite

Maßeinheit für den Breitenverlauf der Buchstabenbilder einer Druckschrift. Die Zeilenbreite eines gesamten Alphabets ist die Grundlage des Vergleichs verschiedener Schriften.

Alphabetlänge
Alphabetbreite
Laufweite. Die Länge eines Alphabets in einer bestimmten Schriftart. So läuft bei gleicher Schriftgröße etwa die Schriftart Times breiter als die Schriftart Garamond. Generell lassen sich bei vom Duktus her schmallaufenden Schriftarten in einer Zeile mehr Buchstaben unterbringen.

Alphanumerics
Engl. für alphanumerische Zeichen
Buchstaben und arabische Zahlen (sowie andere Zeichen wie Interpunktionszeichen).

Alphanumerisch
Zeichendarstellung, die aus Zahlzeichen, Buchstaben und Sonderzeichen besteht. Im Gegensatz dazu: numerische Darstellung: nur Zahlzeichen; alphabetische Darstellung: nur Buchstaben.

Altarfalz
Fensterfalz
Beim Zweibruchfensterfalz werden beidseitig Lappen in halber Breite des Endformates parallel eingefalzt.

Altpapier
Papier, das im Recycling zerfasert, entfärbt, gebleicht und von Schmutzteilen befreit wird.
Der Menge nach wichtigster Rohstoff für die Papiererzeugung. A. hat nach der Verpackungsordnung der Altpapierverordnung noch weiter an Bedeutung als Sekundär-Rohstoff gewonnen. A. wird nach Faserqualität, Druckfarbenanteilen und Verunreinigungen durch Kunststoffe, Kleber, Heftklammern u.ä. in rund 40 verschiedenen Sorten und damit zu unterschiedlichen Preisen den Papierfabriken angeboten:
Untere Sorten: z.B. D 39: Zeitungen und bunte Illustrierte von mindestens 60% Zeitungsanteil.
Mittlere Sorten: z.B. E 12: Zeitungen einschließlich Remittenden, frei von bunten illustrierten Beilagen.
Bessere Sorten: z.B. P 22: rein weiße (unbedruckte) Zeitungsrotationsabrisse.
Folienkaschierte und stark lackierte Papiere und Pappen eignen sich nicht für das Recycling.

Aluminiumdruckplatte
Druckform für Offsetdruck, insbesondere für Andruck und Druck von kleineren bis mittleren Auflagen.

Ambulanter Buchhandel
Buchhandel ohne Ladengeschäft (Reise- und Versandbuchhandel).

AM
Amplitudenmodulation, → Modulation.

AMF
Arbeitskreis Mediainformationen Fachzeitschriften
Gremium der Fachgruppe Fachzeitschriften im Verband Deutscher Zeitschriftenverleger e.V. (VDZ). Ziel ist die Erarbeitung einheitlicher Unterlagen, mit denen Fachzeitschriften Mediainformationen vergleichbar präsentieren können, die sogenannten AMF-Karten 1, 2 und 3.

Amplitudenmodulation
→ Modulation.

AMS
Abkürzung für Area Make Up Station. Anlage zur elektronischen Bildverarbeitung.

Amtliche Bekanntmachungen
Anzeigenrubrik für Veröffentlichungen der Registergerichte zu ermäßigtem Anzeigenpreistarif.

Analekten
Sammlung von Auszügen oder ganzen Aufsätzen verschiedener Autoren.

Analoge Datenübertragung
Bei der analogen („entsprechenden") Übertragung von Signalen (Sprache, Ton, Bild) wird das Signal in seiner ursprünglichen oder modulierten Form übertragen. Die „Bandbreite" zeigt die Übertragungskapazität bei A. für einen Nachrichtenkanal. In Zukunft wird zunehmend die digitale Übertragung dominieren.

Analoges Signal
Signal mit potentiell unendlich vielen Zustandsmöglichkeiten bei unendlich

kleinen Übergängen, → auch digitales Signal.

Analogrechner
Anlage, die zur Darstellung der Daten physikalische Größen verwendet. Gegensatz ist der → Digitalrechner, der die Daten in Zahlen darstellt.

Anathem
Plural: Anathema. Bücherfluch. Früher häufig gebrauchte Inschrift in einem Buch, mit der ein Dieb abgeschreckt werden sollte.

Anaxialer Satz
Links- oder rechtsbündige Satzanordnung auf einer Buchseite, im Gegensatz zum axialen Satz.

Andruck
Probeabzug eines Druckstocks für den Auftraggeber zur Korrektur und Druckreifeerklärung (Imprimatur).

Andruckexemplare
Ausschuß-Exemplare, die sich beim Anlaufen der Druckmaschine bis zur einwandfrei justierten Farbgebung ergeben.

Andruckskala
Die einzelnen Farben eines Farbsatzes (cyan, yellow, magenta, black) werden stufenweise aufeinandergedruckt und so zusammengestellt, daß der Drucker erkennen kann, wieviel Farbe beim Fortdruck in der Maschine zu führen ist und in welcher Reihenfolge die Farben gedruckt werden.

Andruckzylinder
Walze in der Rotationsdruckmaschine, die das Papier an die eingefärbte Druckform preßt.

Anfangskolumne
Erste Textseite eines Buches oder neubeginnende rechte bzw. linke Seite eines neuen Kapitels, Abschnittes oder Teiles eines Werkes.

Anfangszeile
Die erste Zeile eines Abschnittes oder Absatzes (selten: Erstzeile).

Anführungszeichen
Gänsefüßchen
Interpunktionszeichen zur Kennzeichnung von Beginn und Ende von wörtlicher Rede, von Zitaten, von doppelsinnigen Begriffen und Redewendungen usw.

Anführung
Anführungszeichen als Schriftsonderzeichen.
„ “ deutsch
» « französisch
“ ” englisch.

Angebot
Offerte
Antrag der einen Seite, durch den nach vorbehaltloser Annahme durch den anderen Beteiligten (Akzept) ein Vertrag zustandekommt.
Ein A. liegt in jedem genügend bestimmten Antrag einer Leistung, dem der erforderliche rechtliche Bindungswille zugrundeliegt.

Angebotene und gesuchte Bücher
Beilage im Börsenblatt für den Deutschen Buchhandel, über die in- und ausländische Buchhandlungen, Bibliotheken und Institute nicht mehr lieferbare Titel suchen können.

Angeschnittene Bilder
Bilder, die so gedruckt werden, daß sie an einer oder mehreren Seiten von der Beschnittkante des Papiers begrenzt werden und damit über den Satzspiegel hinausragen.

Angesetzter Band
Einbanddecke, die zusammen mit dem Buchblock gefertigt wird (Gegenteil zum → Deckeneinband).

Anguß
Bezeichnung für einen Teil der Metallgußletter.

Anhang
Beigabe in einem Buch, meist zur weiteren Erläuterung des Textes.

Anilindruck
Hochdruckverfahren mit Druckformen aus Gummi und Farben aus spirituslöslichem Anilinfarbstoff.

Anilox
Druckverfahren für Flexodruck, Nyloprint und Offset ohne Farbzonenregler. Die Farbe wird über Näpfchen in der Farbduktorwalze übertragen.

Anklicken
Steuerung von Computeraktivitäten durch die Aktivierung von → Hotspots, wobei eine durch den Mauszeiger (Cursor) bestimmte Stelle einer Bildschirmanzeige (hotspot) durch Drücken eines Knopfes der Maus ausgewählt wird.

Anklopfen
→ ISDN-Funktion.

Anlage
Diejenige Kante (= Vorderkante), mit der der Bogen in der Druckmaschine eingeführt wird. Die A. ist auch die Metallschiene in der Druckmaschine, an der die Vorderkante des Bogens ausgerichtet wird, damit der Druck immer auf den gleichen Stellen des Druckbogens erfolgt. Neben der Vorderanlage, der A. im engeren Sinne, gibt es auch noch die Seitenanlage.

Anlaut
Erster Laut eines Wortes oder einer Silbe.

Anmeldung
Ein Unternehmen des Buchhandels muß bei folgenden Behörden und Institutionen angemeldet werden:
Zuständige Orts- und Gemeindebehörde; zuständiges Finanzamt; beim Amtsgericht zur Eintragung in das Handelsregister; bei der Berufsgenossenschaft des Einzelhandels für die gesetzliche Unfallversicherung; bei den Trägern der Kranken-, Renten- und Arbeitslosenversicherung für die Angestellten; bei der zuständigen Industrie- und Handelskammer. Außerdem kann eine Mitgliedschaft beim Landesverband der Verlage und Buchhandlungen des jeweiligen Bundeslandes bzw. beim Börsenverein des Deutschen Buchhandels e.V. in Frankfurt a.M. beantragt werden.

Anmerkungen
Dem Text beigefügte Erläuterungen, Ergänzungen oder Quellennachweise, die entweder als Fußnote (meist in kleinerem Schriftgrad) oder im Anhang zusammengestellt werden.

Annalen
Chronologisch, also nach Jahren geordnete Aufzeichnung geschichtlicher Ereignisse, im Unterschied zur Chronik, die einen größeren Zeitabschnitt zusammenfaßt.

Annonce
→ Anzeige.

Annoncen-Expedition
Veraltete Bezeichnung für Unternehmen, die Firmen der werbungtreibenden Wirtschaft bei der Anzeigenwerbung beraten und die den Verlagen die Aufträge in eigenem Namen und auf eigene Rechnung unter Anrechnung einer Vermittlungsprovision erteilen.

Annotation
Kurze, sachliche Charakterisierung eines Buches für bibliothekarische Zwecke.

Annotierende Bibliographie
A. gibt nicht nur Auskunft, ob es ein Buch gibt, sondern darüberhinaus noch Informationen zum Inhalt.

Anonyme Werke
Werke, die ohne Angabe eines Autorennamens, des Verlages oder des Druckers herausgegeben werden.

Anonymus
Autorenangabe: ein Unbekannter.

Anpreßdruck
→ Druckspannung.

Anrufweiterschaltung
Rufumleitung, Weiterleitung der für einen bestimmten Anschluß eingehenden Telefonate zu einem anderen Anschluß.

Anschmieren
Bestreichen des Buchblocks mit Leim zur Weiterverarbeitung durch den Buchbinder.

Anschnitt
Anzeigenelemente, die über den eigentlichen Satzspiegel eines Druckerzeugnisses hinaus bis an den Papierrand laufen.

Ansichtskauf
Der A. wird unter der aufschiebenden Bedingung vorgenommen, daß der Endabnehmer das gelieferte Buch billigt bzw. innerhalb einer bestimmten Frist nicht zurücksendet.

Ansichtssendung
Unverlangt oder auf ausdrücklichen Wunsch von Sortiment oder Verlag dem Interessenten zugesandte Neuerscheinung.

Ansichtsversand
Wichtige, aber auch aufwendige Dienstleistung des Sortimentsbuchhandels. Kunden, mit denen der Buchhändler gute Geschäftsbeziehungen unterhält (z.B. Bibliotheken), erhalten ohne jeweilige Aufforderung die neuesten Titel aus einem bestimmten Fachgebiet mit Lieferschein zugeschickt. Werden die Bücher nicht innerhalb einer angemessenen Frist (10 Tage bis 3 Wochen) zurückgesandt, wird dem Kunden eine Rechnung zugestellt. Da eine rechtliche Pflicht zur Rücksendung nicht besteht (Ausnahme: Kunde bittet ausdrücklich um Ansichtssendung), müssen die Kunden sorgfältig ausgesucht werden.

Bei der Abwicklung des Ansichtsversandes können beträchtliche Kosten entstehen (beschädigte oder nicht zurückgesandte Exemplare). Bei zielstrebigem Einsatz kann aber mit der Übernahme von bis zu 50% der Ansichtssendungen gerechnet werden.

Anthologie
Buch, das Gedichte oder Geschichten verschiedener Autoren oder vom selben Autor enthält und die von einem Herausgeber ausgewählt wurden.

Antiporta
Schmutztitel.

Antiqua
Gattungsbegriff zur Bezeichnung des typografischen Stils klassischer Druckschriften mit geometrischem Schriftzug. → Schriften.

Antiquariat
Im Gegensatz zum Restauflagenhandel (Modernes A.) werden im A. Bücher „aus zweiter Hand", die schon einmal an den „Endverbraucher" (Privatkunde oder Bibliothek) verkauft worden waren, angeboten. Man unterscheidet:

Bibliophiles A. mit seltenen Werken wie Erstausgaben, Inkunabeln, gut gestalteten Büchern.

Wissenschaftliches A. mit wissenschaftlichen Werken und Zeitschriften aller Fachgebiete.

Antiquariatsbuchhandlung
Wissenschaftliche, bibliophile und Kunstantiquariate erwerben die alten Bücher nicht von Verlagen oder Buchgroßhändlern, sondern von Privaten und Bibliotheken. Antiquarische Bücher sind echte alte Bücher und deshalb nicht mit Büchern aus dem modernen Antiquariat zu verwechseln.

Antiquaschriften
Oberbegriff für Schriftfamilie mit Serifen, z.B. Bookman, Garamond, Times, Bembo. Diese Schriften sind besonders gut für Bücher, Zeitungen usw. geeignet, wo große Textmengen leicht lesbar bleiben sollen.

Anwendung
→ Anwendungsprogramm.

Anwendungsprogramm
Im Unterschied zum Systemprogramm ein Programm, das unmittelbar eine vom Anwender gestellte Aufgabe ausführt.

Anzahlungen
Im Bereich der Zahlungsbedingungen ein Instrument der Absatzpolitik. A. verbessern die Liquidität (zinslose Darlehen einerseits, aber auch Verbindlichkeiten des Unternehmens andererseits). A. sind meist faktisch mit einer Absatzgarantie verbunden.

Anzeige
Annonce

Vom Auftraggeber bezahlte Veröffentlichungen einer privaten Mitteilung in Presseerzeugnissen oder Büchern, die sichtbar dem Interesse des Bekanntmachenden dient. Auch als → Teilbelegung möglich.

Anzeigenabstrich
Feststellung der Berechnungsgrundlage für die Anzeigen einer Ausgabenummer durch Nachmessen der tatsächlichen Abdruckhöhen in einem ausgedruckten Exemplar.

Anzeigenannahme
Entgegennahme von Gelegenheitsaufträgen am „Anzeigenschalter" der Verlage von Tageszeitungen oder bei Geschäftsstellen (in aller Regel gegen Barzahlung).

Anzeigenannahmeschluß
Der späteste Zeitpunkt, bis zu dem Anzeigen für die nächste Ausgabe vom Verlag noch angenommen werden.

Anzeigenaufnahme
Telefonische Entgegennahme von Anzeigenaufträgen. Für die Richtigkeit des telefonisch durchgegebenen Anzeigentextes übernimmt der Verlag keine Gewähr.

Anzeigenauftrag
Vertrag über die Veröffentlichung einer oder mehrerer Anzeigen eines Werbungtreibenden oder sonstigen Inserenten in einer Druckschrift zum Zweck der Verbreitung.

Anzeigenbeleg
Im allgemeinen mit der Rechnung verschickter Ausschnitt, Ausrißseite oder komplettes Exemplar der Zeitung oder Zeitschrift als Nachweis dafür, daß die berechnete Anzeige tatsächlich erschienen ist.

Anzeigenblätter
Unentgeltlich zugestellte, zeitungsähnlich aufgemachte Blätter, deren gewerbsmäßiger Zweck die Verbreitung von Anzeigen ist.

Anzeigengemeinschaft
Zusammenschluß mehrerer Zeitungen zur vereinfachten Veröffentlichung von Anzeigen in allen Ausgaben, → auch Tauschanzeigen.

Anzeigenpachtgeschäft
Überlassung des Anzeigengeschäfts einer Zeitung/Zeitschrift im ganzen durch den Verleger an eine Werbeagentur gegen ein pachtähnliches Pauschalentgelt.

Anzeigenpreisliste
Der Hinweis im Impressum „Es gilt die Anzeigenpreisliste Nr. ... vom ..." meint die verbindliche Bekanntmachung der Anzeigenpreise, der Rabattstaffel und der Geschäftsbedingungen. Sie gilt rechtlich als Aufforderung zur Abgabe eines Angebotes. Im weiteren Sinne ist die A. die Zusammenstellung aller für den Inserenten relevanten Erscheinungs- und Verbreitungsdaten.

Anzeigenrabatte
→ Rabattstaffel.

Anzeigenring
Zusammenarbeit von Zeitungsverlagen auf dem Anzeigensektor zur Akquisition und Annahme von Anzeigen für mehrere Zeitungstitel gleichzeitig. Dabei sind häufig deren Verbreitungsgebiete deckungsgleich oder doch in unmittelbarer Nachbarschaft.

Anzeigenrubrik
Inhaltliche Zuordnung von vorwiegend Kleinanzeigen zu bestimmten Rubriken wie Stellenangebote, Immobilienanzeigen, Automarkt etc.

Anzeigensatz
Satz, der als eine besondere Art des Akzidenzsatzes zum Herstellen des Anzeigenteils in Zeitungen, Zeitschriften und anderen Druckerzeugnissen benötigt wird.

Anzeigenschlußtermin
Termin, zu dem spätestens Anzeigen für eine Ausgabe noch angenommen werden.

Anzeigenserie
Aufeinander abgestimmte Anzeigen in Fortsetzung.

Anzeigenspiegel
Schema von Anzeigenseiten als Montagevorlage und zur Umfangsfeststellung.

Anzeigensplitting
Teilbelegung bestimmter (regional definierter) Auflagenteile einer Zeitung oder Zeitschrift mit Anzeigen oder Fremdbeilagen.

Anzeigenvertreter
Akquisiteur.

Anzeigenverwaltung
Abwicklung des gesamten Anzeigengeschäftes für ein Presseerzeugnis etwa durch eine Werbeagentur.

AO-Bogen
Bezeichnung des Formats für eine in DIN festgelegte, beschnittene Papiergröße (841 mm × 1189 mm).

AP
Associated Press
US-amerikanische Nachrichtenagentur, die von mehreren New Yorker Tageszeitungen 1848 gemeinschaftlich gegründet wurde.

APA
American Publishers Association.

APF
Analyseprüfung Fachzeitschriften
Analyse der tatsächlich verbreiteten Auflage von Fachzeitschriften nach APF-Richtlinien der IVW.

Apologie
Verteidigungsschrift.

Apostroph
Grafisches Element, das die Auslassung von Buchstaben bzw. Buchstabengruppen anzeigt.

AP-Papiere
Papiere, die aus 60-70% Altpapieranteilen bestehen.

Appendix
Anhang eines Buches.

Applets
Kleine Programme in der Programmiersprache Java, die beispielsweise animierte Werbespots oder Tabellen, die sich selbst auf den neuesten Stand bringen, oder sogar Zeichentrickfilme erzeugen können. Damit die A. ablaufen können, muß der Online-User vorher eine virtuelle Java-Maschine auf seinem Computer installieren. Das ist ein Interpreter, der die A. übersetzt und ausführt. Der Marktführer im World Wide Web für Web-Browser hat diesen bereits eingebaut und verteilt ihn kostenlos als Produkt von Netspace im Internet. Im Gegensatz zu Software etwa von Microsoft, sogenannte Bloatware, sind A. Everyware aus dem Internet, die fast keine Festplattenspeicherkapazität binden, in kleinen Päckchen über das Web kommen, auf jedem Computer laufen und ganz auf die individuellen Bedürfnisse zugeschnitten werden können.

Application
→ Anwendungsprogramm.

Approval Plan
Von großen Bibliothekslieferanten, den → Library Suppliers, entwickelte formalisierte Darstellung des Erwerbungsprofils einer Bibliothek. Genutzt wird der A. zur differenzierten Auswahl der durch Ansichtsversand oder Zetteldienst anzubietenden Titel. Diese formalisierte Darstellung dient vor allem der Elektronischen Datenverarbeitung. Das Anforderungsprofil einer Bibliothek wird einerseits durch das An- oder Durchstreichen von auf Listen erfaßten detailliert gegliederten Rubriken ermittelt. Andererseits werden die Neuerscheinungen in diese Rubriken eingeordnet. In den A. für die jeweilige Bibliothek werden dann nur diejenigen Neuerscheinungen aufgenommen, die die Merkmale aufweisen, die durch das formalisierte Erwerbungsprofil vorgegeben sind. Einfache A. enthalten beispielsweise Festlegungen über Verlage, Länder, Autoren. Detailliertere A. differenzieren innerhalb bestimmter Fachgebiete; z.B. innerhalb des Sachgebietes Wirtschaftswissenschaften sollen danach nur Titel zum Thema Bank und Börse vorgelegt werden.

Aquatinta
A., der Radierung ähnlich, erlaubt die Wiedergabe von Halbtönen im flächigen Druck. Dieses Verfahren ist seit der Mitte des 18. Jahrhunderts bekannt. Francisco de Goya, Pablo Picasso und Joan Miró haben mit dieser Technik gearbeitet. Über die in die Kupferplatte eingeritzte Zeichnung wird Kolophoniumstaub aufgestäubt und angeschmolzen. Mit einem Pinsel – daher auch der Name Pinselätzung – kann das Anschmelzen des Staubes und damit die Wiedergabe der Zeichnung beeinflußt werden. Im sich anschließenden Säurebad frißt sich die Säure um die feinen Körnchen herum in

die Metallplatte. Die in diese feinen Vertiefungen gebrachte Farbe läßt beim Druck den Eindruck echter Halbtöne ohne Rasterpunkte entstehen.

Arbeitsexemplar
Zwischen Zeitungs- oder Zeitschriftenredaktionen ausgetauschte Exemplare.
Dem Autor meist vom Verlag zur Verfügung gestelltes, auf DIN A4 aufgezogenes Exemplar der Altauflage zur Vorbereitung eines mit Änderungen versehenen Manuskriptexemplars für eine Neuauflage.

Arbeitskreis für Jugendliteratur
1955 in München gegründet, betreut dieser Verein im Auftrag des Bundesministeriums für Frauen und Jugend den „Deutschen Jugendliteraturpreis". Jedes Jahr stellt der A. die ausgezeichneten Kinder- und Jugendbücher in einer Broschüre vor und gibt den Katalog „Das Buch der Jugend" mit ausgewählten und empfohlenen Titeln, nach Altersgruppen geordnet, heraus.

Arbeitsprogramm
Es steuert in einem Satzsystem die Bearbeitung der eingegebenen Daten. Die Qualität des A. entscheidet über die wirtschaftliche Ausführung aller Satzarbeiten.

Arbeitsspeicher
Hauptspeicher, aus → ROM- und → RAM-Bausteinen bestehender Speicherbereich eines Computers, in den die auszuführenden Programme und Daten geladen werden; Gegensatz: Massenspeicher.

Arbeitsrecht
Alle Rechtsgrundlagen, die sich auf Fragen der Arbeitsverträge und Probleme des Arbeitsschutzes beziehen.

Arbeitstitel
Vorläufiger, vom Autor oder Verlag vorgeschlagener Titel eines Werkes, der bis zur endgültigen Festlegung des Titels verwendet wird.

Arbeitsvertrag
Vertragliche Regelung der Einzelheiten des Arbeitsverhältnisses zwischen Arbeitgeber und Arbeitnehmer. Insbesondere Regelungen zu: Arbeitszeit, Urlaub, Gehalt, Aufgabenbereich.

Archie
Internetsuchdienst.

Architektonik
Äußerer Aufbau eines Textes.

Archiv
Systematische Sammlung von Zeitungs-/Zeitschriftenausschnitten sowie von Hintergrundmaterial oder die chronologische Sammlung aller Publikationen eines Verlagshauses.

Archivexemplar
Exemplar, das zur Aufbewahrung (zur Auswertung) im Archiv bestimmt ist.

Area Sampling
Flächenstichprobe.

A-Ring
Engl.: a circle.
Ein in skandinavischen Ländern gebräuchliches „a" mit einem darübergestellten kleinen Kreis (å).

Aristerographische Schrift
Von rechts nach links verlaufende Schrift, Bustrophedon.

Aristonym
Sonderform des Pseudonyms, das eine gesellschaftliche Aufwertung des Verfassers vorgibt.

Armchair Book
Buch (großformatig, meist stark bebildert und in kürzere Abschnitte unterteilt, ästhetisch aufgemacht), das in Etappen gemütlich im Lehnstuhl gelesen und durchgeblättert werden kann.

Artikel
1. Geschlechtswort.
2. Bezeichnung für eine Veröffentlichung meist in einer Zeitung oder Zeitschrift.
→ Newsartikel

Artikulation
Deutlich gegliederte Aussprache.

A.S.A.
American Standard Association, US-amerikanisches Analogon zu DIN.

Aschenprobe
Die Analyse der Asche erlaubt Rückschlüsse über den Gehalt an Füllstoffen beim Papier.

ASCII
American Standard Code for Information Interchange
Weitverbreitete Codierung alphanumerischer Zeichen zur Datenübertragung.

ASPIC
Author's Standard Prepress Interfacing Code
Amerikanische Autorensprache.

Assimilation
Angleichung von benachbarten Lauten.

Assistent
Person, die einem Funktionsträger hilft. Z.B. Lektoratsassistent.

Asterisk
Sternchen, meist als Fußnotenzeichen.

AT-Code
→ Hayes-Befehlssatz.

Atlas
Sammlung von Land-, Meeres- und Himmelskarten.

Auchbuchhandlung
Im Gegensatz zur Vollbuchhandlung (Sortimentsbuchhandlung im engeren Sinne) ist die A. eine Buchverkaufsstelle im Rahmen eines Schreibwarengeschäfts.

Audiovision
Technik, die das individuelle Abspielen von Programmen über den Bildschirm möglich macht. Dafür hat sich der Begriff Video weitgehend durchgesetzt.

Aufhänger
Einstieg in einen Text, der über die Akzeptanz beim Lesen mitentscheidet.

Auflage
1. Druckauflage: Anzahl der tatsächlich gedruckten Exemplare eines Verlagsobjektes.
2. Verbreitete Auflage: Anzahl der Exemplare einer Zeitung/Zeitschrift, die durchschnittlich pro Ausgabennummer verkauft werden, zuzüglich ständige Freistücke, Werbeexemplare, ohne Rest-, Archiv- und Belegexemplare (IVW-Definition).
3. Verkaufte Auflage: Durchschnittliche Anzahl der einzeln und im Abonnement verkauften Exemplare einer Zeitung/Zeitschrift (IVW-Definition). Bei Büchern die tatsächlich verkaufte Anzahl innerhalb einer Auflage.
4. Abonnementsauflage: Abonnierte Exemplare, die an feste, bezahlende Bezieher geliefert werden.
5. Einzelverkaufsauflage: Anzahl der Exemplare im Einzelverkauf.

Auflagenbezeichnung
1., 2., 3. usw. Auflage (ohne Zusatz = unverändert);
unveränderter Nachdruck der 1. Auflage = 2., unveränderte Auflage;
veränderte Neuauflage (ohne Auflagenzählung, da die 1. Neuauflage = 2. Auflage wäre).
Hinsichtlich des Umfangs der Änderung kann man bei Neuauflagen u.a. so abstufen:
z.B. 2., ergänzte/durchgesehene/berichtigte Auflage;
2., bearbeitete/neubearbeitete/überarbeitete Auflage;
2., völlig/gänzlich/stark überarbeitete Auflage;
2., völlig überarbeitete und erweiterte Auflage.

Auflagendruck
Bezeichnung für den Fortdruck in allen Druckverfahren. Im Gegensatz zum Probedruck und Andruck.

Auflagenfixe Kosten
Stets Einzelkosten, im Gegensatz zu den unternehmensfixen Gemeinkosten.
A. sind z.B. Satz- und Montagekosten, Pauschalkonorare und der Einzeltitelwerbeetat. A. sind stets herstellungsbedingte Kosten.
A. entstehen vor und mit dem ersten hergestellten Exemplar des Buches.

Auflagenhonorar
Honorar, das zu einem vorher vereinbarten festen Prozentsatz abhängig von der Zahl der tatsächlich verkauften Exemplaren einer Auflage an den Autor gezahlt wird. Im Gegensatz zum Festhonorar.

Auflagenkontrolle
Feststellung und Beglaubigung der gedruckten, verkauften und verbreiteten Auflage eines Verlagsobjektes durch eine unabhängige Institution der freiwilligen Selbstkontrolle von Verlagen und Werbungtreibenden (IVW).

Auflagenvariable Kosten
A. sind teils herstellungsbedingt und teils absatzbedingt. Zu den herstellungsbedingten A. gehören z.B. die Druck- und Papierkosten. Zu den absatzbedingten A. gehören z.B. das Absatzhonorar und die Fremdauslieferungsgebühr.
A. entstehen mit und nach dem ersten hergestellten und/oder abgesetzten Exemplar des Buches. A. sind stets Einzelkosten im Gegensatz zu den unternehmensfixen Gemeinkosten.

Auflösung
Größtmögliche Zahl der optisch unterscheidbaren Bildpunkte (Pixel), die auf einem Bildschirm oder graphischen Ausgabegerät dargestellt werden können. Hohe A. ermöglicht bessere Darstellung. Die A. wird in „Pixel pro Millimeter" bzw. „dpi" angegeben.

Aufmacher
Redaktioneller Hauptartikel auf der Titelseite einer Zeitschrift/Zeitung mit entsprechender Schlagzeile.

Aufmachung
Äußere Gestaltung eines Buches hinsichtlich Verarbeitung und Optik.

Aufsatz
Kürzere, meist wissenschaftliche Abhandlung.

Aufschlagverhalten
Ein gebundenes Druckwerk muß aufgeschlagen offen liegen bleiben. Für gutes A. ist die richtige Laufrichtung zu beachten. Dünne flexible Papiere lassen ein Buch gut aufschlagen; die Bindung wird nur wenig beansprucht.

Aufsichtsvorlage
Vorlage, die lichtundurchlässig ist und im Gegensatz zur Durchsichtsvorlage nicht in der Durchsicht betrachtet werden kann (z.B. Zeichnungen, Gemälde, photographische Papierbilder, Drucke).

Aufstrich
Aufsteigender Teilstrich eines Buchstabenschriftzuges.

Auftragendes Papier
Dickes Papier mit geringem Papiergewicht, das Büchern mit geringem Umfang gewichtigeres Aussehen verleiht, auch Volumenpapier.

Auftragstasche
Einem Auftrag in der Herstellung beigegebener Laufzettel oder Papiertasche mit allen in der Produktion benötigten Angaben (zu den zu erledigenden Arbeitsgängen, verwendeten Materialien, Arbeitsplätzen usw.).

Auftragswerk
Auftrag eines Verlagslektors an einen oder mehrere Autoren, eventuell unter Mitwirkung eines Herausgebers, also in einem Autorenteam, ein Werk zu erstellen.

Aufwärtskompatibel
→ kompatibel.

Aufzeichnung
Originalgetreue Wiedergabe eines Gespräches oder Vorgangs.

Aufziehen
Aufkleben von Papier auf einen stabilen Untergrund unter Hitzeeinwirkung oder in kaltem Zustand.

Aufzug
In Buchdruckmaschinen der → Deckbogen, meist aus Tauenpapier.

Augenpulver
Text in Druckwerken, der mit engen Schriften oder in kleinen Schriftgraden gesetzt wurde und dadurch schwer lesbar ist.

A + E-Leser
Leser eines Zeitschriftenexemplars, das nicht aus einer Lesemappe stammt, also die Gruppe der Abonnenten und Einzelkäufer.

A & I
Abstracting und Indexing
Engl. für Anfertigen von Auszügen und Inhaltsverzeichnissen.

Ausbildung

Die Ausbildung in einem Buchverlag ist außerordentlich vielseitig und verlangt von den künftigen Mitarbeitern ein hohes Maß an Flexibilität und Kommunikationsbereitschaft.

Der Beruf des *Verlagskaufmanns/-frau* ist staatlich anerkannt und durch das Berufsbildungsgesetz geregelt. Die Ausbildung erfolgt im dualen System, d.h. Zusammenarbeit zwischen Betrieb und Berufsschule. Für beide Institutionen gelten Rahmenpläne.

Für die Ausbildung zum Verlagskaufmann/-frau ist der erfolgreiche Hauptschulabschluß Bedingung, die meisten Bewerber sind jedoch Realschüler oder Abiturienten. Die Ausbildung dauert insgesamt drei Jahre, kann aber in besonderen Fällen auf zwei Jahre verkürzt werden. In der Mitte des zweiten Ausbildungsjahres erfolgt eine Zwischenprüfung.

Wie anspruchsvoll der Beruf des Verlagskaufmanns/-frau ist, zeigt ein Auszug aus der „Verordnung über die Berufsbildung zum Verlagskaufmann/zur Verlagskauffrau vom 12. Januar 1981“ erlassen vom Bundesminister für Wirtschaft.

In § 3 heißt es zum Thema: Ausbildungsberufsbild

„Gegenstand der Berufsbildung sind mindestens die folgenden Fertigkeiten und Kenntnisse:

1. Stellung und Struktur des Ausbildungsbetriebes;
2. Vertrieb:
   a) Organisation,
   b) Verkauf und Verwaltung,
   c) Vertriebswerbung;
3. Anzeigengeschäft;
4. Redaktion und Lektorat;
5. Nebenrechte und Lizenzen;
6. Herstellung von Zeitungen, Zeitschriften und Büchern;
7. Materialwirtschaft:
   a) Organisation,
   b) Beschaffung und Lagerung;
8. Personalwesen:
   a) Organisation und Verwaltung,
   b) Berufsbildung im Ausbildungsbetrieb,
   c) Arbeitsschutz und Unfallverhütung;
9. Rechnungswesen:
   a) Organisation,
   b) Buchführung,
   c) Zahlungsverkehr,
   d) Kosten- und Leistungsrechnung.“

Zu all dem kommt, daß die elektronische Datenverarbeitung in jedem Verlag längst Einzug gehalten hat.

Die Abschlußprüfung erfolgt vor der zuständigen Industrie- und Handelskammer.

Nun gilt es das Gelernte in die Praxis umzusetzen. Die meisten Verlagskaufleute spezialisieren sich innerhalb eines Verlages.

Der *Verlagsfachwirt* (1) gilt als Fortbildungsstufe des Verlagskaufmanns/-frau. Hierzu veranstalten verschiedene Industrie- und Handelskammern, aber auch private Bildungseinrichtungen, entsprechende Fortbildungskurse. Zum Inhalt gehören u.a.: Volkswirtschaftliche Grundlagen, betriebliche Organisation, Personalwesen und Unternehmensführung, Finanz- und Rechnungswesen sowie Kosten- und Leistungsrechnung, Recht, Verlagswirtschaft, Informations- und Kommunikationstechniken. Zu den Schwerpunktfächern zählt auch die Herstellung und das Marketing.

Voraussetzung für eine Prüfungszulassung sind:

1. eine mit Erfolg abgeschlossene einschlägige Berufsausbildung insbesondre als Verlagskaufmann/-frau
2. eine weitere kaufmännische Berufspraxis von mindestens drei Jahren im Verlagswesen.

(2) Falls die Voraussetzungen gemäß Abs. 1 nicht vorliegen, muß der Prüfungsbewerber insgesamt eine mindestens sechsjährige, kaufmännische Berufspraxis im Verlagswesen nachweisen.

Bis jetzt gibt es diese Fortbildung aber nur in Flensburg, Frankfurt a.M, Mannheim und Wiesbaden.

Der Beruf des *Redakteurs* ist kein eigentlicher Ausbildungsberuf. Manche Mitarbeiter haben sich über den Verlagskaufmann/-frau in den Redaktionen hochgearbeitet. Die meisten Redakteure verfügen aber über ein Hochschulstudium, sei es Journalistik, Publizistik oder ein anderes geistes- oder naturwissenschaftliches Studium. Sinnvoll ist es, schon während der Studienzeit ein Volontariat zu absolvieren.

Zu den Aufgaben eines Redakteurs gehört u.a. das Erstellen von Manuskripten, das Redigieren und Korrigieren von Fremdbeiträgen. Die sogenannten Rohmanuskripte müssen in eine druckreife Fassung gebracht werden. Daß der Redakteur über Sicherheit in Sprache, Grammatik und Interpunktion verfügen muß, ist selbstverständlich. Medien- und Computerkenntnisse sind ebenfalls wichtig, weil leitende Redakteure mit Herstellung und Produktion verhandeln müssen. Das Beherrschen einiger Fremdsprachen ist Voraussetzung.
Das Anzeigengeschäft spielt auch im Verlag eine große Rolle. Aus diesem Grund sollte auch hier ein Redakteur genau Bescheid wissen.
Eine gewisse Überschneidung – je nach Verlag – gibt es zwischen Redaktion und Lektorat. Dazu zählt beispielsweise das Gespräch mit den Autoren.
Eine typische Berufsausbildung für Lektoren gibt es nicht. Empfehlenswert – neben all der praktischen Erfahrung – ein Studium. Für Lektoren sehr wichtig: eine „gute Nase" im Hinblick auf eingesandte Manuskripte. Sie müssen wissen bzw. ahnen, ob sich dieser oder jener Beitrag für den Verlag eignet und sich somit „rentiert"; wir sprechen von der sog. „Marktlücke". In einigen Verlagen fällt die Organisation der Messen in den Lektoratsbereich, bei anderen ist die Marketing- bzw. Werbeabteilung dafür zuständig.
In den Verlagskonferenzen werden die Weichen gestellt, doch unerläßlich ist eine gute Teamarbeit innerhalb des Verlages.
Literatur: *Mundhenke, Reinhard:* Der Verlagskaufmann: Berufskunde für Kaufleute in Zeitungs-, Zeitschriften- und Buchverlagen 7. Aufl. 1994, Frankfurt a.M. Sieglinde Krichbaum

Ausbildungsvertrag
Berufsausbildungsvertrag
Vertrag zur Begründung eines Berufsausbildungsverhältnisses zwischen dem Auszubildenden und dem Ausbildenden. Für den A. gelten die Regelungen des Berufsbildungsgesetzes (BBiG) und die Rechtsvorschriften für den Arbeitsvertrag.

Ausdruck
1. Wort, Wendung.
2. Stil bzw. Art und Weise des Formulierens.

Ausfallhonorar
Honorar für Artikel oder Beiträge, die nicht erschienen sind aus Gründen, die der Autor (meist freier Mitarbeiter) nicht zu vertreten hat.

Ausflecken
Retuschieren einer Bildvorlage.

Ausgabe
Begriff nicht eindeutig. Man unterscheidet nach dem Umfang und Inhalt: gekürzte A., Teil-A.; ungekürzte (vollständige) A. Gesamt-A.; Text-A. (bei Gesetzestexten und literarischen Werken); Kommentierte A. (oder A. mit kritischem Apparat).
Unterscheidung nach der Sprache: z.B. Original-A. und übersetzte A. (Übersetzung).
Unterscheidung nach der Lizenzvergabe: Lizenz-A., Taschenbuch-A.
Unterscheidung nach der Auflage bei Klassikern: z.B. Erst-A., A. erster Hand, A. letzter Hand.
Unterscheidung nach der Ausstattung: z.B. gebundene oder broschierte A. Leinen- oder Leder-A., Dünndruck- oder Großdruck-A. usw.
Unterscheidung nach einem besonderen Ereignis: z.B. Jubiläums-, Fest-, Gedenk-A.
Unterscheidung nach der Zielgruppe: Volks-A., Schul-A., Studien-A.
Unterscheidung nach der Absatzmethode: z.B. Buchhandels-A., Buchgemeinschafts-A., Mail-Order-A. Sonder-A. für Großabnehmer.

Ausgabe erster Hand
Vom Verfasser selbst besorgte Erstausgabe eines Werkes.

Ausgabe letzter Hand
Letzte Ausgabe eines Werkes, die noch vom Verfasser selbst zu dessen Lebzeiten bearbeitet bzw. betreut wurde. Editio definitiva.

Ausgangskolumne
Die nicht vollständig mit Text gefüllte letzte Satzseite eines Buches oder einer Broschüre sowie vor solchen Abschnit-

ten, die jeweils auf einer neuen Seite beginnen.

Ausgangszeile
Die letzte, nicht vollständig mit Text gefüllte Zeile eines Absatzes.

Ausgeschlossener Satz
Gleichmäßige Satzanordnung in Zeilen von gleicher Länge untereinander („rechtsbündig").

Ausgewählte Werke
Im Unterschied zu Gesammelten Werken eine Zusammenstellung von einzelnen Arbeiten eines Autors.

Ausgleichen
Beim Satz von Wörtern oder Zeilen aus Versalien optisch gleiche Zwischenräume zwischen den Buchstaben herstellen.

Ausgleichsanspruch
Der im Sinne der §§ 84ff. HGB tätige Handelsvertreter kann nach Beendigung seines Vertragsverhältnisses vom Verlag eine Ausgleichszahlung verlangen, die sich unter bestimmten Voraussetzungen aus dem Durchschnitt der Jahresprovisionen in den letzten fünf Jahren ergibt.

Aushängebogen
Nicht mehr korrigierbarer Reindruckbogen, der den Buchverleger über den Arbeitsvorgang unterrichten soll.

Aushänger
Mit der Hand gefalzte, bedruckte Bogen eines Buches zur Überprüfung von Seitenmontage und Seitenlauf.

Auskopieren
In der Reprotechnik das Entfernen von Bildstellen, meist um andere Bildteile oder Texte einzufügen.

Auskunftspflicht
Gesetzlicher Informationsanspruch der Medien auf Auskunftserteilung von Behörden.

Auslandsauflage
In der IVW-Auflagenliste in einer zweiten Zeile mit dem Zusatz „davon Ausland" als Summen der im Ausland verkauften und verbreiteten Auflage ausgewiesen.

Auslandskorrespondent
Im Ausland tätiger Journalist, der für Zeitung, Rundfunk oder Fernsehen über das aktuelle politische, wirtschaftliche und kulturelle Geschehen berichtet.

Auslandspresse
1. Presse im Ausland.
2. Vertreter der ausländischen Presse in der Bundesrepublik Deutschland.

Auslandsvertrieb
Lieferung von Presseerzeugnissen in das Ausland an dortige Importeure, die gleichzeitig als Grossisten den Wiederverkauf besorgen.

Ausleger
Teil der Druckmaschine zum mechanischen Herauslegen der fertiggestellten Exemplare.

Auslieferung
Vertrieb
Die technisch-organisatorische Seite des Verkaufs vom Bestelleingang über das Fakturieren, Aussetzen, Verpacken und Versenden der Bücher bis zum Zahlungseingang (Auslieferungsprozeß).
Die effiziente Gestaltung der A. erfolgt im Auslieferungssystem. Man unterscheidet: Eigenauslieferung (Selbstauslieferung); Fremdauslieferung (Verlagsauslieferung, Kommissionsauslieferung), Mitauslieferung und Gemeinschaftsauslieferung.

Auslieferungskatalog
Verlagsprospekt, in dem alle lieferbaren Buchtitel zusammengestellt sind.

Auslieferungskosten
Vertriebskosten
Distributionskosten
Kosten der Buchauslieferung. Sie betragen bei Fremdauslieferung meist einen bestimmten Prozentsatz vom Verlagsabgabepreis. Bei Selbstauslieferung fallen alle Kosten einer verlagseigenen Auslieferung an, wie Personalkosten, Abschreibungen, Raumkosten, Materialkosten, sonstige Kosten. In beiden Fällen werden Zinsen für das in den gelagerten Büchern gebundene Kapital nicht zu den Auslieferungskosten gerechnet.

Ausnahmelexikon
Exception Dictionary
Bestandteil eines Silbentrennungsprogramms einer Satzrechenanlage. Es enthält die Wörter, die nicht normal getrennt werden (z.B. Inter-esse).

Ausreißen
Broschüren, die in der Buchbinderei stapelweise geleimt werden, müssen vor der Weiterverarbeitung wieder getrennt, „ausgerissen" werden.

Ausrichtung
Anordnung eines Textes bezüglich der Ränder: linksbündig, rechtsbündig, zentriert oder Blocksatz.

Ausschießen
Anordnen der Druckformen in der Rotationsmaschine, so daß die Seiten auf dem gefalzten Bogen in der richtigen Reihenfolge (Falzschema) erscheinen.

Ausschießschema
Schema für das Anordnen von Seiten auf einer Druckform, damit nach dem Falzen die Seiten in der richtigen Reihenfolge hintereinander liegen. Das A. hängt von der Falzart ab (Falzschema).

Ausschlagtafel
Ein Falzbogen, der beim Öffnen über das Buch ausgeklappt herausragt. Die A. kann Informationen enthalten, die dem Leser ständig gegenwärtig sein müssen.

Ausschließen
Beim Satz das Verändern der zunächst gleichen Wortzwischenräume, um die Zeilen genau auf die festgelegte Breite zu bringen.

Ausschließprogramm
Bei Photo- und Lichtsatzrechenanlagen wird das Ausschließproblem dadurch gelöst, daß auf rechnerischem Wege die Dicktenwerte der gesetzten Schriftzeichen addiert werden. Der verbleibende Rest am Ende der Zeile wird dann auf die Wortzwischenräume verteilt.

Ausschluß
Zwischenraum zwischen den Wörtern einer Textzeile (Wortzwischenraum).
Beim sog. Drittelsatz, der heute in der Regel angewandt wird und als besonders ästhetisch gilt, beträgt die durchschnittliche A.-breite 1/3 des jeweiligen Schriftgrades. Z.B. ist bei einer 9-Punkt-Schrift der A. im Durchschnitt 9 : 3 = 3 p breit.

Ausschnitt
Bildausschnitt oder Ausschnittsvergrößerung, bei denen nicht benötigte Bildteile weggelassen werden.

Ausschnittdienst
Dienstleistungsunternehmen, das periodisch erscheinende Druckwerke nach bestimmten Namen bzw. Stichworten durchsucht und entsprechende Beiträge ausschneidet, sammelt und an den Auftraggeber gegen Entgelt liefert.

Ausschuß
Erzeugnisse, welche die qualitativen und quantitativen Anforderungen, an Standardvorgaben gemessen, nicht erfüllen (Makulatur).

Außendienst
I. Begriff: innerhalb des Buchhandels- und Verlagswesens umgangssprachlich für Verkaufsaußendienst (VAD) der Verlage. Die Mitarbeiter des VAD werden bezeichnet als Verlagsvertreter, Verlagsrepräsentanten, Buchhandelsbetreuer, Gebietsleiter, Bezirksleiter. Im eigentlichen Sinne umfaßt der Außendienst alle Aktivitäten der Unternehmung, die darauf gerichtet sind, die Umwelt der Unternehmung (Gesellschaft, Kapitaleigner, Natur, Kunden, Lieferanten, ...) wahrzunehmen, zu nutzen, zu beeinflussen und zu gestalten. Insofern existiert Außendienst als immanenter Bestandteil in allen Unternehmensfunktionen (z.B. Verkauf, Marketing, Lektorat, PR, Einkauf, Kreditaufnahme, Auslieferung, Druckaufträge, Autorenakquisition). Üblich ist die Verwendung des Begriffes aber lediglich für die Unternehmensbestandteile deren Aufgabenbereiche zum überwiegenden Teil auf die externe Kommunikation gerichtet sind und die sich außerhalb des Unternehmensstandortes aufhalten. In der Branche Buchhandel- und Verlagswesen existiert der Außendienst fast ausschließlich als Verkaufsaußendienst (VAD). Die in anderen Branchen vorkommenden Außendienste für z.B. Wartung, Logistik, Kundendienst und Instal-

lation haben innerhalb des Buchhandels- und Verlagswesens kaum eine eigenständige Bedeutung; diese Funktionen werden, wenn notwendig, vom VAD zusätzlich übernommen.

II. Funktion: Der Außendienst als eigenständiger organisatorischer Bestandteil der Unternehmung ist ein marketingpolitisches Instrument. Damit unterliegt die Entscheidung z.B. des Verlages für oder gegen einen Außendienst, sowie dessen konkrete Ausgestaltung den Anforderungen aus der Marketingkonzeption des Verlages. Der persönliche Verkauf durch den Außendienst nimmt vor allem für die Verlage mit Buchproduktion und Anzeigeplätzen eine zentrale Stellung ein. Hier sind die Produkte stark erklärungsbedürftig und werden an eine überschaubare Zahl von Kunden (Buchhandel, Institutionen, Werbekunden) vertrieben; zudem rechtfertigt die zu erwartende Auftragshöhe den Einsatz des persönlichen Verkaufs als teuerstes Instrument im Kommunikationsmix der Verlage. Insbesondere hat der Außendienst folgende Funktionen: 1. Informationsgewinnung über Kunden und potentielle Kunden, 2. Erlangung von Kundenaufträgen, 3. Verkaufsunterstützung, 4. Einstellungs- und Imagebildung, 5. logistische Funktionen (vgl. Meffert).

III. Formen: 1. VAD der Buchverlage im Sortiment und in Kaufhäusern (Belletristik, Sachbuch, Fachbuch, Kinderbuch, Kalender, ...) 2. VAD der Buchverlage in Fachmärkten (Ratgeber), Tankstellen (Landkarten). 3. VAD der Verlage in Bildungseinrichtungen (Schulbuch, Kinderbuch, ...) 4. VAD der Buchverlage bei Privatkunden (Lexika, Enzyklopädien, ...) 5. VAD der Buchverlage bei Unternehmen, Behörden, Organisationen (Sonderausgaben, Kalender, Loseblattsammlungen, Installation und Wartung von elektronischen Datenträgern, Fachbuch, Bibliothekseinrichtungen ...) 6. VAD der Buch- und Zeitschriftenverlage für Anzeigen (Zeitschriften, Zeitungen, Stadtmagazine, Branchenverzeichnisse, Adreßverzeichnisse, Telefonbücher, Landkarten, Vorlesungsverzeichnisse, ...) 7. VAD der Zeitungs- und Zeitschriftenverlage (Zeitungs- und Zeitschriftenabonnements) 8. VAD der Barsortimente (logistische Dienstleistungen, bibliographische Hilfsmittel, Service) 9. VAD der Buchhandlungen bei lokalen Großkunden (Dienstleistungen bei Lieferung und Zahlungsverkehr, Recherche, Abonnementmanagement für Zeitschriften und Loseblatt, Installation und Wartung von elektronischen Datenträgern). 10. VAD der → Library Suppliers bei wissenschaftlichen Bibliotheken (Belieferung, Zahlungsverkehr, Bibliografie, Besorgung ausländischer Titel)

IV. Gestaltung: Buchverlage: Festangestellte Reisende exklusiv für einen Verlag gibt es vor allem bei wissenschaftlichen und Fachbuchverlagen. Die begrenzte Zahl von Buchhandlungen, die ein Fach- oder wissenschaftliches Sortiment führen, ermöglicht eine Selektion der zu besuchenden Buchhandlungen (in Deutschland 300-500) durch die Verlage und eine relativ geringe Zahl von Außendienstlern (1-4 Reisende in Deutschland pro Fachbuchverlag oder Verlagsgruppe). Belletristik-, Landkarten-, ...- und Sachbuchverlage streben dagegen nach vollständiger Marktdurchdringung im Handel (Sortiment, Kaufhaus, Nebenmärkte), das bedingt eine entsprechend größere Außendienstorganisation (5-25 Außendienstler). Einige große Belletristik-, Landkarten- und Sachbuchverlage haben ihre Außendienstorganisation ebenfalls mit Reisenden ausgestattet. Hier rechtfertigt die Einzelauftragsgröße für den jeweiligen Verlag die exklusive Vertretung. In Ausnahmefällen existieren Kooperationen von Verlagen bei der Beschäftigung von Reisenden. Die Reisenden werden hierbei von den kooperierenden Verlagen anteilig bezahlt. Vor allem mittlere und kleinere Verlage, aber auch einige größere Verlage bedienen sich freier Handelsvertreter. Das Bestreben dieser Verlage, den gesamten Buchhandel mit ihrer Verlagsproduktion zu erreichen, gepaart mit einem nicht ausreichend großen bzw. beträchtlichen Absatzschwankungen unterworfenen Programm, führt zum Einsatz von Handelsvertretern (freie Verlagsvertreter). Bei mittleren und kleinen Verlagen ist der Einsatz von Handelsvertretern aus Kostengründen ohne Alternative. Ein festangestellter Reisender verursacht Gesamtkosten in Höhe von DM 150.000-200.000,– p.a.; diese sind für die genannten Verlage nicht darstellbar. Verlage oberhalb einer bestimmten Umsatzgrenze stehen vor der Alternative, ihren Verkaufsaußendienst mit Reisenden oder Handelsvertretern zu organisieren. Für den Einsatz von Reisenden spricht aus Sicht des Verlages: Exklusivität; Begrenzung der Provisionen; keine Ausgleichszahlungen bei Kündigung; weisungsgebunden: d.h. Gebietsverändungen problemlos möglich, Einsatz für Marktbeobachtung und Marktforschung, Erschließung kurzfristig noch nicht profitabler Märkte und Produkte. Für den Handelsvertreter spricht vor allem: bereits vorhandener Kundenstamm, niedrige Fixkosten, flexible Vertriebskostengestaltung – Risiko von Absatzschwankungen des Verlages kann z.T. auf den Handelsvertreter verlagert werden, positive Tradition. Die postulierten Kennzeichen: höhere Verkaufsaggressivität des Handelsvertreters als beim Reisenden, bessere Marktkenntnis, höhere Glaubwürdigkeit beim Buchhändler, ... sind nicht nachgewiesen. Diese subjektiven Eigenschaften sind eher mit der konkreten Person des Außendienstlers als mit seinem juristischen Status verbunden. Wesentlich beeinflußt wird die Leistungsfähigkeit der Außendienstorganisation von der Führung durch den Verlag, insbesondere von der Gestaltung der Außendienstentlohnung. Zeitschriftenverlage: VAD im Anzeigenverkauf: Besuch von Werbungtreibenden (Firmen, Parteien, Behörden, Institutionen). Einsatz von Angestellten oder Handelsvertretern, die dort Anzeigenaufträge akquirieren. Die Anzeigenverkäufer besitzen entweder Gebietsschutz (vor allem überregionale Zeitungen und Zeitschriften) bzw. Kunden- oder Rubrikenschutz (Lokalzeitungen). VAD im Abonnementsverkauf: besitzt im Gegensatz zur Abonnentengewinnung durch schriftliche Werbung oder LWL-Werbung: „(Leser werben Leser)“ eine geringere und ergänzende Bedeutung. Tätig wird der VAD bei Regionalzeitungen und Publikumszeitschriften mit Verkaufsständen durch kostenlose Verteilung von Zeitungen an stark frequentierten Stellen (Fußgängerzonen, Bahnhöfen, Flughäfen, Messen) und Werbekolonnen im Haustürgeschäft. Dabei bedient sich der Verlag oft nebenberuflich Beschäftigter. Fachzeitschriften bedürfen im persönlichen Verkauf durch den VAD einer qualifizierteren Kundenansprache. Das geschieht auf Fachmessen und beim Besuch von Firmen, Behörden und Institutionen. Buchhandel: In geringer Zahl gibt es Außendienstmitarbeiter auch bei den Buchhandlungen; fast ausschließlich im Fachbuchhandel und bei den Library Suppliers; hier jedoch meist als zusätzliche Funktion von leitenden Angestellten bzw. erfahrenen Fachbuchhändlern.

V. Entlohnung: 1. Fixum: Feststehendes Gehalt des Reisenden (50-100% des Einkommens); Grundbetrag (Garantiezahlung der Verlage für die bloße Aufnahme in das Angebot des Handelsvertreters gegenüber dessen Kunden (symbolisch bis fixkostendeckend). 2. Provisionen: Umsatzabhängige Vergütung, wesentlicher Anteil des Einkommens und der Kostendeckung bei freien Handelsvertretern; zusätzlicher Leistungsanreiz bei Reisenden (bis zu 50% des Einkommens). Gestaltungsvarianten: progressive, degressive, lineare Verprovisionierung (z.B. im Buchverlag 7-12% bei Sortimentsbestellungen, 3-6% bei Barsortimentsbestellungen). Bei Vertragsende hat der Handelsvertreter Anspruch auf eine Ausgleichszahlung 3. Prämien: für die Erreichung bestimmter Ziele: Jahresumsatz, Neukundengewinnung, Marktanteile, Markteinführung neuer Produkte in Form von Geld- oder Sachleistungen. Üblich sind Kunden- oder Gebietsschutz bei den Buchverlagen; bei den Zeitschriften- und Zeitungsverlagen auch Branchen- oder Rubrikenschutz.

VI. Rechtliche Grundlagen: Der Begriff des Handelsvertreters ist im HGB von § 84-92c definiert, die Rechte und Pflichten des Reisenden in § 59-75 HGB. Die Arbeitsgemeinschaft Verlagsvertretungen und der Verleger-Ausschuß des Börsenvereins des Deutschen Buchhandels geben „Hinweise für den Abschluß von Verlagsvertretungs-Verträgen“ heraus. Der Zentralverband der deutschen Werbewirtschaft e.V. veröffentlichte in der Bekanntmachung vom 4. April 1979 im

Bundesanzeiger die öffentliche Bekanntmachung 38/79 „Allgemeine Geschäftsbedingungen für Anzeigen und Fremdbeilagen in Zeitungen und Zeitschriften“. Der Bund Deutscher Zeitungsverleger e.V. ließ am 13. Mai 1975 die „Wettbewerbsregeln für den Vertrieb von abonnierbaren Tages- und Wochenzeitungen“ eintragen. Haustürgeschäfte werden im Gesetz über den Widerruf von Haustürgeschäften und ähnlichen Geschäften vom 16.1.1986 (BGl I 122) gesondert geregelt.

Literatur: Schroeder, Der optimale Außendienst, Hardebeck 1990; Dichtl/Raffée, Reisende oder Handelsvertreter, München 1981; Hinweise für den Abschluß von Verlagsvertretungsverträgen, Frankfurt 1994; Wörner, Erfolgreicher Einsatz des Außendienstes, Friedrichsdorf 1996; Schreiner, Der Vertreter im Buchhandel, Stuttgart 1992.

Ralph Patzig

Außenlektor

Exterñer Mitarbeiter, der bei wissenschaftlichen und Fachbüchern eingeschaltet wird, um das Manuskrip zu überprüfen.

Außensteg

Äußerer, den Satzspiegel umgebender Rand, auch Seitensteg.

Außentitel

Auf dem Schmutzumschlag oder der Buchdecke eines Buches angebrachter Titel.

Außenwerbung

Werbung mit Mitteln der sogenannten Mehrheitswerbung, die Passanten auf Straßen und öffentlichen Plätzen erreicht (Plakate, Transparente, Schaufensterwerbung, Verkaufshilfen, Ausstellungen, Verkehrsmittelwerbung, City-Light-Poster).

Aussetzen

Heraussetzen bestellter Bücher aus dem Lager zum Versand.

Aussparen

Leerlassen bestimmter Stellen, die nicht im Druck erscheinen sollen.

Ausstanzen

In der Buchbinderei und der Papierverarbeitung das Herstellen von Ausschnitten beliebiger Größe und Form aus Blättern oder Bögen mit Hilfe von Stanzmessern.

Ausstattung

A. bezieht sich sowohl auf die herstellerisch-verarbeitungstechnischen als auch auf die graphisch-typografischen Eigenschaften des Buches (unter Ausschluß der äußeren Aufmachung, der Verpackung).

Ausstattungspapiere

Weiße und farbige, vielfach geprägte Papiere (auch mit Wasserzeichen) für bessere Briefbögen und Briefkassetten.

Ausstellungen

Während sich Messen in der Regel an die Fachleute wenden, soll durch A. eine breite Öffentlichkeit angesprochen werden. Buch-A. sind meist ohne Verkauf reine Buchpräsentationen. Eine bekannte Form ist die Buch-A. im Rahmen der Gemeinschaftswerbung des Buchhandels (z.B. Münchner Buchausstellung). Auch A. im Rahmen des internationalen Kulturaustausches gehören hierher.

Austauschformat

Rich-Text-Format (RTF)

Ein Dateienformat für die Textverarbeitung, die Formate in reinen ASCII-Code verschlüsselt, damit sie von Programmen, die dieses Format lesen, ohne Schwierigkeiten interpretiert werden können.

Austräger

Zusteller von Presseerzeugnissen an Bezieher.

Austreiben

Den Satz eines Druckwerkes so ausdehnen, daß er den gewünschten Umfang bekommt, z.B. eine Zeile füllt, im Gegensatz zu einbringen.

Ausverkauf

Im Buchhandel der vorzeitige Verkauf einer Auflage eines Buchtitels. Anders der Endverkauf, wenn eine Tageszeitung am Ende des Erscheinungstages und eine Zeitschrift am Ende der Erscheinungsperiode ausverkauft ist.

Auswaschverfahren
Siebdruckverfahren, bei dem der Künstler das Bild mit Fettkreide auf das Sieb aufträgt. Anschließend wird das ganze Sieb mit wasserlöslicher Gelatine überzogen. Nach dem Trocknen werden die fetthaltigen Teile mit Terpentin ausgewaschen. Das Sieb wird an diesen Stellen farbdurchlässig.

Auswechslungspostamt
Postamt, das den Bezug von Zeitungen im Postzeitungsdienst mit dem Ausland vermittelt.

Auszeichnen
Ein Manuskript satzfertig machen, alle Befehle an einen Setzer, die in einem Manuskript angebracht sind (Schriftgrad, Durchschuß, halbfett, Absatz, Einzug usw.).

Auszeichnung
Das typographische Hervorheben einzelner Wörter und Zeilen im Text selbst und außerhalb des eigentlichen Textes (bei Überschriften, Schlagzeilen usw.).
Dazu werden aus Anweisungen an den Setzer die Textstellen im Manuskript mit (farbigen) Unterstreichungen, deren Bedeutungen in der Satzanweisung erläutert werden (z.B. rot = halbfett; grün = kursiv; blau = Kapitälchen mit Anfangsversal usw.).

Auszeichnungsfarben
Farben (Buntstifte, Farbmarker) zur Hervorhebung bestimmter Textteile gegenüber dem Schwarz-Weiß-Druck.

Auszeichnungsschriften
Im Gegensatz zur normalen Schrift deren kursive, halbfette und fette Formen (Ergänzungsschnitte).

Auszug
Nach links aus dem Text herausgezogene Zeile, auch negativer Einzug im Unterschied zum Einzug.

Author's agent
Engl. für literarischer Agent.

Author's contract
Engl. für Verfasservertrag.

Author's copies
Engl. für Autorenexemplare, Freistücke des Autors.

Author's discount
Engl. für Autorenrabatt.

Author's proofs
Engl. für Autorenkorrektur.

Autogramm
Eigenhändig geschriebener Namenszug (Unterschrift) eines Künstlers, bspw. in einem Buch.

Autograph
Schriftstück, das von einer bekannten Persönlichkeit verfaßt wurde, besonders in der Urfassung.

Autonym
Werk, das von seinem Autor unter seinem richtigen Namen herausgegeben wird, im Gegensatz zu Pseudonym.

Autopsie
Wenn die bibliographischen Angaben dem körperlich vorliegenden Buch entnommen werden, wird eine Primärbibliographie erstellt. Da es sich bei diesem Vorgang um ein „in Augenschein nehmen" handelt, spricht man von einer Titelaufnahme nach A.

Autor
Verfasser eines schriftlichen Werkes. Urheber oder Miturheber im Sinne des Urheberrechts (UrhRG).

Autorenakquisition
Aspekte des wissenschaftlichen bzw. Fachverlages stehen hier im Vordergrund:
1. Wie finden Verlag und Autor zueinander? Die Beziehungen zwischen Verlag und Autor werden im allgemeinen auf zwei Arten bestimmt: Bei der ersten geht die Initiative vom Autor aus. Entweder hat er bereits ein fertiges Manuskript und möchte dieses dem Verleger seiner Wahl zur Veröffentlichung anbieten. Oder er fragt erst einmal bei einem Verlag an, ob dieser grundsätzliches Interesse an einem bestimmten Thema bezeuge, über das dann der Autor zu arbeiten gedenkt und ein Manuskript erstellt. Bei Hochschulschriften – Dissertationen oder Habilita-

tionsschriften – wird wohl der erste Weg der Regelfall sein, da hier der Druck der universitären Verhältnisse – rechtlicher wie reputationeller Art – unausweichlich erscheint und die treibende Kraft darstellt. In solchen Fällen entstehen in der Praxis dem Autor nur wirtschaftliche Nachteile, die er aber in Kauf nehmen wird; vor allem dann, wenn er an einen Verlag gerät, der sich (fast) ausschließlich auf den Vertrieb von Hochschulschriften spezialisiert. Der Autor muß die Druckkosten übernehmen bzw. für die Herstellung der Vorlage Sorge tragen. Verdienen wird er dabei nichts, da die Auflage gering und der Verkaufspreis hoch sein werden.

Bei der zweiten Art der Beziehung geht die Initiative vom Verlag aus. Er sucht Autoren zu animieren, Themen zu bearbeiten, die in sein spezifisches Verlagsprogramm hineinpassen – ein äußerlicher Zwang zur Veröffentlichung braucht nicht zu bestehen. Es hängt im Einzelfall vom Verlag ab, wie er dabei vorgeht. Manche Verlagslektorate haben einen recht guten Überblick über das Angebot an potentiellen Autoren; ihre Mitarbeiter entstammen oft selbst dem Fach oder einem Nachbargebiet, was sie prädestiniert, gezielt vorzugehen, auch in bezug auf die Themenstellung der angestrebten Veröffentlichung. Im Laufe der Zeit mag sich dabei eine engere Kommunikationsstruktur zwischen Verlag und Autor entwickeln, die eine Artikulierung beiderseitiger Interessen zuläßt: Der Verlag weiß, was der Autor zu leisten vermag und worüber er veröffentlichen will; der Autor wiederum weiß, daß er einen (manchmal auch einen zweiten oder dritten) Verlag hinter sich hat, zu dem er mit seinen Plänen gehen kann; das gibt ihm ein beruhigendes Gefühl, sozusagen als „Stammkunde“ geführt und auch akzeptiert zu werden.

In den Fällen, in denen die Lektorate den Angebotsmarkt der möglichen Autoren in einem bestimmten Fachgebiet oder die Lesebedürfnisse der Nachfrager nur kursorisch kennen, werden sie oft einen Vermittler dazwischenschalten, der vom Fach ist, und der die entsprechenden Kontakte herstellen kann. So kommt ein Wissenschaftler zu Herausgeberehren, und so werden wissenschaftliche Reihen geboren.

Der Verlag ist ein Unternehmen, dessen höchstes Ziel es ist, einen möglichst guten Ertrag zu erwirtschaften, sowie – nicht zu vergessen – sein wie auch immer geartetes Programm-Image zu kultivieren. Das wird u.a. dann der Fall sein, wenn das Wirtschaftsgut, das er vertreibt, von besonderer Qualität ist, oder besser ausgedrückt: wenn das Preis-Leistungs-Verhältnis stimmt. Der Käufer wird durchaus auch einen höheren Preis zu zahlen bereit sein, wenn die Güte des Produktes so beschaffen ist, daß dieses seinen Bedürfnissen gerecht wird, auch wenn Konkurrenzprodukte billiger sein mögen. Bücher sind nun aber ihrer Natur nach von besonderer Qualität. Sie sind zwar von Menschenhand geschaffen wie andere Produkte auch, aber eben nicht maschinell. Der einzelne Autor ist schließlich kein Automat, der auf Knopfdruck anfängt, eine bestimmte Zeit einhält, auf Knopfdruck mit seiner Produktion aufhört und sein Produkt über den Verlag auf den Markt wirft. Deshalb sind im allgemeinen die Verlage gut beraten, so etwas wie „Autorenpflege“ zu betreiben, ohne die eine auf die Nachfrager hin zielgerichtete, ordentliche und qualitativ angemessene Produktion von Büchern wenig profitabel ist. Nur dort, wo der Markt oder einzelne Marktsegmente oligopolisiert oder gar monopolisiert sind, ist die Gefahr gegeben, daß dieser Mechanismus außer Kraft gesetzt und nicht mehr beachtet wird.

2. Wer soll als Autor in Betracht kommen? Für einen Verlag erscheint es ideal, wenn er für ein bestimmtes Sachgebiet denjenigen Wissenschaftler als Autor gewinnen kann, der darin die größmögliche Kompetenz besitzt. Das geht natürlich an der Wirklichkeit vorbei. Die chronische Überbeschäftigung der besten Leute, die in der Regel als Universitätsprofessoren amtieren, und die wechselhaften Launen mancher Koryphäe, die sich nicht so ohne weiteres den anders gelagerten Interessen des Verlages unterordnen lassen, sprechen nicht unbedingt für diesen Weg. Hinzu kommt, daß bei den etablierten Wissenschaftlern die Wahrscheinlichkeit geringer ist, in ihren Büchern neue Wege

zu beschreiten, originelle theoretische Konzeptionen zu entwickeln oder sich geänderten Fragestellungen zu verschreiben. Meist schreiben sie das fort, womit sie früher Erfolg gehabt haben oder modifizieren dies und passen es den neuen Gegebenheiten an. Echte Neuerungen sind auf einer solchen Basis kaum möglich. Auch wenn es dem Verlag zunächst gleichgültig erscheinen mag, ob das Buch einen Fortschritt in der Wissenschaft bedeute oder nicht, so wird der Leser doch bald merken, ob die Ware, die ihm angeboten wird, von der inneren Substanz her gesehen, brauchbar ist oder nicht.

Die Tatsache ist nicht von der Hand zu weisen, daß der Verkauf derjenigen Bücher, die von Professoren verfaßt worden sind, für den Verlag einen höheren Umsatz verspricht, da viele Professoren ihre Bücher zu Pflichtlektüren für ihre Studenten machen, die sie für die Prüfung benötigen und folglich der Anreiz zum Kauf recht groß ist. In ausgeprägt standardisierten Disziplinen wie den Naturwissenschaften, der Rechtswissenschaft oder den Wirtschaftswissenschaften ist dies gängige Übung. Anders als etwa in den „weichen" Disziplinen wie den Kultur- und Sozialwissenschaften, wo die Alternativen in der Anwendung verschiedenartiger Ansätze größer sind, kommt es bei den „harten" Wissenschaften darauf an, wie geschickt der einzelne Autor seinen Stoff didaktisch aufzubereiten versteht. Dieser Indikator ist also ein echter Maßstab dafür, wie das jeweilige Buch bei den Benutzern „ankommt" – in professionell-reputationeller Hinsicht für den Autor, in wirtschaftlicher Hinsicht für den Verlag. Je stärker dieser Komponente bei der Autorenakquisition Beachtung geschenkt wird, um so größer ist die Erwartung, daß sich das Buch auch gut verkaufen läßt.

Aber gerade bei Hand- und Lehrbüchern sollten die Verlage ihre Akquisitionspolitik so ausrichten, daß sie keine Scheu davor haben, vermehrt jüngeren Fachwissenschaftlern den Vorzug zu geben. Wenn man sie von dieser Seite her entsprechend ermutigt, sind diese leichter dafür zu haben, für Neuerungen in ihrem Gebiet eine Lanze zu brechen bzw. verkrustete intellektuelle Fronten aufzubrechen; im Vergleich zu ihren älteren Kollegen sind sie noch nicht saturiert; man darf also noch etwas erwarten. Aber auch hier sollte man sich den Realitäten nicht verschließen: Gerade weil die meisten jüngeren Wissenschaftler in der Regel zwischen Promotion und Habilitation stehen und noch auf die Gunst ihrer ‚Lehrer' angewiesen sind, wenn sie Karriere machen wollen, hält sich ihre Innovationsfreudigkeit in Grenzen; sie verhalten sich dann eher konventionell, als mit waghalsigen, aber bemerkenswerten Ideen das akademische Establishment durcheinanderzuwirbeln und in Erklärungsnot zu bringen.

3. Die konrete Akquisition von Autoren geschieht über verschiedene Bezugsquellen: Hörensagen, frühere Veröffentlichungen, Zwischenschaltung eines Beraters oder – im Falle einer Reihe – eines Herausgebers. Die Erfahrung lehrt, daß eine für beide Seiten befriedigende Zusammenarbeit nur dann wird gelingen können, wenn die wichtigen Fragen vor Vertragsabschluß in einem persönlichen Gespräch erörtert und auch geklärt werden. Hier greift – analog der Diplomatie in den internationalen Beziehungen – das Prinzip der Empathie: Die Möglichkeit, daß sich Meinungsverschiedenheiten erledigen lassen, ist größer, wenn sich die Geschäftspartner persönlich kennen, als dies über die unpersönliche Kommunikationskanäle (Brief, Telefon, Fax etc.) der Fall ist.

4. Eines der heikelsten Probleme, das in der Beziehung zwischen Verlag und Autor mit Sicherheit auftreten wird, ist das Zeitproblem. Leider ist es so, daß in Deutschland die Zahl derjenigen Wissenschaftler, die zügig und zugleich auch noch hervorragend arbeiten können, so daß die Bücher relativ schnell den Markt erreichen und Absatz finden, verschwindend gering ist. Auf der einen Seite sollte der Verlag dem Verfasser für dessen Arbeit ausreichend Zeit einräumen, in der Hoffnung natürlich, daß dieser mit Muse ein respektables Werk abliefert. Auf der anderen Seite kann aber der Verlag nicht jahrelang warten, bis sich der Autor bequemt, ein Manuskript abzugeben. Der Verlag ist, wie erinnerlich, Wirtschaftssubjekt und muß somit permanent am Marktgeschehen mit seinen Produkten

präsent sein. Hier ist also eine angemessen Koordinierung zwischen Autor und Verlag angezeigt, sie funktioniert dann am zweckmäßigsten, wenn dies gleich zu Beginn der Kooperation ausgehandelt wird. Auf alle Fälle sollte der Zeitfaktor in der Phase der Akquisition nicht unterschätzt werden. Arno Mohr

Autorenfragebogen
Fragebogen, der auf Wunsch eines Verlages vom Autor ausgefüllt wird und dessen Vorstellungen umfaßt.

Autorenhonorar
Absatzabhängige Vergütung vom Brutto- oder Nettoverkaufspreis eines Buches, aber auch Pauschalhonorar als einmalige Vergütung.

Autorenrabatt
Vorzugspreis für Autoren.

Autorensprache
Das Manuskript muß Informationen für den Setzer enthalten, das alle Gestaltungskriterien nennt. Dazu zählen Schriftart, Schriftgröße, Auszeichnungen, Satzspiegel, Kolumnentitel, Leerzeilen und viele andere Abweichungen vom eigentlichen Grundtext. A. ist also eine Codiersprache. Als mehr oder weniger standardisierte Auszeichnungssprache trägt sie zu einer Verkürzung der Produktionszeit bei.

Autorenstandpunkt
Erzählperspektive.

Autorenverlag
Autorensyndikat
Die Autoren sind Teilhaber des Verlages.

Autorisierte Ausgabe
Buch, dessen Text der Autor druckreif erklärt hat.

Autorkorrektur
Vom Verfasser ausgeführte Korrektur des Satzes sowie vom Autor gewünschte Satzänderungen, die nicht vom Setzer verursacht sind und die ab einem bestimmten Korrekturumfang auch kostenpflichtig für den Autor sein können.
Auch: Verfasserkorrektur, → Bestellerkorrektur.

Autotypie
Bilddruckstock, der flächenvariabel gerastert ist, zur Wiedergabe von Halbtönen im Hochdruckverfahren.
(Beispiele: Duplexdruck, Farbätzung, Netzätzung, Rasterätzung, Zinkätzung).

Avis
Begleitschein zu den Sendungen (Beischlüssen, die der Büchersammelverkehr von den Verlagen bzw. deren Auslieferungen zu den Beziehern transportiert).
Das A. führt zur genauen Kontrolle für Absender und Empfänger die beförderten Sendungen nach Anzahl, Lieferanten und Gewicht auf. Kleinbeischlüsse werden nur nach Anzahl aufgeführt.

Aviso
Nachrichten in der Entstehungs- und Frühzeit der Presse (Avisen).

AWA
Allensbacher Werbeträger-Analyse
Jährlich vom Institut für Demoskopie in Allensbach durchgeführte Erhebung und Analyse von Markt- und Mediadaten (nach dem sog. Quota-Verfahren).

Axialer Satz
Um eine gedachte Mittelachse des Satzspiegels angeordnete Elemente einer Buchseite. Im Gegensatz zu anaxialer Satz.

B

b
→ Briefkurs.

Backbone
(Rückgrat) zentraler Rechner; in Datennetzen Bezeichnung für alle miteinander über besonders schnelle Übertragungswege verbundenen Hauptrechner, die Adressen und Routen innerhalb eines Netzes ermitteln und die Übertragung bewerkstelligen.

Back-End
Hinteres Ende einer größeren Auflage, Ausgabeeinheit, meist im Sinne eines eigenständigen (und eigentlich nicht zur Anlage gehörenden) Anlagenteils gebraucht.

Backlist
Alle noch lieferbaren Titel eines Verlages, die nicht im aktuellen Jahr (→ Frontlist) erschienen sind.

Backup
Sicherung von Daten durch Anfertigung einer Kopie, meist auf einem externen Datenträger.

BAG
→ Buchhändler-Abrechnungs-Gesellschaft.

BAG-Abrechnung
Verfahren zur rationelleren Abrechnung zwischen Buchhandlungen und Verlagen, getragen von der → BAG; die Verlage liefern ihre Forderungslisten bei der BAG auf, diese stellt wiederum für jede Buchhandlung Sammelrechnungen zusammen, die vom Buchhändler anhand der (wie Lieferscheine) abgelegten Rechnungsbelege der Verlage überprüft werden können; die Buchhändler bezahlen an die BAG, die wiederum alle Gutschriften den jeweiligen Verlagen zuordnet und als Sammelgutschrift in einem Vorgang überweist.

Bahn
→ Papierbahn.

Bahnhofsbuchhandel
Bucheinzelhandel auf Bahnhöfen, meist beschränktes Sortiment (gängige Taschenbuchtitel, Zeitungen und Zeitschriften).

Balken
Fette Linien, die hauptsächlich im Zeitungs- und Zeitschriftenbereich als Gestaltungselemente eingesetzt werden.

Ballen
Großes, zusammengeschnürtes Paket mit Büchern (Bücherballen), Zeitschriften oder Papierbogen (→ Ries); auch Abkürzung für → Druckerballen.

Ballenmeister
Fachkraft, die für die Einfärbung der Druckform mit Hilfe des → Druckerballens zuständig war.

BALLOTS
Bibliographic Automation of Large Library Operations using a Time Sharing System: integriertes Bibliothekssystem, entwickelt an der Stanford University.

Band
Ein einzelnes Werk oder ein physisch selbständiger Teil eines Werkes, synonym für Buch. Man unterscheidet den → bibliographischen Band und den → Buchbinderband.

Bandangabe
Bei mehreren selbständigen Teilen eines Werkes erfolgt in der Titelaufnahme zu jedem Band eine Angabe, bestehend aus Bandbenennung und Bandzählung.

Banderole
Ein um einen Gegenstand herumlaufender Streifen, meist aus Papier und mit Aufdruck (→ Buchbinde).

Banderolieren
Banderolen von Hand oder mit einer Banderoliermaschine anbringen.

Bandheftung
Sehr dauerhafte Heftung, bei der gewebte Bänder als Bundmaterial eingesetzt

werden, besonders für Bibliotheks- und Handeinbände.

Bandzug
Schreibweise, bei der im Unterschied zum → Schnurzug je nach Strichrichtung Haar- und Schattenstriche entstehen.

Bar
Kaufvertrag, bei dem die Warenübergabe gegen sofortige Bezahlung (Zug um Zug) erfolgt.

Bar mit Rückgaberecht
Im Sortimentsbuchhandel üblicher Kaufvertrag, bei dem für → Bar gekaufte Waren die Rückgabe (innerhalb einer vorgegebenen Frist und gegen Gutschrift) vereinbart wird.

Bar mit Umtauschrecht
Kaufvertrag, bei dem → Bar bezogene Waren gegen andere Waren umgetauscht werden können.

Barcode
Maschinenlesbarer Strichcode, beispielsweise zur Warenkennzeichnung.

Barfaktur
Waren-Begleitrechnung im Barverkehr; im Buchhandel Bezeichnung für eine durch den Sortimenter zugestellte Rechnung für Waren, die im Auftrag des Sortimenters direkt vom Verlag an den Buchhändler versandt werden.

Barpaket
Auslieferung per Nachnahme.

Barremittenden
Remittenden, die → Bar mit Rückgaberecht bezogen wurden.

Barsortiment
Buchgroßhandelsunternehmen im Zwischenbuchhandel, das ständig eine große Zahl aktueller Titel vorrätig hält und an die Sortimenter weiterleitet, meist zu Originalverlagsrabattpreisen. Der Sortimenter kann dem → VLB oder speziellen → Barsortiments-Lagerkatalogen die entsprechenden Bestell- und Liefermöglichkeiten entnehmen, zudem ist über elektronische Bestellterminals auch der direkte Zugriff auf den Lagerbestand des Barsortiments (mit sofortiger Bestellmöglichkeit) gegeben. Große Barsortimenter unterhalten für nicht geführte Titel spezielle Besorgungsdienste, die am Lager gehaltene Titel werden in der Regel am selben Tag über eigene Bücherwagen-Lieferdienste ausgeliefert. Das erste Barsortiment wurde am 1. Juli 1852 durch Louis Zander in Leipzig eröffnet.

Barsortiments-Lagerkatalog
Auch Barsortimentskatalog oder BS-Katalog, vom Barsortimenter herausgegebenes und mehrmals jährlich aktualisiertes Verzeichnis aller am Barsortimentslager vorrätig gehaltenen Titel.

Barverkehr
Auslieferung durch den Verlegerkommissionär an den Sortimenterkommissionär gegen Barzahlung.

Barytabzug
Qualitativ hochwertiger Andruck auf → Barytpapier, meist als Zwischenstufe bei der Übertragung von Bleisatz auf Film verwandt.

Barytpapier
Reinweißes, kalandriertes, mit Bariumsulfat beschichtetes Spezialpapier, das eine besonders glatte Oberfläche besitzt, nicht nachdunkelt und gute Kontraste liefert. Wird ohne weitere Beschichtung im Offset- und Tiefdruck zur Vorlagenherstellung eingesetzt (→ Barytabzug) und mit Fotoemulsion beschichtet als Fotopapier verwendet.

BASIC
Beginners all-purpose symbolic instruction code: problemorientierte Programmiersprache.

Bastarda
→ Bastardschriften.

Bastardschriften
Schriften, deren Schriftbild keinem spezifischen Schriftcharakter (etwa Fraktur, Antiqua) zuzuordnen sind.

Batch
Sequentieller Ablauf von Programmen oder Programmteilen.

Batchbetrieb
→ Stapelverarbeitung, im Unterschied zum Dialogbetrieb erfolgt die Erledigung einer Aufgabe Schritt für Schritt und ohne weiteren Benutzereingriff durch die EDV-Anlage.

Batch-Programm
Programm, das den Ablauf der Ausführung anderer Programme festlegt.

Batikpapier
In der Batiktechnik (Ausspar-Farbtechnik) gefärbtes Papier, meist für bibliophile Einbände (als → Bezug oder → Vorsatz) verwendet.

Bauchbinde
→ Buchbinde.

Baud
Nach J. M. E. Baudot (1845-1903) benanntes Maß für die Datenübertragungsrate, bits per second, früher Maßeinheit in der Telegraphie (pulse per second).

Bauernlektüre
Geringschätzig für → Volksbücher.

Bauernkalender
(auch Mandl-Kalender)
Einblatt-Kalender ab dem 16. Jahrhundert, bei denen die Informationen für die zumeist analphabetischen Käufer vorwiegend grafisch dargestellt wurden (etwa: Heilige mit Attributen). Später erweitert zu mehrblättrigen illustrierten „Haus- und Volkskalendern“ mit Wetterregeln, Gebeten usw.

Baumwolle
Samenhaare der Baumwollpflanze (Gossypium), wichtige Hadernfaser bei der Papierherstellung. Verwendet werden vor allem die Linters (kurzhaarige Grundwolle-Fasern, ca. 80% Zellulose-Anteil), die nach dem Abtrennen der Spinnbaumwolle noch am Samen hängen.

BBK
Bibliothekarisch-bibliographische Klassifikation.

Bboard
→ Bulletin Board System.

bbs
→ Bulletin Board System.

bd
→ Baud.

BDB
→ Bund Deutscher Buchkünstler.

BDK
Brüsseler Dezimal-Klassifikation, → Universal Decimal Classification.

BDW
→ Bund Deutscher Werbeberater und Werbeleiter e.V.

BDZV
→ Bundesverband Deutscher Zeitungsverleger e.V.

Beamen
Übertragung von Nachrichten oder Dateien (Hacker-Slang, nach der Fernsehserie „Star Trek“).

Bearbeiter
Verfasser von Umgestaltungen, Übersetzungen oder anderen Bearbeitungen des Werkes eines fremden Autors. Verwertungen von Bearbeitungen, teils auch bereits das Erstellen einer Bearbeitung, bedürfen bei urheberrechtlich geschützten Werken der Einwilligung des Urheberrechtsinhabers. Entstehen im Rahmen eines Bearbeitens persönliche geistige Schöpfungen des Bearbeiters, sind diese ebenfalls urheberrechtlich geschützt. → Urheberrecht.

Bedarfsschrift
Schriften für den täglichen Bedarf, → Brotschrift.

Bedingt
Ursprünglich Kurzform für Kommissionslieferung (Lieferung „à condition“), bei denen die an den Buchhandel gelieferten Bücher bis zum Verkauf Eigentum des Lieferanten blieben, erst an festen Abrechnungsterminen wurde bezahlt. Heute zwischen Buchhandel und Verlag übliche Kurzform für „Kauf mit Remissionsrecht“ (→ Bar mit Rückgaberecht).

Bedruckstoff
Auch Druckträger oder Trägermaterial, jedes Material, das bedruckt wird. Normalerweise synonym für Papier, mit heutigen Drucktechnologien können jedoch nahezu alle Werkstoffe (Kunststoffe, Metallbleche, Textilien, Leder, Holz, Keramik, Glas usw.) bedruckt werden.

Befehl
In Computerprogrammen fest verankerte oder bei Bedarf durch den Benutzer einzugebende Anweisung zur Durchführung bestimmter Operationen.

Beigabenvermerk
Auf dem Titelblatt eines Buches angebrachter Vermerk über Abbildungen, Karten, Tabellen, Register u.a. Besonderheiten des Buchs.

Beilagen
Bei Büchern Anhang, Ergänzung, Nachtrag, Tafeln und Register; bei Zeitungen oder Zeitschriften alle nicht zur eigentlichen Zeitung oder Zeitschrift gehörige Schriften, im weiteren Sinne auch die einer Zeitung oder Zeitschrift beigelegten Waren (beispielsweise Datenträger, Spielzeug) und Warenmuster. Man unterscheidet nach → Fremdbeilagen, → Zeitungsbestandteilen oder → Zeitungsbeilagen („Specials") und → Verlegerbeilagen.

Beilagenwerbung
Werbung mit Hilfe von Beilagen (anstelle von Anzeigen).

Beischlüsse
Bezeichnung für (besondere) Einzelteile eines → Ballens, vor allem für Fakturen oder andere einer Sendung beigefügten Anlagen. Im → Büchersammelverkehr Bezeichnung für vom Verlag an einen Sortimenter gerichtete Büchersendungen.

Beiwerk
Nicht zum eigentlichen Titel gehörige, aber auf der Titelseite eines Buchs angebrachte textliche oder grafische Elemente wie Druckerlaubnis, Motto, Vignetten.

Belegexemplar
Dem Inhaber des Urheberrechtes (Autor, Verlag) zustehendes Exemplar eines Buchs oder einer sonstigen Druckschrift; vom Verlag oder der Druckerei archiviertes Exemplar eines Werkes; vom Verlag an Anzeigenkunden übergebenes Exemplar; von einer Redaktion an den Autor oder den Verlag gesandtes Exemplar der Zeitungsausgabe, die eine Rezension enthält.

Belegleser
→ Datenerfassungsgeräte.

Belichtung
Bilderzeugung durch Einwirkung von Licht auf eine lichtempfindliche Schicht (Fotomaterial).

Belletristik
Schöngeistige Literatur im Gegensatz zu Sachbüchern oder wissenschaftlichen Werken, abwertend auch im Sinne von (seichter) Unterhaltungsliteratur verwendet.

Benchmark-Tests
Tests zur Ermittlung der Geschwindigkeit, mit der Computer bestimmte Aufgaben erledigen.

Bengel
Teil einer → Druckpresse.

Benutzer
Jemand, der die Dienste einer Bibliothek in Anspruch nimmt; jemand, der ein Programm anwendet (Anwender, User).

Benutzerforschung
Untersuchung der Benutzer einer Bibliothek, → Leserforschung.

Benutzerkatalog
Publikumskatalog, im Unterschied zum → Dienstkatalog ein für die Benutzer einer Bibliothek bestimmter Katalog, in modernen → Online-Katalogen mit dem Dienstkatalog identisch.

Benutzerführung
Innerhalb eines Computerprogramms vorhandene Abläufe und Funktionen, die den Anwender des Programms bei der Bedienung des Programms unterstützen (beispielsweise Menüs, Sicherheitsrückfragen, automatische Hilfstexte).

Benutzungsfrequenzanalyse
Statistisches Verfahren zur Ermittlung der Benutzungsrate von Büchern (in Bibliotheken).

Benutzungsführer
Merkblatt oder Broschüre für Bibliotheksbenutzer zur Erläuterung der Nutzung der Bibliothekseinrichtungen.

Benutzungskarte
Leserausweis oder Leihkarte einer Bibliothek.

Berechnen
Früher Bezeichnung für die Entlohnung der Setzer im Akkord, im Unterschied zum → Gewißgeld.

Berechnung
→ Textumfangsberechnung, → Dekkungsbeitragsrechnung, → Druckkosten, → Rabatt.

Berichtigung
Nachträgliche Korrektur (einer Pressemeldung).

Berichtigungsbegehren
Forderung nach der Veröffentlichung einer → Gegendarstellung, presserechtlich gewährleistet.

Berliner Format
→ Zeitungsformat 315 × 470 mm.

Berner Konvention
1886 in Bern erstmals verabschiedetes multilaterales Abkommen zum Schutz von Werken aus Kunst und Literatur, seit 1952 ergänzt durch das → Welturheberrechtsabkommen.

Berstwiderstand
Widerstand, den ein Papier einem einseitigen Luftdruck bis zum Bersten entgegensetzt, gemessen in kPa (Kilopascal).

Berufliche Fortbildung
Ausbildungsmaßnahmen zur Erhaltung oder Erweiterung beruflicher Kenntnisse und Fähigkeiten, zu deren Anpassung an technische Entwicklungen sowie zur Förderung des beruflichen Aufstiegs; kann innerbetrieblich oder extern erfolgen und wird teilweise vom Unternehmen, teilweise auch von staatlicher Seite unterstützt.

Berufsausbildung
Ausbildung in einem staatlich anerkannten Beruf, erfolgt in der Bundesrepublik Deutschland im sogenannten „dualen System“ sowohl im Betrieb als auch schulisch. Die betriebliche Ausbildung ist bundeseinheitlich nach dem → Berufsbildungsgesetz festgelegt, während die schulische Ausbildung auf Länderebene (zumeist in Anlehnung an Rahmenlehrpläne von Kultusministerkonferenzen) geregelt wird. Die Regeldauer einer Berufsausbildung beträgt drei Jahre, je nach vorhandenem Schulabschluß kann die Ausbildung auf zwei Jahre verkürzt werden. Zwischen- und Abschlußprüfungen werden von Prüfungskommissionen der Industrie- und Handelskammern abgelegt. → Berufsbildung, → Ausbildung.

Berufsbild
Vom Bundesminister für Wirtschaft auf Basis des → Berufsbildungsgesetzes per Verordnung erlassene Darstellung der speziellen Fertigkeiten und Kenntnisse, die in der betrieblichen Berufsbildung zu erwerben sind.

Berufsbildung
Sammelbegriff für Berufsausbildung, Berufsumschulung und berufliche Fortbildung.

Berufsbildungsgesetz
Gesetz zur bundesweiten Regelung der Berufsbildung in der Bundesrepublik Deutschland, gültig seit dem 14. August 1969, veröffentlicht im Bundesgesetzblatt Teil I, S. 1112.

Berufsgenossenschaft
Gesetzliche Unfallversicherung für Arbeitnehmer, übernimmt durch Arbeitsunfälle entstehender Krankheitskosten und Folgekosten. Die Berufsgenossenschaften sind nach Branchen unterteilt, Mitglieder und Beitragszahler sind die einzelnen Betriebe.

Berufsumschulung
Von der Bundesanstalt für Arbeit geförderte Berufsausbildungsmaßnahmen (für

bereits in einem anderen Beruf Ausgebildete).

Berührungsloser Druck
(Non-Impact Technology) → Tintenstrahldruck.

Beschlagnahme
Im Presserecht geregeltes Verfahren zur Verhinderung der Auslieferung und des Verkaufs von Presseerzeugnissen. Wird von Amts wegen oder durch einstweilige Verfügung auf Antrag eines Geschädigten ausgelöst.

Beschneiden
Zurechtschneiden von Drucken auf das Endformat; bei Büchern wird der komplette Block immer auf drei Seiten (bei Fadenheftung, nach dem Heften) oder auf vier Seiten (vor der Klebebindung) beschnitten.

Beschnitt
Alle Flächen eines Druckbogens, die nach dem → Beschneiden wegfallen. Häufig werden im Beschnitt → Bogensignatur, → Paßkreuze und andere für den Druck oder die Weiterverarbeitung hilfreiche Elemente angebracht.

Besitzerzeichen
→ Exlibris.

Besorgungsgebühr
Im Buchhandel bisweilen für die Einzelbesorgung von nicht bei Barsortimenten erhältlichen Gegenständen des Buchhandels erhobener Preiszuschlag; bei preisgebundenen Büchern unzulässig.

Besprechungsstück
→ Rezensionsexemplar.

Bestandserschließung
Die Einteilung des Bestandes einer Bibliothek nach Kriterien, welche den Zugriff auf einzelne Werke oder eine spezifische Auswahl von Werken ermöglichen.

Bestandsumfang
Bestandsgröße einer Bibliothek, Anzahl der dem Benutzer zur Verfügung stehenden Bücher oder sonstigen Medieneinheiten.

Bestäuben
Einpudern der gedruckten Bogen in der Auslage einer Druckmaschine, um → Abliegen zu vermeiden.

Besteller
→ Bezieher.

Bestellerkorrektur
Korrekturen durch den Auftraggeber, die nicht vom Setzer zu verantworten sind (Fehler im Manuskript oder nachträgliche Änderungen am Manuskript) und daher zusätzlich in Rechnung gestellt werden.

Bestellvertrag
Im Unterschied zum → Verlagsvertrag ein Vertrag über die detailliert vorgeschriebene Erstellung eines Werkes oder die genau umrissene Mitarbeit an einem Werk. Rechtsgrundlage bilden die Regelungen des BGB zum Werkvertrag (§§ 631-651 BGB), die Urhebernutzungsrechte werden im Vertrag üblicherweise dem Besteller zugesprochen.

Bestenliste
Im Unterschied zu Bestsellerlisten einer Bücherliste, die von Kritikern, Rezensenten oder Buchhändlern nach persönlichen Beurteilungen (literarischer oder sonstiger Qualitäten) erstellt wird.

Bestseller
Bücher, die im Vergleich zu anderen Büchern desselben Genres eine wesentlich höhere Verkaufszahl erreichen.

Bestsellerliste
Von Medien (anhand von Umfrageergebnissen beim Buchhandel) oder Barsortimentern (anhand der eigenen Verkaufszahlen) erstellte Liste der in einem spezifizierten Zeitraum meistverkauften Bücher.

Betriebsrat
Arbeitnehmervertretung eines Betriebs nach dem → Betriebsverfassungsgesetz.

Betriebssystem
Gesamtheit aller Programme, die den grundsätzlichen Betrieb eines Computers ermöglichen; steuert den → Prozessor, verwaltet → Hauptspeicher sowie die → Peripherie, und bietet einfache Möglich-

keiten für den Dateizugriff (kopieren, löschen, lesen usw.).

Betriebsvereinbarung
Vereinbarung zwischen Betriebsrat und Unternehmensleitung nach dem Betriebsverfassungsgesetz.

Betriebsverfassungsgesetz
Gesetzliche Regelung für betriebliche Arbeitnehmervertretungen, bestimmt Aufgabenbereich, Wahl, Mitwirkung und Mitbestimmungsrechte des Betriebsrats, gültig seit Januar 1972.

Betriebsvergleich
Von Unternehmensberatern oder Fachverbänden vorgenommener Vergleich zwischen Betrieben einer Branche. Die ermittelten Daten werden statistisch aufbereitet zu Kennzahlen, die wiederum von den einzelnen Betrieben (etwa zur Schwachstellenanalyse oder als Grundlage für die Kosten- und Leistungsrechnung) genutzt werden können.

Bezieher
(Abonnent, Besteller, Postbezieher) Leser eines periodisch oder in Fortsetzungen erscheinenden Werkes, der sich für einen bestimmten Zeitraum vertraglich zum regelmäßigen Bezug verpflichtet hat.

Bezugsbedingungen
Gesamt aller vertraglichen Regelungen, die Bezugsobjekt, Preis, Bezugsdauer, Verlängerung, Kündigung und Lieferung (im Abonnementbezug) bestimmen.

Bezugsdauer
→ Bezugszeit.

Bezugsgeld
→ Abonnementpreis.

Bezugskosten
Alle für den Bezug fälligen Kosten (Porti, Gebühren, Versicherung usw.).

Bezugsmaterial
Materialien für den Bezug von Büchern, es kommen vor allem Gewebe (etwa Moleskin, Rohleinen, Kaliko), Papier, Kunststoffe, Leder und Kunstleder sowie Pergament zum Einsatz.

Bezugszeit
Zeitrahmen für die Abnahme von Presse- oder Verlagserzeugnissen; meist wird eine Mindestbezugszeit und automatische Verlängerung vereinbart.

Bibeldruckpapier
→ Dünndruckpapier.

BIBLID
Numerierungssystem für unselbständige Schriften, bestehend aus → ISBN oder ISSN, Angabe von Jahr und Seiten, sowie ggf. weiteren Angaben.

BIBLIO-DATA
Nationalbibliographische Datenbank der Deutschen Bibliothek in Frankfurt am Main, in der alle Neueingänge der → Deutschen Bibliographie ab 1966 verzeichnet sind; im → EURONET Online-Zugriff möglich.

Bibliognosie
Bücherkenntnis.

Bibliograph
Autor einer → Bibliographie; Wissenschaftler auf dem Gebiet der → Bibliographie, vereinzelt auch Bezeichnung für Angestellte (einer Bibliothek oder einer sonstigen Stelle), die bibliographische Auskünfte erteilen.

Bibliographie
Bücherkunde (Lehre des Buchwesens und Lehre von Bücherverzeichnissen); Bücherverzeichnis mit Angabe von (wenigstens) Verfasser, Titel, Erscheinungsort und Jahr.

Bibliographieren
(Auch: bibliographisches Ermitteln) Nachschlagen in Bibliographien, Schriften in Bibliographien nachweisen.

Bibliographische Angaben
Alle Angaben zu einer Schrift, die zum Zwecke einer eindeutigen Identifizierung (etwa bei Zitaten) oder beim Erstellen einer Bibliographie aufgenommen werden sollten.

Bibliographische Datenbank
→ Verweisdatenbank, welche bibliographische Angaben (teils auch Inhaltsbeschreibungen oder Kurztexte) enthält.

Bibliographische Einheit
Bezeichnung für bibliographisch selbständige Dokumente (mit einem eigenen Titel), in Bibliothekskatalogen entsprechend einem Haupteintrag.
Unselbständige Schriften (wie etwa Aufsätze, Einzeltitel einer Sammelreihe, Artikel in Zeitschriften) gelten nicht als Bibliographische Einheit. Bei größeren Werken erhält jeder Teiltitel eine eigene Titelaufnahme, bei der Katalogisierung sind alle Bände eines Werkes aufzuführen.

Bibliographischer Band
Im Unterschied zum → Buchbinderband ein Band, der nur eine → bibliographische Einheit umfaßt.

Bibliographisches System
Schema zur Klassifikation von Schriften; besonders verbreitet ist die → Dezimalklassifikation.

Bibliolatrie
Bücherverehrung, meist abschätzig im Zusammenhang mit (angeblich) falscher Auslegung sogenannter „heiliger Schriften" gebraucht.

Bibliomanie
Übermäßige, auf Bücher gerichtete Sammelleidenschaft.

Bibliomantie
Früher verbreitete Wahrsagekunst mit Hilfe von („heiligen") Büchern. Das Buchorakel wurde durch willkürliches Aufschlagen einer Seite (Blättern oder Einstechen mit einem Finger („Däumeln"), einem Messer oder anderen Gegenständen) durchgeführt.

Bibliophage
Bücherfresser, Sammelbegriff für Insekten und andere Tiere, die Bücher zerstören; teils auch gebraucht für leidenschaftliche Leser (Leseratten).

Bibliophile Ausgabe
Ausgabe eines Werkes, bei der hinsichtlich Herstellung, Gestaltung oder Ausstattung besonderer Aufwand betrieben wird.

Bibliophile Gesellschaft
Vereinigung von Bibliophilen.

Bibliophilie
Vorliebe für (schöne und kostbare) Bücher.

Bibliophobie
Angst vor Büchern.

Bibliotaph
Büchergrab, abschätzige Bezeichnung für Buchbesitzer, die ihre Bücher anderen Menschen nicht zur Verfügung stellen.

Bibliothek
Büchersammlung. In Unterscheidung zu → Büchereien pflegen Bibliotheken einen Bestand, der hinsichtlich definierter Themenbereiche oder Nutzungsabsichten möglichst vollständig (und aktuell) gehalten wird (Fachbibliothek, wissenschaftliche Bibliothek).

Bibliothekar
Allgemeine Bezeichnung für Mitarbeiter einer Bibliothek, speziell nur für jene mit definierter Berufsausbildung im Bibliothekswesen verwandt. In der Bundesrepublik Deutschland erfolgt die Ausbildung als Studium an einer Bibliothekarischen Fachhochschule oder einem entsprechenden Fachbereich einer Fachhochschule oder Universität.

Bibliotheksausgabe
Speziell für den Einsatz in Bibliotheken angefertigtes Exemplar eines Buches, das sich vom normalen Exemplar der Ausgabe meist durch besonderen Einband (→ Bibliothekseinband) unterscheidet. Im Normalfall nicht unter Verlagsregie hergestellt, sondern von Mitarbeitern der Bibliothek (Hausbuchbindern) selbst angefertigt (oder im Auftrag von Bibliotheken in Buchbindereien erstellt), teils auf der Basis von vom Verlag gelieferten Rohbogen oder Buchblöcken.

Bibliothekseinband
Einbandarten, die sich für den häufigen und langen Gebrauch besonders eignen, also vorwiegend Gewebebände.

Bibliotheksfilm
Mikrofilmmaterial für den Einsatz in Bibliotheken.

Bibliotheksgroschen
→ Bibliothekstantieme.

Bibliothekskatalog
Verzeichnis des Bestands einer Bibliothek, normalerweise nach einem bestimmten → Bibliographischen System (meist → Dezimalklassifikation) geordnet.

Bibliothekstantieme
Auch Bibliotheksgroschen genannt, in der Bundesrepublik Deutschland von Bund und Ländern entrichtete Abgabe an die „Zentralstelle Bibliothekstantieme" (spezieller Zusammenschluß von → VG WORT, → GEMA, → VG Bild/Kunst) zur pauschalen Abgeltung der Vergütung, die den Urheberrechtsinhabern für Vermietung oder Verleihung der Werke (nach § 27 UrhG) zusteht. Die Ausschüttung der Gelder an die Autoren (sowie die sonstige Verwendung, beispielsweise für das Autorenversorgungswerk) wird durch die VG WORT vorgenommen.

Bibliotherapie
Auch Lesetherapie, Einsatz von speziell ausgewählten Büchern in therapeutischer Absicht.

Biegefestigkeit
Widerstandskraft eines Papierstreifens beim Biegen.

Bilanzveröffentlichung
Anzeigen, in denen die Jahresabschlüsse von Aktiengesellschaften veröffentlicht werden; erscheinen in → Pflichtblättern.

Bild
Grafische bzw. fotografische Darstellung; im Druckbereich häufig nicht nur für das gedruckte Bild (oder die Vorlage), sondern auch als Bezeichnung für die Druckform verwendet, die zum Druck des Bildes benutzt wird (Autotypie, Druckstock, Klischee).

Bildarchiv
Sammlung von Bildmaterial zur Illustration redaktioneller Beiträge.

Bildband
Buch, bei dem der Bildanteil den Textanteil wesentlich übersteigt.

Bildberichterstattung
(Auch Fotojournalismus genannt). Art des Presseberichts, bei der sich Text und Bild (zumeist Pressefotographie) gegenseitig ergänzen.

Bilddatei
Grafikdatei, Datei mit Grafik- bzw. Bildinhalten.

Bilderbuch
Ein vorwiegend aus Bildern bestehendes Kinderbuch, meist in großen Formaten und aus kräftigen Papiersorten (oder Karton) angefertigt.

Bilderdruck
→ Illustrationsdruck.

Bilderschrift
Schrift, bei der keine abstrakten Schriftzeichen, sondern Bilder zur Informationsübermittlung dienen.

Bildertitel
Titelblatt, das zum wesentlichen Teil aus Bildelementen besteht, in welche die Textteile eingefügt sind.

Bildfunk
Drahtloses Verfahren der → Faksimile-Übertragung.

Bildplatte
Wechselbarer → Datenträger, ähnlich einer CD-ROM nur einmal beschreibbar.

Bildredakteur
Für die Bebilderung redaktioneller Beiträge zuständiger Redakteur.

Bildschirmgerät
(Auch Terminal, Datenendgerät, Datensichtgerät oder Datensichtstation). Früher zum Datenzugriff (Aus- oder Eingabe) verwendeter Bestandteil einer größeren EDV-Anlage. Zu Beginn der EDV-Entwicklung wurden Fernschreiber-ähnliche Geräte (Terminals, Drucker mit Tastatur) eingesetzt, später wurden diese durch aus Bildschirm und Tastatur bestehende Einheiten ersetzt, die jedoch ohne eigene → CPU oder nennenswerte sonstige → Peripherie bloßes passives Anhängsel an eine große Anlage blieben; heute zumeist durch (direkt untereinander und ggf. mit einer größeren Anlage

vernetzte) → PCs ersetzt. Vereinzelt werden PCs, die vorwiegend als „intelligente“ Einheit einer größeren Anlage eingesetzt werden, auch heute noch als Bildschirmgeräte bezeichnet.

Bildschirmkorrektur
Direkt am Bildschirm ausgeführte Korrektur.

Bildschirmredaktion
Direktes Eingeben, Korrigieren, Redigieren und ggf. Gestalten am Bildschirm.

Bildschirmterminal
→ Bildschirmgerät.

Bildschirmtext
Btx, Datex-J, Dienst der Telekom zur Textkommunikation über das Fernsprechnetz, heute → T-Online.

Bildschirmtext-Agentur
Unternehmen, das Btx-Dienstleistungen (Erstellen von Btx-Seiten usw.) für Btx-Anbieter anbietet.

Bildschirmtext-Anbieter
Gewerblicher Anbieter von (kostenpflichtigen) Btx-Seiten.

Bildunterschrift
→ Legende.

Bildzurichtung
Zusätzlich zur üblichen → Zurichtung ist im Hochdruck die spezielle Bildzurichtung beim Druck von gerasterten Halbtonbildern erforderlich, um feinste Unebenheiten der Klischees auszugleichen sowie Lichter- und Schattenpartien mit unterschiedlicher → Druckspannung zu versehen. Neben und in Ergänzung der klassischen → Handzurichtung werden hierfür vor allem Verfahren der → mechanischen Kraftzurichtung verwendet.

Bimetallplatte
Platte aus zwei unterschiedlichen Metallen, speziell Druckplatte für den Flachdruck, bestehend aus einer meist aufgalvanisierten hydrophilen Metallschicht (Chrom) an der Oberfläche und einer Grundschicht aus farbadhäsivem Metall (Kupfer). Neben Chrom kommen auch Nickel oder Stahl als wasserführende Materialien zum Einsatz, und außer Kupfer kann auch Messing als farbannehmende Schicht dienen. Durch fotochemische Bearbeitung bzw. Ätzen wird ein (seitenrichtiges) Abbild der zu druckenden Informationen auf der farbadhäsiven Schicht der Platte hergestellt.

Binärcode
→ Binärsystem.

Binärsystem
Häufig synonym für das → Dualsystem gebrauchte Bezeichnung; eigentlich Zeichensystem aus zwei Grundzeichen, die kombiniert einen vollständigen Zeichensatz (Code, in diesem Fall Binärcode) ergeben.

Bindemittel
Jene Bestandteile der Farbe, die durch Eindringen in das Trägermaterial, Verdunsten, Verharzen, oder Erstarren die Bindung der Farbpigmente untereinander sowie die Verbindung der Farbpigmente mit dem Trägerstoff herstellen. Unterschieden werden Ölfirnisse (Leinöl, Rizinusöl), Harzfirnisse (Lösungen von meist künstlich hergestellten Harzen in Ölen oder Lösemitteln) und Bitumenfirnis (nur für dunkle Farben).

Binden
Alle Arbeitsprozesse, die zur Herstellung eines Buches aus den gedruckten Bogen erforderlich sind: → Lagen und → Vorsatz werden durch → Klebebindung oder → Heften zu einem → Buchblock vereinigt, dieser wird nach dem → Beschneiden und gegebenenfalls weiterer Bearbeitung (wie etwa → Schnittverzierung) in die → Buchdecke eingehängt. (Beim seltenen → Franzband wird der Einband an den Buchblock angesetzt).

Bindequote
In Verlagen die Anzahl der buchbinderisch fertiggestellten (und bereits verkauften oder zum Verkauf bereitgestellten) Werke im Verhältnis zur Auflagengröße; in Bibliotheken die Anzahl der (außer Haus oder durch den Hausbuchbinder) gebundenen Bücher im Verhältnis zu den gesamten Neuzugängen eines bestimmten Zeitraums (→ Bibliotheksausgabe, → Bibliothekseinband).

Binderei
→ Buchbinderei.

Bindestrich
Divis, Teilungszeichen, Trennungszeichen, zur Verbindung zwischen den einzelnen Teilen eines Kompositums oder zum Trennen eines Wortes am Zeilenende verwendetes Zeichen (in der halben Breite eines → Gedankenstrichs).

Bindeverfahren
→ Buchblockherstellung.

Biographie
Lebensbeschreibung.

Biographische Lexika
Enthalten Lebensbeschreibungen ausgewählter Personen.

BIOS
Basic Input/Output System, Elementares Eingabe/Ausgabesystem, → Firmware eines Rechners, oft nur ein Loader-Programm für Teile des → Betriebssystems; bei PCs aus einem Setup-Programm bestehend, das die Hardware überprüft (Keyboard- und RAM-Test und Fehlerdiagnose) und konfiguriert (RAM-Größe, Laufwerksparameter, ggf. mit Benutzerhilfe) und dann das Betriebssystem von einem Datenträger (Diskette oder Festplatte) lädt.

BIS
Buchhändlerisches Bestellsystem, Computerprogramm des Barsortimenters Koch, Neff & Oetinger.

Bis-Zeichen
→ Gedankenstrich.

Bit
Maßeinheit für Informationsgehalt; kleinste Informationseinheit in der EDV (0 oder 1). → Byte.

BKG
→ Buchhändlerische Kredit-Garantiegemeinschaft.

Blankdruck
Druck ohne Farbe und mit starkem Anpreßdruck zur Erzeugung einer geglätteten Fläche auf dem Bedruckstoff, meist als Vorbereitung für weitere Arbeitsprozesse durchgeführt.

Blanket Order
Auf eine einmalige Bestellung hin liefert der Verlag bis auf Widerruf alle Neuerscheinungen oder Neuerscheinungen ausgewählter Programmbereiche an den Besteller. In Deutschland wird dafür umgangssprachlich der Begriff → Standing Order verwendet, obwohl dieser im engeren Sinne nur für die Fortsetzungsbestellung von Reihen und Serien steht. Für die B. der Buchhandlung gewährt der Verlag verbesserte Konditionen (höhere Rabatte, verlängertes Zahlungsziel, Rückgaberecht, Werbekostenzuschüsse u.a.). Damit entlohnt er den Buchhändler für die Kapitalbindung durch die Lagerhaltung und den Aufwand im Vorlagegeschäft an die Bibliothek.

blankschlagen
Eine Stelle im Satz mit Blindmaterial ausfüllen, meist um Platz für spätere Einfügungen zu schaffen, → auch freischlagen.

Bildschirmtext-Beauftragter
Der für die Btx-Angelegenheiten zuständige Mitarbeiter eines Btx-Anbieters.

Bildschirmtext-Nutzer
→ Bildschirmtext-Teilnehmer.

Bildschirmtext-Teilnehmer
Jeder, der Zugang zu Btx hat bzw. als Btx-Teilnehmer angemeldet ist.

Bildspiegel
Im Unterschied zum → Textspiegel ein spezieller (meist größerer) Bereich des Layoutschemas, der für die Plazierung von Bildern vorgesehen wird. Nur erforderlich, wenn die Abbildungen nicht den Text begleiten (in diesem Fall werden sie im Rahmen des Textspiegels untergebracht), sondern als primär gegenüber einem Begleittext anzusehen sind (etwa bei Bildbänden), oder auch, wenn das Buch aus völlig separat hergestellten Text- und Bildteilen hergestellt wird (etwa bei Herstellung mit unterschiedlichen Druckverfahren oder bei der Verwendung verschiedener Papiersorten).

Bildtafeln
Im → Werkdruck verwendete Bezeichnung für Rasterbilder. Da gerasterte → Halbtonbilder im → Hochdruckverfahren nur auf speziell gestrichenen und geglätteten Papieren (in qualitativer Hinsicht befriedigend) wiedergegeben werden können, wurden solche Abbildungen in einem eigenen Druckgang und auf separaten (→ Kunstdruckpapier-Bogen gedruckt. Diese Tafelbogen wurden anschließend zwischen die Textbogen (aus → Werkdruckpapier) eingefügt, teils auch dem Textteil als geschlossener Tafelteil beigebunden. Im heute in der Buchproduktion vorherrschenden → Offset-Druckverfahren ist die Wiedergabe von Rasterbildern auch auf Werkdruckpapier möglich.

Blatt
Im Unterschied zum → Bogen ein ungefalztes Papierstück, kleiner als DIN A3.

Blätterbroschur
Broschüren, die nicht aus Bogen gebunden, sondern aus Einzelblättern und durch einfache mechanische Verfahren (Spiralbindung, Schnürung) hergestellt werden.

Blattgold
Zwischen zwei Formen dünn geschlagene Goldblättchen, in der Buchbinderei für die Vergoldung von Einbänden oder zur Herstellung eines → Goldschnitts verwendet.

Blaupause
→ Zyanokopie.

Blechdruck
In der zweiten Hälfte des 19. Jahrhunderts entwickelte Verfahren des indirekten Flachdrucks, bei dem die Maschinen speziell an die Erfordernisse des Bedruckens von Blechen angepaßt wurden.

Blei
Chemisches Element Pb (Plumbum), schweres und widerstandsfähiges Metall mit niederem Schmelzpunkt; Kurzbezeichnung für das im Hochdruck gebräuchliche → Schriftmetall mit großem Bleianteil.

Bleibahn
Durchschuß- oder Linienbahnen, die auf die benötigte Länge zugeschnitten werden können.

Bleichen
Prozesse zur Reduktion färbender Anteile in den zur Papierproduktion benötigten Ausgangsstoffen, speziell Reduktions- oder Oxidationsverfahren zur Zellstoff-Bleiche.

Bleifuß
Aus Blei bestehender Träger für Klischees.

Bleigravur
→ Bleischnitt.

Bleimaterial
Sammelbegriff für Schrift- und Blindmaterial.

Bleilaus
Pediculus plumbum, für Menschen weitgehend harmloser Ektoparasit an Lettern (Fleisch!), hauptsächlich Beutetier für den → Frosch. Früher in allen Setzereien mit Hilfe eines → Fadenzählers leicht aufzufinden (bevorzugter Aufenthaltsort: in der Mitte von → Eierkuchen), durch den allgemeinen Rückgang von Bleisatz heute jedoch nahezu ausgestorben (ebenso der Frosch). Die heute im Satz vorherrschende parasitäre Lebensform ist der → Bug.

Bleilinie
→ Bleibahn.

Bleisatz
Manuelle (→ Handsatz) oder maschinelle (→ Maschinensatz) Herstellung von Schriftsatz aus Lettern oder ganzen Zeilen aus Blei (→ Schriftmetall). Nicht nur für den direkten Einsatz im → Hochdruck, sondern auch für die Herstellung von → Rundformen sowie zur Erstellung der Vorlagen für alle anderen Druckverfahren (über Zwischenstufen, → Barytabzug) wurde ab Gutenberg bis zur Mitte des 20. Jahrhunderts ausschließlich Bleisatz angefertigt, seit der Entwicklung von → Fotosatz und computerbasierten Satztechniken (→ DTP) ist die Verwendung von Bleisatz jedoch auf spezielle Anwendungen eingeschränkt (→ Akzidenz-

druck, Einbanddruck, bibliophile Spezialausgaben von Büchern u. dgl.).

Bleiprägung
Aus Bleifolie angefertigte Matrize für die Herstellung von → Galvanos.

Bleischnitt
Aus Blei bestehende Druckplatte für den Hochdruck, die mit Stichel oder Fräse manuell oder maschinell hergestellt wird.

Bleistereo
Duplikatdruckstock für den Hochdruck, → Stereotypie.

Bleistift
Schreibgerät; Scherzausdruck für Auszubildende in der Schriftsetzerei.

Blindband
Buch mit unbedruckten Seiten, das jedoch in Umfang und Ausstattung dem Original völlig entspricht und beispielsweise als Werbe-Dummy, als Vorlage für die endgültige Gestaltung des Schutzumschlags, oder zur Ermittlung von Lager- und Transportkapazitätsbedarf dient.

Blinddruck
→ Blindprägung.

Blindenbuch
Bücher, die speziell für Blinde hergestellt werden und alle Informationen in tastbarer Form enthalten. → Blindendruck.

Blindendruck
Alle Druckverfahren, durch die auf dem Bedruckstoff Reliefs erzeugt werden. Neben Verfahren des Hochdrucks (→ Blindprägung) kommt vor allem das Siebdruckverfahren zum Einsatz (mit Druckfarben, die durch Erwärmung quellen).

Blindenschrift
Schrift, deren Zeichen ertastet werden können; heute meist als Bezeichnung für die von Luis Braille (1809-1852) entwickelte Braille-Schrift verwendet, bei der die Zeichen aus Punkten zusammengesetzt sind.

Blindenschriftpapier
Spezialpapier für die Wiedergabe von Blindenschrift (im Hochdruck).

Blindensendung
Postalischer Begriff für Sendungen zu ermäßigten Gebühren, die Blindenschriftbücher, Tonträger und andere Materialien für Blinde enthalten.

Blindexemplar
→ Blindband.

Blindmaterial
Im Bleisatz verwendetes Füllmaterial, das niederer als die Schrift ist und daher nicht abgedruckt wird.

Blindprägung
Blinddruck, Farblosprägung, durch Druck ohne Farbe mit Prägestempel (Patrize und Matrize) hergestellte Verformungen, außer auf Buchdeckeln (Lederprägung, Blindpressung) auch zur besonderen Gestaltung von Wappen, Firmenzeichen u. dgl. oder zur Herstellung von → Blindenbüchern verwandt. vgl. Prägedruck, → Reliefdruck.

Blindpresse
Auch Prägepresse genannt, Maschine zur Herstellung von Blindprägungen auf Buchdeckeln.

Blindpressung
Blindprägung auf ledernen Bucheinbänden.

Blindverzierung
Sammelbegriff für alle Verformungen von Einbänden, die maschinell (→ Blindpressung, → Blindprägung) oder manuell (mit Messern, Stempeln, Punzen) hergestellt wurden und bei denen weder während der Verformung noch anschließend Farbe aufgetragen wurde.

Blindzeile
Leerzeile zwischen Absätzen (zwischen Textzeilen → Durchschuß).

BLISTA
→ Deutsche Blindenstudienanstalt.

BLOB
Binary Large Object, eine zusammengehörende Reihe von Informationen innerhalb einer Datenbank, die nicht direkt mit den Mitteln der Datenbank selbst erschlossen werden kann (da die Daten in ihrer Struktur nicht der üblichen Feld-

struktur der Datenbank entsprechen). Beispiel: Bild, Ton- oder Film-Daten, die den Bestand einer Text-Datenbank ergänzen.

Blockade
Markierung einer (dem Setzer unklaren) Textstelle im Satz, im Bleisatz häufig durch eine auf den Kopf gestellte Letter erzeugt, im Fotosatz oder auf Computern durch Verwendung auffälliger Sonderzeichen herstellbar. Versehentlich auf den Kopf gestellte Lettern heißen Fliegenkopf.

Blockbroschur
Broschur, bei der ein Buchblock nicht im Rücken geheftet, sondern mit Drahtklammern durch den Bund gebunden wird. Der Umschlag wird entweder nachträglich mit dem Rücken verklebt, oder schon beim Heften mitgebunden.

Blockbuch
vor Gutenberg drucktechnisch hergestelltes Buch. Man schnitzte damals ganze Seiten in einen Holzblock, der anschließende (Reibe-)Druck erzeugte jedoch eine starke → Schattierung, die einen → Widerdruck ausschloß. Zwei Holztafeln, die jeweils die Informationen einer ganzen Seite enthielten, wurden nebeneinander auf einen Bogen gedruckt, dieser wurde in der Mitte gefaltet, die Bogen wurden durch Verschnürung durch den Falz zu einem Block gebunden.

Blockieren
→ Blockade.

Blocksatz
Typographische Satzanordnung, bei der im Unterschied zum → Axialsatz oder → Flattersatz alle Zeilen eines Absatzes auf gleiche Breite gesetzt werden, häufig auch → Glatter Satz genannt.

Blockschrift
Schrift, deren Zeichen bei einheitlicher Strichstärke aus einfachen graphischen Elementen gebildet werden.

Blue Print
Blaupause, → Zyanokopie.

Bogen
Papier in größerem Format (ab DIN A3); Kurzbezeichnung für Buchbinderbogen, Druckbogen, usw.

Bogenformate
Im Werkdruck bezeichnet man die gängigsten Formate als → Einbruchbogen (auch → Folie) mit 2 Blatt/4 Seiten, → Zweibruchbogen (auch → Quart) mit 4 Blatt/8 Seiten, → Dreibruchbogen (auch → Oktav) mit 8 Blatt/16 Seiten und → Vierbruchbogen (auch → Sedez) mit 16 Blatt/32 Seiten.

Bogennorm
beim Werksatz im Unterschlag oder in einer untenstehenden Kolumnenzifferzeile der ersten Seite eines Druckbogens in Ergänzung der → Bogensignatur angebrachte Bezeichnung des Druckbogens, enthält (meist in Abkürzung) Autor, Titel oder sonstige Angaben zum Werk; dient der schnellen Identifizierung der Druckformen beim Fortdruck sowie der fertigen Druckbogen in der Druckverarbeitung.

Bogensignatur
In kleinem Schriftgrad gesetzte Ordnungszahl des Druckbogens, beim Werksatz zur Erleichterung der Weiterverarbeitung im → Unterschlag bzw. → Beschnitt der ersten Bogenseite angebracht (Prime), wird meist um die → Bogennorm erweitert. Die Signatur wird häufig, ergänzt um ein hochgestelltes Sternchen, auf der dritten Bogenseite wiederholt (Sekunde).

Booten
Das Betriebssystem einer EDV-Anlage laden und starten.

Bordüre
Zusammenhängende, umlaufende Randverzierung (etwa auf der Titelseite).

Börsenblatt für den Deutschen Buchhandel
Seit dem 3. Januar 1834 erscheinendes Verbandsorgan des → Börsenvereins des Deutschen Buchhandels.

Börsenverein des Deutschen Buchhandels
„Als Vertretung der Standes- und Berufsinteressen seiner Mitglieder“ (Satzung)

gegründeter Zusammenschluß deutscher Verleger und Buchhändler; u.a. Herausgeber des → Börsenblattes für den Deutschen Buchhandel, Herausgeber der Deutschen Bibliographie, Organisator der → Frankfurter Buchmesse; u.a. Träger der → Buchhändler-Vereinigung und der → BAG.

Bogen
Ausgangsformat der DIN-Reihe für Papier, DIN A0. → Papierformate.

Bogendruck
Druck auf Papierbogen (im Unterschied zum → Endlosdruck auf Rollenpapier).

Bogensatz
Im Bogen gesetzte Zeile.

Bogensignatur
Ziffernmäßige Bezeichnung eines Bogens, → auch Norm. Die dritte Seite eines Bogens erhält die gleiche Signatur wie die erste Seite, zusätzlich jedoch mit einem Stern versehen, um den Widerdruck zu kennzeichnen. Die Signatur der ersten Seite wird als Prime bezeichnet, jene der dritten Seite als Sekunde.

Bonus
Gutschrift, Preisnachlaß oder Sondervergütung (etwa für Großkunden, Stamminserenten).

Borgis
Bourgois, Schriftgrad, 9 p.

Boulevardpresse
Hauptsächlich im Straßen- bzw. Kioskverkauf vertriebene Zeitungen oder Zeitschriften mit entsprechender Aufmachung.

Bourgois
→ Borgis.

bps
bit per second, Maß für Datenübertragungsrate (→ auch Baud).

BPS
→ Bundesprüfstelle für jugendgefährdende Schriften.

Br
Broschiert.

Braille-Schrift
→ Blindenschrift.

Branchenüberdeckende Zeitschrift
Fachzeitschrift für mehrere miteinander verwandte Branchen.

Branchenzeitschrift
Fachzeitschrift für eine bestimmte Branche.

Brechen
Ein Wort trennen.

Breitbahn
→ Laufrichtung.

Breite
→ Schriftbreite.

Breitlaufend
Eine Schrift, bei der ein „n" breiter als ein → Halbgeviert ist, wird breitlaufend genannt.

Brevier
Schriftgrad, 11 p.

Briefkurs
Ein in Börsenkursveröffentlichungen im Wirtschaftsteil einer Zeitung mit „b" gekennzeichneter Tageskurs weist darauf hin, daß bei Börsenschluß noch Verkaufsangebote vorlagen. → Geldkurs.

Brilliant
Auch Viertelcicero, Schriftgrad, 3 p (im Didot-System) oder 4 point.

Broadcast
Versenden von Nachrichten an alle User eines Netzwerkes oder einer Newsgroup.

Broad System of Ordering
Abgekürzt BSO, numerisches Literatur-Klassifikationssystem, entwickelt durch die International Federation for Documentation (IFD, FID).

Broncedruck
Druck mit Broncefarben, → Druckfarben.

Broncieren
Nach DIN 16529 als „Aufbringen von Metallpulver auf eine frisch vorgedruckte Haftfarbe" definiert – im Unterschied zum Broncedruck erfolgt Broncieren in

zwei Arbeitsgängen: zunächst wird eine Untergrundfarbe aufgetragen, anschließend wird das Broncepulver aufgestäubt.

Broschieren
Herstellen einer → Broschur (oder → Broschüre).

Broschur
Einfache Einbandart (aus Karton); bei der Englischen oder der Französischen Broschur ist der Einband größer als der Buchblock (Kanten), der Karton ist zusätzlich noch mit einem Papierumschlag versehen, bei der Streifen-Broschur wird ein fester Pappdeckel verwendet, der meist mit Gewebe überklebt ist. Der Begriff wird häufig auch als Synonym von → Broschüre verwendet.

Broschüre
Geheftete Publikation, mit einfachem Einband (→ Broschur), zwischen fünf und 48 Seiten Umfang, meist aktuellen Inhalts.

Brotschrift
Als Sammelbegriff für alle → Schriften und besonders → Schriftgrade verwendet, die beim Werksatz oder bei Zeitungen für den Text eingesetzt werden (normalerweise Schriftgrade zwischen 8 und 12 p), im Unterschied zu Auszeichnungs- oder Akzidenzschriften. Brotschriften brachten beim → Berechnen das Brot für den Setzer.

Browser
Programm, das den Umgang mit → Hypermedia-Daten ermöglicht (etwa → WWW-Browser).

Bruch
→ Falzen.

Bruchbogen
→ Falzbogen.

Bruch-Dehnung
Kriterium zur Beurteilung der Papierqualität: Ausmaß der Dehnung eines Papierstreifens (in Prozent der Ausgangslänge) im Moment des Bruchs beim Zugversuch.

Bruchstrichsignatur
Standortnummer in Bibliotheken, die als Bruchziffer angegeben wird; kann verwendet werden, um in einen Bestand mit fortlaufender Zählung eine Neuerwerbung einzufügen.

Bruchziffer
oben- oder untenstehende Ziffern zur Darstellung von Brüchen, auch als → Fußnotenzeichen verwendet.

Brüsseler Dezimalklassifikation
BDK, → Universal Decimal Classification.

BS-Fiche
Auf Micro-Fiches herausgegebener → Barsortiments-Lagerkatalog.

BS-Katalog
→ Barsortiments-Lagerkatalog.

BSO
→ Broad System of Ordering.

BSS
→ Buch-Schenk-Service.

Btx
→ Bildschirmtext.

Btx-Befehl
Kommando zum Aufruf einer Btx-Seite, bestehend aus einem → Initiator, der Seitenzahl und einem → Terminator (z.B. *123#)

Buch
Bedruckte, gefalzte, zu einem Block geheftete und eingebundene Bogen; früheres Zählmaß für Papier: ein Buch = 24 Bogen Schreibpapier oder 25 Bogen Druckpapier.

Buchanzeige
→ Buchhändleranzeige.

Buchausstattung
Bezeichnung für die gesamte Aufmachung des Buches, umfaßt Schriftarten, Layout, Farben, Illustrationen, Papierarten, Satzart, Druckart, Einband und Schutzumschlag.

Buchausstellung
Präsentation von Büchern (in Museen o.ä.), die nicht dem Verkaufszweck dient.

Buchbeschläge
Schutz- und Schmutzfunktionen dienende Metallteile, die auf die Buchdeckel aufgebracht werden (bei liegend aufbewahrten Büchern großen Formats).

Buchbesprechung
Kritische Besprechung eines Buches in den Medien, → auch Rezension.

Buchbinde
Bauchbinde, Buchschleife, Papierbanderole um den Schutzumschlag, üblicherweise mit Werbetext bedruckt.

Buchbindearbeiten
Im engeren Sinne alle zur Buchherstellung nach dem Fortdruck notwendigen Arbeiten; im weiteren Sinne alle Tätigkeiten der → Druckverarbeitung, sowie Sondertätigkeiten wie etwa Restaurierung von Drucken bzw. Büchern, die Herstellung von Spielzeug aus Papier, usw.

Buchbinder
Inhaber einer Buchbinderei oder Facharbeiter mit abgeschlossener Ausbildung zum Buchbinder.

Buchbinderband
Jeder Band; vor allem im Unterschied zum → bibliographischen Band als Bezeichnung für Bände gebraucht, in denen mehrere bibliographisch selbständige Einheiten zusammengefaßt wurden.

Buchbinderbogen
Andere Bezeichnung für den im Werkdruck üblichen 16-seitigen → Dreibruchbogen.

Buchbinderei
Handwerksbetrieb oder Industrieunternehmen, in dem die nach dem Druck anschließenden Arbeiten zur Buchfertigung durchgeführt werden.
Man unterscheidet Handbuchbinderei und Industriebuchbinderei.
Handbuchbindereien spezialisieren sich meist auf die Einzelanfertigung bzw. Restauration alter, wertvoller Bücher. Der auf Vollständigkeit geprüfte Buchblock, an dem das vordere und hintere Vorsatz an den ersten und letzten Bogen angeklebt ist, wird auf Gaze geheftet, durch Rückenrundungen weiterbearbeitet und anschließend in die Buchdecke eingehängt und abgepreßt.
In *industriellen Buchbindereien* werden Bücher in meist hohen Auflagen fast ausschließlich maschinell bearbeitet. Die bedruckten Bogen werden in einer *Rüttelanlage* sauber aufgestoßen, exakt beschnitten und in der *Falzmaschine* so oft gefaltet, bis sich die richtige Reihenfolge der Seiten ergibt (1 Bruch = 4 Seiten, 2 Bruch = 8 Seiten, 3 Bruch = 16 Seiten). Der 1. Bogen hat die Seiten 1-16 (bzw. 1-32) und wird als Signatur 1 bezeichnet, usw. Die fertigen gefalzten Bogen werden auf der *Zusammentragmaschine zum Buchblock* zusammengeführt. Diese *Kollationierung* erfolgt durch Prüfen der am Rücken aufgedruckten *Flattermarken*. Das Verbinden der zusammengetragenen Falzbogen geschieht durch Fadenheften oder Klebebinden. Es folgt das Beschneiden im *Dreischneider*, dann wandert der *Buchblock* weiter in die *Rundemaschine*, in der der Buchrücken gerundet wird, dann weiter zur *Kapital- und Hinterklebemaschine*. Dort wird ein rückenverstärkendes Papier und das *Kapitalband* angebracht. In der *Einhängemaschine* wird der nun fertige Buchblock in eine vorgefertigte Buchdecke eingehängt. Die *Buchdecken* werden auf einer *Deckenmaschine* hergestellt; aus zwei dem Buchformat angepaßten Pappen, der Rückeneinlage und dem Bezugstoff (dieser kann bedrucktes und beschichtetes Papier, Leinen, Kunststoff oder auch anderes hochwertiges Material sein). Beim *Klebebindeverfahren* (z.B. *Lumbeckverfahren*; für Taschenbücher, Kataloge o.ä.) werden die beschnittenen Buchblöcke am Rücken mit einer Spezialleimung versehen.
Die folgende Aufstellung zeigt die wichtigsten Bindeverfahren:
Drahtheftung: Zeitschriften, kleine Broschüren, Werbemittel
Klebebindung: Broschuren, Kataloge, Taschenbücher
Fadenheftung: Pappband, Broschuren (größere Haltbarkeit als Klebebindung)
Spiralbindung: Kalender, Notizbücher.
Broschur: Buchblock mit Fadenheftung oder Klebebindung, leichter Kartonumschlag (Buchblock und Einband sind bündig).

Pappband: gleicher Buchblock wie Broschur, aber mit fester Einbanddecke (Pappe). Diese kann mit Papier, Leinen oder ähnlichen Materialien überzogen werden (Einband steht auf drei Seiten leicht über). Rainer Hartl

Buchbindereimaschinen
Sammelbezeichnung für alle in der Buchbinderei verwendeten einzelnen Maschinen (wie Schneide-, Falz-, Heftmaschinen) oder Maschinenstraßen.

Buchbinderkleister
Pflanzlicher, meist aus Reis-, Kartoffel- oder Weizenstärke und Wasser angefertigter Klebstoff.

Buchbinderleder
Für Bucheinbände verwendetes Leder.

Buchbinderleinwand
Gewebe zum Überziehen von Einbänden.

Buchbinderleim
Aus Häuten, Knochen und anderen tierischen Bestandteilen durch Auskochen angefertigter Klebstoff (Glutin).

Buchbinderpresse
Maschine zur Herstellung des gerundeten Rückens eines Buches.

Buchbinderschriften
Bezeichnung für die Schriften, die für Prägezwecke in der Buchbinderei bereitgehalten werden. Oft mit den im Buchdruck verwendeten Schriften identisch, häufig jedoch auch speziell aus Messing oder einer im Vergleich zum üblichen → Schriftmetall etwas härteren Legierung und mit besonders niederem Kegel angefertigt.

Buchbindertitel
Rückentitel, auf dem Rücken des Buchs oder des Schutzumschlags angebrachter Titel, im Vergleich zum eigentlichen Titel des Werkes meist abgekürzt oder unvollständig.

Buchblock
Der innere Teil des Buches ohne den Einband, also alle gefalzten Papierbogen (→ Lagen) eines Buches in der richtigen Reihenfolge zusammengelegt, mit dem → Vorsatz zusammengeheftet oder in Klebebindung geklebt, und (je nach Bearbeitungsstufe) auf drei Seiten beschnitten, gerundet und abgepreßt.

Buchblockbearbeitungsmaschine
Maschine zum → Runden und → Abpressen von Buchblöcken.

Buchdecke
Bezeichnung für den Einband eines Buches, bestehend aus Buchdeckeln und Rücken (eventuell noch überzogen mit Textilgewebe, Leder oder Kunststoff), sofern dieser Einband nicht direkt am Buchblock hergestellt (angesetzt), sondern in eigenen Arbeitsgängen (→ Deckenmachen) und Maschinen (→ Deckenmachmaschinen) vorproduziert wird. Der Buchblock wird sodann in die Decke eingehängt, der fertige Band wird als Deckenband oder in Decke gehängter Band bezeichnet.

Buchdeckel
Einbandteile aus Karton oder Pappe (früher oft auch aus Holz), die bisweilen noch mit Gewebe oder Leder überzogen sind und den Buchblock von oben und unten schützen.

Buchdruck
Frühere Bezeichnung für → Hochdruck; laienhaft auch als allgemeine Bezeichnung für alle Verfahren zur Herstellung von Büchern oder sonstigen Druckwerken verwendet (werden Bücher im Hochdruck erstellt, spricht man richtigerweise von → Werkdruck).

Buchdrucker
Berufsbezeichnung für im Hochdruck ausgebildete und tätige Handwerker; daneben umgangssprachliche Bezeichnung für Ips typographus (eine Borkenkäferart).

Buchdruckerduden
Umgangssprachliche Bezeichnung für das 1903 erstmals (in Leipzig) aufgelegte Wörterbuch mit dem Titel „Rechtschreibung für Buchdruckereien deutscher Sprache" von Konrad Duden, das als verbindlich für alle mit dem Drucken befaßten Kreise angesehen wurde und nicht nur Rechtschreibregeln und Wörter ent-

hielt, sondern auch Korrektur- und Satzvorschriften umfaßte. Inzwischen vom → Duden abgelöst.

Buchdruckerei
Früher gebräuchliche Bezeichnung für → Druckerei.

Buchdruckerkunst
Bisweilen syn. für → Typographie.

Buchdruckmaschine
→ Druckmaschinen.

Buchdruckpresse
→ Druckpresse.

Buchdruckverfahren
→ Hochdruck.

Bucheinhängemaschine
Spezielle Funktionseinheit einer Fertigungsstraße (in der industriellen Buchbinderei), die das Einhängen des Buchblocks in die Buchdecke vornimmt.

Bucheinzelhandel
Unternehmen des Buchhandels zum Vertrieb an Endabnehmer; → Antiquariat, → Bahnhofsbuchhandel, → Buchgemeinschaften; → Versandbuchhandel, → Sortimenter.

Bücherabschluß
Jahresabschluß eines Kaufmanns.

Bücheranzeige
→ Buchhändleranzeige.

Bücherballen
→ Ballen.

Bücherei
Im Unterschied zur → Bibliothek wird eine Büchersammlung dann als Bücherei bezeichnet, wenn sie zum Zwecke der Volksbildung und Unterhaltung eingerichtet wurde oder nur eine Auswahl an Büchern anbietet (etwa: Stadtbücherei). Auch dem kommerziellen Verleih dienende Büchersammlungen werden meist als Bücherei bezeichnet (Leihbücherei).

Bücherhausierer
→ Kolporteur.

Bücherkunde
→ Bibliographie.

Bücherlaus
Atropus pulsatorius (Staublausart), befällt Bücher. Tritt nur bei zu hoher Luftfeuchtigkeit (→ Lagerbedingungen) auf.

Büchermarkt
Auch Buchmarkt, Angebot (volkswirtschaftlich auch Angebot und Nachfrage) von Büchern.

Büchernarr
Übereifriger Bibliophile; auch (nach Sebastian Brants „Narrenschiff“) abwertend für jene Sammler, die aufgrund ihres Büchervorrats als gebildet gelten möchten (jedoch die Inhalte der Bücher nicht verstehen).

Bücherregal
Einrichtungsgegenstand, früher auch juristisch-kameralistische Bezeichnung für die hoheitlichen Rechte hinsichtlich der Herstellung und des Vertriebs von Büchern und Druckschriften.

Bücherrevisor
→ Buchprüfer.

Büchersammelverkehr
Von → Barsortimenten (oder von Paketdiensten im Auftrag des Barsortimenters) betriebener Transportdienst zur Abholung und Zustellung von Büchern.

Büchersendung
Postalischer Ausdruck für Sendungen zu ermäßigten Gebühren, die Druckwerke enthalten.

Bücherskorpion
Afterskorpion, kleine Pseudoskorpionart (Spinne).

Büchertisch
Verkauf von Büchern durch den Verlag oder eine Buchhandlung außerhalb der üblichen Geschäftsräume und zu besonderem Anlaß, beispielsweise im Rahmen von Tagungen; außerhalb des Buchhandels auch als Bezeichnung etwa für das Angebot der in Kirchen oder Museen ausliegenden Schriften sowie bisweilen auch für die Werbestände politischer oder sonstiger Organisationen verwendet.

Bücherverzeichnis
→ Bibliographie.

Bücherwagen
Transportgerät in Bibliotheken; Kurzform für → Bücherwagendienst.

Bücherwagendienst
Bezeichnung für den Lieferdienst der Barsortimenter, → Büchersammelverkehr.

Bücherwurm
Borkenkäferart; ab dem 17. Jahrhundert (abwertend gemeinte) Bezeichnung für Bibliophile und Vielleser.

Bücherzeichen
→ Exlibris.

Bücherzettel
Im Buchhandel verwendete, standardisierte Bestellkarten (an Verlage) oder Bestellzettel (an Kommissionäre), die zu Vorzugsgebühren durch die Post befördert werden.

Buchfertigungsanlage
Alleinstehende oder mit der Druckmaschine zur → Buchproduktionsanlage verbundene Anlage zur buchbinderischen Verarbeitung der bedruckten Bogen bis hin zum fertigen (und verpackten) Buch.

Buchforderung
Auch Buchschuld, gemäß der Rechnungsbücher bestehende Schuld.

Buchformate
Buchformate werden heute meist in cm (Breite × Höhe) angegeben; die herkömmlichen (und noch immer gebräuchlichen) Formatbezeichnungen richteten sich nach der Höhe der → Einbanddecke bzw. des Buchrückens, wobei man → Kleinoktav (10 bis 18,5 cm), → Oktav (bis 22,5 cm), → Großoktav (bis 25 cm), → Quart (bis 35 cm) und → Folio (bis 45 cm) unterschied.

Buchführer
Jener Begleiter des Verlegers, welcher die zu verkaufenden Bücher mit sich führte (in der Anfangszeit des Verlagswesens).

Buchführung
Kaufmännische Erfassung der Einnahmen und Ausgaben.

Buchgeld
Giralgeld, bargeldloses Guthaben.

Buchgemeinschaft
Buchklub, Lesering, Verlag mit Abonnement-ähnlichem Vertrieb des Verlagsprogramms nur an eingeschriebene Mitglieder.

Buchgewerbe
Sammelbezeichnung für alle mit der Herstellung und dem Vertrieb von Büchern befaßten Branchen bzw. Unternehmen.

Buchhalter
Der für die Buchführung zuständige Angestellte.

Buchhaltung
Abteilung, in der die → Buchführung durchgeführt wird.

Buchhandel
Wirtschaftszweig, der die Herstellung und den Vertrieb von → Gegenständen des Buchhandels betreibt.

Buchhandelskataloge
Alle im Buchhandel verwendeten und zur Bücheridentifizierung und -beschaffung erforderlichen Nachschlagewerke, neben Barsortimentskatalogen oder dem VLB auch Verlagskataloge und weitere Buchverzeichnisse.

Buchhändler
Alle an der Herstellung und dem Vertrieb von → Gegenständen des Buchhandels Beteiligten; unterschieden nach herstellenden (Verleger) und verbreitenden (Verbreiter, Zwischenbuchhändler und Bucheinzelhändler) Buchhändlern.

Buchhändler-Abrechnungs-Gesellschaft mbH
BAG, Unternehmen zur vereinfachten Abrechnung zwischen Verlegern und Sortimentern, → BAG-Abrechnung.

Buchhändleranzeige
Gedruckte Werbebotschaft eines Verlags oder Sortimenters.

Buchhändlerische Bibliographie
Speziell für die Verwendung im Buchhandel geschaffenes Bücherverzeichnis, → etwa Verzeichnis Lieferbarer Bücher.

Buchhändlerische Kredit-Garantiegemeinschaft GmbH & Co. KG
BKG, Gemeinschaft zur Vermittlung und Verbürgung von Krediten an Teilnehmer der BAG.

Buchhändlerische Verkehrsordnung
→ Verkehrsordnung.

Buchhändlerrabatt
Unterschied zwischen Verkaufs- und Einkaufspreis des Buchs, angegeben in Prozent vom Verkaufspreis. (Die → Bezugskosten werden nicht einbezogen).

Buchhändler-Vereinigung GmbH
1947 gegründete GmbH mit Sitz in Frankfurt, Herausgeber des Börsenblatts und der Deutschen Bibliographie, Träger der Schulen des Deutschen Buchhandels und des Rechenzentrums Buchhandel.

Buchhandel
Engl. book industry, book trade, bookselling.
Einteilung in herstellender Buchhandel (Buchverlage) und verbreitender Buchhandel (Zwischenbuchhandel und Bucheinzelhandel. Zu den Produkten → Gegenstände des Buchhandels.

Buchhypothek
Im Grundbuch abgesicherte Hypothek.

Buchillustration
Gedruckte oder manuell hergestellte grafische Ausstattung eines Buchs.

Buchklima
→ Lagebedingungen.

Buchkörper
→ Buchblock.

Buchklub
→ Buchgemeinschaft.

Buchmacher
Wettunternehmer.

Buchmalerei
Vollständig handgemalte Illustrationen in Büchern.

Buchmarkt
→ Büchermarkt.

Buchmäßig
Auch buchgemäß, dem Rechnungsbuch gemäß.

Buchmesse
Messe, die der Ausstellung und dem Verkauf von Büchern, meist auch dem Kontakt zwischen Autoren, Verlegern, Buchhändlern und Bibliothekaren dient.

Buchproduktionsanlage
Vollautomatische Fertigungsanlage mit gekoppelten Rotationsdruck-, Schneide-, Falz-, Klebebinde- und ggf. Folienschweißeinheiten, in der Bücher vom Druck bis zum fertig gebundenen und verpackten Buch automatisch hergestellt werden.

Buchprüfer
Auch Revisor oder Bücherrevisior; ein für → Buchprüfungen zuständiger Sachverständiger.

Buchprüfung
Prüfung der Buchführung (durch einen Sachverständigen).

Buchrücken
→ Runder Rücken, → gerader Rücken.

Buch-Schenk-Service
Dienstleistung von Sortimentern, wobei Gutscheine in beliebigen (am Service beteiligten) Buchhandlungen erstanden und eingelöst werden können.

Buchschleife
→ Buchbinde.

Buchschriften
Bezeichnung für die früher in handgeschriebenen Büchern verwendeten Schriftarten, in Unterscheidung zu jenen Schriften, die für Urkunden, im Schriftverkehr oder für andere Zwecke verwendet wurden.

Buchschuld
→ Buchforderung; daneben Bezeichnung für nach dem Staatsschuldbuch bestehende Staatsschuld.

Buchschutzfolien
Kunststoffklarsichtfolien, in die Bücher nach der Herstellung eingeschweißt werden.

Buchstabe
Einzelnes (geschriebenes oder gedrucktes) Schriftzeichen; im Schriftsatz werden nicht Buchstaben, sondern → Lettern verwendet.

Buchstabenbild
Abdruck des seitenverkehrten Schriftbilds, der druckenden Fläche der → Letter.

Buchstabenblindheit
→ Alexie.

Buchstabengläubig
Glaube an Geschriebenes (ohne eigenes Nachdenken).

Buchstabenschrift
Im Unterschied zu → Wortschrift und → Silbenschrift werden bei einer Buchstabenschrift einzelne Laute durch → Buchstaben wiedergegeben.

Buchstraße
Der Abfolge der einzelnen Arbeitsgänge bei der Buchherstellung folgende Anordnung der jeweils benötigten Maschinen und Arbeitsplätze (meist nur innerhalb der Buchbinderei). Anlagen, in denen alle Abläufe in untereinander gekoppelten Aggregaten automatisch erfolgen, werden meist → Buchfertigungsanlagen bzw. Buchproduktionsanlagen genannt.

Buchtechnik
Technische Herstellung von Büchern.

Buchung
Eintragung ins Rechnungsbuch.

Buchumschlag
→ Schutzumschlag oder Einband einer → Broschur.

Buchverkaufsstelle
Im Unterschied zum Buchhandel ein Betrieb, in dem neben einem sonstigen Warenangebot auch Bücher verkauft werden.

Buchzeichen
→ Exlibris, → Lesezeichen.

Buffer
Puffer, → Zwischenspeicher.

Bug
Engl. „Wanze", „Insekt", übertragen: Fehler in einem Computerprogramm, Fehler in irgendeinem Ereignisablauf. Insekten führten in der Anfangszeit der EDV in mit Röhren und Relais ausgestatteten Computern bisweilen Kurzschlüsse oder mechanische Störungen im Programmablauf herbei, so daß fehlerhafte Programmabläufe schnell generell auf Wanzen zurückgeführt wurden. Man unterscheidet heute meist detailliert zwischen Bohr-Bugs (jederzeit reproduzierbaren Fehlern) und Heisenbugs (Fehlern, die verschwinden oder in völlig anderer Form auftauchen, wenn man auf Fehlersuche geht) sowie Mandelbugs (eigentlich offensichtlich ganz einfach strukturierten Fehlern mit dennoch schlagartig erkennbaren hochkomplexen und äußerst chaotischen Folgen) und Schroedingbugs (Fehlern, die lange Zeit kein Mensch bemerkt, bis jemand bei näherem Studium des Quellcodes oder unter ähnlichen ungewöhnlichen Bedingungen plötzlich dahinterkommt und mit Berichtigungen beginnt, woraufhin plötzlich das bislang funktionierende Programm zusammenbricht). Neueste Bugvarianten sind Curiebugs (Fehler, die strahlende Gesichter bei den Umstehenden zur Folge haben), Freudbugs (Fehler mit äußerst merkwürdiger, meist erst nach jahrelangen Sitzungen bewältigter Vorgeschichte), Hubblebugs (Fehler, die sich nur bei intergalaktischen Entfernungen auswirken, dann aber zu netten Bildern führen) und Spockbugs (Fehler, die zu plötzlichem Hochbeamen in die obere Etage führen), besonders gewarnt wird vor den Gandhibugs (Fehler, die ganz unscheinbar zu sein scheinen, nach einiger Zeit jedoch ein ganzes Empire in die Knie zwingen). Kritisch anzumerken ist, daß die meist recht unterhaltsamen Techno-Bugs gegenüber faden Real-Bugs eine besonders nachteilige Verhaltensmutation aufweisen: sie verschwinden nicht unter Möbeln oder in Ritzen, wenn das Licht angemacht wird – einige Arten bewirken un-

ter Umständen ganz im Gegenteil, daß bei ihrem Erscheinen das Licht ausgeht (im Fachjargon: Au! Putt!).

Bugfix
Fehlerberichtigung (in einem Computerprogramm).

Bühnenverlag
Auf die Herausgabe von Bühnenwerken (Theater, Oper, inzwischen häufig auch Film, Rundfunk oder Fernsehen) spezialisiertes Unternehmen.

Bulletin
(Von lat. bulla, Bezeichnung für Siegelkapseln, Siegel und päpstliche Urkunden) periodisch erscheinende (vor allem amtliche) Verlautbarungen.

Bulletin Board System
(bbs, bboard, electronic bulletin board) Elektronisches „Schwarzes Brett" auf einem Rechner innerhalb eines Netzes. Dient zur Hinterlegung oder Abfrage allgemein zugänglicher Nachrichten.

Bund
Kurz für → Bundsteg, Innenrand von Buchseiten; oft auch Bezeichnung für den linken Rand des (geschlossenen) Buches oder der Broschur; → auch Bünde.

Bund Deutscher Werbeberater und Werbeleiter e.V.
BDW, Berufsverband.

Bünde
Quer über den Buchrücken laufende Bücher oder Schnüre, an die die Lagen des Buches geheftet werden; die Buchdeckel werden ebenfalls mit den Bünden verbunden. Falsche Bünde sind auf der Rückeneinlage aufgebracht (und nicht mit den Lagen verbunden).

Bundesverband Deutscher Zeitungsverleger e.V.
BDZV, 1954 gegründeter Herausgeber-Verband.

Bundesanzeiger
Seit 1949 amtliches Publikationsorgan der Bundesrepublik Deutschland, Nachfolger des Reichsanzeigers.

Bundesdatenschutzgesetz
In der Bundesrepublik Deutschland geltende gesetzliche Regelung zum Schutz personenbezogener Daten (→ Datenschutz).

Bundesprüfstelle für jugendgefährdende Schriften
(BPS) Stelle zur Indizierung von Medien aller Art, die jugendgefährdende Wirkung ausüben (etwa Aufrufe zu Gewalt oder Rassenhaß beinhalten). Anträge können durch Jugendämter oder -Minister gestellt werden, die Entscheidungen der BPS werden im Bundesanzeiger veröffentlicht und sind rechtlich verbindlich.

Bundesstelle für Zulassungen Telefon
BZT, Nachfolgebehörde der → ZZF bzw. der → FTZ.

Bundesverband der Deutschen Versandbuchhändler e.V.
1950 in Nachfolge des Vereins der Reise- und Versandbuchhandlungen neu gegründete Interessengemeinschaft des Reise- und Versandbuchhandels.

Bundesverband des werbenden Buch- und Zeitschriftenhandels e.V.
wbz, Vereinigung von Abonnement-Vertriebsunternehmen.

Bundesverband deutscher Zeitungsverleger
BdZBV, Spitzenverband der Zeitungsverleger in der Bundesrepublik Deutschland.

Bundesverband Druck e.V.
BV Druck, 1968 gegründete Nachfolgeorganisation des Deutschen Buchdrucker-Vereins (DBV), in verschiedenen Landesverbände gegliederter Arbeitgeber- und Wirtschaftsverband der deutschen Druckindustrie, Sitz Wiesbaden.

Bundfalz
Falz am Innenrand der Buchseiten, in Unterscheidung zum Kopffalz.

Bundsteg
Unbedruckter Innenrand einer Buchseite, → Satzspiegel.

Buntdruck
→ Mehrfarbendruck.

Buntdruckform
Druckform für den Mehrfarbendruck.

Buntpapier
Nach der Papierherstellung eingefärbtes Papier (meist einseitig und gemustert), neben buchbinderischer Verwendung hauptsächlich für Verpackungszwecke genutzt.

Burin
→ Grabstichel.

Bürstenabzug
Herstellung eines Druckes (beim Holzschnitt), vor allem aber eines Probeabzugs durch Überbürsten eines auf den eingeschwärzten Satz gelegten Papiers; auch allgemeine Bezeichnung für Korrektur- bzw. Probeabzüge.

Bustrophedon
(gr. furchenförmig) Schriftstück mit abwechselnd links- und rechtsläufigen Zeilen. Der Schriftverlauf wird als bustrophedisch bezeichnet, im Unterschied zum → aristerographischen (von rechts nach links) oder zum → dexiographischen (von links nach rechts) Verlauf.

Büttenpapier
→ Papiersorten.

Büttenrand
Beim → Handschöpfen oder in der → Rundsiebpapiermaschine entstehender, in Dicke und Verlauf ungleichmäßiger Rand des Papiers.

Byblos
Handelsstadt z.Zt. der Phönizier mit besonderer Bedeutung im Papyrushandel, der Name wurde synonym für Bücher (Bibel).

Byte
Übliche Zeichengröße in der EDV, 1 Byte = 8 Bit, damit lassen sich 256 verschiedene Zustände kennzeichnen.

BZT
→ Bundesstelle für Zulassungen Telefon.

C

©
Copyright Symbol.

C
Programmiersprache. Das Betriebssystem UNIX basiert auf C.

C++
Objektorientierte Weiterentwicklung der Programmiersprache C.

Caches
Hochgeschwindigkeitsspeicher (Zwischenspeicher) im Computer, der dem Prozessor die gerade benötigten Daten zur Verfügung stellt.
Pufferspeicher für Daten.

CAD
Computer aided design.
Computerunterstütztes Design.

CAI
Computer Aided Instruction.
Computerunterstütztes Instruieren, Anleiten oder Lehren. Computereinsatz im Rahmen berufsbegleitender Weiterbildung.

Cairo International Book Fair
Bücherverkaufsmesse, die jährlich in Kairo stattfindet.

Cameron
Gürteldruckmaschine, Banddruckmaschine bestehend aus einer Druckanlage und einer Klebe-Binde-Straße, die beide integriert sind. Gedruckt wird von der Papierrolle mit Flachdruckformen, die auf einem endlos rotierenden Band montiert sind. Das Seitenformat beträgt minimal 11 × 15 cm und maximal 22 × 29 cm. Die Kapazität erlaubt die Herstellung von Büchern mit 1.000 Seiten Umfang in einem Druckgang.

CAP
Computer Aided Publishing.

Caption
Engl. für Bildunterschrift, Bildüberschrift.

Caret
Engl. für Winkelzeichen.
Korrekturzeichen auf der Fahne, daß und wo Text fehlt.

Cartons
Französisch für meist aus Zensurgründen nachträglich in Bücher eingeklebte Ergänzungs- oder Ersatzblätter.

Cartoon
Gezeichneter Bilderwitz oder gezeichnete Bildergeschichten.

Case
Engl. für Buchdecke, Kasten, Setzkasten.

Case binding
Engl. für festen Bucheinband, englische Broschur.

Caslon
Schriftart, entworfen von William Caslon (1662-1766) in England.

Cast
Besetzung eines Films mit Schauspielern und anderen Mitwirkenden.

CBT
Computer Based Training
Computerbasiertes Training. Computer eignen sich als Lehrmedien, die Prozesse menschlichen Lernens ermöglichen oder unterstützen können, falls bestimmte Prinzipien der Gestaltung und des Einsatzes berücksichtigt werden. Anwendungstypen sind: Tutorielle Lehrprogramme, Simulationen, Übungen im Rahmen der Objektmanipulation, Hypermediasysteme, Modellbildungssysteme, Hilfssysteme, Edutainment (aus: Education und Entertainment).
Der Einsatz von CBT kann das Ziel verfolgen, andere Vermittlungsformen, insbesondere aufwendige personalintensive Lehrformen zu ersetzen. Schwerpunkt könnte die innerbetriebliche Aus- und Weiterbildung sein.

CCITT
Comité Consultatif International Telephonique et Telegraphique.

Zuständig für die Erstellung von Telefon- und Datenfernübertragungsnormen. Unterschieden werden I-Normen (ISDN), V-Normen (Telefon) und X-Normen (Datennetze).

CC-Zeitschrift
Zeitschrift mit „controlled circulation". Die Auflage wird dabei nach einem vom Verlag aufgestellten Plan an Interessenten im gezielten Planversand unentgeltlich verteilt.

CD-ROM
Compact Disc Read Only Memory.
Externes Speichermedium mit einer Speicherkapazität von 600 Mega-Byte (ca. 30.000 Buchseiten).

Cedille
Ein in einigen Sprachen verwendeter Akzent in Verbindung mit dem Buchstaben c, der eine veränderte Aussprache zur Folge hat: ç

Cellophanieren
Laminieren
Kaschieren mittels durchsichtiger Folie, Aufbringen einer transparenten Folie (Zellglas oder durchsichtige Plastikfolie) auf Druckerzeugnisse (meist auf dem Einband).

Census
Verzeichnis der Standorte eines wertvollen Buches.

Centronics-Schnittstelle
→ Parallelschnittstelle.

Chagrin
Französisch für Leder mit Levantennarbe, ursprüngl. Leder aus Haut von Pferden, Maultieren oder Seehunden.

Chalkograph
Kupferstecher.

Chamois
Gemsleder, Sämischleder zum Ausfüttern von Schubern.

Chapbooks
Bezeichnung für kleinere Druckwerke, die im angelsächsischen Raum durch fliegende Händler (chapmen) vertrieben werden.

Character
Engl. für Schriftzeichen; Figur.

Chart
Engl. für Diagramm.

Checkliste
Zusammenfassung von Auswahlkriterien als Entscheidungsleitfaden.

Chef vom Dienst
Verantwortlicher Redakteur, der den Kontakt zwischen Redaktion und Produktion aufrechterhält und fertig gesetzte Seiten zum Druck freigibt (imprimiert).

Chefredakteur
Presserechtlich verantwortlicher Redakteur einer Vollredaktion, auch Hauptschriftleiter.

Chefredaktion
Entscheidungsbefugtes, von der Verlagsleitung ernanntes oder vom Redaktionskollegium gewähltes Gremium der Chefredakteure und ihrer Stellvertreter.

Chemigraphie
Ätzen von fotochemisch präparierten Metalldruckstöcken mit Hilfe von Säuren.

Chiffre-Anzeige
Anzeige, die nicht unter dem Namen bzw. der Adresse des Inserenten, sondern unter einer von der Zeitung vergebenen, fortlaufenden Nummer veröffentlicht wird, häufig bei Kontaktanzeigen (Ziffernanzeige).

Chiffregebühr
Gebühr, die der Zeitungsverleger vom Inserenten, der unter Chiffre inseriert, für die Sammlung und Weiterleitung von Zuschriften verlangt.

Chiffregeheimnis
Durch den Verlag gewährleisteter Schutz der Anonymität des Inserenten, der unter Chiffre inseriert, gegenüber Dritten.

Chip
Integrierte Schaltung. Bauteil eines Computers, das aus Silizium besteht und auf dem integrierte Schaltungen untergebracht sind. 3 mm × 3 mm und 10 mm ×

10 mm große Plättchen. Ein C. enthält bis zu 1 Milliarde Schaltelemente (VLSI, ULSI). Speicherc. sind einfach gebaut; ihre Kapazität wird bis zum Jahr 2000 bei 1 Gigabit liegen. Logikc. sind sehr komplex und bestehen aus mehreren Mio. Transistoren.

Chrestomathie
Sammlung ausgewählter Texte aus Werken bekannter Autoren.

Chromolithographie
Lithographischer Vierfarbendruck.

Chromolux
Holzfreies Papier, dessen Vorder- und Rückseite weiß, hochglänzend, gußgestrichen ist, zur Anwendung für Umschläge, Prospekte und Preislisten.

Chromopapier
Gestrichenes Papier.

Chronik
Im Unterschied zu den Annalen fassen C. größere historische Zeitabschnitte zusammen und versuchen, Bezüge herzustellen.

Chrysographie
Die Kunst, mit Gold zu schreiben, zu zeichnen und zu malen.

Cicero
1. Bezeichnung für eine zwölf Punkt, also etwa 4,5 mm große Schrift.
2. Als vierter Teil einer Konkordanz Maßeinheit für die Breite des Satzspiegels.

CIP
Cataloguing-in-Publication.
Die CIP-Kurztitelaufnahme mit ISBN-Nummer dient der schnelleren bibliographischen Erfassung. Aufgrund der Meldung des Verlages vor Erscheinen des Buches erstellt die Deutsche Bibliothek die CIP: zur Aufnahme in den „Neuerscheinungs-Sofortdienst (CIP)", das Verzeichnis lieferbarer Bücher, weitere Bibliographien und zum Eindruck im Buch.

Circular
Engl. für Rundschreiben.

Citation
Engl. für Anführung, Zitat.

Clean copy
Engl. für Reinschrift.

Clean proof
Engl. für Fahnen ohne Korrekturen, Jungfer.

Client/Server-Modell
Modellierte Vorgänge in einer verteilten Anwendung als Zusammenarbeit zwischen Dienstnachfrager (Client) und Diensterbringer (Server).

Clipping
Engl. für Zeitungsausschnitt.

Cloth
Engl. für Einbandgewebe.

Club line
Engl. für Schusterjunge.

Coated paper
Engl. für gestrichenes Papier.

Coffee table book
Wertvoll ausgestattetes, meist großformatiges und reich bebildertes Buch, das in Greifnähe liegt und etappenweise gelesen werden kann.

COBOL
Common Business Oriented Language. Programmiersprache für den kommerziell-administrativen Anwendungsbereich.

Code
Vorschrift für die eindeutige Zuordnung der Zeichen eines Zeichenvorrats zu denjenigen eines anderen Zeichenvorrats.

Codex
Aus gefalteten, gelegten und gehefteten Blättern bestehende Buchform der Spätantike. Vorläufer des modernen Buches.

Codierung
Verschlüsselung einer Zeichenfolge, die mittels eines Schlüssels (Code) gelesen werden kann.

Collage
Meist geklebte Zusammenstellung von Bild und Textteilen zu einem neuen Ge-

samtkunstwerk. Im Literaturbereich ist C. die Technik kombinierter Zitate aus vorhandenen Werken.

Collotype
Englisch für Lichtdruck.

Colonel
Typographische Maßeinheit zu 7 Punkt.

Colophon
Engl. für Signet; Druckvermerk; Kolophon.

COM
Computer Output on Microfilm. Datenausgabe auf Mikrofilm.

Comic
Kurzform für Comic strip.

Comics
Sammelbezeichnung für periodisch erscheinende, meist gezeichnete Bildergeschichten.

Comic strip
Gezeichnete Bilderfolge.

Coming out
Englisch für spektakuläres Bekanntmachen und Herausstellen eines neuen Autors oder Stars.

Compiler
Übersetzer
Übersetzungsprogramm für in einer höheren Programmiersprache geschriebenes Programm in die Maschinensprache.

Complimentary copy
Engl. für Freiexemplar.

Composer
Schreib-Setzmaschine, die in den 70er Jahren in der Textverarbeitung und in der automatischen Satzerstellung eingesetzt wurde.

Computer
Funktionseinheit zur Verarbeitung von Daten.

Computergestütztes Publizieren
CAP, Computer Aided Publishing.
Computergestützte Erstellung bzw. Abfassung, Präsentation, Übermittlung, Speicherung und Wiedererlangung von Dokumenten.

Computersatz
Maschinensatz, der mit Unterstützung einer elektronischen Datenverarbeitungsanlage hergestellt wird.

Condensed
Schrift, bei der die Buchstaben im Verhältnis zu ihrer Größe enger bzw. schmaler zusammenstehen.

Copyproof
System zur Herstellung von Abzügen und Zwischenabzügen auf Film und Papier.

Copyright
Im Internationalen Urheberrecht schützt der Copyright-Vermerk (Kennzeichen © in Verbindung mit dem Namen des Inhabers des Urheberrechts und der Jahreszahl der ersten Veröffentlichung) Werke der Literatur im Sinne des Welturheberrechtsabkommens (Schutzfrist 25 Jahre). Diese Kennzeichnung ist überflüssig in der Beziehung zwischen Ländern, die nicht nur dem Welturheberrechtsabkommen, sondern auch der Revidierten Berner Übereinkunft beigetreten sind (Schutzfrist mindestens 50 Jahre).

Copy-Test
Leserbefragung, durch die ermittelt wird, wie viele Personen welche Anzeigen und/oder redaktionellen Beiträge in einer bestimmten Ausgabe bemerkt, zu lesen begonnen, zu Ende gelesen haben. Den Interviewten wird dabei das Testexemplar (copy) vorgelegt.

Corduan
Ursprünglich in Cordoba hergestelltes, kräftig genarbtes Ziegenleder für Bucheinbände.

Corrigenda
Druckfehlerverzeichnis.

Couponanzeige
Anzeige mit Gutschein zur Anforderung von Prospekten u.ä., auch als Mittel der Werbeerfolgskontrolle und zur Ergänzung der Interessentenkartei gebräuchlich.

Cover
Äußere Titelseite einer Druckschrift.

CPI
Characters per inch.
Anzahl der Zeichen pro Zoll.

CPS
Characters per second.
Anzahl der Zeichen, die ein elektronisch gesteuerter Drucker pro Sekunde in einer bestimmten Schriftart ausgeben kann.

CPU
Central Processing Unit. Zentraleinheit (mit Steuerwerk, Rechenwerk, Arbeitsspeicher sowie Eingabe- und Ausgabesteuerung) einer Datenverarbeitungsanlage.

Crack back
Bezeichnung für patentiertes Haftklebematerial, das nach dem Umbiegen an vorbehandelten Schräglinien aufbricht und speziell für Etiketten verwendet wird.

Cromalin
Farbprüfverfahren zur Kontrolle von Strich- oder Halbton-Farbauszügen für den Hoch- und Offsetdruck.

Cromolux
Markenname für gußgestrichene, hochglänzende Papiere und Kartons (weiß und farbig).

CRT
Cathode Ray Tube.

Systembezeichnung für die dritte Fotosetzmaschinengeneration, die sogenannten Lichtsatzmaschinen, bei denen die Buchstaben aus einem elektronischen Speicher abgerufen werden und mit Hilfe von Kathodenstrahlen (oder auch Laserstrahlen) „synthetisch“ gesetzt werden.

CRT-Satz
Hochleistungslichtsatz (unter Verwendung der Cathod Ray Tube = Kathodenstrahlröhre) mit mehreren Millionen Belichtungen pro Stunde.

CTMP
Chemical Thermal Mechanical Pulp.

Verfahren zur besseren Nutzung des Rohstoffes Holz bei der Papierherstellung.

Cursor
Lichtmarke, die am Bildschirm die augenblickliche Eingabeposition für Informationen markiert. In Verbindung mit den Cursortasten oder mit der Maus kann der Cursor frei auf dem Bildschirm bewegt werden.

Cyan
Blaugrüne Normdruckfarbe nach DIN der Europa-Skala.

D

Dachstrich
Von links unten nach rechts oben verlaufender Anstrich bei Antiqua-Buchstaben.

Daemon
Ursprünglich wohl Akronym für Disk And Execution MONitor, heute im UNIX-Bereich oder im Internet allgemeine Bezeichnung für ein Programm, das ständig im Hintergrund mitläuft und bei bestimmten Ereignissen aktiv wird (→ Spooler, → Server, → Mailer usw.).

Daguerreotypie
Von Louis Jacques Mandé (18.11.1787-10.7.1851) zwischen 1831 und 1839 entwickeltes fotografisches Verfahren, bei dem eine mit Jod bedampfte Silberplatte längere Zeit belichtet wird, mit Hilfe von Quecksilberdämpfen wird anschließend eine seitenverkehrte, positive Abbildung hergestellt.

DAKJ
→ Deutsche Akademie für Kinder- und Jugendliteratur.

Damnatur
(Lat.: es wird verworfen). Zensurformel zur Verweigerung der Druckerlaubnis, Gegensatz zu → Imprimatur.

Dandy-Roll
→ Egoutteur.

DAT
Digital Audio Tape, wechselbarer → Datenträger, bei dem Daten in digitalisierter Form auf Magnetband enthalten sind.

Date Circuit-terminating Equipment
DCE, Konfiguration einer V.24-Schnittstelle (Gegenstück → DTE).

Data Highway
→ Datenautobahn.

Data Terminal Equipment
DTE, Konfiguration einer V.24-Schnittstelle (Gegenstück → DCE).

Datei
(Engl.: file) Reihe von zusammengehörigen Informationen, die in einem Computer bzw. auf einem Datenträger so abgespeichert sind, daß sie von einem dafür geeigneten Programm erschlossen werden können; häufig untergliedert in einzelne → Datensätze.

Dateiattribut
Im Eintrag zu einer bestimmten Datei im → Dateiverzeichnis mögliches Kürzel, das den Status einer Datei bzw. → Zugriffsbeschränkungen bestimmt.

Dateiendekennung
Extension, Kennzeichnung des Dateityps, des Dateiformats oder der Zugehörigkeit einer Datei zu einem bestimmten Programm durch ein festgelegtes Kürzel am Ende des Dateinamens.

Dateiformat
Struktur einer Datei, meist äußerlich erkenntlich anhand der Dateiendekennung.

Dateiverzeichnis
Directory, Verzeichnis der Dateien mit Einträgen zu Dateinamen, Datum/Uhrzeit und → Dateiattributen.

Daten
Bestimmte Informationen; in der EDV allgemein für Informationen, die in einem speziellen Code vorliegen und von Programmen verarbeitet werden können.

Datenausgabe
Output, Ausgabe von Daten durch ein Programm, Ausgabe von EDV-Daten an ein Peripheriegerät oder mittels eines solchen.

Datenaustausch
Allgemeine Bezeichnung für ein (beliebig) festgelegtes Verfahren zur Übergabe von Daten zwischen EDV-Anlagen. Rechtliche Bestimmungen regeln die Zulässigkeit des Datenaustauschs (etwa zwischen Behörden); technisch relevant für den Datenaustausch sind u.a. Art des

→ Datenträgers oder Art der Fernübertragung, die → Datenstruktur, der Umfang der zu übergebenden Daten und → das Übertragungsprotokoll. Zwischen Autor und Verlag kann beispielsweise vereinbart werden, daß ein Buchmanuskript auf Diskette angeliefert wird, daß der Text im Dateiformat eines bestimmten Textverarbeitungsprogramms vorformatiert vorliegen sollte, und daß bestimmte Sonderzeichen an entsprechenden Stellen einzufügen sind.

Datenautobahn
Modelle oder Realisierungen besonders schneller Datenübertragungsverbindungen bzw. Datennetze (Data Highway, Information Super Highway (ISH), Information Highway (I-WAY), ISDN usw.).

Datenbank
Programm zur Datenverwaltung und/oder Gesamtheit aller Dateien, die von einem solchen Programm (zu einem bestimmten Thema) verwaltet werden. Die Daten sind in der Regel nach bestimmten Kriterien angeordnet bzw. so strukturiert, daß schnelle Zugriffe für Abfrage, Änderung oder Erweiterung der Daten möglich sind. Neben den eigentlichen Inhalten gehören zu den in einer Datenbank organisierten Daten daher auch meist → Indexdateien, über die ein schneller Datenzugriff erfolgen kann.

Datenbankabfragsprache
Genormte Programmiersprache für den Zugriff auf Daten, die in einer Datenbank gespeichert sind.

Datenbasis
Allgemein alle Daten, die einem Verfahren zugrundegelegt werden (etwa bei einer statistischen Auswertung); in der EDV alle Dateien, die in einer bestimmten → Datenbank vorliegen.

Dateneingabe
Input, Datenerfassung, automatische oder manuelle Eingabe von Daten im Rahmen eines Programmes, Eingabe in eine Datenbank oder eine EDV-Anlage.

Datenendgerät
→ Bildschirmgerät.

Datenerfassung
Allgemein alle Vorgänge, die dem Festhalten von Daten dienen; in der EDV meist synonym mit → Dateneingabe.

Datenerfassungsgeräte
Alle Geräte zur Dateneingabe in eine EDV-Anlage, neben Terminals (oder PCs) für die manuelle Eingabe von alphabetischen oder numerischen Daten vor allem → Scanner, Barcodeleser oder OCR-Lesegeräte für die automatische Erfassung von Text- oder Bilddaten, Graphic-Tablets usw.

Datenfeld
Logischer (selten physischer) Raum von festgelegter oder variabler Länge für Daten in einem → Datensatz.

Datenfernübertragung
DFÜ, Senden von Daten über größere Entfernungen per Funk oder Leitung.

Datenflußplan
Graphische Darstellung der Abläufe innerhalb einer EDV-Anlage oder der Abläufe, die durch ein bestimmtes Programm festgelegt sind.

Datenformat
Festgelegte Struktur eines Zeichens, einer → Datei oder eines → Datensatzes.

Datenkompression
Verfahren zur Reduzierung der Größe von Dateien (für die Speicherung auf Datenträgern oder die DFÜ eingesetzt); mittels spezieller Programme können Daten in → Datenformate mit geringerer Redundanz umgesetzt und bei Bedarf wieder in die Originalformate verwandelt werden; je nach Datenformat und Kompressionsverfahren kann bis auf 20 Prozent der ursprünglichen Größe komprimiert werden.

Datenkonsistenz
Übereinstimmung von Daten untereinander; Übereinstimmung der vorliegenden Datenstruktur mit dem Datenformat.

Datenkonvertierung
Umwandlung von Daten aus einem → Datenformat in ein anderes.

Datensatz
Logisches (oder physisches) Element einer Datei, umfaßt zusammengehörige Daten, ist meist untergliedert in Datenfelder und gegebenenfalls Feldtrennzeichen und Feldkennungen.

Datensicherheit
Gewährleistung der Verfügbarkeit und Unversehrtheit von Daten.

Datensicherung
Maßnahmen und Verfahren zur Aufrechterhaltung der → Datensicherheit, meist im Sinne von → Backup; auch Absicherung von Daten gegen unberechtigten Zugriff (→ Datenschutz).

Datensichtgerät
→ Bildschirmgerät.

Datensichtstation
→ Bildschirmgerät.

Datenschutz
Technische und organisatorische Maßnahmen und gesetzliche Bestimmungen (→ Bundesdatenschutzgesetz) bezüglich des Schutzes von Daten hinsichtlich des Zugriffs, der Weitergabe oder der Verarbeitung.

Datenstruktur
Anordnung von Daten, → Datenformat.

Datenträger
Allgemein jedes informationstragende Medium; meist als Bezeichnung für die im Audio-/Video-Bereich sowie die in der EDV benutzten Speichermedien wie → Bildplatte, → CD-ROM, → DAT, → Disketten, → Festplatten, früher auch Lochkarten und Lochstreifen, gebraucht.

Datentypist/in
Schreibkraft in der Datenerfassung.

Datenverarbeitung
DV, auch Elektronische Datenverarbeitung (EDV), im engeren Sinn alle Prozesse zur Erzeugung von Daten aus gegebenen Ausgangsdaten (→ EVA) mit Hilfe von Datenverarbeitungsanlagen, im weiteren Sinn alle durch Computer oder mit Hilfe von Computern bewerkstelligten Abläufe; in Unternehmen auch Bezeichnung der Abteilung, die für die Programmierung sowie die Organisation, Installation und Wartung der Datenverarbeitungsanlage zuständig ist.

Datenverarbeitungsanlage
DVA, im engeren Sinn eine elektronische, programmgesteuerte und speicherprogrammierbare Anlage zur Datenverarbeitung (der eigentliche Computer), daneben auch das Gesamtsystem aus dem zentralen Computer und allen daran angeschlossenen Peripheriegeräten; im weiteren Sinn jedes maschinelle, biologische oder sonstige datenverarbeitende System überhaupt.

Datex
Data Exchange, Datennetzdienst der Deutschen Telekom, heute → T-Online.

Datex-J
Spätere Bezeichnung für den → Btx-Dienst.

Datex-L
Data Exchange/Line, Datex-Dienst mit Leitungsvermittlung (→ Vermittlung).

Datex-P
Data Exchange/Packages, Datex-Dienst mit → Paketvermittlungsverfahren (→ Vermittlung).

Datierung
Bei Büchern im → Impressum angegebene Jahreszahl, bei grafischen Blättern vom Künstler angebrachter Vermerk.

DA
→ Deckungsauflage.

DAU
EDV-Scherzausdruck: Dümmster Anzunehmender User.

Dauerauftrag
Anweisung an eine Bank zur regelmäßigen Zahlung eines festen Betrags an einen bestimmten Zahlungsempfänger; bisweilen auch laienhaft für → Periodika.

Dauerleihgabe
Bücher oder Kunstwerke, die vom Eigentümer für einen bestimmten längeren Zeitraum einer öffentlichen Einrichtung überlassen werden; im Bibliotheksbereich Bezeichnung für Bände oder häufig

auch Zeitschriftenreihen, die (meist mit dem Ziel besserer Nutzung, aus Platzgründen oder konservatorischen Gründen) aus dem Bestand einer Bibliothek in den Bestand einer anderen Bibliothek übergeführt werden (etwa von einer Stadtbibliothek an eine Universitätsbibliothek, oder umgekehrt).

Däumeln
→ Bibliomantie.

Daumenindex
→ Griffregister.

Daumenregister
→ Griffregister.

DBH
Deutsche Blindenhörbücherei, → Deutsche Blindenstudienanstalt.

DBI
→ Deutsches Bibliotheksinstitut.

DBK
→ Deutsche Bibliothekskonferenz.

DBR
→ Deckungsbeitragsrechnung.

DBV
→ Deutscher Bibliotheksverband; → Deutscher Buchdrucker-Verein; → Deutscher Büchereiverband.

DCE
→ Data Circuit-terminating Equipment.

DD
Double Density, doppelte Dichte (Diskettenspezifikation).

DDC
Dewey Decimal Classifikation, → Deweysche Dezimalklassifikation.

DDK
→ Deweysche Dezimalklassifikation.

Deadline
Abschluß-Termin.

Debit
In der Buchführung Bezeichnung für Soll oder Schuld, früher auch als Bezeichnung für den Warenvertrieb gebräuchlich.

Debitor
Schuldner, Käufer.

Deblockieren
Entfernen einer → Blockade (und Einbau des in die Lücke gehörenden Materials).

Deckblatt
Jedes oben liegende, Abdeck- und Schutzfunktionen erfüllende Blatt, beispielsweise das erste Blatt eines Buchs, einer Broschur oder eines Papierblocks, das Schutzblatt auf Reproduktion oder einer Reprovorlage, im Buchdruck teilweise auch anstelle des Begriffs → Deckbogen verwendet, transparente Blätter oder Folien mit Format- oder Korrekturanweisungen; deckende Blätter mit Korrekturen (zum Überkleben von bestimmten Partien des Originals).

Deckbogen
Oberster Bogen des → Aufzugs in Buchdruckmaschinen, meist aus → Tauenpapier.

Debugging
(Engl. für „Entwanzen“).
Suche und Beseitigung von Programmfehlern.

Decke
→ Buchdecke.

Deckel
→ Buchdeckel.

Deckelbezug
Das Material für den Überzug von Bucheinbänden, unter anderem Gewebe, Kunststoffe, Leder, Papier oder Pergament.

Deckenband
Buch mit festem Einband (in Unterscheidung zur → Broschur), → Buchdecke.

Deckeneinband
Im Unterschied zum → angesetzten Band ein Einband, der getrennt vom Buchblock gefertigt wird; der fertige Buchblock wird durch → Einhängen mit dem fertigen Einband verbunden.

Deckenmachen
Herstellung des Einbandes.

Deckenmachmaschine
Maschine zur vollautomatischen Herstellung des Einbandes.

Deckentitel
→ Umschlagtitel.

Deckfarbe
Farbe, die den Untergrund abdeckt.

Deckname
→ Pseudonym.

Deckungsauflage
DA, auch Kostendeckungsauflage, jener Teil der Auflage eines Druckwerkes, der mindestens verkauft werden muß, um die gesamten Kosten (Honorare und Herstellungskosten, je nach Auffassung zudem auch Vertriebs- und Gemeinkosten) der Auflage zu decken.

Deckungsbeitrag
In Fertigungsbetrieben bezeichnet der Deckungsbeitrag den Überschuß aus den gesamten feststellbaren variablen Kosten eines speziellen Auftrages (etwa Kosten für Papier, Druckplatten oder sonstigen Rohstoffe) und dem Erlös; dieser Überschuß ist als der auftragsbezogene Beitrag zur Deckung der auftragsunabhängig im Betrieb anfallenden Kosten (Personalkosten, Abschreibungen, Gemeinkosten usw.) sowie zur Erwirtschaftung des Gewinns anzusehen. In Verlagen wird der Differenzbetrag aus Autorenhonoraren und den gesamten Herstellungskosten (Material, Löhne, Stundensätze, bzw. Gesamtkosten laut Angebot bei Fertigung außer Haus), gegebenenfalls um Druckkostenzuschüsse vermindert, und den erwarteten Verkaufserlösen (einschließlich zusätzlicher Erlöse aus Nebenrechten, Sonderverkäufen, Anzeigen usw.) als Deckungsbeitrag eines Titels oder einer Auflage errechnet. In der Vorkalkulation in Fertigungsbetrieben wird der Deckungsbeitrag immer für ein Angebot bzw. einen feststehenden Auftrag ermittelt (und erfährt in aller Regel auch in der Nachkalkulation keine nennenswerte Veränderung), während die in Verlagen errechneten Deckungsbeiträge von der Höhe des geplanten oder bis zu einem bestimmten Zeitpunkt tatsächlich erfolgten Verkaufs abhängig und damit variabel sind.

Deckungsbeitragsrechnung
DBR, in Verlagen die Ermittlung des Überschusses aus dem Verkaufserlös (und dem Erlös aus Nebenrechten, Sonderverkäufen usw.) einerseits un den Herstellungskosten sowie den Honoraren andererseits; gängige Methode der Verlagskalkulation, die üblicherweise während der gesamten Laufzeit eines Titels (von der ersten Vorkalkulation über die Herstellung bis zum Abverkauf der gesamten Auflage) begleitend erfolgt und auch der Festsetzung des Ladenpreises dient; gleichermaßen Instrument für die laufende Überwachung (Einhaltung von Planzahlen) und Steuerung (Einleitung von Marketingmaßnahmen usw.) von Verlagsprojekten. In Fertigungsbetrieben bezeichnet die Deckungsbeitragsrechnung eine Art der Kosten- und Leistungsrechnung (in Unterscheidung zur → Vollkostenrechnung), die den → Deckungsbeitrag als wesentliches betriebswirtschaftliches Bewertungs- und Entscheidungskriterium heranzieht. Als alleiniges Kalkulationsinstrument auf Dauer meist eher ungeeignet, kann die DBR vor allem in (absehbar befristeten) Zeiten schwacher Auslastung des Betriebs dabei helfen, sich für Aufträge zu entscheiden, die unter Vollkostenrechnungsmethoden unrentabel wären. Die DBR sollte nur unter Berücksichtigung möglicher negativer Auswirkungen auf das Preisgefüge am Markt sowie auf das zukünftige Kundenverhalten angewandt werden.

Decoder
Gerät zum Entschlüsseln von Daten, wird beispielsweise für Btx-Empfang oder beim → Pay-TV dem Fernsehgerät vorgeschaltet.

Dedikation
Widmung.

Dedikationsblatt
→ Dedikationstitel.

Dedikationsexemplar
Kostenloses und bisweilen vom Autor mit einer speziellen Widmung versehenes Buchexemplar, das Freunden oder soge-

nannten → Multiplikatoren überreicht wird.

Dedikationstitel
Titelblatt oder -Seite mit einer Widmung.

DEG
→ Deutsche Exlibris-Gesellschaft.

Defekte
Im Handsatz außerhalb des Setzkastens vorgehaltene Reserve-Lettern.

Defektexemplar
In Unterscheidung zu → Mängelexemplaren fehlerhaft hergestellte oder während der Herstellung beschädigte Buchexemplare; es besteht gegenüber dem Verlag ein Anspruch auf Umtausch oder Gutschrift (→ auch vereinfachte Remission).

Dehnung
→ Bruch-Dehnung.

De-inking
Entfernung vorhandener (Druck-)Farben bei der Aufbereitung von Altpapier als Rohstoff für die Papierherstellung. Die Farb-Bindemittel werden meist mit Hilfe von Lösemitteln zerlegt und zusammen mit den Pigmentbestandteilen der Farben ausgewaschen.

Dekorationspapier
Einseitig und einfarbig gestrichenes Papier, lichtecht, für Dekorationszwecke.

del.
(von Lat.: delineavit = hat gezeichnet) auf Druckgrafiken angebrachter Vermerk des Künstlers.

DEL-Taste
(Engl. delete = löschen) Löschtaste.

Deleatur
(Lat. für wird getilgt) → Korrekturzeichen.

Dementi
Widerspruch gegen eine Pressemitteilung durch die betroffene Person oder Behörde selbst, im Unterschied zur Berichtigung durch das Presseorgan, → Berichtigungsbegehren.

Demon
Syn. für → daemon, teils auch unterscheidend gegenüber dem eigenständigen daemon als Teil eines Programms verstanden.

Demoskopie
Meinungsforschung.

Densitometer
Meßgerät zur Ermittlung der Schwärzung photographischer Vorlagen bzw. Filme oder der Farbdichte eines Druckes (auch zur automatischen Farbregulierung in Druckmaschinen eingebaut).

Depot-Buchhandlung
→ Depot-System.

Depot-System
Form der Geschäftsbeziehung zwischen einem (Fach-)Verlag und einer (Fach-) Buchhandlung, wobei der Sortimenter als Depot-Buchhandlung alle lieferbaren Titel des Verlages ständig auf Lager führt.

Desiderata
(Lat. für die Erwünschten) fehlende, aber möglichst noch anzuschaffende Bücher, Wunschliste zur Vervollständigung der Bestände einer Bibliothek.

Desideratenliste
Im Antiquariats-Buchhandel und bei Bibliotheken geführte Listen für Desiderata.

Deskriptor
Eindeutig beschreibendes Schlagwort (etwa in einem Thesaurus).

Desktop Publishing
DTP, CAP, Electronic Publishing, im engeren Sinne eine auf Personal Computern basierende Technologie zur Herstellung von Druckvorlagen oder Drucken mittels entsprechender Programme und Hardwareausstattung, durch die Texterfassung und -Gestaltung, Bilderfassung und -Bearbeitung und sämtliche sonstigen Arbeiten der Druckvorstufe erledigt werden können; im weiteren Sinne eine umfassende Computer-basierte Technologie des Vervielfältigens und Verbreitens von Informationen, also des Verlegens schlechthin. Aus einfachsten Anfängen hervorgegangen, konnte sich DTP

zunächst rasch zu einer professionellen Alternative zu vorhandenen Foto- und Lichtsatztechnologien entwickeln. Während sogenannte DTP-Systeme im Satzbereich längst weithin akzeptiert werden, konnte sich allerdings der „verlegerische Kerngedanke“ des Desktop Publishing bis heute noch nicht allgemein durchsetzen: die durchgängige Verwendung von standardisierten Personal Computern als der Basistechnologie aller wichtigen Arbeitsabläufe des Verlegens überhaupt findet erst zögerlich statt, trotz aller Vorteile und Möglichkeiten, die sich außer im technischen und ablauftechnischen vor allem auch im finanziellen Bereich (Kosten- und Risikoreduzierung) ergeben können. Werden Personal Computer im Sinne eines umfassend elektronisch unterstützten Publizierens eingesetzt, ergibt sich ein einheitlich „elektronischer“ Herstellungsablauf, bei dem Medien-Übergänge (Papier-Film, Film-Metall, Metall-Papier) mit allen für solche Übergänge erforderlichen Arbeitsschritten vermieden werden können. Die Texterfassung am PC unter Benutzung beliebiger Editoren oder Textverarbeitungsprogramme kann bereits durch den Autor (Buchautor ebenso wie Journalist) selbst erfolgen, so daß das Manuskript mit dem Rohsatz identisch wird, ebenso bietet sich aber auch die Möglichkeit der automatischen Texterfassung mit Hilfe von → Scannern und OCR-Software oder die manuelle Erfassung durch Heimarbeitskräfte oder verlagsinterne Mitarbeiter an. Alle weiteren Verfahrensabschnitte, vom Redigieren über die typographische Gestaltung bis hin zum (gegebenenfalls nur auf Anfrage hin erfolgenden) Druck und der Endverarbeitung zum fertigen Verlagsprodukt können, soweit dies jeweils sinnvoll erscheint, direkt an diese erste Erfassung anknüpfend und ohne weiteren Wechsel der grundlegenden Technologie durchgeführt werden. Dabei verlieren selbst große geographische Entfernungen zwischen den jeweils beteiligten Abteilungen oder Mitarbeitern an Bedeutung: die Kopplung über Datennetze läßt den jederzeitigen problemlosen Austausch des in allen Fertigungsstufen elektronisch vorliegenden Halbprodukts und damit selbst weltweite Aufgaben- und Arbeitsteilung zu. Die durch die Technik des elektronischen Publizierens geschaffenen verlegerischen Gestaltungsspielräume erstrecken sich schließlich sogar über den Bereich der Print-Medien hinaus: elektronisches Publizieren beschränkt sich nicht nur auf die Vervielfältigung und Verbreitung von „papiergebundenen“ Informationen, sondern ermöglicht auch das Veröffentlichen in Datennetzen oder die Herstellung von Publikationen auf CDs oder anderen Datenträgern. Robert Raible-Besten

Detailzurichtung

→ Zurichtung, im Sinne der Zurichtung kleinerer Partien (bisweilen auch anstelle von → Bildzurichtung) gebrauchter Begriff.

Deutsche Akademie für Kinder- und Jugendliteratur

(DAKJ) 1976 gegründete Vereinigung zur Förderung und Weiterentwicklung deutschsprachiger Kinder- und Jugendliteratur.

Deutsche Akademie für Sprache und Dichtung e.V.

1949 gegründete Vereinigung zur Pflege der deutschen Sprache und Literatur, Darmstadt, vergibt unter anderem den Georg-Büchner-Preis.

Deutsche Bibliographie

Von der → Deutschen Bibliothek herausgegebene Bibliographie aller in Deutschland verlegten Werke.

Deutsche Bibliothek

Sitz Frankfurt am Main, 19.5.1947 gegründete Nationalbibliothek mit Pflichtexemplar-Recht, Anstalt des öffentlichen Rechts, u.a. Herausgeber der → Deutschen Bibliographie und Betreiber des → BIBLIODATA-Online-Dienstes.

Deutsche Bibliothekskonferenz

(DBK) Dachverband für das Bibliothekswesen in der Bundesrepublik Deutschland.

Deutsche Blindenhörbücherei

(DBH) → Deutsche Blindenstudienanstalt.

Deutsche Blindenstudienanstalt e.V.
BLISTA, Zentrum für Bildungs- und Hilfsmittel für Sehgeschädigte, tätig im Blindenbuch- und Blindenbibliothekswesen, eigene Produktion von Blindenschriftbüchern und anderen taktilen (Lehr-)Materialien sowie Audiotiteln, Blindenschriftdruckmaschinen.

Deutsche Buchdrucker-Berufsgenossenschaft
Erste deutsche Berufsgenossenschaft, 1884 durch den → Deutschen Buchdruckerverein gegründet.

Deutsche Exlibris-Gesellschaft
DEG, Verein zur Förderung und Pflege der Exlibriskunst.

Deutsche Forschungsgemeinschaft
DFG, 1949 gegründete Selbstverwaltungsorganisation der deutschen Wissenschaft (hervorgegangen aus der Notgemeinschaft der Deutschen Wissenschaft, gegr. 1929); Hauptaufgabe Beratung politischer Entscheidungsträger und Instanzen sowie Förderung der Wissenschaft durch Finanzierungsmaßnahmen, vorwiegend finanziert durch Bund- und Ländermittel, betreibt u.a. Förderung wissenschaftlicher Bibliotheken sowie die Förderung von wissenschaftlichen Buch- und Zeitschriftenproduktionen (in Form von Druckbeihilfen).

Deutsche Forschungs-Gesellschaft für Druck- und Reproduktionstechnik e.V.
FOGRA, 1951 gegründete Vereinigung, Sitz München, Hauptaufgaben Grundlagenforschung auf dem Gebiet der Drucktechnik, Normung und Beratung.

Deutsche Gesellschaft für Dokumentation e.V.
DGD, Vereinigung für Informationswissenschaft und Informationspraxis, Hauptziel Forschung und Förderung (Aus- und Weiterbildung, Normung) im Bereich Information und Dokumentation (IuD).

Deutsche Höhe
→ Leipziger Höhe.

Deutsche Journalisten Union
Vor dem Übergang in die → IG Medien die für Journalisten zuständige Untergewerkschaft der IG Druck und Papier.

Deutsche Lesegesellschaft e.V.
DL, Vereinigung für die Förderung von Buch und Lesen (heute durch → Stiftung Lesen abgelöst).

Deutsche Presse-Agentur GmbH
dpa, 1949 gegründete Nachrichtenagentur, Sitz Hamburg.

Deutscher Bibliothekartag
Jahrestagung des Vereins Deutscher Bibliothekare und des Vereins der Diplom-Bibliothekare.

Deutscher Bibliothekskongreß
Seit 1973 im 5-Jahres-Abstand stattfindende Tagung, durchgeführt von der → Deutschen Bibliothekskonferenz (DBK).

Deutscher Bibliotheksverband
DBV, Verein zur Förderung des Bibliothekswesens und der bibliothekarischen Fachkunde, Sitz Berlin.

Deutscher Buchdrucker-Verein e.V.
DBV, 1869 gegründeter Vorgänger des heutigen → Bundesverbandes Druck.

Deutscher Büchereiverband
DBV, Vorläufer des → Deutschen Bibliotheksverbandes.

Deutscher Drucker
Vereinsorgan des Verbandes der → Führungskräfte der Druckindustrie, erscheint im gleichnamigen Verlag.

Deutscher Faktoren-Bund e.V.
Vorläufer des Vereins der → Führungskräfte der Druckindustrie.

Deutscher Jugendliteraturpreis
Literaturpreis, vergeben vom Bundesministerium für Familie, Senioren, Frauen und Jugend.

Deutscher Literaturfonds e.V.
Gemeinnützige Einrichtung zur Förderung deutschsprachiger (belletristischer) Literatur, vergibt u.a. Autoren-Stipendien, Druckbeihilfen und Fördermittel für Übersetzungsprojekte.

Deutscher Musikverleger-Verband e.V.
DMV, 1949 gegründeter Berufsverband der Musikverleger in der Bundesrepublik Deutschland, Sitz Bonn.

Deutscher Normenausschuß e.V.
DNA, → Deutsches Institut für Normung (DIN).

Deutscher Presserat
1956 gegründetes, mit Verlegern und Journalisten besetztes Gremium zur Verteidigung der Pressefreiheit sowie zur Wahrung berufsethischer Normen; wird üblichweise als eine Instanz der freiwilligen Selbstkontrolle verstanden und anerkannt beim Vorgehen gegen journalistische Entgleisungen.

Deutscher Verband Evangelischer Büchereien e.V.
DVEB, Zentralstelle für Buch- und Büchereiarbeit der Evangelischen Kirchen in Deutschland, Sitz Göttingen.

Deutscher Werberat
1972 vom Zentralausschuß der Werbewirtschaft (ZAW) gegründete Selbstkontrolle der deutschen Werbewirtschaft.

Deutsche Schrift
Bezeichnung für die deutsche Schreibschrift (Kurrent); fälschlich oft auch für gebrochene Druck-Schriften (Fraktur, Gotisch, Schwabacher) gebraucht.

Deutsches Bibliotheksinstitut
DBI, 1978 gegründete Anstalt öffentlichen Rechts, Sitz Berlin, zuständig für Aufgaben und Dienstleistungen im Bibliotheksbereich.

Deutsches Bucharchiv München
Institut für Buchwissenschaften, 1948 gegründete gemeinnützige Stiftung.

Deutsches Institut für medizinische Dokumentation und Information
DIMDI, Bundeseinrichtung, unterhält Online-Datenbanken u.a. für die Bereiche Biologie, Gesundheitswesen, Medizin und Sport, betreibt eigenes Datennetz DIMDINET.

Deutsches Institut für Normung e.V.
→ DIN Deutsches Institut für Normung e.V.

Deutsches Jugendschriftenwerk
(DJW), Mainz, Förderung v. Kinder- und Jugendschriften, Erstlesetexten und Bilderbüchern, Vergabe des Christian-Felix-Weiße-Preises.

Deutsches Literaturarchiv
Marbach, von der Deutschen Schillergemeinschaft e.V. im Schiller-Nationalmuseum unterhaltenes Quellenarchiv für deutschsprachige Literatur, umfaßt u.a. Nachlaß- und Handschriftensammlungen, Originalausgaben, Sekundärliteratur.

Deutsches Musikarchiv
→ Deutsche Bibliothek.

Deutsches Rundfunkarchiv
(DRA), 1952 gegründete Stiftung der ARD-Landesanstalten, unterhält umfangreiches Archiv von Ton-, Bild- und Schriftdokumenten für Rundfunkzwecke und zur Dokumentation der Rundfunkgeschichte.

Deutsche Studiengesellschaft für Publizistik
Stuttgart, unterhält Forschungen zu rechtlichen und politischen Problemen der Publizistik.

Deutsche Zentralbücherei für Blinde
(DZB) 1894 in Leipzig gegründete Blindenbücherei, erste öffentliche Blindenbücherei Deutschlands.

Deutsch-französisches Normalsystem
→ Didot-System.

Deweysche Dezimalklassifikation
DDK oder DDC, von Melvil Dewey entwickeltes und später erweitertes → Dezimalklassifikationssystem, heute vor allem in englischsprachigen Ländern verbreitet.

Dexiographische Schrift
Von links nach rechts verlaufende Schrift. → Bustrophedon.

Dezimalklassifikation
DK, 1876 von dem Bibliothekar Melvil Dewey vorgestelltes universelles Klassifikationssystem zur thematischen Einteilung von Schriftwerken in Bibliographien bzw. Bibliothekskatalogen; mittels → Dezimalnotation werden Hauptklassen und Unterklassen beziffert; verbreitet sind vor allem die sog. → Deweysche De-

zimalklassifikation sowie die etwas abweichende sog. Brüsseler Dezimalklassifikation, international unter dem Begriff → Universal Decimal Classification bekannt.

Dezimalnotation
Darstellung von Klassen und deren Zusammenhang durch die Ziffern von 0 bis 9 sowie Trennzeichen; → Dezimalklassifikationen werden in Dezimalnotation dargestellt.

Dezimalsystem
Im Bibliotheksbereich häufig synonym für → Dezimalklassifikationssystem; allgemein ein Zeichensystem aus zehn Grundzeichen, die kombiniert einen vollständigen Zeichensatz ergeben (sowie die speziellen Regeln zur Handhabung dieses Zeichensystems); meist spezielle Bezeichnung für das allgemein gebräuchliche dezimale → Zahlensystem.

DFN
Deutsches Forschungsnetz.

DFG
→ Deutsche Forschungsgemeinschaft.

DFÜ
→ Datenfernübertragung.

DGD
→ Deutsche Gesellschaft für Dokumentation e.V.

Dia
→ Diapositiv.

Dialogbetrieb
Im Unterschied zur → Stapelverarbeitung (Batchbetrieb) Bearbeitung einer Aufgabenstellung im direkten wechselseitigen Kontakt zwischen User und EDV-Anlage.

Dialogbox
Für Eingaben vorgesehener Bereich in Bildschirmformularen.

Diakritische Zeichen
Zusatzzeichen, die einem Buchstaben zugefügt werden (beispielsweise Akzente, Trema) und die Aussprache (meist den Lautwert) des Zeichens näher bestimmen.

Diamant
→ Halbpetit, Schriftgrad, 4 p.

Diamond
Amerikan. Schriftgradbezeichnung, 4½ point.

DIANE
Direct Information Access Network for Europe, Bezeichnung für die Informationsdienste des → EURONET.

Diapositiv
Seiten- und tonwertrichtiges Durchsichtbild bzw. Durchsichtvorlage.

Diaresis
Auch Diärese, getrennte Aussprache zweier aufeinanderfolgender Vokale, häufig mit → Trema markiert.

Diarium
Tagebuch.

Diaskeuastes
(Gr. für Ordner) Textbearbeiter, Korrektor.

Diathek
Geordnete Sammlung von Diapositiven, meist im Rahmen einer → Mediathek oder angegliedert an eine Bibliothek.

Diazokopie
Fotografisches Verfahren zur Herstellung von → Microfiche-Duplikaten oder sogenannten Lichtpausen. Der Träger (Filmmaterial, Lichtpauspapier) ist mit speziellen Stickstoffverbindungen (Diazo-Gruppen) beschichtet und wird im direkten Kontakt mit der transparenten Vorlage belichtet. Bei der Entwicklung mit Ammoniak verbinden sich in jenen Partien, die nicht dem Licht ausgesetzt waren, die Stickstoffverbindungen mit dem Ammoniak zu Azo-Farbstoffen, es entsteht daher ein positives, dunkelblaues oder schwarzes Bild.

Diazotypie
→ Diazokopie.

Dichte
Maß für die Schwärzung (eines Films) bzw. die Farbsättigung (eines Druckes), gemessen mit dem → Densitometer.

Dichtkunst
Künstlerische Tätigkeit mit den Mitteln der Sprache, → Poesie.

Dickdruckpapier
Papier mit einem hohen Verhältnis von Volumen bzw. Dicke zu Flächengewicht.

Dickte
Breite einer → Letter.

Didot-Punkt
Typographischer Punkt, → Didot-System.

Didot-System
Deutsch-französisches Normalsystem, typographisches Maßsystem, von Francois-Ambroise und Firmin Didot entwickeltes Normalsystem der Schriftgrade; Duodezimalsystem, kleinste Einheit der Didot-Punkt oder typographische Punkt (p, 1 p = 0,376065 mm), 12 p = 1 cic (Cicero).

Diebszeile
Kurze Zeile (die vom nach Zeilen bezahlten Setzer gerne ganz berechnet wurde).

Dienste-Kennung
Von einem → ISDN-Endgerät an das ISDN bei Bedarf weitergegebene Kennziffer, aus der die Art der Kommunikation (etwa Btx, Telefonie, Datentransfer) hervorgeht.

Dienst
Übertragungsprotokoll bzw. das dieses Protokoll zur Verfügung stellende Programm (im Internet), etwa http, ftp, mailto, news, telnet.

Dienstkatalog
Verwaltungskatalog, ein hauptsächlich aus Vollständigkeits- und Sicherheitsgründen nur dem Personal einer Bibliothek zugänglicher und getrennt geführter Bibliothekskatalog (im Unterschied zum → Benutzerkatalog); in früheren Bibliotheken meist einzige Katalogart, da dem Publikum weder Bücher noch Kataloge direkt zugänglich waren, heute durch die Einführung von → Online-Katalogen weitgehend überflüssig.

Digest
Sammlung von bereits publizierten Schriften (teils auszugsweise oder in verkürzter Fassung); im Internet virtuelle News-Zeitschrift, Zusammenstellung mehrerer Newsartikel.

Digital
Mittels Ziffern dargestellt; in der EDV etwas, das im Speicher einer EDV-Anlage vorliegt (digitalisierte Abbildung); in der DFÜ in Unterschneidung zu → analog ein abgestuftes (oder in einem → Binärcode vorliegendes) Signal (→ digitales Signal).

Digital/Analog-Wandler
A/B-Wandler, Geräte zum Umsetzen → analoger Signale in → digitale Signale und umgekehrt, erforderlich für den Betrieb analoger → Endgeräte an digitalen Datennetzen; im → ISDN früher auch als → ISDN-Terminaladapter bezeichnet.

Digital Audio Tape
DAT, → Datenträger.

Digitales Signal
Signal, das im Unterschied zu einem → analogen Signal nur abgestufte Zustände annehmen kann; häufig synonym für einen binär darstellbaren Wert; → auch Bit.

Digitalisieren
Eine Vorlage in digitale Daten umwandeln, meist per → Scanner, bisweilen auch manuell und mit Hilfe eines Digitalisiertabletts oder anderer Werkzeuge durchgeführt.

Digitalisiert
Eine Abbildung oder Schrift wird als digitalisiert bezeichnet, wenn sie in digitale Daten umgesetzt wurde und für die elektronische Weiterverarbeitung als Computerdatei vorliegt.

Digitalisiertablett
An Computer angeschlossenes spezielles Eingabegerät, meist im grafischen Bereich (Entwicklung oder Korrektur von Grafiken), die Übernahme von Koordinatendaten bei der Katasterfassung u. dgl. verwendet.

Digitalrechner
In Unterscheidung zu einem → Analogrechner eine Rechenmaschine, die → digitale Signale verarbeitet.

Digitalsetzmaschine
Veralteter Begriff für Lichtsatz- oder Fotosatzgeräte oder sonstige „digital“ arbeitende Geräte (Computer), mit deren Hilfe Satz erzeugt wird.

Digitaltechnik
Sammelbegriff für alle Verfahren, die auf der Verwendung bzw. Verarbeitung → digitaler Signale beruhen (u.a. EDV, Fernsehen, Audio- und Videotechnologien), sowie die dazugehörigen technischen Geräte.

Digraph
Lautzeichen, das aus zwei aneinandergeschriebenen Vokalzeichen gebildet wird, z.B. æ.

Di-Litho
Rotations-Flachdruckverfahren, bei dem direkt von der Platte auf das Papier gedruckt wird (ohne Gummituch).

DIMDI
→ Deutsches Institut für medizinische Dokumentation und Information.

DIN Deutsches Institut für Normung e.V.
1975 aus dem Deutschen Normenausschuß (DNA) hervorgegangen, der seit 1926 Nachfolger des 1917 gegründeten Vereins „Normenausschuß der Deutschen Industrie“ war; Sitz Berlin; für Normen zuständige Organisation der Bundesrepublik Deutschland, Mitglied in der → Internationalen Organisation für Normung (ISO).

DIN-Formate
Kurzform für die → Papierformate nach DIN.

Diodenanzeige
Anzeige (an einem technischen Gerät) mittels Leuchtdioden.

Diphthong
Laut oder Silbe aus zwei Vokalen (z.B. au, ei).

Diplomatik
Urkundenwissenschaft (Urkundenlehre und Urkundenforschung).

Diplomatisch getreue Bibliographie
Bibliographie mit Titelblattkopien oder einer dem jeweiligen Originaltitel hinsichtlich Orthographie, Trennung usw. genau entsprechenden Schreibweise, meist zur exakten Bestimmung alter Drucke verwendet.

Diplomsatz
Akzidenzsatz mit hohen Qualitätsanforderungen, speziell Satz von Diplomen, Urkunden oder ähnlichem.

Direct Mailing
Postversand von → personalisierten Werbedruckschriften an einen Kreis ausgewählter Adressaten; die Herstellung der Anschreiben erfolgt vorwiegend im → Laserdruckverfahren.

Directory
→ Dateiverzeichnis.

Direkte Druckverfahren
In Unterscheidung zu den → indirekten Druckverfahren Bezeichnung für alle Verfahren, bei denen direkt von der (seitenverkehrten) Druckform auf den Bedruckstoff gedruckt wird (z.B. Buchdruck).

Direktform-Aufnahme
→ Filmlose Plattenherstellung.

Direktmarketing
Als Teilbereich des klassischen Marketing umfaßt Direktmarketing die unmittelbare Kontaktaufnahme eines Unternehmens zu privaten oder gewerblichen (business-to-business) Kunden. Die Besonderheit liegt darin, daß der Kunde interaktiv mit dem Unternehmen in Dialog treten kann, da eine Antwort-Möglichkeit existiert.
Direktmarketing findet seinen Einsatz im Verlagswesen bei Zeitschriften-, Zeitungs-, Fachbuchverlagen und bei Versandbuchhandlungen, um Loseblattwerke, Fachliteratur, Zeitungen, Zeitschriften, spezielle Buchsortimente oder Multimediaprodukte anzubieten. Auch Dienstleistungen wie beispielsweise die Auslieferung von Produkten (Bücher, Zeit-

schriften etc.) zählen dazu. Es bieten sich folgende Einsatzmöglichkeiten an: Kundeninformation zur Kundenbindung, Einladungen zu Autorenlesungen und Vorträgen, Unterstützung des Außendienstes, Erhöhung der Marktpräsenz in einer ausgewählten Zielgruppe, Neukundenakquisition, Erhöhung des Absatzes, Marktforschung, Verkauf zusätzlicher Produkte (cross-selling). Verändern sich die Bedürfnisse der Käufer, das Kaufverhalten oder gar die Marktbedingungen, so kann auf die aus den Rückläufen gewonnenen Informationen reagiert und diese bei zukünftigen Aktionen berücksichtigt werden.

Direktmarketingaktionen dienen einerseits dazu, direkt meßbare Umsätze zu erzielen, andererseits Kunden aufzufordern im Handel die angebotenen Produkte nachzufragen.

Grundsätzlich bestehen zwei Marktbearbeitungssysteme: Absatz der Produkte direkt vom Hersteller an den Verbraucher oder über den Handel. Oft werden Kombinationen aus Direktverkauf und Verkauf über den Handel gewählt. Beide Marktbearbeitungssysteme haben Vor- und Nachteile, die bei der strategischen Planung berücksichtigt werden sollten.

Vorteile:

- Durch die persönliche Ansprache ist eine erhöhte Aufmerksamkeit beim Kunden erzielbar.
- Der Empfänger kann mit dem Absender umgehend per Brief, Telefon, Telefax oder Online-Dienste in Kontakt treten, also interaktiv kommunizieren.
- Bei jeder Zielgruppe wird auf deren besondere Bedürfnisse eingegangen, ein passendes Angebot zusammengestellt und die geeignete Ansprache gewählt. Es ergeben sich durch die Aufteilung des Marktes in Teilmärkte (Segmentierung) kaum Streuverluste.
- Werbemittel können frei gestaltet werden (Farbe, Ausstattung, Material, Preis, Präsentation).
- Die Angebote sind nicht unmittelbar mit Konkurrenzangeboten zu vergleichen und haben kaum Auswirkungen auf die allgemeine Öffentlichkeit.
- Bestimmte Zielgruppen sind leichter als über andere Wege zu erreichen und vom Kauf zu überzeugen.

Nachteile:

- Pro Werbekontakt fallen vergleichsweise hohe Kosten an.
- Das Produkt bzw. die Dienstleistungen stehen dem Käufer nicht sofort zur Verfügung, ein bestimmter Zeitraum für die Zustellung ist zu berücksichtigen.
- Die Verbreitungs- und Sortimentsfunktion des Handels entfällt. Die Produkte können normalerweise im Handel sofort geprüft und mitgenommen werden.
- Die Beratung des Kunden durch den Händler entfällt.
- Direktmarketing erfordert entsprechendes Adreßmaterial als Grundlage für die einzelnen Aktionen.

Die Unternehmen der Direktmarketingbranche haben sich zum Deutschen Direktmarketingverband (DDV) zusammengeschlossen, der als Vertreter ihrer Interessen in der Öffentlichkeit und gegenüber dem Gesetzgeber fungiert.

Strategische Planung:

Vor der Durchführung einer Direktmarketingaktion ist es sinnvoll, eine Strategie und die zu erreichenden Ziele festzulegen. Folgende Fragen sollten beantwortet werden:

Welches Produkt oder welche Dienstleistung soll angeboten werden?

Welche Personengruppen könnten sich für dieses Angebot interessieren?

Wie soll die ausgewählte Zielgruppe angesprochen werden? (Werbemittel, Zeitpunkt der Aussendung, Häufigkeit, Serviceleistung)

Welche Produkte können zusätzlich angeboten werden? (Seminare, Waren, Dienstleistungen)

Welche Kriterien sind zur Messung des Erfolgs relevant?

Feststehen sollte auch, ob die Aktion einstufig oder zweistufig durchzuführen ist. Einstufig bedeutet, daß ein Werbemittel erstellt, versendet oder geschaltet und der Response abgewartet wird. Bei der Durchführung einer zweistufigen Aktion wird per Telefonanruf oder durch einen Besuch des Außendienstes nachgefaßt.

Durchführung:

Direktwerbung ist ein Teilbereich des Direktmarketing und bezeichnet die gezielte und vorausgeplante Ansprache einer ausgewählten Zielgruppe. In der täglichen Praxis werden beide Begriffe oft synonym verwendet. Die häufigsten Instrumente sind der Werbebrief, die Couponwerbeanzeige, der Beihefter oder die Beilage in einer Zeitung oder Zeitschrift. Als weitere Möglichkeiten können Telefonmarketing, Funk- und Fernsehsendungen mit Response über Telefon oder Telefax genannt werden.

Als Werbemittel kommen Kataloge, Prospekte, Briefe mit Antwortkarte, Werbeanzeigen mit Coupon etc. zum Einsatz. Die Rückantwort erfolgt per Brief, Telefax, Telefon oder interaktive Medien (Internet). Der unternehmenseigene Adreßbestand ist Voraussetzung für die personifizierte Ansprache der Kunden. Diese sollten in Form einer Database in einem Datenbankprogramm gespeichert sein, verbunden mit verschiedenen Auswahlkriterien (Selektionskriterien). Die Adressen müssen aktuell sein und Änderungen konsequent aufgenommen werden (Adreßdatenbankpflege). Wichtig ist es, doppelte, mehrfach oder nur bruchstückhaft vorhandene Adressen (Dupletten) aus den Adreßdateien herauszufiltern. Wird ein Kunde mehrmals mit dem gleichen Angebot beworben, so nimmt er oft eine ablehnenden Haltung ein (Reaktanz). Die Pflege der eigenen Adressen ist somit essentiell für eine reibungslose, erfolgreiche und wirtschaftliche Direktmarketingaktion. Die erstellten Werbebriefe (Mailings) werden mit den ausgewählten Adressen verknüpft, ausgedruckt, gefalzt, kuvertiert und versandt (Konfektionierung). Die Adreßdatei kann noch mit weiteren zusätzlichen Informationen wie den Angaben zu bisher gekauften Produkten, Lebensalter, Familienstand, Kaufgewohnheiten etc. erweitert und ergänzt werden, um Kundenadressen in Gruppen zusammenzufassen und weiter auf deren Interessen, Wünsche und Bedürfnisse abgestimmte Angebote unterbreiten zu können. Dabei sind unbedingt die Regelungen und Verordnungen des Datenschutzes zu beachten, um juristischen Problemen vorzubeugen. Folgende Gesetze sind relevant: UWG, Zugabe VO, RabattG, HGB, BGB, BDSG. Ziel einer solchen Adreßdaten- und Informationssammlung ist es, die Kunden und deren Wünsche besser kennenzulernen und die Angebote entsprechend darauf abzustimmen. Adreßdateien können entweder selbst angelegt oder bei Adreßverlagen für verschiedenen Zielgruppen eingekauft bzw. gemietet werden. In der Regel erhält der Adressenbezieher die Adressen auf Diskette oder als Aufkleber zur einmaligen Nutzung. Bei diesen Adressen sind Kontrolladressen (Deckadressen) enthalten, um Mißbrauch nachweisen zu können.

Eines der häufigsten Instrumente ist der *Werbebrief.* Er sollte nach Möglichkeit personalisiert Name und Adresse enthalten. Nicht-personalisierte Werbebriefe (Streuwerbung, z.B. Postwurfsendung) können ebenfalls verschickt werden, diese sind dann so gestaltet, daß sich jeder angesprochen fühlen kann. Der jeweilige Kunde soll aufgrund der zielgruppenspezifischen Formulierung überzeugt werden, das Angebot anzunehmen. Im Werbebrief erhält der Kunde Informationen über das Angebot. Dazu ist auch eine ansprechende optische Gestaltung erforderlich. Absender und Adresse stehen im Briefkopf. Dann folgt die Betreffzeile mit Informationen, die die Neugier des Kunden wecken soll. Nach namentlicher Anrede folgt der Text mit dem Angebot in einfachen und klaren Sätzen mit dem Hinweis auf die Antwortkarte o.ä. Am besten wird der Werbebrief eigenhändig unterschrieben. Bei großen Aussendungen kann aber auch eine eingedruckte Unterschrift verwendet werden. Wichtig ist es, ein Postskriptum (P.S.) anzufügen, da in verschiedenen Tests festgestellt wurde, daß der Leser beim schnellen Durchsehen in der Regel diese Informationen liest. Der Werbebrief enthält einen Antwortschein oder einen vorgefertigten Antwortbrief z.T. kombiniert mit einer Telefon- und Telefaxnummer, um dem Empfänger eine Antwort zu erleichtern. Das Mailing wird oft ergänzt durch Prospekte, Kataloge oder Informationsblätter. Damit soll das Interesse erhöht werden. Das Angebot wird vorgestellt, der Nutzen für den Empfänger aufgezeigt, um die Kaufentscheidung herbeizuführen. Die Frankierung erfolgt bei kleineren Aussendungen mit Briefmarken, bei großen mit dem Freistempel des

Unternehmens. Bei der Kalkulation eines Werbebriefes sind die Portokosten zu berücksichtigen. Um diese in Grenzen zu halten, sollten die Gewichtsklassen und die Möglichkeiten der Infopost beachtet werden.

Erfolgskontrolle:

Bei jeder Direktmarketingaktion ist es erforderlich, die Kriterien für die Beurteilung über Erfolg oder Mißerfolg festzulegen. Voraussetzung dazu ist eine Codierung der Response-Medien (Antwortkarte, Coupon etc.). Primär bieten sich hochpreisige Produkte aus wirtschaftlichen Gründen für Direktmarketingaktionen an, weil Direktmarketing (Aussendung, Gestaltung des Werbematerials etc.) vergleichsweise aufwendig ist.

Zwei Kategorien zur Erfolgskontrolle sind zu nennen: einerseits quantitative, andererseits qualitative Kontrollgrößen. Zu den quantitativen Kontrollgrößen zählen Umsatz und Rücklaufzahl. Der erzielte Umsatz pro Aktion wird den angefallenen Kosten gegenübergestellt, um die Kostendeckung festzustellen. Bei vorgegebenen Planzahlen erfolgt ein Soll-Ist-Vergleich.

Die Rücklaufquote ermittelt sich beispielsweise aus der Anzahl an verschickten Werbebriefen im Verhältnis zu den erhaltenen Antwortkarten (z.B. 2.561 Rückläufe: 15.000 Aussendungen × 100 = 17,07% Rücklaufquote). In einigen Branchen ist eine Rücklaufquote von 0,5% bis 2% als erfolgreich zu bezeichnen. Dies ist jedoch von vielen weiteren Bedingungen abhängig wie beispielsweise Zielgruppe, Zeitpunkt der Aussendung, Attraktivität des Angebots etc. Erfolgreiche Rücklaufquoten können auch darunter oder bei über 30% liegen. Auf einer Übersicht werden die Rückläufe pro Tag über etwa zwei bis drei Wochen nach der Aussendung erfaßt. Daraus ergibt sich eine Häufigkeitsverteilung, aus der die stärksten und schwächsten Rücklauftage zu ersehen sind. Zu den qualitativen Erfolgskontrollgrößen zählen Imageverbesserungen, Kundenbindung, Prüfung von Adressen, Vergleich von Adreßlisten sowie Werbemittel oder Werbeträger (z.B. Zeitschriften, Zeitungen), Informationsgewinnung etc. Verschiedene Direct-Mailings können verglichen werden nach den jeweiligen Rückläufen bei unterschiedlich gestalteten Werbemitteln oder Response-Möglichkeiten, um daraus die beste Ansprache oder Antwortmöglichkeit zu ermitteln.

Literaturhinweise:

Pflaum, D./Eisenmann, H.: Verkaufsförderung, Landsberg/Lech 1993

Vögele, S.: 99 Erfolgsregeln für Direktmarketing – Der Praxisratgeber für alle Branchen, 2. Auflage, Landsberg/Lech 1995

Matthias Bauer

Direktverkauf

Direkter Verkauf von (Verlags-)Erzeugnissen vom Hersteller (Verlag) an den Endverbraucher, meist mit Hilfe von → Direct-Mail bzw. Mail Order, → Anzeigen etc. veranlasst.

Direktwerbung

→ Direct Mailing.

Direktzugriff

→ Zugriff auf spezielle Speicherbereiche (des Hauptspeichers, oder Datenträgers).

Disk

Diskette.

Diskette

Auch Floppy Disk, wechselbarer → Datenträger.

Diskothek

Veraltet für → Phonothek; heute nur noch als Bezeichnung für Unterhaltungs- und Tanzbetriebe üblich.

Display

Werbeaufsteller oder -Anzeige; Bildschirmanzeige.

Display-Anzeige

Mehrspaltige bzw. ganzseitige Anzeigen mit Text- und Bildelementen (im Unterschied zu einspaltigen Nur-Text-Anzeigen).

Disponend

Verfügtgut, vom Sortimenter → bedingt bezogene, noch nicht verkaufte, aber weiter gelagerte Buchexemplare.

Disponent

Früher Angestellter ohne volle Prokura; heute meist jemand, der Anzeigen plaziert, den Fahrdienst organisiert oder ähnliche „verfügende" Aufgaben erledigt.

Disposition
Inhaltliche Gliederung (eines Werkes, einer wissenschaftlichen Arbeit).

Disserent
Auch Respondent, Verfasser einer → Dissertation.

Dissertation
Wissenschaftliche Abhandlung zur Erlangung eines Doktorgrades, → Hochschulschrift.

Dissertationsdruck
Allgemeine Bezeichnung für die Herstellung von Dissertationen; meist → Kleinoffsetverfahren (und → filmlose Plattenherstellung), einfache Bindung, von der Hochschule vorgeschriebene Mindestauflage.

Distanzraster
→ Raster.

Distribution
Vertrieb, Verteilung (von Waren auf einem Markt).

Diversifikation
Ausweitung des Angebotes, der Lieferwege, Märkte oder Produktionsverfahren.

Divis
→ Bindestrich.

Divisorium
Querbalken am Manuskripthalter.

DJW
→ Deutsches Jugendschriftenwerk.

DK
→ Dezimalklassifikation.

DL
→ Deutsche Lesegesellschaft e.V.

DLL
Dynamik Link Library, Programmteil, der nur bei Bedarf geladen und ausgeführt wird.

DMA
Direct Memory Access oder Direct Memory Addressing.

DMP
Dot Matrix Printer (→ Matrixdrucker).

DMV
→ Deutscher Musikverleger-Verband e.V.

DNA
Deutscher Normenausschuß, → Deutsches Institut für Normung.

DNS
→ Domain Name Service.

Domain Name Service
DNS, weltweiter, verteilter Namensdienst im Internet, der alphanumerische Bezeichnungen in numerische Adressangaben umsetzt (und umgekehrt), wodurch ein namentlicher Zugang zu den eigentlich numerischen Adressen im Internet ermöglicht wird; realisiert durch Nameserver; bildet Voraussetzung für die Nutzung von WWW, FTP und anderen Diensten.

Doppelcicero
Schriftgrad: 24 p.

Doppeldruck
Folgedruck mit einem Neusatz, der den Originalsatz möglichst genau imitiert (meist → Raubdruck).

Doppelhochzeit
Zwei aufeinanderfolgende → Hochzeiten.

Doppelmittel
Schriftgrad: 28 p.

Doppellaut
→ Diphtong.

Doppelleser
Leser, der mehrere vergleichbare Presseerzeugnisse liest (beispielsweise mehrere Regionalzeitungen, Fach- oder Branchenzeitschriften).

Doppelnutzen
→ Nutzen.

Doppelpunkt
Interpunktionszeichen.

Doppeltertia
Schriftgrad: 32 p.

Doppeltext
Schriftgrad: 40 p.

Doppeltitel
Titelseite im doppelten Seitenformat (Doppelblatt), bisweilen auch Bezeichnung für → Paralleltitel.

Doppelt gestrichen
Papier mit zweifachem Strichauftrag.

Doppeltondruck
Hochdruckverfahren, bei dem in einem einzigen Druckdurchgang Rasterbilder zweifarbig erscheinen: der besonders dünnflüssige Firnriß der speziellen Doppeltondruckfarben ist gefärbt und bildet um die Rasterpunkte einen andersfarbigen Hof.

DOS
Disk Operating System, Betriebssystem (etwa eines PCs).

Dow-Ätzung
Maschinelles Einstufen-Ätzverfahren zur → Klischeeherstellung.

Downloading
→ Loading.

dpa
→ Deutsche Presse-Agentur.

DPI
Dot per Inch, Maß für das Auflösevermögen von Scannern und Druckern oder für die Auflösung eines mit einem Drucker erzeugten Bildes.

DPS
Document Processing System.

DR
Data Received (Steuercode bei der DFÜ).

DRA
→ Deutsches Rundfunkarchiv.

DRAM
Dynamic Random Access Memory (elektronischer Speicherbaustein).

Draht-Heftung
Kurzform für Draht-Rückenstichheftung.

Draht-Rückenstichheftung
→ Heften.

Draufstechen
Mit erhöhtem Tempo arbeiten.

Dreibruchbogen
→ Oktav, Falzbogen mit drei Brüchen, 16-seitig, → Bogenformate, → Falzarten.

Dreifarbendruck
Druckreproduktion farbiger Vorlagen mit drei Grundfarben (→ Farbmischung); als technisches Verfahren selten, da normalerweise Schwarz als vierte Druckfarbe zur Betonung der Tiefen sowie als Schriftfarbe eingesetzt wird, → Vierfarbendruck.

Dreimesserschneider
Dreischneider, Schneidemaschine zum gleichzeitigen Beschneiden von Buchblöcken an drei Seiten.

Dreischneider
→ Dreimesserschneider.

Drittelgeviert
→ Geviert.

Drittelsatz
Eng laufender Satz mit Wortzwischenräumen aus Drittelgevierten (statt den üblichen → Halbgevierten).

Druck
Kurz für → Drucken oder → Druckerzeugnis.

Druck
Die Vervielfältigung von Texten oder Bildern durch Übertragung von Druckfarbe auf geeignete Materialien (Papier/Stoff/Folie u.a.) mit Hilfe einer Druckform. *Druckformen* bestehen aus druckenden Elementen (z.B. Drucktypen, Rasterpunkte) und nichtdruckenden Elementen. Die verschiedenen *Druckverfahren sind* Hochdruck, Flachdruck, Tiefdruck und Durchdruck (auch Siebdruck).

Hochdruck

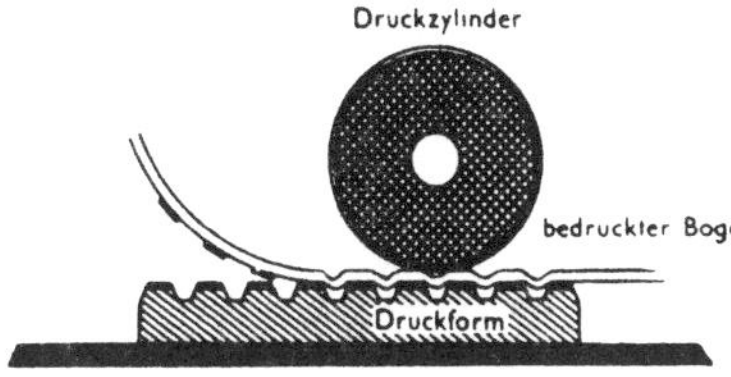

Tiefdruck

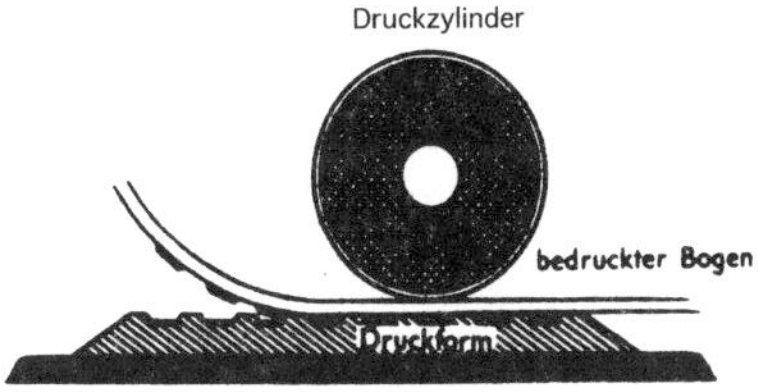

Hochdruck: Der Druck basiert auf erhabenen Druckformen, deren nichtdruckende Teile tiefer liegen, also keine Farbe annehmen; nur hochstehende Teile nehmen Farbe an und übertragen diese auf das Papier (siehe Bild). Das sind z.B. Holzschnitt, Linolschnitt und hauptsächlich der *Buchdruck.* Als Druckformen beim *Bogendruck* dienen *Bleisatz* und *Galvanos* (von Matern geformte, mit Blei oder Kunststoff gegossene Druckplatten). Tiegeldruckpressen eignen sich zur Herstellung von Kleindrucksachen und Prospekten. Beim *Rotationsdruck* benötigt man Rundstereoplatten (Herstellung von Zeitungen, Büchern, Katalogen in hohen Auflagen). Als Druckformen zum *Prägedruck* dienen Stahlstiche (Herstellung von Geschäftskarten, Briefbogen u.a. auf Tiegeldruckpressen/Automaten), Messingstempel oder Prägegalvanos (Herstellung von Bucheinbanddecken mit Prägung).

Der *Offsetdruck* oder *Flachdruck* (die heute am meisten praktizierte Druckart) erfolgt von einer Platte, deren druckende und nichtdruckende Teile in einer Ebene liegen; die druckenden Stellen übernehmen Farbe, nichtdruckende stoßen sie ab (dies basiert auf der Unverträglichkeit von Feuchtigkeit und Fett). Beim Offsetdruck sind Zink- oder Aluminiumplatten die Druckträger, auf denen Texte und Bilder photolithographisch aufkopiert werden. Der Druck erfolgt über einen

Offsetdruck

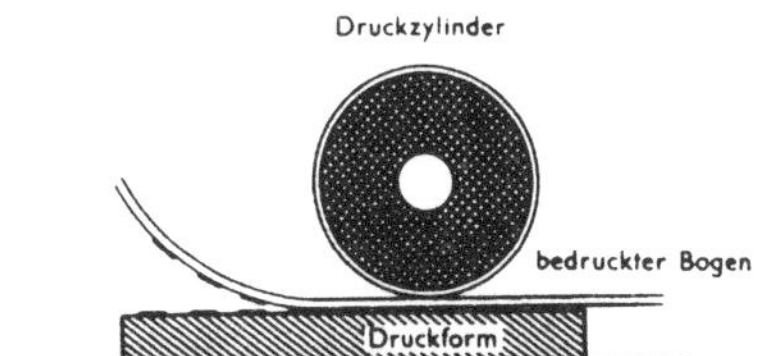

mit einem Gummituch überzogenen Zylinder auf das zu bedruckende Papier (siehe Bild).

Die wichtigsten Druckmaschinen: Kleinoffset (Rotaprint), mittlere und Großoffsetmaschinen mit den verschiedensten Druckformaten. Schön- und Widerdruckmaschinen, Zwei- und Vierfarbenmaschinen, Rotationsmaschinen.

Tiefdruck: Der Druck erfolgt über eine Druckform, deren druckende Teile tiefer liegen als die Oberfläche; diese näpfchenartige Vertiefungen nehmen Farbe auf und geben sie an das saugfähige Papier ab (siehe Bild). Kupferstich und Radierung sind typische Tiefdruckverfahren. Beim *Rakeltiefdruck* benutzt man Kupferzylinder als Druckformen, in die die Bilder und Texte eingeäzt sind. Der Druckzylinder wird eingefärbt, das *Rakelmesser* streicht die Farbe von der nichtdruckenden Oberfläche ab. Nur in den Vertiefungen bleibt Farbe zurück und wird beim Druck an das saugfähige Papier abgegeben.

Dieses Druckverfahren wird hauptsächlich bei der Herstellung von Katalogen, Prospekten, aber auch illustrierten Zeitungen mit sehr hohen Auflagen verwendet.

Der *Siebdruck* ist ein Durchdruckverfahren, bei dem die Druckfarbe durch ein feinmaschiges Gewebe auf den Bedruckstoff gebracht wird (siehe Bild). Die Druckform, auch als Siebdruckschablone bezeichnet, kann Metall-, Textil- oder auch Plastgewebe sein. Die Farbe wird über die Schablone gestrichen und mit Hilfe eines Rakels in Reihe und Streichbewegungen durch die offenen Stellen auf den Bedruckstoff gebracht. Da nahezu alle Materialien im *Siebdruck* bedruckt werden können, sind die Anwendungsmöglichkeiten sehr vielfältig.

Siebdruck

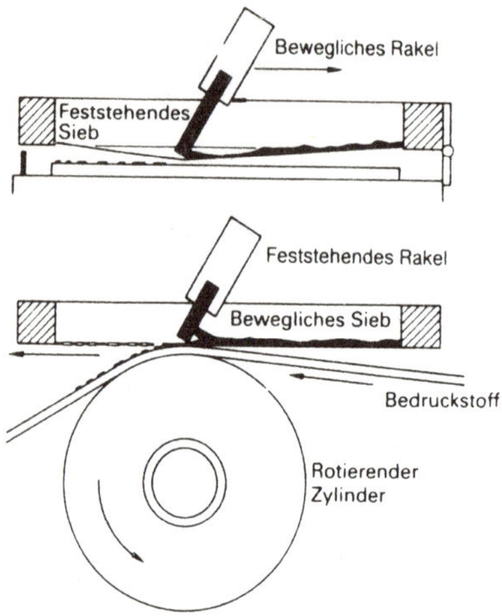

Der Druck selbst erfolgt sowohl manuell als auch maschinell mit speziellen Siebdruckmaschinen (Flachbett- oder Zylinderdruckmaschine). In der Buchproduktion eignet sich *Siebdruck* sehr gut zum Bedrucken von Überzugsgewebe oder Kunststoffdecken (Plastikeinbände).

Rainer Hartl

Druckauflage
Anzahl der in einem Herstellungsprozeß fertiggedruckten (aber noch nicht buchbinderisch fertiggestellten, → Bindequote) Werke.

Druckbeihilfe
Im Unterschied zum → Druckkostenzuschuß ein Beitrag, der dem Autor oder Herausgeber durch einen Förderer (etwa → DFG, → Deutscher Literaturfonds) gewährt wird.

Druckbildspeicher
Speicher, der die zu druckenden (und ggf. sonstige, etwa die für das → Drucken selbst notwendigen) Informationen vorhält; also etwa ein EDV-Speicher oder eine Druckform.

Druckbogen
Der zu bedruckende oder bedruckte → Bogen im Werk- oder Akzidenzdruck, exakte Benennungen → Bogenformate.

Druckbuchstabe
(Handgeschriebener) Buchstabe in Druckschrift.

Druckelement
Druckende Stelle einer → Druckform.

Drucken
Ein „Vervielfältigen, bei dem zur Wiedergabe von Informationen (Bild und/oder Text) Druckfarbe auf einen Bedruckstoff unter Verwendung eines Druckbildspeichers (z.B. einer Druckform) aufgebracht wird“ (DIN 16500); allgemeine Bezeichnung für die Anwendung eines → Druckverfahrens oder den jeweiligen Produktionsabschnitt bei der Herstellung.

Drucker
Früher ausschließlich Berufsbezeichnung, die den erfolgreichen Abschluß einer Ausbildung voraussetzt (allgemeine Abkürzung für Buchdrucker, Offsetdrucker, Siebdrucker oder Tiefdrucker); heute meist: ein an einen Computer angeschlossenes Peripheriegerät zur Datenausgabe (→ Druckertechnologien).

Druckerei
Früher synonym für Buchdruckerei, heute allgemein für Produktionsbetriebe der Druckindustrie.

Druckerballen
Tampon, mit Leder überzogener Ballen, früher (anstelle von Walzen) zum Farbauftrag auf die Druckform benutztes Werkzeug, das der → Ballenmeister (oder der → Pachulke) handhabte.

Druckerlaubnis
→ Imprimatur.

Druckermarke
Auch Druckersignet oder Druckerzeichen, in der Zeit der Früh- und Wiegendrucke von Druckern verwendete Grafik, die als Firmenzeichen und Schutzmarke fungierte.

Druckersignet
→ Druckermarke.

Druckerschnittstelle
→ Parallelschnittstelle.

Druckerschwärze
→ Druckfarben.

Druckertechnologien
Auf Papier druckende oder schreibende Computerausgabegeräte (meist kurz „Drucker“ oder „Printer“ genannt) kommen in großer technologischer Vielfalt vor; zu den gebräuchlichsten Gerätearten zählen → Laserdrucker, → Hochleistungslaserdrucker, → LED-Drucker, → Tintenstrahldrucker, → Nadeldrucker (→ Matrixdrucker, → Zeilendrucker), → Thermodrucker und → Plotter.

Druckervermerk
→ Impressum.

Druckerzeichen
→ Druckermarke.

Druckerzeugnis
Jedes durch → Drucken hergestellte Produkt; unterteilt wird meist in → Akzidenzen, → Bücher und → Periodika.

Druckfaktoren
Man unterscheidet vier für das → Drucken erforderliche Faktoren: die → Druckform (oder den → Druckbildspeicher), den → Druckkörper, die → Druckfarbe und den → Bedruckstoff.

Druckfarben
Zum Drucken verwendete, üblicherweise nach einheitlichen Norm-Skalen gemischte Farben, bestehend aus → Bindemitteln und → Farbmitteln sowie ggf. verschiedenen → Druckfarbenzusatzmitteln. Je nach Druckverfahren, Druckmaschine, Papiereigenschaften und sonstigen Bedingungen kommen Farben mit völlig unterschiedlichen Eigenschaften zum Einsatz. Da sich der Begriff auf Farbe als Werkstoff bezieht, gilt auch Schwarz als Druckfarbe (Druckerschwärze).

Druckfarbentrocknung
Die Trocknung von Druckfarben erfolgt durch physikalische (Verdunstung, → Wegschlagen) und chemische (Oxidation, Polymerisation) Vorgänge und kann durch Zugabe von Hilfsmitteln (Lösemittel, Sikkative) oder die Regelung von Umgebungsbedingungen (Hitze, Kälte) beeinflußt werden.

Druckfarbenzusatzmittel
→ Lösemittel und → Trockenstoffe, die Druckfarben zwecks Anpassung an spezielle Bedingungen zugesetzt werden.

Druckfehler
Setzfehler, der im fertigen Druckwerk erscheint, beim Drucken selbst können nur → Fortdruckstörungen auftreten.

Druckfehlerberichtigung
→ Errata.

Druckfolie
Eine im Offset- oder Kleinoffsetverfahren bisweilen (anstelle einer Metallplatte) als Druckform verwendete Folie aus Kunststoff.

Druckform
Als eine „materielle Druckform“ bezeichnet man die Druckplatte, den fertig im Schließrahmen geschlossenen Satz, den Druckzylinder oder jeden anderen für die jeweiligen Druckverfahren und Druckmaschinen erforderlichen → „Druckbildspeicher“, der nach Einfärbung die zu druckenden Text- oder Bildinformationen direkt oder indirekt auf den Bedruckstoff überträgt; als „immaterielle Druckform“ gelten die in einer EDV-Anlage (zur Erzeugung eines Drucks) gespeicherten Daten.

Druckformatvorlage
Datei mit den Festlegungen der für ein Schriftstück relevanten globalen Formatparameter (Schriftarten, Absatzgestaltung, Seitenlayout usw.), bei vielen Textverarbeitungsprogrammen üblich, → Layoutvorlage.

Druckformherstellung
Separater Arbeitsgang zwischen Satz bzw. Repro und dem Fortdruck, umfaßt beispielsweise Belichtung und Entwicklung der Offset-Druckplatte, Belichtung und Ätzung des Tiefdruckzylinders oder Matrizenherstellung und Ausgießen des Rotationsdruck-Rundstereos.

Druckgang
Jeder Lauf des Papiers durch eine Druckmaschine, bei dem das Papier bedruckt wird.

Druckgenehmigung
→ Imprimatur.

Druckgrafik
Druch Druckverfahren vervielfältigte künstlerische Erzeugnisse.

Druckjahr
→ Impressum.

Druckkopf
Geräteteil eines Nadel- oder Tintenstrahldruckers, durch das die zu druckenden Zeichen oder Bildelemente auf den Bedruckstoff gestempelt bzw. gesprüht werden.

Druckkörper
Das flache (→ Drucktiegel) oder gerundete (→ Druckzylinder) Teil einer Druckmaschine oder Handpresse, das die → Druckkraft aufbringt bzw. den → Bedruckstoff gegen die → Druckform preßt.

Druckkosten
Kosten für die gesamte Herstellung eines Druckwerks; im engeren Sinn und in Unterscheidung zu Satzkosten und Verarbeitungskosten nur die für den Fortdruck entstehenden Kosten. Man unterscheidet auflagenfixe Kosten (Kosten für Satz, Repro und Druckformherstellung, Rüstzeiten für den Fortdruck, Farbwechsel) und auflagenvariable Kosten (Papier, Maschinenstunden im Fortdruck, Buchbindekosten).

Druckkostenzuschuß
Im Unterschied zur → Druckbeihilfe ein Beitrag, den der Verleger von einem Autor oder Herausgeber erhält, um das verlegerische Risiko meist kleinauflagiger Publikationen (z.B. Dissertationen, Festschriften etc.) zu vermindern.

Druckkraft
Presskraft, Kraft, mit welcher der Bedruckstoff auf die Vorlage gepresst wird, → auch Druckspannung.

Druckmaschine
Im Unterschied zur → Druckpresse eine Maschine, bei der alle Arbeitsvorgänge der einzelnen Druckphasen (Anlegen der Bogen, Einfärben der Druckform, Drucken, Ablegen der bedruckten Bogen) von der Maschine durchgeführt werden.

Drucknutzen
→ Nutzen.

Druckplatte
Eine als Druckform verwendete Platte aus Metall; meist ist die im Offsetdruck verwendete Platte gemeint, bisweilen auch etwa eine bei Künstlertiefdrucken verwendete Platte oder ein Hochdruck-Klischee.

Druckpresse
Im Unterschied zur → Druchmaschine eine Presse, bei der jeder Arbeitsschritt von Hand bewerkstelligt werden muß; das Prinzip wurde von Gutenberg entwickelt (angeblich nach dem Prinzip einer Mostpresse).

Druckprinzip
Je nach der Bauweise von Druckmaschinen bzw. → Druckkörpern und → Druckformen unterscheidet man drei Druckprinzipe: Fläche gegen Fläche (Druckkörper und Druckform sind flach, etwa bei Tiegeldruckpressen im Hochdruck), Zylinder gegen Fläche (der Druckkörper ist zylindrisch, die Druckform flach, etwa bei Schnellpressen) und Zylinder gegen Zylinder (Druckkörper und Druckform sind rund, Bauprinzip der meisten heutigen Druckmaschinen im Hoch-, Flach- und Tiefdruck).

Druckregister
→ Register.

Druckreife
→ Imprimatur.

Druckreihenfolge
Reihenfolge des Farbdrucks beim Mehrfarbendruck, beim Vierfarbendruck meist Blau-Gelb-Rot-Schwarz.

Drucksache
Veraltete postalische Bezeichnung, heute → Infopost.

Druckschrift
Für den Druck verwendetes Alphabeth (aus Lettern bestehend oder in Form von EDV-Schriftfonts); oft auch für einen handschriftlich anzufertigenden, aber ei-

ner Druckschrift gleichenden Eintrag („bitte in Druckschrift!“, richtig eigentlich: „bitte in Blockschrift!“); syn. zu → Druckerzeugnis oder → Druckwerk: ein gedruckter Text (im Unterschied zu einem handgeschriebenen); ein veröffentlichter Druck (Publikation); ein einfach gebundenes Druckwerk (eine Broschüre).

Druckschriftenklassifikation
→ Schriftgruppen.

Druckspannung
Anpressdruck, Druckkraft, die innerhalb einer Druckmaschine (vor allem im Hochdruck) zwischen Druckform und Druckkörper aufgewendet werden muß, um den Bedruckstoff gegen die Druckform zu pressen und den Druck zu ermöglichen. Druckmaschinen verfügen in der Regel über technische Einrichtungen, um die Druckspannung insgesamt zu regeln, zusätzlich kann der Drucker durch Veränderungen am → Aufzug (→ Zurichtung) die Druckspannung auch partiell an die durch die Druckform vorgegebenen Bedingungen anpassen.

Druckstift
Schreibgerät; Scherzbezeichnung für einen Auszubildenden in einer Druckerei.

Druckstock
→ Klischee.

Drucktechnik
Alle Methoden (oder Maschinen) für das → Drucken.

Drucktiegel
→ Tiegel.

Druckträger
→ Bedruckstoff.

Drucktype
→ Letter.

Druckverarbeitung
Verarbeitung, Weiterverarbeitung, alle nach dem Fortdruck anfallenden Herstellungsprozesse bis zur Verpackung des fertigen Druckerzeugnisses, wobei zwischen Buchherstellung, Verpackungsmittelherstellung und sonstiger Druckverarbeitung unterschieden werden kann.

Druckverfahren
Früher alle Verfahren zur Vervielfältigung visueller Informationen (Text/Bild), bei denen eine materielle → Druckform als Zwischenträger der Informationen dient, heute zusätzlich auch jene Verfielfältigungsverfahren bei denen die Ausgangs-Information in einer EDV-Anlage vorgehalten wird (→ Drucken); vereinzelt werden auch → Kopierverfahren als Druckverfahren bezeichnet. Im ersten Fall werden die Druckverfahren nach dem Aufbau der Druckform unterschieden in → Flachdruck → Hochdruck, → Tiefdruck und → Durchdruck (Siebdruck, Schablonendruck), bei den EDV-gesteuerten Druckverfahren (→ Non-Print-Technologien) kann man nach der Art der Druckausgabetechnologie nach Laserdruck, LED-Druck, Thermodruck, Tintenstrahldruck (Ink-Jet, Non-Impact) und Matrixdrucker-Druck unterscheiden.

Druckvermerk
→ Impressum.

Druckvorlage
Allgemein jede zur Vervielfältigung bestimmte textliche oder bildliche Information; meist speziell für eine zu vervielfältigende grafische Darstellung verwendete Bezeichnung (bei Texten spricht man üblicherweise vom → Manuskript).

Druckvorstufe
Alle vor dem Druck stattfindenden Tätigkeiten oder Arbeitsbereiche, also Texterfassung und typographische Gestaltung (Satz), Bilderfassung und -Bearbeitung (Reprotechnik) sowie Druckformherstellung (Montage und Umbruch sowie Herstellung der für die jeweiligen Verfahren erforderlichen Druckplatten, Druckzylinder oder Schablonen).

Druckwerk
Ein → Druckerzeugnis; auch jene Teile von (Druck-)Maschinen, die das eigentliche Drucken bewerkstelligen (in Unterscheidung etwa zum Farbwerk, zur An- und Ablage etc.).

Druckzylinder
→ Gegendruckzylinder.

Drum
Trommel, → Laserdrucker.

DRV
Drive, Laufwerk.

DS
Data Send (Steuerzeichen), Double Sided (zweiseitig, Bezeichnung für Diskettenformat).

DSDD
Double Sided, Double Density (zweiseitig, doppelte Dichte), Diskettenspezifikation.

DSHD
Double Sided, High Density (zweiseitig, hohe Dichte), Diskettenspezifikation.

DSP
Digital Signal Processing oder Digital Signal Processor.

DTE
→ Data Terminal Equipment.

DTP
→ Desktop Publishing.

DTVC
Desktop Video Conferencing, Videokonferenz zweier oder mehrerer Teilnehmer an speziell ausgestatteten und über Datennetze miteinander verbundenen Computern.

Duales Ausbildungssystem
In der Bundesrepublik Deutschland übliches System der beruflichen Ausbildung, bei dem sowohl im Betrieb als auch an speziell dafür eingerichteten Berufs- bzw. Gewerbeschulen ausgebildet wird.

Duales System
Abfallbeseitigungssystem.

Dualsystem
Ein von Gottfried Wilhelm Leibniz (1646-1716) entwickeltes binäres Zahlen- und Rechensystem, auf dessen Grundlage heute Computer Zahlen darstellen und Rechenoperationen durchführen; → Binärsystem, → Zahlensysteme.

Dublieren
Verdoppelung der Konturen des Druckbildes bzw. der Rasterpunkte, hervorgerufen durch Reprofehler, falsche Einstellung der Druckmaschine oder Probleme mit dem Papier.

Duden
Geschütztes Warenzeichen des Verlags Bibliographisches Institut & F. A. Brockhaus AG; gebräuchlische Kurzbezeichnung für das Werk „Duden – Rechtschreibung der deutschen Sprache“, das im Bereich der Druckindustrie nach wie vor als „maßgebend in allen Zweifelsfragen“ angesehen werden muß. Als Nachfolger des → Buchdruckerdudens beruht das Wörterbuch auf amtlichen Rechtschreibregeln der deutschen Sprache und umfaßt neben diesen Regeln auch Richtlinien für das Maschinenschreiben, den Schriftsatz und Korrekturvorschriften, an die Schriftsetzer, Korrektoren, Lektoren oder Redakteure üblicherweise gebunden sind.

DÜE
Datenübertragungseinrichtung, → Data Circuit-terminating Equipment.

Dünndruckausgabe
Ausgabe eines auf Dünndruckpapier gedruckten Werkes.

Dünndruckpapier
Papier mit kleinem Verhältnis zwischen Dicke und Flächengewicht und hoher → Opazität.

Duktus
Spezifische Eigenarten (Verlauf, Breite, Schwung) einer Schrift.

Dummy
Nullnummer, Spezial-Ausgabe einer Zeitung oder Zeitschrift, die inhaltlich und gestalterisch komplett (angedruckt oder zumindest montiert) vorliegt, jedoch nicht für den Verkauf bestimmt ist; bisweilen auch für → Probeband.

Duodez
Zwölferformat, Druckbogen mit 12 Blatt bzw. 24 Seiten (heute selten).

Duotone-Druckverfahren
→ Doppeltondruck.

Duplexdruck
Farbdruck mit zwei → Autotypien, die nicht mit Farbfilterung, sondern nur mit unterschiedlicher Rasterwinkelung und unterschiedlichem Kontrast angefertigt wurden.

Durchdruck
Druckverfahren, bei denen Farbe durch eine Schablone (→ Schablonendruck) oder durch ein feines Sieb (→ Siebdruck) auf den Träger aufgebracht wird.

Durchgehender Satz
Einspaltiger Satz (über die ganze Formatbreite).

Durchschießen
→ Durchschuß einfügen.

Durchschlagen
Durchdringen der Druckfarbe bis auf die Rückseite des Trägers.

Durchschuß
Blindmaterial zwischen den Zeilen, meist → Regletten, seltener → Stückdurchschuß.

DV
→ Datenverarbeitung.

DVA
→ Datenverarbeitungsanlage.

DVEB
→ Deutscher Verband Evangelischer Büchereien e.V.

DZB
→ Deutsche Zentralbücherei für Blinde.

E

EAN-Strichcode
European Article Number (= EAN)
Nach Warengruppen gegliederte, grafisch mit Strichen/Balken dargestellte 13stellige Zahl, die elektronisch über Scanner eingelesen werden kann.

EAZ
Endgeräte-Auswahlziffer.

Ebarbieren
Vorsichtiges Beschneiden des Buchblocks durch den Buchbinder, um dessen ursprüngliche Form zu bewahren.

EBV
Elektronische Bildverarbeitung
Mit Hilfe von Scannern digitalisierte Bilder, die an einem PC bearbeitet und dann als Druckvorlage ausgegeben werden.

Echt Bütten
Auf Sieben handgeschöpftes echtes Büttenpapier, im Gegensatz zu imitiert Bütten.

Eckfeldanzeigen
Zeitungsanzeigen, die im redaktionellen Teil auf einer Seite links oder rechts außen plaziert sind, meist im Format einer Viertelseite, und die mit zwei Seiten an den Text angrenzen.

Edikt
Erlaß, Verordnung, öffentliche Bekanntmachung.

Editio castigata
→ Editio expurgata.

Editio castrata
Kastrierte Ausgabe eines Werkes. → Editio expurgata.

Editio definitiva
Endgültige Ausgabe eines Buches. Sofern noch vom Verfasser zu dessen Lebzeiten bearbeitet: Ausgabe letzter Hand.

Editio expurgata
Von vermeintlich anstößigen Textstellen bereinigte, „kastrierte“ Ausgabe eines Werkes, auch → Editio castrata, → purificata und castigata.

Editio in usum scholarum
Von vermeintlich anstößigen Textstellen bereinigte Ausgabe eines Werkes für den Schulgebrauch.

Edition
Die Ausgabe von Büchern, insbesondere neue Herausgabe von älteren Werken der Klassiker oder von bestimmten Reihen.

Edition en regard
Buch, das auf der einen Seite den Text in der Originalsprache des Verfassers, auf der gegenüberliegenden Seite die Übersetzung bzw. Übertragung wiedergibt.

Editio postuma
Nach dem Tode des Verfassers, also postum veröffentlichte Ausgabe eines Werkes.

Editio princeps
Erstausgabe eines Buches.

Editio purificata
Bereinigte Ausgabe. → Editio expurgata.

Editor
1. Herausgeber von Büchern, Zeitschriften oder Zeitungen.
2. Teil von Computerprogrammen zur Bearbeitung und Veränderung von Texten. → Texterfassungsprogramm.

Editorial
1. Einleitende Vorbemerkung des Herausgebers.
2. Leitartikel einer Zeitung bzw. Zeitschrift.

Edutainment
Kombination von Education und Entertainment. Einbettung von Lernsystemen in den Kontext einer spielerischen Handlung.

EDV
Elektronische Datenverarbeitung.
→ Datenverarbeitung.

Efalin
Ganzeinbandsmaterial für Buchumschläge aus sehr festen, besonders ausgewählten Rohstoffen auf Papierbasis, das kratz-, stoß- und schlagfest, schmutzunempfindlich, abwaschbar und weitgehend lichtbeständig ist. E. verfügt über eine sehr gute Einreiß- und Weiterreißfestigkeit, einen hohen Falzwiderstand sowie eine ausgeprägte Naßfestigkeit. → Pappbände.

Egoutteur
Auch → Dandy-roll oder Wasserzeichenwalze, hohle Rolle aus Kupfergaze, auf der Erhöhungen angebracht werden können. In der Langsiebpapiermaschine kann damit ein Wasserzeichen in die feuchte Papierbahn eingedrückt werden, im Unterschied zum handgeschöpften Papier entsteht das Wasserzeichen jedoch nicht von der Siebseite, sondern von der Filzseite des Papiers her.

Egyptienne
Antiqua-Schrift mit gleichstarken Auf- und Abstrichen.

EIA
Electronic Industries Association.

Eierkuchen
Bezeichnung für einen vom Setzer durch Unachtsamkeit durcheinander geworfenen, bereits fertig gesetzten Satz.

Eigenanzeige
Anzeige des Verlages in seinem eigenen Verlagsprodukt.

Einbringen
Den Satz eines Druckwerkes durch Veränderung der Wort- und Buchstabenabstände so verringern, daß er den gewünschten Umfang bekommt; im Gegensatz zu austreiben.

Einbruchbogen
Falzbogen mit einem Bruch, s. Falzarten. → Bogenformate, → Folio. Einmal gefalzter Buchbinderbogen, auch Vistelbogen genannt.

Einband
Der mit dem Umschlag fest verbundene Teil des gebundenen Buches, Buchdecke.

Einbandarten
Broschur/Verlagseinband, Heft, Pappband, Gewebeband, Kunststoffband, Lederband, Pergamentband, (Halb-)Franzband.

Einbanddecke
Nach deren Höhe richtet sich die Angabe der → Buchformate.

Einbauen
Plazierungsvorschrift für Abbildungen, die im Text seitlich umgeben werden sollen, im Gegensatz zu freistellen.

Einblattdruck
Blatt, das nur auf einer Seite bedruckt ist (Rückseite unbedruckt).

Eindruck
Das nachträgliche Auf- bzw. Eindrucken von Texten oder Abbildungen in einer bestimmten Fläche eines bereits fertiggestellten Druckerzeugnisses.

Eingabegeräte
Beim Computer: Keyboard, Maus, Grafiktablets, im weiteren Sinne auch Modems, Scanner etc.

Einhängen
Der Buchblock wird mit dem Vorsatz (Vorsatzpapier) an die beiden Deckelseiten und außerdem mit der Hülse an den gerundeten Buchrücken angeklebt. Kurz: Verbinden der Einbanddecke mit dem Buchblock.

Einheitsaufnahme
Bibliographische Beschreibung von Büchern nach RAK (Regeln für die alphabetische Katalogisierung).

Einlegen
Der Buchblock wird nur mit dem Vorsatz an den beiden Deckelseiten angeklebt.

Einloggen
→ Log in.

Einpassen
Bei mehrfarbigem Druck müssen die Druckformen für die verschiedenen Farben entsprechend justiert werden, so daß Paßgenauigkeit entsteht.

Einrichten
Das Herrichten der Druckmaschine für den Druck.

Einrücken
Zurücksetzen oder Einziehen eines Zeilenanfangs am Beginn eines Absatzes.

Einschießen
Einlegen von Makulaturbogen zwischen Druckbogen, um das Abfärben der Druckfarbe auf den nächsten Bogen zu vermeiden.

Einspiegeln
Satz bzw. → Füller einbauen (zur Komplettierung des Satzspiegels).

Einstampfen
Vernichtung unverkäuflicher Bücher, auch Verwertung als Altpapier, makulieren.

Einstrippen
Korrekturmethode beim Fotosatz. Dabei werden fehlerhafte Stellen aus dem Film weggeschabt und die auf Strippingfilm gesetzten Korrekturen eingeklebt.

Einstufen-Ätzung
→ Dow-Ätzung.

Einstweilige Verfügung
Vorläufige gerichtliche Anordnung. Wird zur Abwendung schwerwiegender Nachteile im Zivilprozeß auf Antrag einer Partei erlassen. Der drohende Schaden muß nur glaubhaft gemacht und braucht nicht bewiesen zu werden.

Einzelbuchstabensetzmaschine
Einzeltypensetzmaschine, kurz: Letterngießmaschine. Gießt einzelne Buchstaben auf dem Gießapparat und schließt sie nach einem auf der Tastatur gesetzten Lochstreifen zu Zeilen aus. Besonders geeignet für Tabellensatz wegen leichter Auswechselbarkeit der einzelnen Typen.

Einzelverkaufspreis
Allgemein verbindlicher vom Verleger gebundener Endverkaufspreis im Einzelverkauf für ein Exemplar eines Buches oder ein Exemplar einer Zeitung oder Zeitschrift.

Einziehen
Die Anfangszeile eines Absatzes oder ganze Satzteile nicht an der linken Begrenzung des Satzspiegels, sondern um ein bestimmtes Maß weiter rechts beginnen zu lassen, auch: einrücken.

Einzug
Einrückungen eines Absatzes am linken Rand bzw. rechten Rand im Geviert (im Werksatz), im Gegensatz zum Auszug. → Alinea, → hängender Einzug.

Einzugsermächtigung
Vollmacht zum Einzug fälliger Rechnungsbeträge im Rahmen des Abbuchungsverfahrens zugunsten des Rechnungsstellers.

EKB
Emil-Krückmann-Bücherei
→ Deutsche Blindenstudienanstalt.

ekz
Einkaufszentrale für öffentliche Bibliotheken GmbH.
Mehrheitlich in öffentlicher Hand befindliche Einrichtung, die Neuerscheinungen auf Verwendungsfähigkeit in öffentlichen Bibliotheken begutachtet.

Electronic Bulletin Board
→ Bulletin Board System.

Electronic mail
Elektronische Übermittlung von Briefen und Mitteilungen mittels eines elektronischen Briefkastens (mailbox). → E-Mail.

Electronic Publishing
Elektronisches Publizieren
Oberbegriff für Desk Top Publishing-Systeme, Fotosatz- und Dokumentationssysteme. Vom E. spricht man insbesondere dann, wenn die Ausgabe über elektronische Druckmedien wie Laserdrucker erfolgt (Electronic Printing).
→ CAP, → Desktop Publishing.

Elefantenhaut
Markenname für ein besonders zähes, mit Adermuster durchzogenes Bucheinbandpapier, das auch gerne für Urkunden verwendet wird.

Elektronische Gravur
Maschinelles Verfahren zur Herstellung von Bildklischees aus Metall durch fotoelektrische Abtastung des Originals und Gravur mit einem elektronisch gesteuerten Stichel.

Elektronische Zeitungszustellung
Zukunftsvision einer Zeitungszustellung durch drahtlose Faksimilesendung der Textseiten auf Fernsehbildschirm frei Haus.

E-Mail
Electronic Mail, elektronische Nachricht in einem Computernetz von einem Nutzer zum anderen, im Unterschied zu → Netnews nicht öffentlich.

eMail Adresse
(Aufbau): benutzer@domain

eMail Signature
Wird jeder abgehenden Mail angehängt, kann individuell gestaltet sein, max. 4 Zeilen in 7bit-ASCII.

eMailTelex. newsartikel
Basiert auf SMTP/Simple Mail Transfer Protokoll und der späteren Erweiterung dieses Protokolls durch MIME/MultiInternetMailExtension.

Emigrantenliteratur
Exilliteratur.

Emil-Krückmann-Bücherei
→ Deutsche Blindenstudienanstalt.

Endformat
Format des Endproduktes. Die endgültige Größe eines Druckbogens nach dem Drucken, Falzen und Beschneiden. → Papierformate.

Endgerät
Telekom/Postjargon für die an die Telefon/ISDN-Leitung angeschlossenen Geräte beim Teilnehmer.

Endgeräte-Auswahlziffer
(EAZ) Kennziffer von → ISDN-Endgeräten anhand derer eine Durchwahl zum entsprechenden Gerätetyp (Telefon, Fax, Modem) möglich ist. Im → Euro-ISDN wird statt der EAZ die → Mehrfachnummer verwendet.

Endlosdruck
Druck mit Rollenpapier, im Unterschied zum → Bogendruck.

Endlospapier
Fan-fold paper
Durch Perforation miteinander verbundene Folge und in Zickzackform gefaltete Folge von Seiten für den Endlosdruck auf Computerdruckern.

Englische Broschüre
Der Broschüreninhalt wird in einen Blindumschlag eingehängt, ein Schutzumschlag wird umgelegt und am Rücken angeklebt, wobei die Klappen anschließend über dem Blindumschlag eingeschlagen werden. → Broschur.

Ente
Falschmeldung oder erfundener Bericht in einer Zeitung.

Entwurf
Das sichtbare Ergebnis einer gestalterischen Arbeit, das die spätere optische Anmutung des herzustellenden Druckerzeugnisses exakt darstellt.

Envoi
Franz. für Widmung.

Enzyklopädie
Alphabetisch geordnetes, ausführliches Lexikon, das möglichst universell gefaßt ist.

EOF
End of File.
Dateiendemarkierung.

EOT
End of Type.
Markierung für das Datenträger- oder Dateiübertragungsende.

EOU
End of User.
Pseudo-Steuercode.

Epigraphik
Inschriftenkunde.

Episkop
Bildwerfer für Aufsichtsvorlagen (z.B. Bilder aus Büchern).

Epistolographie
Kunst des Briefeschreibens.

Epitaph
1. Grabinschrift.
2. Gedenktafel an der Kirchenwand.

Eponym
Von Personen- und Markennamen abgeleitete Bezeichnung der Gattung (z.B. Zeppelin für Luftschiff, Selters für Mineralwasser).

Epos
Form erzählender Dichtung in meist mehreren Teilen und in gleichartig gebauten Versen oder Strophen.

Erbauungsbuch
Buch zur inneren Stärkung und häuslichen Andacht.

Ergonomie
Wissenschaft von der Anpassung der Arbeitsbedingungen an den Menschen. Sie schließt neben der Arbeitswissenschaft, die Medizin, Psychologie, Wirtschaftswissenschaften, Soziologie u.a. Disziplinen ein.

Ermäßigter Anzeigenpreis
Ermäßigte Grundpreise. Diese werden meist aus sozialen Gründen für Familienanzeigen, Stellengesuche, Gelegenheitsanzeigen, aber auch aus verkaufspolitischen Gründen für bestimmte gewerbliche Rubriken (mit oder ohne Nachlaß) eingeräumt.

Errata
Berichtigung von Druckfehlern, die einem Werk gesondert angefügt oder beigelegt wird.

Ersatzanzeige
Ohne Berechnung wiederholter Abdruck einer durch Druckfehler oder Fehldruck so weit entstellten Anzeige, daß die Mitteilung des Inserenten unverständlich wurde.

Erscheinungsjahr
Jahr, in dem ein Werk erscheint; Vermerk im Impressum.

Erscheinungsort
Sitz des Verlags, in dem das Werk erscheint.

Erstausgabe
Erste selbständige Buchveröffentlichung eines literarischen Werkes; Editio princeps.

Erstmappen
Mappen eines Lesezirkels, die in der Woche des Erscheinens der entsprechenden Zeitschriften an die Bezieher des Lesezirkels ausgegeben werden.

Erstverkaufstag
Bei Zeitungen/Zeitschriften das aufgedruckte Erscheinungsdatum, vor dem die jeweilige Ausgabe im Einzelverkauf nicht angeboten werden darf.

Erstzeile
Die erste Zeile eines Abschnittes im Zeitungs-, Zeitschriften- oder Werksatz; Anfangszeile.

Erstzeileneinzug
Positiver oder negativer (über den Rand hinausgehender) Einzug der ersten Zeile eines Absatzes im Verhältnis zum linken Rand. Der E. beträgt in der Regel ein Geviert.

Erzähler
1. Verfasser von Prosa.
2. Erzählende Gestalt eines epischen Werkes, die als fiktiver Vermittler zwischen Autor und Leser das Handlungsgeschehen erläutert.

Essay
Kürzerer Text in Prosa zu einem bestimmten Thema beliebigen Inhalts, meist als Beitrag in einer Zeitschrift oder gesammelt in Buchform.

Estralin
Einseitig gestrichenes Bucheinbandmaterial auf der Basis von Efalin.

Etat
Werbeetat
Gesamtbetrag der finanziellen Mittel, die im Finanzplan einer Unternehmung für Werbezwecke vorgesehen sind und auf die verschiedenen Werbeträger verteilt werden.

Etikettenpapier
Einseitig glattes, in der Regel holzfreies, meist naßfestes, vollgeleimtes, oft vorderseitig gestrichenes, lackier- und bronzierfähiges Druckpapier zur Herstellung von Etiketten aller Art.

Etikettiermaschine
Maschine zur mechanischen Verarbeitung von Etiketten, die bei der Verpackung von Zeitungen und Zeitschriften dann verwendet wird, wenn die Adressen auf Etiketten im Endlosformat geschrieben werden.

ETLA
Extended Three-Letter Acronym (Erweitertes Drei-Buchstaben-Akronym): selbstbezügliche Bezeichnung für ein aus vier Buchstaben gebildetes Akronym.

Etymologie
Lehre von der Bedeutung der Wörter nach ihrem Ursprung und ihrer Grundbedeutung.

Eule
Als Symbol der Weisheit in Verlag und Sortiment gern verwendetes Signet in verschiedener Anmutung.

Europa-Skala
Farbskala, die inzwischen zur Einheitsskala geworden ist und in fast allen europäischen Ländern eingeführt ist, DIN 16538 für den Buchdruck, DIN 16539 für den Offset-Druck.

Euro-ISDN
Gemeinsamer europäischer Standard für ISDN.

EVA
Eingabe, Verarbeitung, Ausgabe
Grundschema der Abläufe in der Datenverarbeitung.

Evaluierung
Bewertung vorgegebener alternativer Streupläne nach bestimmten Bewertungskriterien (Mediaplanung).

Evangeliar
Handschrift oder Druck mit dem vollständigen Text der vier Evangelien.

Evangelienbuch
→ Evangeliar.

Evangelistar
Buch mit den Abschnitten aus den Evangelien zur Lesung im Gottesdienst.

Exemplar
Das einzelne Stück (z.B. ein Buch) einer Druckauflage.

Exilliteratur
Literarische Produktion der Autoren, die aus politischen und/oder religiösen Gründen aus ihrer Sprachheimat vertrieben werden.

Exklusivbericht
Meist journalistischer Bericht eines Autors, der diesem ausschließlich möglich war oder nur in einer bestimmten Publikation (z.B. Zeitung) erscheint.

Exklusivleser
Die Leser einer Zeitung/Zeitschrift, die innerhalb einer Lesekategorie bzw. Medienkategorie nur diese Zeitung/Zeitschrift und keine andere aus einer gegebenen Auswahl lesen.

Exklusiv-Photo
Nur einem bestimmten Photographen gestattete Aufnahme, beispielsweise einer berühmten Persönlichkeit.

Exklusivvertrag
Vertrag über ein literarisches Werk, der dem Verlag das ausschließliche Nutzungsrecht einräumt.

Exkurs
Abschweifender Texteinschub.

Exlibris
Auf der Innenseite des vorderen Buchdeckels geklebter Zettel mit dem Namen und dem oft kunstvoll ausgeführten Zeichen des Buchbesitzers als Besitzvermerk.
→ Besitzerzeichen.

Expedition
→ Packerei.

Expertensystem
Programm, das Spezialwissen und Schlußfolgerungsfähigkeit von Experten

auf eng begrenzten Aufgabengebieten rekonstruiert.

Explicit
Kolophon
Lat. für „Es ist erörtert".
Die „Schlußschrift" alter Bücher und Codices, sozusagen der Vorläufer des Impressums, also des Druckvermerks mit Angabe der an Herstellung, Herausgabe und Ausstattung Beteiligten (auch Subscriptio, Rubrum).

Exposé
Kurzgefaßte, skizzenhafte Darstellung eines literarischen Werkes mit Handlungsabriß.

Extended
Aus England stammende, breite Antiqua-Druckschrift.

Externe Überschneidung
Überschneidung zwischen den Nutzerschaften zweier oder mehrerer Medien.

Extrablatt
Zeitungsausgabe, die über die vom Verleger festgelegte Erscheinungsweise hinaus aus besonderem aktuellen Anlass herausgegeben wird. Postalisch: Sondernummer.

Exzerpt
Auszug oder Zusammenstellung von Textteilen zu einem bestimmten Zweck.

Eye-catcher
Amerikanischer Begriff aus der Werbesprache für Blickfang.

F

f
forte.

F
Folieneinband; Fahrenheit, Farad, Fluor.

f.
folgende Seite.

Facette
Abgeschrägter Rand von Klischees oder Prägeplatten.

Facettenklassifikation
Klassifikationsverfahren, bei dem die Einteilung nicht nach Wissensgebieten, sondern nach allgemeinen begrifflichen Kategorien (Facetten) erfolgt.

Fachzeitschriften
Zeitschriften für bestimmte Branchen, Berufe oder Sachgebiete.

Fadenheftung
→ Heften.

Fadensiegeln
Heftverfahren, bei dem der Faden während des Falzvorgangs in der Falzmaschine durch die Lage geheftet und auf der Rückseite unter Hitze- und Druckeinwirkung verklebt wird.

Fadenzähler
Zusammenklappbare Stehlupe, entwikkelt in der Textilindustrie; in der Reprotechnik und beim Drucken zur Kontrolle von → Passer, Raster usw. verwendet.

Fahne
→ Fahnenabzug.

Fahnenabzug
Korrekturabzug von Druckspalten direkt nach dem Setzen, noch vor dem Seitenumbruch.

Faksimile
Originalgetreue Wiedergabe einer Vorlage.

Faksimile-Ausgabe
Auflage eines Werkes, bei der kein Satz erstellt, sondern auf die Seiten einer Originalausgabe zurückgegriffen wird, diese werden möglichst originalgetreu reproduziert. Bei verlagsinternen Neuauflagen früher zur Einsparung von Satzkosten (bei fehlendem Stehsatz) oder als einfaches Verfahren zum Übergang von Hochdruck- auf Offsetverfahren eingesetzt; heute vor allem für erneute Ausgabe eines Werkes mit erloschenem Urheberrechtsschutz, für die Druckausgabe von Handschriften oder bei bibliophilen Ausgaben gebräuchlich; häufig auch bei Raubdrucken anzutreffen.

Faksimile-Holzschnitt
→ Hirnholzschnitt.

Faksimile-Übertragung
Möglichst originalgetreue Fernübertragung einer Vorlage, früher nahezu ausschließlich (per Bildfunk oder über Telefonleitungen) im Verlagswesen (Zeitungen) gebräuchlich, heute vor allem auch als → Telefax (in zumeist nicht reprofähiger Qualität) allgemein verbreitet.

Faktor
Auch kurz Fax, Führungskraft (in einer Druckerei), bisweilen speziell der Abteilungsleiter der Setzerei.

Faktur
Rechnung.

Fallfehler
Setzfehler im Maschinenbleisatz, die durch fehlerhafte Abläufe im Magazin der Setzmaschine entstanden sind.

Falsche Bünde
→ Bünde.

Falten
→ Falzen.

Falz
Auch Falzbruch oder Bruch, die Knickstelle im Papier, die beim → Falzen entsteht; ein Streifen aus Papier oder Leder, der zur Verstärkung dient (und um Vorsätze, Lagen usw. geklebt wird), auch Fälzel genannt.

Falzarten
Unterschieden werden hauptsächlich Kreuzfalz (auch Kreuzbruchfalz, der jeweils nachfolgende Falz steht senkrecht auf dem vorhergehenden) und Parallelfalz (auch Parallelbruchfalz, mit nebeneinander liegenden Falzen) für den Buchherstellungsbereich, daneben gibt es Sonderarten wie Altarfalz (auch Fensterfalz oder Schrankfalz genannt, durch zwei parallel verlaufende Falze werden die äußeren Viertel des Falzbogens nach innen gefaltet und können wie Altarflügel aufgeklappt werden), Wickelfalz (parallel zueinander laufende Falze, durch die eine Wicklung des Papiers entsteht), Zickzackfalz (auch Leporellofalz genannt, mit Ziehharmonika-Effekt), Staffelfalz und Sternfalz. Die Falzart-Bezeichnung wird häufig um die Anzahl der Brüche ergänzt (z.B. Sechsbruch-Leporello-Falz), üblicherweise werden auch die gefalzten Bogen je nach Anzahl der Brüche Einbruch-, Zweibruch-, Dreibruchbogen (usw.) benannt und mit Falzartangaben spezifiert (Zweibruch-Kreuzfalz-Bogen).

Falzbein
Als Buchbinderwerkzeug messerähnlich geformtes Elfenbein- oder Plastikstück zum Falzen und Zusammenlegen von Druckbögen; als Werkzeug beim Holzschnitt (meist Reiber genannt) größeres Holzstück, das zum Abreiben bzw. zum Handdruck dient.

Falzbogen
→ Bruchbogen, gefalzter Bogen.

Falzen
Falten von Papier zu einem kleineren Format. Die Knickstelle wird Falz oder Bruch genannt. → Falzarten.

Fälzel
→ Falz.

Falzmaschine
Falzmaschinen arbeiten nach zwei verschiedenen Prinzipien: bei der Messer- oder Schwertfalzmaschine wird der Bogen von einem Falzmesser (oder Falzschwert) zwischen zwei gegenläufige Walzen geschlagen und gefalzt, bei der Taschen- oder Stauchfalzmaschine läuft der Bogen in einer Tasche gegen einen Anschlag, wölbt sich und wird von zwei gegenläufigen Walzen erfaßt und gefalzt. Die Schwertfalzung ist taktabhängig, mit ihr können bereits gefalzte Bogen ohne Probleme erneut gefalzt werden.

Falzregister
Durch das Falzen entstehende (und beeinflußbare) Deckung übereinanderliegender Satzspiegel in der → Lage, → Register.

Falzschema
Festlegung der Falzbrüche eines Bogens vor dem → Ausschießen.

Falztrichter
Teil eines → Falzwerks.

Falzwiderstand
Durch die → Falzzahl bestimmter Wert der Festigkeit von Papier.

Falzwerk
Falzwerke falzen innerhalb einer größeren Druckanlage (Rollenrotationsmaschine, Zeitungsdruck) die bedruckten und bereits abgetrennten Bogen (Stanzfalzung, Trichterfalzung).

Falzzahl
Anzahl der möglichen Doppelfalzungen eines Probestreifens bis zum Bruch, ergibt das Maß des → Falzwiderstands.

Familie
→ Schriftfamilie.

Familienanzeige
Zeitungsanzeige zur Bekanntmachung von Familienereignissen (Geburt, Heirat, Tod).

Familienblatt
Zeitschrift für die ganze Familie.

Familienroman
Roman, der das Schicksal einer Familie erzählt.

Fan-lock-Heftung
Transportsicherung übereinanderliegender Lagen (bei Zeitungen oder Endlosvordrucken) durch Stifte, die durch das Papier gestochen und vor der Weiterverarbeitung entfernt werden.

Fan-Magazine
→ Fan-Zeitschriften.

Fan-Zeitschriften
Meist unregelmäßig erscheinende Publikationen für die Fans einzelner Unterhaltungskünstler oder Gruppen (Film-, Popstars) sowie Fans von Fernseh-Unterhaltungsserien, herausgegeben von Fanclubs, TV-Anstalten oder professionellen Promotern; heute meist ergänzt oder ersetzt durch → Homepages im World Wide Web.

FAQ
Frequently Asked Questions.
Häufig gestellte Fragen.

Farbätzung
Erzeugung von → Autotypien für den Mehrfarbendruck anhand gerasterter → Farbauszüge durch Ätzung.

Farbauszüge
Im → Scanner oder mit Hilfe einer Reprokamera (mit Auszugs- bzw. Komplementärfarbenfiltern) hergestellte Rasterfilme (im Tiefdruck: Halbtonfilme), die für die Plattenherstellung für den → Vierfarbendruck dienen. Die Auszüge für die einzelnen Grundfarben (Cyan, Magenta, Yellow) sowie der für Schwarz bilden gemeinsam einen Farbsatz.

Farbauszugsfilter
→ Farbfilter.

Farbauszugsgerät
Veraltet für → Scanner.

Farbband
Farbbehälter im Tiefdruck, → Farbwerk.

Farbbogen
Beim Mehrfarben- oder Vierfarbendruck verwendete Musterbogen, die als verbindlich für den Auflagendruck gelten.

Farbdichte
Optische Dichte der Farbe (Sättigung) auf dem Bedruckstoff, gemessen mit dem → Densitometer.

Farbdrucker
Computerausgabegerät (→ Drucker) für die Mehrfarben-Ausgabe, meist Tintenstrahldrucker (→ Druckertechnologien). Vergleichbar mit dem → Vierfarbendruck, werden drei Grundfarben und Schwarz zur Erzeugung des Farbbildes verwendet.

Farben
→ Druckfarben.

Farbendruck
Oft für → Mehrfarbendruck, → auch Einfarbendruck, → Zweifarbendruck, → Vierfarbendruck

Farbenform
Die für eine einzelne Farbe benötigte Druckform oder Druckplatte (im Mehrfarbendruck); auch die Druckform für die Zusatzfarbe (→ Zweifarbendruck).

Farbfächer
Zu einem Fächer zusammengefaßte Musterstreifen, welche die Farben einer genormten Druckfarbenskala mit Bezeichnung und evtl. Mischrezepten enthalten.

Farbfilm
Dünner Druckfarbenauftrag auf der Druckform oder Druckplatte; im fotographischen Bereich auch Abkürzung für Farbnegativfilm, → Farbfotografien.

Farbfilter
Auszugsfilter, aus Folien oder Glas hergestellte Lichtfilter, die in Komplementärfarben eingefärbt sind und zur Erstellung von Farbauszügen dienen; da nur die Lichtstrahlen in der Wellenlänge der Eigenfarbe des Filters passieren können, entsteht ein Negativ, auf dem die gewünschte Grundfarbe transparent erscheint.

Farbfolie
Farbige Folie, etwa für den Prägedruck oder für Einbände verwendet.

Farbfotografie
Fotografisches Verfahren zur Erzeugung farbiger Halbtonabbildungen; basiert auf einem Farbnegativfilm, der in drei übereinanderliegenden Schichten die Grundfarben Yellow, Magenta und Cyan abbildet, oder einem Farbumkehrfilm (Diapositivfilm).

Farbholzschnitt
Druckgraphisches Holzschnittverfahren, bei dem mehrere Holzschnittdruckstöcke

zum Druck mit unterschiedlichen Farben verwendet werden, im Unterschied zum → Farbstich vorwiegend im Bereich von Künstlerdrucken angewandt.

Farbkasten
Farbbehälter einer Druckmaschine, → Farbwerk.

Farbkopie
→ Fotokopie.

Farbkreis
Kreisförmig in der Reihenfolge des Spektrums geordnete Darstellung der Grund- und Komplementärfarben.

Farblosprägung
→ Blindprägung.

Farbmischung
Vermischung verschiedener Farben bzw. Effekt einer solchen Mischung. Additive Farbmischung bezeichnet die Überlagerung verschiedenartigen Lichts (verschiedener Lichtfarben, Licht unterschiedlicher Wellenlänge), die Mischung aller Farben führt zu Weiß, die Grundfarben sind Blau, Grün und Rot. Subtraktive Farbmischung bezeichnet die Überlagerung verschiedener materieller Farbschichten (Körperfarben), die Mischung aller Farben führt zu Schwarz, die Grundfarben sind Yellow (früher: Gelb), Magenta (früher: Purpur) und Cyan. Aus den drei Grundfarben lassen sich sämtliche Farben des Spektrums durch Mischung erzeugen.

Farbmittel
Sammelbegriff für → Pigmente und → Farbstoffe.

Farbsatz
Alle zu einem Mehrfarben- oder Vierfarbendruck gehörenden Teilfarben-Auszüge, -Negative oder Druckplatten.

Farbschnitt
Färbung eines Buches am Kopfschnitt oder an allen drei Schnitten; → auch Goldschnitt.

Farbskala
Skalenförmige Anordnung von Farben, im engeren Sinn der Grundfarben beim Mehrfarbendruck, im weiteren Sinn aller Farben (eines Herstellers, einer Druckerei), → auch Farbfächer.

Farbstich
Vorläufer heutiger Mehrfarbendruckverfahren; von Hand wurden für jede Grundfarbe Druckstöcke angelegt. Auch Bezeichnung für die falsche Grundtönung eines farbigen Bildes, etwa bei der Farbfotografie.

Farbstoffe
Stark färbende, in Lösung nicht sichtbare Verbindungen, chemisch erzeugt (Anilinfarben) oder natürlicher Herkunft, zur Färbung von Lacken und Bindemitteln und zur Herstellung von → Pigmenten, auch in der Papierherstellung verwendet.

Farbstrahldrucker
→ Tintenstrahldrucker.

Farbwechsel
Schwarz gilt als Grundfarbe, die Rüstzeit für den Wechsel der Druckfarbe (beim Druck einer Zweitfarbe bzw. bei Mehrfarbendruck auf Einfarbenmaschinen) wird gesondert berechnet.

Farbwerk
Allgemein alle Teile einer Druckmaschine, die dem Speichern und Verreiben der Druckfarbe sowie dem Auftragen der Farbe auf die Druckform dienen (Farbband oder Farbkasten, Farbwalzen: Reiber-, Reiter- und Auftragwalzen, Übertragwalzen, Walzenwaschvorrichtung, Rakel usw.), im engeren Sinn nur die Farbwalzen. Im Rotationstiefdruck erfolgt die Einfärbung des Zylinders mit der sehr dünnflüssigen Farbe nicht über Farbwalzen, sondern über Kaskaden (Überlaufrinnen), Sprühdüsen, durch Übertragungswalzen, die in einem Farbband rotieren, oder durch direktes Rotieren des Zylinders im Farbband; die überflüssige Farbmenge wird durch die Rakel abgestreift.

Faserbrei
Stoffgemisch für die → Papierherstellung.

Faserstoffe
Fasernhaltige Rohstoffe für die Papierherstellung, vorwiegend pflanzlicher Herkunft (meist Laub- und Nadelhölzer,

daneben Hanf, Flachs, Baumwolle und Gräser).

Faszikel
(Lat.: fasciculus = kleines Bündel) Teillieferung von → Lieferungswerken; Aktenbündel.

Fax
→ Faktor, → Telefax, → Telefaxgerät.

Faxweiche
Schalteinrichtung, die eintreffende Anrufe klassifiziert und automatisch auf Telefon oder Telefaxgerät weiterleitet (bei gemeinsamem Anschluß von Telefon und Telefaxgerät an einer einzigen Fernsprechleitung, oder in Telefon-/Telefax-Kombigeräte integriert).

FCC
→ Federal Communications Commission.

FDA
→ Freier Deutscher Autorenverband.

fdisk
Fixed disk, → Festplatte.

Feature
Beitrag in Zeitung, Zeitschrift, Rundfunk oder Fernsehen, der lebendig berichtend auf Charakteristika eingeht.

fecit
(Lat. = hat es gemacht) Autorenvermerk.

Federal Communications Commission
FCC
Zulassungsbehörde im Fernmeldewesen in den USA.

Federname
→ Pseudonym.

Feed
Vorschub (Form Feed, Line Feed); Fütterung (eines Computers mit Daten).

Feedback
Rückkoppelung; auch Rückmeldung, Reaktion, Antwort.

Fehldruck
→ Makulatur bei Briefmarken, Banknoten und ähnlichen Wertdrucken.

Fellseite
Haarseite (bei Leder).

Fensterfalz
→ Falzarten.

FEP
Front-End-Processor, → Front-End.

Fernmeldetechnisches Zentralamt
FTZ
Heute → Bundesstelle für Zulassungen Telefon.

Fernsatz
→ Teletypesetting.

Fernschreiber
Telexgeräte, Schreibmaschinen mit Empfangs- und Sendeeinrichtung für den → Telexdienst.

Fernschreiben
Telex, ein über den Telexdienst versandtes/empfangenes Schriftstück.

Fertigmachen
Im Akzidenzdruckbereich alle zur endgültigen Fertigstellung der Druckerzeugnisse notwendigen Tätigkeiten zwischen dem Druck und der Auslieferung (Beschneiden, Falzen, Heften, Einpacken usw.,), beim Werkdruck die buchbinderischen Arbeiten, die der Fertigung des Buchblocks folgen (Einhängen usw.).

Fertigmacherei
Abteilung, in der das → Fertigmachen erfolgt.

Fertigungsstraße
→ Buchfertigungsanlage, → Buchproduktionsanlage.

Fertigungsstufen
Bei der Herstellung von Druckerzeugnissen unterscheidet man meist drei Fertigungsstufen: die Druckvorstufe, den eigentlichen Druck sowie die Druckverarbeitung.

FES
Front-End-System
→ Front-End.

Fest
→ fester Bezug, → fester Kauf.

Fest mit Rückgaberecht
Bestellung zu den Bedingungen des → Bar mit Rückgaberecht-Kaufs.

Fest mit Umtauschrecht
Bestellung zu den Bedingungen des → Bar mit Umtauschrecht-Kaufs.

Feste Rubrik
→ Rubrik.

Fester Bezug
Bestellung, die nicht ausdrücklich anders gekennzeichnet ist (→ Bedingt) und einen → Festen Kauf ohne Zusatzbedingungen vereinbart, also weder Umtausch- noch Rückgabemöglichkeiten vorsieht.

Fester Freier
→ Freie Mitarbeit.

Fester Kauf
Kaufvertrag, demzufolge sich der Verkäufer zur Warenlieferung und der Käufer zur Abnahme und Bezahlung verpflichtet, wobei die Ware bis zur vollständigen Bezahlung Eigentum des Verkäufers bleibt und neben den gesetzlichen Bestimmungen zu Minderung und Wandlung keine speziellen Rücknahmeverpflichtungen gelten; sofern nicht ausdrücklich anders bezeichnet (→ Bedingt), übliche Form des Kaufvertrags.

Festhonorar
Vorab fest vereinbartes Honorar, → Werkvertrag.

Festplatte
fdisk, harddisk
Fest mit einem Computer verbundener (im Gehäuse eingebauter) → Datenträger, im Unterschied zur → Floppy Disk besteht das eigentliche Medium aus einer oder mehreren harten Scheiben.

Festschrift
Druckwerk, das zu besonderen Anlässen erscheint, wobei Gelegenheitsschriften (etwa für ein Vereinsjubiläum) von wissenschaftlichen Sammelwerken (etwa Beiträge anläßlich einer Emeritierung) unterschieden werden.

Festverkauf
Verkauf zu den Bedingungen des → Festen Kaufs.

FeTAp
Fernsprechtischapparat (Telefon).

Fett
Schrift mit sehr kräftigem Strich, im Werk- und Akzidenzsatz eher selten (→ dagegen halbfett); bei Linien Bezeichnung für eine Linie in voller Kegelbreite.

Feuchten
Druckplatten (beim Flachdruck) mit → Feuchtmittel benetzen; in der Frühzeit des Buchdrucks Bezeichnung für das Anfeuchten von Papier vor dem Druck (zur Verbesserung von Farbhaftung und Druckqualität).

Feuchtmittel
Wischwasser, Gemisch aus Wasser und verschiedenen Zusätzen (Säure oder Lauge, Alkohol, Netzmittel) für den Offsetdruck.

Feuchtwerk
Jene Teile einer Flachdruckmaschine, durch die das Feuchten erfolgt, meist bestehend aus Wasserkasten, Duktor-, Heber-, Reiber- und Auftragswalzen (selten erfolgt die Feuchtung mittels Düsen oder Bürsten); bei Kleinoffsetmaschinen häufig mit dem → Farbwerk kombiniert (Hydrocoloursystem).

Feuilleton
→ Ressorts.

FeWAp
Fernsprechwandapparat (Telefon).

ff
sehr fein; fortissimo.

FF
→ Form Feed; Französischer Franc.

ff.
folgende (Seiten).

FhG
→ Fraunhofer Gesellschaft.

FID
→ International Federation for Documentation.

FIFO
(First In, First Out) Bezeichnung für die Abfolge eines Programms, bei dem die

zuerst eingelesenen Daten auch zuerst wieder geschrieben oder in sonstiger Form bearbeitet werden, Gegenteil → LIFO.

File
→ Datei.

File Transfer Protocol
ftp
In Datennetzen gebräuchliches → Protokoll zur Übertragung von Dateien (binär, Zugriff über unterschiedliche Rechnerwelten hinweg möglich). Wird meist benutzt, um Programme, Archive oder Bilddateien auf den eigenen Rechner zu laden.

Filete
Hochrelief-Druckstempel für die Heißprägung.

Film
Transparenter, mit einer lichtempfindlichen Schicht überzogener Träger aus Kunststoffen (selten Glas); in der Reproduktionstechnik unterscheidet man Strichfilme (für Strich- oder Textvorlagen oder zur Rasterung) und Halbtonfilme (zur Darstellung von Halbtönen).

Filmlose Plattenherstellung
Direktform-Aufnahme, optische Druckfolienbelichtung, Druckformherstellung für Offset- und Kleinoffset, bei der von der Vorlage direkt auf die Platte belichtet wird (ohne Filme zu erstellen), kann in der Reprokamera oder in Plattenkopiergeräten und mit speziell hierfür vorgesehenen Platten oder Folien erfolgen.

Finanzanzeigen
Einladungen zu Aktionärsveranstaltungen, Veröffentlichungen von Bilanzen und Abschlußberichten und ähnliche in → Pflichtblättern vorgenommene Anzeigen der Finanzwelt, die teilweise durch das Aktienrecht vorgeschrieben sind.

Finger
Dienstprogramm in Datennetzen, gibt dem Systemoperator Auskünfte über die angeschlossenen User.

Firmenzeichen
Das gesetzlich geschützte Zeichen einer Firma.

Firmware
Fest in einer elektronischen Anlage vorhandene Basis-Software, abgelegt in → ROM-Bausteinen (etwa → BIOS).

Firniß
Aus Leinöl hergestelltes Bindemittel für Druckfarben.

Fisch
Bleiletter, die im Setzkasten im falschen Fach liegt; → verfischter Kasten, → Zwiebelfisch.

FISH
(first in, still here), Scherzbezeichnung für einen fehlerhaften Programmablauf (→ FIFO).

FITNR
Fixed in the next release.
Der Fehler wird in der nächsten Version berichtigt.

Fixed disk
fdisk, → Festplatte.

Flachdruck
Alle → Druckverfahren, bei denen die Druckelemente der Form und die nichtdruckenden Partien auf nahezu gleicher Höhe nebeneinander liegen; die druckenden Flächen sind farbfreudig und wasserabstoßend, nicht druckende Partien wasserfreudig präpariert. Nachdem Wasserwalzen die Druckform eingefeuchtet haben, wird die mittels Farbwalzen auf die farbfreudigen Flächen aufgetragene Farbe im Offsetverfahren indirekt von der seitenrichtigen Form über einen Gummituchzylinder auf den Bedruckstoff übertragen, bei einigen Sonderverfahren (→ Steindruck, → DiLitho) wird von einer seitenverkehrten Form direkt auf den Bedruckstoff gedruckt.

Flachdruckmaschinen
Im Flachdruck kommen vorwiegend → Rotationsmaschinen zum Einsatz. Die auf einem Formzylinder befestigte Druckplatte wird zuerst durch wasserführende Walzen eines → Feuchtwerks gefeuchtet, danach erfolgt die Einfärbung der wasserabstoßend und farbfreudig präparierten druckenden Elemente der Form; von der seitenrichtigen Druckform erfolgt der Farbübertrag zunächst

auf einen Gummituchzylinder, von wo aus das Druckbild auf den zwischen Gummituch- und Gegendruckzylinder durchgeführten Bedruckstoff übertragen wird.

Flachform
Flache Druckform, im Unterschied zur (für die Verwendung auf Zylindern gebogenen) Rundform.

Flachstereotypie
Herstellung flacher → Stereotypien, → Rundstereotypie.

Flächengewicht
Das Gewicht von Papier wird flächenbezogen angegeben und in g/m^2 ausgedrückt, es reicht von etwa 30 g/m^2 für Durchschlagpapiere bis zu 300 g/m^2 (vereinzelt auch darüber) für Karton; das Flächengewicht wird bei der Sortenbezeichnung immer angegeben.

Flame
Beschimpfung, Beleidigung, persönlicher Angriff (Internet-Slang).

Flattermarke
Im Bund mitgedrucktes Kontrollzeichen; dicke Linie, die im Werkdruck bei jedem Druckbogen fortlaufend versetzt wird und nach dem Zusammentragen die einfache Sichtkontrolle der richtigen Bogenfolge ermöglicht.

Flattersatz
Typographische Satzanordnung, bei der verschieden lange Zeilen ohne Ausschluß linksbündig untereinander angeordnet werden, so daß der rechte Rand „flattert"; beim rechtsbündigen Flattersatz werden die Zeilen rechtsbündig untereinandergestellt, so daß der linke Rand flattert.

Flatterzone
Bei einigen DTP- oder Textverarbeitungsprogrammen einstellbarer Randbereich, innerhalb dessen die Zeilen beim → Flattersatz „flattern" dürfen.

Fleisch
Die nichtdruckenden Flächen um das Schriftbild herum auf der → Letter, die nichtdruckenden Innenflächen des Schriftbildes sind die → Punzen.

Flexodruck
→ Druckverfahren.

Fliegendes Blatt
Respektblatt, jene Hälfte des → Vorsatzes, die mit dem Buchblock verklebt wird.

Fliegenkopf
Versehentlich erzeugte → Blockade.

Fließsatz
→ Fließtext.

Fließtext
Fließsatz, bei DTP-, Layout- und Textverarbeitungsprogrammen Bezeichnung für einen fortlaufenden Text ohne festgelegten Umbruch (ohne festgelegte Zeilenlänge bzw. ohne Zeilenende-Markierung), der in ein Layoutschema (eine Spalte, einen markierten Bereich) einfließt und erst dabei umbrochen wird.

Flip-Flop
Auch bistabile Kippstufe, urtümliche Bezeichnungen für das Prinzip eines Speicherelements mit nur zwei Zustandsmöglichkeiten, zwischen denen umgeschaltet werden kann; technische Realisierung eines → Bits und damit elementarste Voraussetzung für maschinelle Verarbeitung von Daten bzw. Informationen.

Flockprint
→ Druckverfahren.

Flop
Plumps, Reinfall, Fehlschlag.

Floppy Disk
Diskette, → Datenträger, bei dem die Daten auf einer flexiblen, mit einer magnetischen Beschichtung versehenen Kunststoffscheibe gespeichert sind.

Flugblatt
Handzettel, Einblattdruck für die allgemeine kostenlose Verbreitung.

Flugschrift
Mehrseitige Druckschrift, meist mit polemischen Inhalten (Agitationsschrift), für die kostenlose allgemeine Verbreitung.

Flüssigkristallanzeige
→ LCD, Anzeigefeld an technischen Geräten, Taschenrechnern usw.

FM
Frequenzmodulation, → Modulation.

FOGRA
→ Deutsche Forschungs-Gesellschaft für Druck- und Reproduktionstechnik e.V.

fol./Fol.
→ Folio, Folioblatt.

Folgeauflage
Weitere Auflage eines Werks, bei der zum größten Teil auf Stehsatz und noch vorhandene Druckplatten zurückgegriffen werden kann.

Foliant
Buch im Folio-Format.

Folienraster
→ Raster.

Folio
2°, → Einbruchbogen, ein einmal gefalzter Bogen (4 Druckseiten bzw. 2 Blatt); auch Formatbezeichnung für Bücher von über 35 cm bis etwa 45 cm Rückenhöhe (→ Buchformate).

Followup
Auf einen Artikel folgende Antwort, Kommentar (in Newsgroups).

Font
Der gesamte Zeichenvorrat einer Schrift; im Satz Bezeichnung für den → Schriftbildträger einer Fotosatzmaschine oder eine → Schriftdatei eines Computers.

Form
→ Druckform; in der EDV auch ein auf dem Bildschirm präsentiertes und vom Benutzer auszufüllendes Formular (→ form).

form
→ tag in HTML-Dokumenten, durch das Benutzereingaben realisiert werden können.

Formatbogen
→ Standbogen.

Formate
→ Anzeigenformate, → Bogenformte, → Buchformate, → Maschinenformate und → Papierformate.

Formatierung
In Textverarbeitungs- und DTP-Programmen gebräuchliche Bezeichnung für das Festlegen (oder die Zuweisung) von Schriftart und Schriftgrad, Seitenmaßen, Layoutangaben usw. für einen Text oder Teile eines Textes.

Formatmachen
Festlegung der Seitenränder bzw. Einbau von Stegen zwischen den Kolumnen beim Formschließen.

Formatpapier
Bereits im Endformat (meist DIN-Format) angelieferte Papierbogen (handgeschöpftes Büttenpapier, oder etwa Papier für Fotokopierer oder Laserdrucker).

Formatvorlage
→ Druckformatvorlage, → Layoutvorlage.

Formelsatz
Wissenschaftlicher Satz, besonders arbeitsintensiver Satz wissenschaftlicher oder mathematischer Formeln, meist mit speziellen Sonderzeichen.

Formenbrett
Satzbrett für druckfertigen oder bereits gedruckten Satz.

Formsatz
Satz, der um eine Abbildung herum (oder in seinem Verlauf den Rändern einer Abbildung folgend) geformt wird, → Umspinnen.

Formschließen
Im Buchdruck die Druckform (Satz) in einen Schließrahmen schließen.

Formzylinder
Der Zylinder einer Rotationsmaschine, auf dem die (gerundete) Druckform befestigt wird; → Zylinder.

Fortbildung
→ berufliche Fortbildung.

Fortdruck
Der laufende Druckvorgang; Herstellungsphase zwischen Druckvorbereitung und Druckweiterverarbeitung.

Fortdruckstörungen
Beim Fortdruck auftretende technische Störungen (wie etwa → Dublieren, → Rakelstreifen, → Spieße, oder → Tonen).

Fortdruckkosten
Kosten, die nur im Fortdruck der Auflage entstehen (Maschinenstunden, Papier und Farbe), in Angeboten bzw. in der Kalkulation häufig als Mehrpreis bzw. Mehrkosten für eine höhere Auflage (je weitere 1.000, je weitere 10.000 usw.) angegeben.

Fortsetzungsroman
Auf viele aufeinanderfolgende Ausgaben einer Zeitung verteilter Abdruck eines Romans; sprichwörtlich die jeweils abschließende Formulierung „Fortsetzung folgt".

Fortsetzungswerke
→ Lieferungswerke.

Fotografie
Lichtbild; optische Verfahren zur Herstellung eines dauerhaften Abbildes.

Fotogramm
Verfahren, bei dem man beliebige Gegenstände direkt auf Fotopapier, Film oder eine lichtempfindliche Druckplatte legt, eine anschließende Belichtung ergibt entweder eine → Kontaktkopie, oder grafische Spezialeffekte (Silhouetten).

Fotographische Reproduktion
→ Reprofotografie.

Fotojournalismus
→ Bildberichterstattung.

Fotokopie
Prozeß oder Resultat fotografischer, elektrografischer oder elektronischer Vervielfältigung. Als fotografische Kopie einer Vorlage gelten neben der → Fotografie auch Verfahren der → Diazokopie, der → Kontaktkopie oder der → Mikrofilmkopie. Bei der elektrografischen Fotokopie (als Xerografie Ende der 30er Jahre von der Firma Rank-Xerox entwickelt) wird ein Abbild der Vorlage auf eine elektrisch geladene Platte oder Trommel projiziert, wodurch Bereiche unterschiedlicher Ladung entstehen. Anschließend wird elektrisch negativ geladenes Farbpulver aufgetragen, das nur an den schwärzenden Stelen mit positiver Ladung haften bleibt. Das Farbpulver wird danach auf einen wiederum negativ geladenen Druckbogen übertragen und durch Erhitzen fixiert. Bei der elektronischen Fotokopie wird die Vorlage gescannt (→ Scanner), danach werden die Ladungsunterschiede auf der Trommel durch einen Laserstrahl erzeugt. Auf dem elektronischen Fotokopierverfahren beruht heute auch die Herstellung von mehrfarbigen Fotokopien.

Fotolithographie
→ Reprofotografie.

Fotopolymer-Auswaschreliefplatte
Spezielle Druckform (oder Klischee) im Hochdruck; auf einem Metallträger aufgetragene lichtempfindliche Kunststoffe werden durch Belichtung mit UV-Licht gehärtet, beim anschließenden Entwickeln werden die nicht gehärteten Teile entfernt.

Fotosatz
Schriftsatzherstellung auf Film oder Fotopapier (oder die Ergebnisse dieser Herstellung); im engeren Sinn nur die optomechanischen Verfahren, bei denen die Belichtung des Films optisch durch Schablonen hindurch erfolgt, in Unterscheidung zu den → Lichtsatzverfahren; → Satzherstellung.

Fotoschablone
Fotographisch hergestellte Siebdruckschablone.

Fraktur
Häufig eine für alle gebrochenen Schriften benutzte Bezeichnung; nach der Schriftgruppenklassifikation nach DIN eine der Untergruppen der gebrochenen Schriften.

Frankfurter Buchmesse
Jährlich stattfindende internationale Buchmesse.

Frankfurter Schrifthöhe
70,21 p.

Frankieren
Freimachen von Postsendungen durch Barfrankierung (mit Briefmarken) oder Freistempeln (mit der Frankiermaschine).

Franzband
Französischer Einband, heute nur noch selten für bibliophile Ausgaben verwendete Einbandart, Ganz- oder Halblederband mit außen über den Buchrücken verlaufenden → Bünden und eng angesetzten (→ Binden) → Deckeln.

Französische Broschur
→ Broschur.

Französischer Einband
→ Franzband.

Fraunhofer Gesellschaft
→ Medienzentrum.

Freie Mitarbeit
Unregelmäßige oder regelmäßige („fester Freier") Mitarbeit von freiberuflichen Journalisten, Autoren oder Lektoren.

Freier Deutscher Autorenverband
FDA
1973 gegründete Schriftstellervereinigung.

Freie Richtung
→ Freimanier.

Freiexemplare
Kostenlos an den Verfasser, an Bibliotheken, Rezensenten und andere abgegebene Bücher; bei Zeitungen → Freistücke.

Freimachen
→ Frankieren.

Freimanier
Völlig freie (nicht bündige oder zentrierte) Anordnung von Satzelementen, häufig auch als → Rauhsatz bezeichnet.

Freiraum
Beim Umbruch entstehende leere Fläche innerhalb des Satzspiegels, nach Möglichkeit mit → Durchschuß oder durch Einspiegeln von → Füllern zu vermeiden.

Freischlagen
Im Satz oder in der Form durch Einbau von Blindmaterial oder Stegen Platz für eine später einzufügende Autotypie schaffen, → auch blankschlagen.

Freistehende Abbildung
Autotypie oder sonstige Abbildung ohne Hintergrund und Einrahmung.

Freistücke
Nicht berechnete Zeitungsexemplare (für Betriebsangehörige, Austräger, Händler usw.).

Fremdbeilagen
Beim Zeitungsdruck mitgefertigte oder auch nach dem Druck in die Zeitungen eingelegte, separat (evtl. außer Haus) gefertigte Werbe-Beilagen (Werbeprospekte).

Frequenzmodulation
(FM), → Modulation.

Front-End
Vorderes Ende, Eingabe- oder Vorverarbeitungsbereich einer Anlage, meist im Sinne einer eigenständig arbeitenden Untereinheit (Front-End-Processor, Front-End-System) gebraucht, Gegenstück zum → Back-End.

Front-End-Processor
→ Front-End.

Front-End-System
→ Front-End.

Frontispiz
Bild, das dem Haupttitel eines Buches gegenübersteht (Titelbild, Titelkupfer).

Frontlist
Alle Neuerscheinungen eines Verlages aus dem laufenden Jahr.

Frosch
Beweglicher Teil eines → Winkelhakens.

Frühdruck
Ein früh in der Geschichte der Buchdruckkunst entstandenes Druckwerk, meist syn. zu Inkunabel.

FTP
→ File Transfer Protocol.

FTZ

→ Fernmeldetechnisches Zentralamt; Forschungs- und Technologiezentrum.

Führungskräfte der Druckindustrie e.V.

Berufsverband, Nachfolger des Deutschen Faktoren-Bunds, Herausgeber der Zeitschrift → Deutscher Drucker.

Füller

Artikel oder Eigeninserate, die beim Umbruch zum Füllen einer Seite eingefügt werden.

Füllstoffe

Bei der Papierherstellung verwendete Stoffe (u.a. Kaolin, Stärke, Titanweiß) zum Auffüllen der Räume zwischen den Fasern.

Fundament

Das Eisenfundament bei Druckmaschinen im Hochdruck (→ Tiegel, → Zylinder), das die Flachform bzw. den Schließrahmen aufnimmt.

Fuß

Unterer Teil der Letter oder des Klischees.

Fußnoten

Am unteren Rand einer Seite plazierte Anmerkungen zum Text; der Fußnotenbereich kann bis zu drei Viertel des Seiteninhalts umfassen (Abstand zum Text eine Zeile) und auf Folgeseiten ausgedehnt werden.

Fußnotenzeichen

Notenzeichen, hochgestellte Ziffer (Bruchziffer) oder Stern (Asteriskus).

Fußrille

Kerbe im Fuß der → Letter.

Fußsteg

Unterer Rand einer Seite; der den → Unterschlag bildende Steg.

G

Gänsefüßchen
Anführungszeichen.

Galley
Engl. für Fahne.

Galvano
Vervielfältigung eines Klischees auf galvanischem Wege über einen elektrisch leitfähig gemachten Wachsabdruck.

Galvanisieren
Durch Elektrolyse mit Metall überziehen.

Gamma
Meßwert für die → Gradation
(Weich < 1 > hart).

GAN
Global Area Network
Gegensatz zu LAN (Local Area Network). Globales Netz.

Ganzband
Aus ein und demselben Überzugsmaterial (Pappe, Leder, Leinen oder Plastik) gefertigte Buchdecke, im Gegensatz zum Halbband.

Ganzlederband
→ Ganzband mit Lederüberzug.
→ Franzband → Halblederband.

Ganzseitenbildschirm
Bildschirm mit ganzseitiger Bildwiedergabe.

Ganzseitenumbruch
Elektronischer Umbruch, der das Belichten einer ganzen Seite in einem Arbeitsgang ermöglicht. Die Seitenmontage entfällt.

Garamond
Klassische Antiqua-Schrift, die Jean Janon geschnitten und nach dem berühmten französischen Stempelschneider Claude Garamond benannt hat.

Garantie
Für eine bestimmte Zeit übernommene vertragliche Verpflichtung, für etwas einzustehen.

Garantierte Auflage
Vom Verleger garantierte Mindestauflage der verkauften Exemplare pro Ausgabe einer Zeitung/Zeitschrift als Grundlage für die Anzeigenpreisberechnung.

Garmond
Korpus. Altertümlich für eine 10 Punkt große Schrift.

Gateway
Elektronischer Zugriffsweg auf Online-Datenbanken. Der G. übermittelt Nachrichten von einem Netz in ein anderes, von einem LAN (Local Area Network) in die öffentlichen Netze.

Gaufrierkalender
Walzenwerk zum Prägen von Papier.

Gautschbrief
Traditionelle Urkunde für den Lehrling im graphischen Gewerbe, der die Gesellenprüfung bestanden hat, die ihm die Aufnahme in den Beruf zuspricht.

Gautschen
1. Die aus der Papierbütte geschöpften Bogen aus der Form nehmen und dann auf das Gautschbrett legen, auf dem es unter die große Presse kommt, die das Wasser ausspreßt.
2. Das Taufen des Lehrlings im graphischen Gewerbe zum Gesellen.

Gautscher
In der Papiermühle ein Papiermachergeselle, der das Papier von der Form auf den Filz drückt.

Gautschstuhl
Die Arbeitsstelle des Gautschers.

Gaze
Durchsichtiger Stoff, der zur Befestigung über den Buchrücken gelegt wird.

Gazette
Zeitung mit zweifelhafter Berichterstattung. Revolverblatt.

Gebietsbindung
Alleinstellung des Grossisten in seinem festumrissenen Vertriebsgebiet mit Kontrahierungszwang gegenüber Verlagen und Einzelhandel.

Gebrauchsgrafik
Sammelbegriff für alle Gebiete der zweckgebundenen, praktischer Verwendung dienenden Grafik.

Gebunden
Sammelbezeichnung für alle Bücher mit festem Einband.

Gedankenstrich
Zeichen von Geviertbreite (→ Bindestrich), wird auch als Strich für „gegen" oder „bis" verwendet.

Gedecktes Papier
Bezeichnung für qualitativ bessere Oberseite einer mehrlagigen Kartonsorte.

Gefärbtes Papier
Nachträglich durch Streich- oder auch im Tauchverfahren eingefärbtes Papier.

Gegendarstellung
Presserechtlich garantierte berichtigende Stellungsnahme einer beteiligten Behörde oder Privatperson zu einer Meldung, die in einem öffentlichen Medium erschien, muß im jeweiligen Medium (und an vergleichbarer Stelle, etwa Titelseite) veröffentlicht werden.

Gegendruckzylinder
Auch kurz Druckzylinder genannt, der Zylinder einer Druckmaschine, der den Bedruckstoff gegen den Formzylinder bzw. die Druckform oder auch gegen den Übertragungszylinder preßt; → Zylinder.

Gegengeschäft
Verlag nimmt für Anzeigenveröffentlichungen Waren aus der Produktion des Inserenten in Zahlung.

Gegenstände des Buchhandels
Definiert nach VeO (→ Buchhandel, → Buchhändler) Grob: Produkte und Dienstleistungen des Buchhandels.

Gehämmertes Papier
Ausstattungspapier mit hammerschlagartiger Prägung.

Geldkurs
Im Börsenkurszettel des Wirtschaftsteils von Tageszeitungen mit „g" ausgewiesener Tageskurs bedeutet, daß bei Börsenschluß Aktien des betreffenden Wertes noch nachgefragt waren. Gegensatz: → Briefkurs.

Gelegenheitsdrucke
Kleine Drucksachen wie Familienanzeigen, Visitenkarten usw. → Akzidenzen.

Geleitwort
Einleitung oder Vorrede eines Fachmannes, auch Vorwort des Herausgebers oder Verfassers, das den Leser gedanklich leiten und begleiten will.

GEMA
Gesellschaft für musikalische Aufführungs- und mechanische Vervielfältigungsrechte. Die G. schützt die Interessen der ihr angeschlossenen Komponisten, Texter und Musikverleger gegenüber den Veranstaltern öffentlicher und privater Musikaufführungen.

Gemeine
Kleinbuchstaben des Alphabets, auch Minuskeln.

Gemeinfreie Werke
Für jeden zur Veröffentlichung freie Werke, deren Schutzfrist abgelaufen ist.

Gemeinschaftstarif
Einheitliche Anzeigenpreisbildung für eine Gruppe von Zeitungen, die sich zu einem Anzeigenring zusammengeschlossen haben.

Gemischte Partie
→ Partie, die aus verschiedenen Titeln eines Verlages besteht und zur Gewährung des Mengenrabatts aufaddiert werden können.

Generalanzeiger
„Allgemeiner Anzeiger". Seit Ende des 19. Jahrhunderts im Pressewesen eingebürgerter Ausdruck für Abonnementszeitungen, die zugunsten hoher Auflagen mit Rücksicht auf das Anzeigengeschäft

auf weltanschauliche und politische Meinungen verzichten.

Genormte Schrift
Schriften, die von Beleglesern oder Belegsortierern verarbeitet werden sollen, müssen entsprechenden Formvorschriften genügen. Bei Magnetschrift kommt dazu noch die Forderung magnetisierbarer Druckfarbe. Im engeren Sinne nennt man jedoch nur solche Schriften G., bei denen die Form der einzelnen Zeichen auch maßgebend für die Erkennung in der Leserichtung ist. Eine der wichtigsten G. ist in diesem Sinne die OCR-Schrift.

Geonym
Form des Pseudonyms, bei dem der Deckname einen geographischen Hinweis auf den Autor enthält.

Geprägtes Papier
Qualität, bei der mit Prägewalzen nachträglich Musterungen und Strukturen in die Papieroberfläche geprägt wurden.

Gerader Rücken
Im Gegensatz zum → runden Rücken der nicht gewölbte Buchrücken, vergleiche Kastenband.

Geradestehend
Typographische Bezeichnung für eine Schrift, die so geschnitten ist, daß die senkrechte Buchstabenachse im rechten Winkel zur Zeile steht.

Gerant
Altertümliche Bezeichnung für den Herausgeber einer Zeitung.

Gerichtsbericht
Spezielle Form des journalistischen Artikels mit Darstellung eines Prozeßverlaufes von allgemeinem Interesse.

Gerichtsreportage
Lebendig gestalteter Gerichtsbericht.

Gerichtsstand
Für eine prozessuale Auseinandersetzung zwischen zwei Parteien mit Sitz an verschiedenen Orten ist die gerichtliche Zuständigkeit gesetzlich geregelt. Im kaufmännischen Geschäftsleben gilt grundsätzlich der Sitz des Schuldners als Gerichtsstand.

Geripptes Papier
Ein häufig als Vorsatzpapier verwendetes maschinenglattes Papier, meist mit parallel laufenden Wasserzeichenlinien bzw. -rippen.

Gesammelte Werke
Im Unterschied zu Ausgewählten Werken Zusammenstellung mehrerer abgeschlossener Arbeiten eines Autors, die einen Querschnitt durch dessen Gesamtwerk bringt.

Gesamtauflage
Summe aller bisherigen Auflagen (Auflagenhöhen) eines Buchs.

Gesamtausgabe
Zusammenstellung mehrerer abgeschlossener Arbeiten eines Autors, die einen Eindruck über sein Gesamtwerk gibt.

Gesamtkatalog
Umfassender Katalog von Bibliotheken oder Verlagen.

Gesamtprogramm
Aufstellung sämtlicher lieferbarer Titel eines Verlages.

Gesamttitel
Bei mehrbändigen Werken das Titelblatt, das die allen Bänden gemeinsamen Angaben enthält.

Gesamtverzeichnis
Gesamtprogramm.

Geschäftsbuch
Großformatiges, meist mit Sprungrücken versehenes Buch, das zur Eintragung der geschäftlichen Ereignisse dient.

Geschäftspresse
Sammelbegriff für Tageszeitungen vom Generalanzeiger-Typ, im Gegensatz zur sogenannten Gesinnungspresse.

Geschenkabonnement
→ Patenschaftsabonnement.

Geschöpft
Papier aus der Bütte.

Gesellschaft für musikalische Aufführungs- und mechanische Vervielfältigungsrechte
→ GEMA.

Gesetz gegen unlauteren Wettbewerb
UWG
Verbot bestimmter Werbemaßnahmen, die gegen die guten Sitten verstoßen oder die berechtigten Interessen anderer beeinträchtigen. Gegebenenfalls besteht ein Anspruch auf Unterlassung und Schadenersatz.

Gesetz gegen Wettbewerbsbeschränkungen
GWB
Sogenanntes Kartellgesetz. Gesetz zur Verhinderung von Verträgen zwischen Unternehmen, die dazu dienen, den Wettbewerb zu behindern oder gar zu verhindern. Unter bestimmten Voraussetzungen sind Konditionenkartelle, Rabattkartelle, Rationalisierungskartelle, Spezialisierungskartelle, Ausfuhrkartelle, Einfuhr- und Sonderkartelle zulässig. Zu den Ausnahmeregelungen gehört auch „die Zulässigkeit der Preisbindung bei Verlagserzeugnissen" (§ 16 GWB). Im § 28 finden sich die Bestimmungen für die Anerkennung von Wettbewerbsregeln (Allgemeine Geschäftsbedingungen).

Gesinnungspresse
Zeitungen, die ohne Rücksicht auf Kostendeckung herausgebracht werden, um eine publizistische Absicht zu verwirklichen.

Gespan
Helfer des Umbruchleiters in der Setzerei, Gehilfe des Metteurs.

Gesperrt
Hervorheben von Wörtern durch unverhältnismäßig große Abstände zwischen den einzelnen Buchstaben.

Gestrichenes Papier
Kunstdruckpapier, dessen Oberfläche durch einen Aufstrich von Kreidemasse oder Kasein völlig geschlossen ist und durch starke Satinage eine hohe Oberflächendichte erhält.

Geviert
Aus Schriftgrad und Durchschnitt errechnete Regellänge des Erstzeileneinzugs im Blocksatz.
Unterteilungen: z.B. Halbgeviert, Drittelgeviert.

Gewebeeinband
Mit leinenähnlichem Baumwoll- oder Zellstoffgewebe bezogener → Ganzband bzw. Einband.

Gewißgeld
Ausdruck für den Zeitlohn in der Setzerei. Früher Bezeichnung für die Entlohnung der Setzer im Wochenlohn, im Unterschied zum Akkordlohn (→ Berechnen).

Ghostwriter
Autor oder Mitautor eines Werkes, der nicht als Verfasser genannt wird. Die Arbeit wird üblicherweise zwischen dem Ghostwriter und dem (angeblichem) Autor oder dem Verlag im Rahmen eines → Bestellvertrags (Werkvertrags) festgelegt.

Gießmaschine
Maschine zum Ausgießen von Matern zu Duplikatdruckstöcken für den Hochdruck.

Gießwerk
Aggregat der Bleisatzmaschine, das dazu dient, die im Sammler aufgereihten Matrizen zu einzelnen Druckbuchstaben oder Zeilen auszugießen.

Glätte
Papierglätte
Oberflächenbeschaffenheit von Papieren. Das unterschiedliche Maß der Rauhheit wird mit der Glättezahl nach Bekk oder Bendtsen ausgedrückt.

Glanz-Matt-Effekt
Geistereffekt.

Glasfaserkabel
Lichtleitertechnisches Transportmittel in der Telekommunikation. Elektrische Impulse werden in Lichtwellen umgesetzt und mit Leistungen von 2 bis 100 Megabit in der Sekunde durch die Faserstränge transportiert. Ein weiterer Vorteil der Glasfaser liegt darin, daß weniger Ver-

stärker entlang der Leitungen erforderlich sind.

Glatter Satz
→ Blocksatz; → Rauhsatz.

Glossar
Verzeichnis schwerverständlicher oder ungebräuchlicher Ausdrücke eines bestimmten Textes, das im Anhang oder gesondert gedruckt wird.

Glossarium
Glossar.

Glossator
Erklärer schwieriger Wörter.

Glosse
Kurzer pointierter Meinungsartikel.

Glossographie
Erklärung der Glossen, Vorläufer der Lexikographie.

Glutin
→ Buchbinderleim.

Glykolfarben
Druckfarben auf Alkoholbasis mit Pigmenten, die nicht aufgetragen, sondern in die Papieroberfläche eingefärbt werden.

Goldener Schnitt
Graphische Teilung einer Strecke in zwei ungleiche Teile, die zueinander in einem ausgewogenen und harmonischen Verhältnis (21 : 34) stehen.

Goldschnitt
Vergoldeter → Farbschnitt im Buch.

Gopher
Weltweites Informationssystem innerhalb des Internets, textorientiert, seit Einführung des WWW rückläufig. → Veronica

Gotische Schrift
Fraktur-Schriftart mit vertikal betontem Buchstabencharakter, gebrochenem Schriftzug und zungenartigen Ausläufern („Elefantenrüssel").

Grad
Schriftgrad
Größe der Druckschrift. Schriftgrade werden nach dem Punktsystem (1 typographischer Punkt = 0,376 mm) bestimmt und durch verschiedene Namen gekennzeichnet. Gemessen wird von der Oberkante eines Großbuchstabens bis zur Unterkante eines Kleinbuchstabens mit Unterlänge (Beispiel B-g).

Gradation
Farbdichte einer Abbildung. Tonwertabstufung der Reproduktion im Verhältnis zur Vorlage, dargestellt durch den → Gammawert.

Grafikdatei
→ Bilddatei.

Grafiktablett
→ Digitalisiertablett.

Grafische Benutzeroberfläche
Für den Benutzer eines Programmsystems die Menge von Fenstern, Menüs, Bedienungsfeldern und bildhaften Symbolen, die er vornehmlich durch Zeichen und Verschieben mit der Maus, dem Trackball, teilweise sogar mit dem Finger, manipuliert. Über diese Systemkomponenten kommuniziert der Benutzer mit den eigentlichen, problemorientierten Teilen des Systems.

Grafische Notation
Nicht standardisierte Notation moderner Kompositionen zur Darstellung von Geräuschen und Klängen.

Grafischer Karton
Strapazierfähiger Karton mit hohem Weißgrad und guter Stricheigenschaft.

Grafisches Gewerbe
Alle Gewerbe, die an der technischen Herstellung von Druckwerken beteiligt sind.

Graniertes Papier
Kunstdruckpapier mit feinkörniger Oberfläche, wodurch sich beim Druck plastische Farbeffekte ergeben.

Granuliertes Papier
Papiere mit körniger Prägung.

Gratispresse
Kostenloses, meist regelmäßig erscheinendes Druckwerk, das an bestimmten Stellen ausliegt (z.B. Einzelhandel), an

Haushalte zielgerichtet verteilt (Anzeigenblätter) oder an einen ausgewählten Kundenkreis verschickt wird; Hauswurfsendung.

Graupappe
Zu den Hartpappen zählende Qualität, die durch Mischung unterschiedlicher Ausgangsprodukte wie Altpapier entsteht und zur Herstellung von Einbänden und Verpackungen dient.

Grauwertskala
Skala der Tonwerte von Weiß über das hellste Grau bis zum tiefsten Schwarz. Der Umfang der Grauwerte eines fotographischen Schwarzweißbildes bestimmt den Bildkontrast.

Greifer
Geräteteil der Bogendruckmaschine zur mechanischen An- und Ablage des Papiers.

Greiferrand
Technisch bedingter Rand (Greifer der Druckmaschine).

Griffregister
Am Seitenrand eines Buches angebrachte halbrunde Aussparungen bis zum ersten Blatt eines gewünschten Abschnittes, häufig bei Adreßbüchern, Kalendern usw.

Grobstrich
Qualitätsbegriff für die Oberflächenbeschaffenheit von gröber gestrichenem Papier, im Gegensatz zu Feinstrich.

Grobumbruch
Klebeumbruch mit Papier, der einer vorläufigen Unterteilung eines Textes in Seiten entspricht.

Größe
Schriftgröße
→ Grad.

Großantiquariat
Großhandlung für Modernes Antiquariat.

Großbuchstabe
Initial, Majuskel.

Großdruckausgabe
Buch, das für ältere oder sehschwache Leser besonders groß gesetzt wurde.

Großfolio
Buch mit über 45 cm Rückenhöhe.

Grossist
Großhändler.

Großkegel
Schriftgrade bis zu 36 p auf Linotype-Maschinen, bis zu 48 p auf Monotype-Maschinen.

Grosso
Handelsstufe im Zeitungs- und Zeitschriftenvertrieb zwischen Verlag und Einzelverkauf.

Grossobuchhandel
Barsortiment. Zwischenbuchhandel.

Großoktav
Buch bis 25 cm Rückenhöhe. → Buchformate.

Großsortiment
Im Buchhandel Zwischenhändler „auf eigene Rechnung“, die von den Verlagen zu Vorzugsbedingungen beliefert werden, so daß sie die Titel mit dem Originalrabatt des Verlegers weitergeben können.

Großverlag
Von einem arbeitsteilig tätigen Management geführter Verlag mit erheblichem Umsatzvolumen und vielen Mitarbeitern.

Grotesk
Gleichmäßig starke Antiquaschrift ohne Serifen.

Grotesk-Schrift
Abart der Antiqua-Schrift mit fast gleichmäßig starker Linienführung der Auf- und Abstriche ohne Serifen oder Füßchen (auch Blockschrift genannt).

Grundfarben
Mindestens drei Farben einer genormten Skala, die selbst nicht durch Mischung erzielt werden können, aus denen jedoch alle weiteren Farben derselben Skala gemischt werden können; im Vierfarbendruck kommt zu den genormten Grundfarben Yellow (Gelb), Magenta und Cyan

noch Schwarz (für die Tiefen sowie als Textfarbe) hinzu. Das Prinzip dreier „Grundfarben" Gelb, Rot und Blau wurde bereits von Isaac Newton entwickelt.

Grundpreis
Anzeigengrundpreis
Bruttopreis laut Anzeigenpreisliste bezogen auf die ganze Seite oder Spaltenmillimeter.

Grundrabatt
Original-Einzelstückrabatt, zu dem ein Verlag den Buchhandel beliefert.

Grundschrift
Standardschriftgröße für ein Druckerzeugnis, auch Bodytype.

GUI
Graphical User Interface.
Systemnutzung über graphische Symbole (Ikonen).

Gummidruck
Druck mit gummistempelähnlichen Druckformen.

Gummilinse
Photographisches Objekt mit stufenlos verstellbarer Brennweite, auch Zoomobjektiv.

Gummiregletten
Regletten aus Gummi (vor allem zur Verhinderung von Spießen, zum sicheren Einbau von schlecht ausgesägten Klischees).

Gummituchzylinder
→ Übertragungszylinder.

Gußgestrichene Papiere
Gestrichene Papiere.

Gutenberg
Johannes Gensfleisch, genannt Gutenberg, zwischen 1394 und 1399 in Mainz geboren. Er gilt als der Erfinder der Buchdruckerkunst und hat den Satz mit einzelnen gegossenen Metalletttern erfunden, die beliebig oft wiederverwendet werden können. (→ Bleisatz, → Letter).

GWA
Gesamtverband Werbeagenturen
Zusammenschluß der 30 größten deutschen Werbeagenturen.

GWB
→ Gesetz gegen Wettbewerbsbeschränkungen.

H

Haarlinie
Sehr feine Linie.

Haarspatien
Feine → Spatien.

Haarstriche
Im Schriftbild von Buchstaben die feinen Striche zwischen den breiteren senkrechten Grundstrichen (vor allem bei Antiquaschriften).

Habilitationsschrift
Wissenschaftliche Arbeit an Hochschulen, Regelvoraussetzung für die Aufnahme einer Lehrtätigkeit an einer Universität.

Hadern
Zur Papierherstellung verwendetes pflanzliches Fasermaterial, auch Lumpen aus Pflanzenfasern (Baumwolle, Leinen).

hf
Abkürzung für → holzfrei (Papier) oder → halbfett (Schrift).

Hadernpapier
Qualitativ hochwertiges, aus Hadern hergestelltes Papier.

Händlerschürze
Im Zeitungs- und Zeitschriftenvertrieb Bezeichnung für im Straßen- und Kioskverkauf genutzte Plakate mit den aktuellen Schlagzeilen oder Bildern der Zeitung oder dem Titelblatt der Zeitschrift.

Händlerzeitschrift
(Branchen-)Zeitschrift für Wiederverkäufer.

Haftung
→ V.i.S.d.P.

Halbduplex
→ Duplex.

Halbfett
Schrift mit etwas kräftigerem Strich (als die Grundschrift), meist zur → Auszeichnung verwendet.

Halbfranzband
→ Franzband, bei dem nur der Buchrücken aus Leder gefertigt wird.

Halbgewebeband
Im Unterschied zum Gewebeband ein Band, bei dem nur der Buchrücken aus dem verwendeten Gewebe (meist Leinen) gefertigt wird.

Halblederband
Im Unterschied zum → Ganzlederband ein Band, bei dem nur der Buchrücken aus Leder angefertigt wird.

Halbleinenband
→ Halbgewebeband.

Halbleiter
Elektronische Bauteile wie Dioden, Transistoren usw.; Scherzbezeichnung für Führungskräfte der zweiten Führungsebene (Abteilungsleiter, Schichtführer usw.).

Halbpetit
→ Diamant, Schriftgrad, 4 p.

Halbton
Grauabstufung eines Schwarz-Weiß-Bildes, → Tonwert.

Halbtonbild
Ein Bild mit (potentiell unendlich fein) abgestuften Grauwerten bzw. → Tonwerten; echte Halbtonbilder sind beispielsweise Fotografien; von unechten Halbtonbildern spricht man bei der Anwendung von Verfahren, die den Eindruck von Halbtönen erzeugen (optische Täuschung), wie etwa bei Rastern, Tonholzschnitten usw.

Halbtonfilm
→ Film.

Halbtonreproduktion
→ Halbtonwiedergabe.

Halbtonwiedergabe
Wiedergabe abgestufter Tonwerte durch Halbtonreproduktion oder Rasterproduktion; im Tiefdruck erfolgt (trotz der

aus technischen Gründen vorgenommenen Rasterung der Druckform) echte Halbtonwiedergabe (Halbtonreproduktion), während in den anderen Druckverfahren eine „unechte Halbtonwiedergabe" durch Rasterreproduktion erfolgt.

Hand-Matrizen-Satz
Manueller Matrizensatz, Verfahren zur Herstellung von Zeilensatz; Matrizen werden in einem Spezialwinkelhaken ausgeschlossen, dieser wird in einer Gießmaschine befestigt und die Zeile wird gegossen.

Handprägedruck
→ Heißprägung.

Handpresse
Für Fahnenabzüge oder Künstlerdrucke verwendete einfache Druckpresse, bei der Antrieb sowie teils auch Einfärbung der Druckform und Papierzuführung manuell erfolgen.

Handsatz
Manuelle Herstellung von → Bleisatz; manuell hergestellter Bleisatz.

Handschöpfen
Ursprüngliche Art der → Papierherstellung. Der Papierbrei wird mit einem gerahmten Sieb aus der Bütte entnommen, durch leichtes Schütteln des Siebes wird das Verfilzen der Fasern und die erste Entwässerung bewirkt. Die weichen Bogen werden anschließend zwischen Filzplatten weiter entwässert („gegautscht").

Handsetzmaschine
→ Satzherstellung.

Handshake
Wechselweise zwischen zwei Rechnern oder einem Rechner und einem Peripheriegerät (Drucker, Scanner usw.) ausgetauschte Signale (Steuerzeichen) zur Steuerung der Datenübertragung. Erfolgt dieser Signalaustausch über separate Leitungen (Steuer- oder Signalleitungen), spricht man von Hardware-Handshake, beim Software-Handshake werden die Steuersignale mit den Dateninhalten gemeinsam über eine Leitung gesendet.

Handvergoldung
Manueller Auftrag von Blattgold, etwa für → Goldschnitt oder Buchdeckelverzierungen.

Handzurichtung
Die → Zurichtung erfolgt im Buchdruck häufig von Hand, indem entweder die Druckform an den entsprechenden Stellen mit dünnen Papierstreifen unterlegt oder aber der → Aufzug präpariert wird. Hierzu wird zuerst mit leicht reduzierter Druckspannung auf einen Zurichtebogen gedruckt, so daß Partien mit zu wenig Spannung entweder nur gebrochen oder aber überhaupt nicht mehr erscheinen – auf solche Flecken werden dann von Hand ausgeschnittene dünne Papierstücke geklebt. Der so präparierte Bogen wird schließlich im Aufzug fixiert.

Hanfpapier
Aus Hanf hergestelltes Papier.

Hängender Einzug
Wird der Einzug bzw. das Einrücken eines ganzen Absatzes genannt, bei dem die erste Zeile nicht mit eingerückt wird (etwa bei Fußnoten, in Inhaltsverzeichnissen, Glossaren usw.).

Hardcopy
Mit einem Drucker erstellte Kopie einer Bildschirmseite.

Hardcover
Einbandart bzw. Buch mit hartem und festem Einband (in Unterscheidung zum → Paperback).

Harddisk
hd
→ Festplatte.

Hardware
Harte, materielle, maschinelle Teile des Computers, im Unterschied zur immateriellen Software, den Programmen.

Hardware-Handshake
→ Handshake.

Hauptspeicher
→ Arbeitsspeicher.

Haupttitel
Der eigentliche Titel oder die Titelseite, in Unterscheidung etwa zum → Schmutztitel, → Sammeltitel, → Abteilungstitel.

Hausformate
Von den DIN-Formaten abweichende traditionelle Papierformate, die noch in einigen Druckereien Verwendung finden.

Haushöhe
Aufgrund technischer Sonderbedingungen von der → Normalschrifthöhe nach Didot abweichende Höhe von Lettern oder Klischees.

Hauszeitung
Firmenzeitung, Mitarbeiterzeitung, innerhalb eines Unternehmens für Mitarbeiter und Kunden herausgegebene Zeitschrift oder Zeitung.

Hauswurfsendung
Druckschrift, die kostenlos an Haushalte verteilt wird (bei Zustellung durch die Post: Postwurfsendung).

Hayes-Befehlssatz
Von der Firma Hayes für Modems entwickelter Steuercode, weit verbreitet. Die Befehle beginnen mit AT, daher auch AT-Code genannt.

HCF
Halt and Catch Fire
Pseudo-Steuercode.

hd
Harddisk
→ Festplatte.

HD
High Density, hohe Dichte (Diskettenspezifikation).

Headline
Überschrift, Schlagzeile.

Heften
Beim Heften unterscheidet man Drahtheftung, Fadenheftung, fadenlose Heftung (→ Klebebindung) und Sonderformen wie Druckknopf-, Ring-, Spiral- und Schraubheftung.

Heimarbeit
Festes Arbeitsverhältnis, bei dem der Arbeitnehmer in seiner eigenen Wohnung gewerblich arbeitet; oft auch (arbeitsrechtlich fälschliche) Bezeichnung für → freie Mitarbeiter oder sonstige selbständige bzw. werkvertraglich geregelte Tätigkeiten, bei denen der wesentliche Teil der Arbeit außerhalb des auftraggebenden Unternehmens beim Auftragnehmer zu Hause geleistet wird. Für Verlage kommt die Vergabe von Heimarbeit in erster Linie für Arbeitsbereiche wie → Texterfassung am PC oder Lektorat in Betracht, freie Mitarbeit im redaktionellen oder lektoriellen Bereich erfolgt in kleineren Verlagen heute sogar häufig ausschließlich „in Heimarbeit". Vor allem unter Kostengesichtspunkten zunehmend attraktiv wird inzwischen die Einbeziehung von → Teleheimarbeit in die Gestaltung der Arbeitsabläufe eines Verlags aufgrund des Preisverfalls auf dem Computermarkt sowie der Ausweitung der Netzdienste.

Heißkalandrieren
Satinierung (Glättung) von Papier durch dampfbeheizte → Kalander.

Heißmetallsatz
Bleisatz.

Heißprägung
In Unterscheidung zur → Handvergoldung maschineller Auftrag von Blattgold oder sonstigen Metallen, meist durch Folienprägen mittels angewärmter Prägestempel.

Heißsatz
Bleisatz.

Hektografie
Durch → Fotokopie inzwischen weitgehend verdrängtes einfaches Vervielfältigungsverfahren, bei dem die beschichtete Rückseite eines Hektografierpapiers auf ein spezielles Farbblatt gelegt wird; in der Schreibmaschine oder beim Zeichnen mit starkem Druck wird die Farbe des Farbblattes auf die Rückseite übertragen; in ein spezielles Gerät (Hektograph) eingespannt und mit Alkohol benetzt dient das Hektorgrafierpapier als Druckform.

Heliogravüre
Manuelles Tiefdruckverfahren, heute nur noch für Künstlerdrucke angewandt.

Hellschreiber
Vor der Erfindung der Telefax-Technik einziges gängiges Gerät zur Übertragung von Faksimiles bzw. (reproreifen) Bilddaten über das Telefonnetz, nahezu ausschließlich im Pressebereich eingesetzt.

Herausgeber
Jemand, der etwas veröffentlicht; Autor, Betreuer einer Sammelausgabe oder sonstige mit der Herausgabe eines Werks beschäftigte Person oder Institution (gesetzlich oder fachlich nicht exakt festgelegte Bezeichnung).

Herausgebervertrag
Vertragliche Festlegung der Beziehungen zwischen Verlag und → Herausgeber.

Hersteller
Producer, Produktioner, der in einem Verlag für die Regelung der technischen Abwicklung der Buchherstellung verantwortliche Mitarbeiter (in Werbeagenturen der für die Drucksachenherstellung zuständige Mitarbeiter). Sein Aufgabengebiet umfaßt neben der Bestimmung der Gestaltung und Ausstattung des Buches und der Festlegung der für die Produktion erforderlichen Verfahren und Arbeitsabläufe auch das Einholen von Angeboten, die Kalkulation der Herstellungskosten, die Auftragsvergabe, die Terminkoordination der Produktion sowie die Qualitätssicherung.

Herstellung
Im Verlagsbereich wird mit Herstellung nicht die eigentliche Durchführung der Buch- bzw. Medienproduktion bezeichnet, sondern die Festlegung, Kalkulation, Koordination und Überwachung der (vielfach außer Haus stattfindenden) Produktion (→ Hersteller). In Druckereien mit eigenem Verlag bzw. Verlagen mit eigener Setzerei, Druckerei und Buchbinderei wird für die Gesamtheit dieser Abteilungen häufig der Ausdruck „Technik“ verwendet.

Herstellungskosten
→ Kalkulation.

HGB
Handelsgesetzbuch, eingeführt am 10.5.1897, legt das Handelsrecht in der Bundesrepublik Deutschland fest.

Hieroglyphen
Ägyptische Bilderschriftzeichen, umgangssprachlich auch unleserliche Schriftzeichen.

Hinken
Nebeneinanderliegende Spalten oder Seiten hinken, wenn sie nicht gleich lang sind (nicht die gleiche Zeilenzahl haben).

Hintergrundbericht
Journalistischer Bericht, der sich vertiefend (häufig auf Quellen gestützt) mit den biografischen, ökonomischen, politischen, religiösen oder sonstigen Hintergründen einer bestimmten Person, einer Situation oder eines Ereignisses beschäftigt.

Hirnholzschnitt
→ Holzschnitt in quer zur Faser geschnittenes Holz, das sog. Hirnholz; meist wurden harte Hölzer (Akazie, Buchsbaum) verwendet; mit einem Stichel konnten kleinste Details der Zeichnung herausgearbeitet werden (Faksimile-Holzschnitt).

Hl
Halbleinen.

Hld
Halbleder.

Hochdruck
Alle → Druckverfahren, bei denen die Druckelemente der Form erhöht liegen, nicht druckende Partien sind deutlich vertieft angelegt. Die mittels Farbwalzen auf die erhöhten Flächen aufgetragene Farbe wird direkt auf den Bedruckstoff übertragen.

Hochdruckmaschinen
Im Hochdruck kommen alle → Druckprinzipe zur Anwendung, neben → Tiegeldruckpressen (flache Druckform, flacher Druckkörper) werden → Schnellpressen (flache Form, zylindrischer Druckkörper) und → Rotationsmaschinen (runde Druckform, Gegendruckzylinder) eingesetzt.

Hochleistungslaserdrucker
Laserdrucker, die im → Endlosdruck arbeiten und besonders hohe Ausgabeleistungen (10.000 DIN-A4-Seiten pro Stunde) erreichen.

Hochschulschrift
Dissertationsschrift, Habilitationsschrift oder (wissenschaftliche) Veröffentlichung an einer Universität.

Hochzeit
Versehentlich doppelt gesetztes Wort.

Höhe
→ Letter, → Normalschrifthöhe, → Frankfurter Schrifthöhe, → Haushöhe, Leipziger Höhe; → Versalhöhe.

Hohlsteg
Blindmaterial, das zur Gewichts- und Materialersparnis hohlgegossen wurde.

Holländer
Maschine zur Holzschliff-Herstellung für die Papierproduktion, die Stoffzerkleinerung erfolgt mit Messerwalzen.

Holländern
Früher für Broschuren angewandtes einfaches Heftverfahren, bei dem ein Faden durch alle Lagen geführt wurde.

Holzfrei
→ holzfreies Papier.

Holzfreies Papier
Aus Zellulose oder Hadern hergestelltes Papier ohne Holzanteile.

Holzhaltiges Papier
Mittelfeines Papier, Papier mit mehr oder weniger starken Anteilen von Holzschliff.

Holzschliff
Zermahlenes oder zerriebenes Holz, das noch Lignin, Harze und Gerbstoffe enthält.

Holzschneider
Künstler bzw. Handwerker, der Holzschnitte herstellt.

Holzschnitt
Aus Holz hergesteller Druckstoff für den Hochdruck; beginnend mit → Langholzschnitten im 15. Jahrhundert (schon vor der Buchdruckerkunst) vollzog sich die technologische Entwicklung über → Hirnholzschnitt (→ Faksimileholzschnitt) und → Tonholzschnitt hin zum maschinellen Holzschnittverfahren, der → Xylografie (noch im 20. Jahrhundert verwendet).

Holzschrift
Druckschrift mit Lettern aus Holz; syn. Plakatschrift.

Holzstich
Eigentlich falsch für → Holzschnitt, bisweilen jedoch zur Unterscheidung der Arbeitstechniken Stich (→ etwa Tonholzschnitt) und Schnitt (→ Langholzschnitt) benutzt.

Homepage
Im → World Wide Web die Titelseite oder Anfangsseite einer Reihe von untereinander verknüpften → Hypertextdokumenten.

Honorar
Bei Buchautoren im → Verlagsvertrag meist als Prozentsatz vom Ladenpreis festgelegte Vergütung; als Vergütung für freie Mitarbeiter im Zeitungs- und Zeitschriftenbereich meist über Zeilenpauschale und Zeilenanzahl errechnet oder fest vereinbart.

Honorarabrechnung
Entsprechend der Vereinbarungen des → Verlagsvertrages meist jährlich erfolgende Abrechnung des von der Anzahl der verkauften Exemplare abhängigen Autorenhonorars.

Hop
Ein Hüpfer: die jeweilige Übertragung eines Datenpakets zwischen zwei Knotenrechnern; meist sind mehrere Hops erforderlich, um die Daten vom Sender zum Empfänger zu befördern. → Routing.

Hopping
Datenübertragung innerhalb eines Netzes, die in einzelnen Etappen von Knoten zu Knoten erfolgt, → Hop.

Host
Gastgeber, Wirt: zentraler Rechner in einem Netzwerk, der den angeschlossenen

Computern oder Terminals allgemeine Kapazitäten (Rechenleistung, Speicherplatz) und spezielle Dienstleistungen (Programme und Dateien) anbietet (in diesem Sinn synonym zu → Server); in der DFÜ meist allgemeine Bezeichnung für einen beliebigen (auch fremden) Netzrechner, auf den vom eigenen Rechner aus zugegriffen werden kann.

Hotline
Heißer Draht, telefonische Kundenbetreuung.

Hotspot
Spezieller Text- oder Bildbereich innerhalb eines Hypertext-Dokuments, dessen → Anklicken Aktionen auslöst.

HTML
Hyper Text Markup Language, inoffizieller Standard für den Aufbau von → Hypertext-Dokumenten im → WWW; wird von → WWW-Browsern unterstützt; Formationsanweisungen als Untermenge von → SGML angelegt.

Hülse
Zusammengedrückter Schlauch aus Papier, der zwischen Buchblock und Rücken geklebt wird und zur Festigkeit des Einbandes beiträgt.

Human Relations
Innerbetriebliche Public-Relations-Aktivität, Kommunikationsbemühungen eines Unternehmens, die der Erzeugung bestimmter Einstellungen der Mitarbeiter gegenüber dem Unternehmen dienen.

Hurenkind
Seite oder Spalte, die mit der letzten Zeile eines Absatzes (der vorigen Seite oder Spalte) beginnt; → Schusterjunge.

HVSt
Hauptvermittlungsstelle.

Hydrocoloursystem
Kombiniertes Farb- und → Feuchtwerk, häufig bei Kleinoffsetmaschinen.

Hyperlinks
In Hypertextdokumenten durch Adress- und Aktionsparameter bestimmte Verzweigung zu einer anderen Stelle des Dokuments oder zu einem anderen Dokument (oder einer sonstigen Datei oder einem Programm); die Verbindung kann fest vorgegeben sein oder durch Benutzereingabe ausgelöst werden (→ Hotspot). → auch URL.

Hypermedia
Konzept des Aufbaus von Computer-Dateien und des Umgangs mit den in → Hypertext-Dokumenten enthaltenen Daten. Wesentliches Merkmal ist die Verknüpfung unterschiedlicher technischer Komponenten sowie unterschiedlicher Daten (neben Texten sind auch Bild- oder Toninformationen sowie Filme integrierbar) bzw. Dateien. Der Zugriff auf Hypertextdaten kann nicht nur sequentiell oder satzweise erfolgen, sondern durch im Hypertextdokument vorgegebene (und teils durch den jeweiligen Nutzer erst aktivierte) Sprünge (→ Hyperlinks); die Daten können sich dabei auch in einem Netzwerk und auf völlig unterschiedlichen Rechnern befinden.

Hypertext
Gebräuchlicher Begriff für → Hypermedia.

Hypertextdokument
Datei, die Kriterien des Hypermedia- bzw. Hypertext-Konzeptes (Verbindung unterschiedlicher Daten und Dateien, Sprünge etc.) erfüllt; meist speziell für WWW-Dateien im → HTML-Format gebrauchter Ausdruck.

Hyper Text Markup Language
→ HTML.

Hyphenation und justification
Silbentrennung und Zeilenausschluß.

Hz
Hertz
Elektronisches bzw. physikalisches Maß für Schwingungen.

I

IA5
Internationales Alphabet Nr. 5
Genormtes Alphabet ohne nationale Sonderzeichen oder Umlaute, wird im weltweiten Mailing angewandt.

IAF
Internet Adress Finder
Suchhilfe zur Ermittlung einer eMail-Adresse (http://www.iaf.net/)

IAO
Abteilung der → FhG, Medienzentrum

Icon
Ikone
Bildhaftes Symbol auf der Benutzeroberfläche von PC zur Erleichterung der Bedienerführung; Sinnbild; graphisches Signet eines Programmes etc.

Idiomatik
Lehre von den Spracheigentümlichkeiten eines Menschen, Landes oder Standes.

IFD
→ International Federation for Documentation.

IG Druck und Papier
Industriegewerkschaft, Einzelgewerkschaft des Deutschen Gewerkschaftsverbundes, die in der → IG Medien aufgegangen ist.

IG Medien
Aus mehreren Einzelgewerkschaften gebildete Industriegewerkschaft des Deutschen Gewerkschaftsbundes. U.a. gehört zu ihr die frühere → IG Druck und Papier.

Illustration
Bildbeigabe oder Bebilderung bei Druckerzeugnissen aller Art.

Illustrationsdruck
Bilderdruck.

Illustrationspapier
Ungestrichenes, meist holzhaltiges, hochsatiniertes Druckpapier für die Bildwiedergabe im Buchdruck, auch für den Tiefdruck.

Illustrierte
Zeitschrift mit überwiegendem Bildanteil allgemein interessierenden und unterhaltenden Inhalts.

Image
Begriff für die Vorstellung, die mit einer bestimmten Marke oder einem bestimmten Produkt beim Konsumenten verbunden ist.

Image Processing
Übernahme von Bildern in eine Grauwertmatrix mit Hilfe der Datenverarbeitung.

Imitiert Bütten
In der Rundsiebmaschine und durch nachträgliches Aufrauhen der Bogenränder hergestelltes Büttenpapier, im Gegensatz zu echt Bütten.

Impressum
Vom Gesetz verlangter Eindruck in Druckschriften, der den Verantwortlichen im Sinne des Urheberrechts nennt.
Dazu gehören: → Druckervermerk, → Druckvermerk, → Druckjahr, siehe auch → Titelei, → Rubrum.

Imprimatur
Druckreiferklärung durch Autor und/oder Verlag. Nach Korrektur der letzten Fahnen bzw. des Umbruchs wird vorbehaltlich der Ausführung der noch erforderlichen Korrekturen durch die Setzerei das Werk zum Druck freigegeben.
→ Druckerlaubnis, → Druckgenehmigung, → Druckreife. Gegensatz: → Damnatur.

Imprint
Aufgrund einer vertraglichen Vereinbarung zwischen einem Hardcover- und einem Taschenbuchverlag erscheinen Titel des Originalverlages innerhalb des Taschenbuchprogrammes in einer speziell dafür geschaffenen Gestaltung.

Inauguraldissertation
Wissenschaftliche Arbeit (Dissertation) zu Erlangung des akademischen Grades eines Doktors eines bestimmten Fachgebietes bzw. einer bestimmten Fakultät.

Incipit
(Lat.) Formelhafte Einleitung bei alten Handschriften und Drucken: „Es beginnt".

Index
1. Alphabetisch angeordnetes Stichwortverzeichnis in Büchern, häufig getrennt als Namensverzeichnis (Personenverzeichnis) und Sachverzeichnis (Sachregister, Schlagwortregister).
2. Bis 1966 fortgeführtes Verzeichnis der römisch-katholischen Kirche von für die Gläubigen verbotenen Büchern (Index librorum prohibitorum).

Indexdatei
Verweisdaten-Datei, wesentlicher Bestandteil der meisten Datenbanken.

Indirekte Druckverfahren
Alle Verfahren, bei denen im Unterschied zu den → direkten Druckverfahren von der (seitenrichtigen) Druckform zuerst auf einen Druckzylinder und von dort auf den Bedruckstoff gedruckt wird (z.B. Offset).

Indizieren
Auf den → Index setzen.

Information Highways
→ Datenautobahn(en). Interaktives Fernsehen, vielfach unter dem Namen Multimedia Information Highways Services oder Personal TV bekannt, ist ein Oberbegriff über das breite Spektrum der folgenden Kommunikationsformen: Pay per View, Video on Demand, Home Shopping, Informationsdienste und Conferencing/Telekooperation.

Informationsdienste
Meist branchenspezifische Hintergrunddienste, die journalistisch aufbereitete Texte für den Leser oder als Abdruckdienst für Redaktionen im Sinne eines Pressedienstes anbieten.

Ingrainpapier
Mit Wollfasern durchsetztes, rauhes Zeichenpapier.

Inhaberverlag
Vom Inhaber sowohl programmatisch als auch kaufmännisch selbst geführter Verlag.

Inhaltsverzeichnis
→ Titelei.

Initial
Anfangsbuchstabe (Schmuckbuchstabe), der durch Farbe, Größe und graphische Verzierung hervorgehoben ist.

Initialwort
Kurzform im Sinne eines Buchstabier- und/oder Durchsprechwortes (z.B. PKW, Stasi, U-Bahn).

Initiator
Einleitendes Zeichen eines Btx-Befehls (*); → Terminator.

Ink-Jet-Drucker
→ Druckertechnologien.

Inkunabel
Druckerzeugnis aus der Frühzeit des Buchdrucks, auch Wiegendruck.

Innentitel
Haupttitel.

Input
1. In einer Produktionsfunktion die Produktionsfaktoren, die in die Produktion eingehen. Gegensatz: Output.
2. → Dateneingabe.

Inserat
Anzeige in einer Zeitung.

Insettingdruck
Zeitungsdruckverfahren (Besonderheit, Vordruck vierfarbig, unter Verwendung eines anderen Druckverfahrens).

Intarsien
Einlegearbeiten im Bucheinband.

Integrated Services Digital Network
Digitale Dienste integrierendes Kommunikationsnetz, im Unterschied zum herkömmlichen (analogen) Telefonnetz digital betriebenes Netz der Telekom zur

Übertragung von Sprache oder beliebigen Daten. Neben Telefonen können damit auch beliebige sonstige Geräte zur Datenübertragung untereinander verbunden werden.

Interface
Schnittstelle eines Computers.

Interimsbroschur
Französische Broschur
Broschur, bei der ein unbeschnittener Buchblock in einen provisorischen Umschlag eingeklebt wird.

International Federation for Documentation
→ Broad System of Ordering.

International Phonetic Association
IPA
→ Lautschrift.

Internet
Bezeichnung für mehrere Datennetze, die untereinander Querverbindungen (→ Router) aufweisen und daher als ein gemeinsames Datennetz anzusehen sind.

Internet Relay Chat
Internet-Dienst, der die gemeinsame „Unterhaltung" zwischen mehreren Usern ermöglicht.

Interpretation
Auslegung eines (literarischen) Textes.

Interpunktion
Das Setzen von Satzzeichen nach den Regeln der Zeichensetzung.

Interpunktionszeichen
Alle Zeichen einer Schriftsprache, die der Zeichensetzung dienen (z.B. Punkt, Komma, Doppelpunkt, Ausrufezeichen, Fragezeichen, Gedankenstich, Klammern, An- und Abführungszeichen).

Interview
Befragung einer Person zu einem bestimmten Thema.

Intranet
Internes Datennetz eines Unternehmens oder einer Behörde oder sonstiges Netz, das mit denselben Übertragungsprotokollen (TCP/IP), Netzbestandteilen usw. wie das Internet arbeitet, in Unterscheidung zum Internet (mit dem dieses Netz dann meist auch verknüpft ist).

In usum Delphini
In usum scholarum
Für den Schulgebrauch von vermeintlich anstößigen Textstellen bereinigte Werkausgabe. → Editio expurgata.

Inventar
Zum Bilanzstichtag erhobenes Bestandsverzeichnis aller Vermögensgegenstände einer Unternehmung.

Inventurausverkauf
Genehmigungspflichtiger Räumungsverkauf zu herabgesetzten Preisen.

Inversion
1. Veränderung der Wortfolge, bei das zu betonende Wort an den Satzanfang oder das Satzende gestellt wird.
2. Umkehr der Zeichendarstellung auf dem Bildschirm von dunklem auf hellen Hintergrund oder umgekehrt.

IPA
→ International Phonetic Association.

Ips typographus
→ Buchdrucker.

Ironym
Pseudonym mit ironischer Intention.

IRC
→ Internet Relay Chat.

ISBD
International Standard Bibliographic Description.
Zur Erfassung bibliographischer Angaben 1969 geschaffenes internationales System.

ISBN
Internationale Standard-Buchnummer.
Aus einer zehnstelligen Zahlenfolge bestehendes Merkmal eines Buches zu Bestell- und Identifikationszwecken. Es wird vom Verlag vergeben. Die Zahlenfolge steht für die Sprachgruppe, den Verlag, den Buchtitel und die Prüfziffer.

ISDN
Integrated Services Digital Network.

Digitales, schmalbandiges Kommunikationsnetz der Deutschen Telekom AG. Kommunikationsdienste (Senden und Empfangen) für Telefongespräche, Text, Grafik und Daten auf zwei Kanälen.

ISDN-Kenndaten
64.000 bps, mit Kanalbündelung. → Datenkompression bis etwa 300.000 bps.

ISDN-BA
→ ISDN-Basisanschluß.

ISDN-Basisanschluß
Beim Anwender installierte Schnittstelle (→ Network Terminator, → So-Schnittstelle) für den Zugang zum ISDN-Netz der Telekom, umfaßt drei Kanäle (zwei Nutzkanäle und einen Steuerkanal) und ermöglicht so die gleichzeitige Kommunikation auf zwei Leitungen.

ISDN-Endgeräte
Kommunikationsgeräte (Fax, Telefon, Modem u.a.), die an ISDN angeschlossen werden können. Sie verfügen über eine → Dienste-Kennung sowie eine → Endgeräte-Auswahlziffer oder Mehrfachnummer.

ISDN-Terminaladapter
TA
Geräte zum Anschluß von Kommunikationsgeräten an die → So-Schnittstelle, die eine Signalwandlung (analog/digital) bewerkstelligen sowie die Dienste-Kennung übermitteln.

ISH
Datenautobahn.

ISO
Internationale Organisation für Normung. Sitz in Genf. → DIN = Deutsches Institut für Normung.

ISSN
International Standard Serial Number. International eingeführte Identifikationsnummer für Fortsetzungswerke und Zeitschriften, die von Verlagen vergeben wird.

IuD
Information und Dokumentation
→ Deutsche Gesellschaft für Dokumentation.

ITS
Intelligente tutorielle Systeme, die sich generativ und adaptiv verhalten, d.h. Lehrelemente und Dialogschritte erzeugen und auf individuelle Bedürfnisse des Lernenden Rücksicht nehmen.

IVW
Informationsgemeinschaft zur Festlegung der Verbreitung von Werbeträgern e.V. Einrichtung, die regelmäßig sowohl Druckauflage als auch die tatsächlich verbreitete Auflage der angeschlossenen Zeitungen und Zeitschriften prüft und veröffentlicht.

I-WAY
→ Datenautobahn.

J

Japanholzschnitt
Mehrfarbiger → Holzschnitt, mit teilweise mehr als 10 verschiedenen Druckstöcken.

Java
Programmiersprache, besonders verbreitet im → Internet.

Java-Script
Aus → Java entwickelte Scriptsprache für HTML-Dokumente im WWW.

Journalismus
„Nichts ist verblüffender als die einfache Wahrheit, nichts exotischer als unsere Umwelt, nichts ist phantastischer als die Wirklichkeit". Dieses Zitat von Egon Erwin Kisch (1885-1948), dem Nestor des deutschsprachigen Journalismus, gilt nach wie vor. Wer heute den Beruf des Journalisten ausübt, braucht keine Phantasie – sonst wäre er Schriftsteller. Im klassischen Sinne hat er nichts anderes zu tun, als wahrheitsgemäß über Ereignisse aus Politik, Wirtschaft, Kultur, Sport usw. zu berichten. Eine Wertung der Ereignisse ist nicht gefragt. Schauen wir in die Tageszeitung, dominieren die Nachricht und der Bericht. Hat der Schreiber sein Handwerk gelernt, bekommen wir in den ersten Sätzen einer Nachricht Antworten auf die sechs W's: Wer? Was? Wann? Wo? Warum? Wie?

Die Ausbildung zum Journalisten ist vielseitig. Gleichwohl sind die Eingangsvoraussetzungen in den vergangenen Jahren ständig gestiegen. Das Volontariat direkt nach dem Abitur ist inzwischen eher die Ausnahme. Heute ist eine fundierte akademische Ausbildung gefragt, die bereits die Richtung für den späteren Schwerpunkt als Redakteur vorgeben kann: Politik, Wirtschaftswissenschaften und Sport sind drei wesentliche Studiengänge. Auch Publizistik oder der seit einigen Jahren angebotene Studiengang Journalistik (z.B. an der Uni Dortmund) sind gefragte Studienfächer. Viele Hochschulen bieten Aufbaustudiengänge an, z.B. Kommunikationswissenschaften in Stuttgart-Hohenheim. Das Volontariat im Anschluß ist dennoch obligatorisch. In der Regel sind es zwei Jahre, in denen der angehende Redakteur alle Ressorts einer Tageszeitung durchläuft. Die Alternative zum Studium ist der Besuch einer Journalistenschule, bei der Bewerbungszahlen in der Regel ein vielfaches der letztlich angenommenen Volontäre betragen. Zu den bekanntesten Schulen zählen die Deutsche Journalistenschule in München und die Schulen der Verlage Axel Springer und Gruner & Jahr in Hamburg. Wer nur ein „einfaches" Volontariat absolviert, hat die Möglichkeit, neben der Praxis in der Redaktion mehrwöchige Kompaktkurse oder Seminare zu bestimmten Themen (z.B. „Interview", „Fotografie") an der Akademie für Publizistik in Hamburg oder im Journalistenzentrum „Haus Busch" in Hagen zu besuchen.

Die deutsche Zeitungslandschaft zählte 1994 143 vollausgestattete Redaktionen. Von ihnen werden 391 Haupt- und mehr als 1.620 Nebenausgaben bearbeitet. Die tägliche Gesamtauflage der daraus resultierenden rund 1.000 Tageszeitungen liegt damit bei über 26 Millionen Exemplaren. Ohne Zweifel vermittelt die Tageszeitung das redaktionelle Handwerk aus dem FF. Anders dagegen im Riesenmarkt der Zeitschriften, Anzeigenblätter und Fachzeitschriften, wo zwar auch Volontariate absolviert werden, die Ausbildung naturgemäß eingleisig bleiben muß. Im Idealfall haben diese Verlage Kooperationsverträge mit Tageszeitungsverlagen, wo der fehlende Stoff dann vermittelt wird. Im schlimmsten Fall wird die Arbeit wirtschaftlichen Zwängen unterworfen, wenn die schreiberische Qualität eines Journalisten (eine übrigens nicht geschützte Berufsbezeichnung) den Vorgaben der Anzeigenabteilung entsprechen muß.

Was für den Printbereich gilt, trifft gleichermaßen für Radio und Fernsehen zu. Wer bei den öffentlich-rechtlichen Anstalten von ARD und ZDF ein Volontariat erhält, kann sich einer profunden Ausbildung sicher sein. Anders bei den Privaten. Auf der Vielzahl von Radiostationen lastet bereits ein immenser Kostendruck, der eine umfassende Ausbildung kaum zuläßt. Learning by doing lautet deshalb die Devise, zumal die Stationen auf die Faszination ihres Mediums setzen, das sie auf diejenigen ausüben, die um jeden Preis vor dem Mikrofon sitzen wollen.

Neben Print und Funk/TV tut sich inzwischen ein neues Betätigungsfeld für Redakteure auf: Die Rede ist vom Online-Redakteur, der seine Nachrichten und Meldungen via Internet aufbereitet und weltweit zur Verfügung stellt. Namhafte Zeitungen und Magazine (z.B. „Der Spiegel", „Stern") sind bereits online abrufbar. Dieses Medium erfordert vielfach eine neue Sichtweise redaktioneller Arbeit. Kürzer als in der Zeitung müssen die Beiträge sein, um schnell vom Nutzer am Bildschrim erfaßt zu werden. Die Auswahl der Nachrichten muß überschaubar bleiben, die Visualisierung der Themen bietet völlig neue Möglichkeiten. Etwa dadurch, daß der Redakteur nicht nur die gedruckte Information einer Nachrichtenagentur aufbereitet, sondern wie bei der Deutschen Presse-Agentur (dpa) auch den Audiodienst nutzt und in das virtuelle Produkt Online-Zeitung einspielt.

Nicht nur durch diese Technologien hat sich das Berufsbild des Journalisten oder Redakteurs in den letzten Jahren gewandelt. Schon lange hat er den Setzer und Korrektor am Bildschirm dank elektronischer Textverarbeitungssysteme ersetzt. Schon ist es möglich, seinen Text direkt in den Computer zu sprechen. Spartenkanäle wie Nachrichtensender setzen bereits sogenannte Newsroom-Konzepte um, bei denen der Redakteur jederzeit direkt am Arbeitsplatz Zugriff auf Text, Wort und Bild hat.

Literatur:

Walther von La Roche, Einführung in den praktischen Journalismus, List Verlag München.

Egon Erwin Kisch, Nichts ist erregender als die Wahrheit, Kiepenheuer & Witsch, Köln. Günter Flenner

Journalist

Urheber von Bild- oder Textbeiträgen in den Medien, auch syn. zu → Redakteur oder → Reporter.

Jugendgefährdende Schriften

Druckerzeugnisse, die von der Bundesprüfstelle für jugendgefährdende Schriften indiziert wurden, da sie Kinder und Jugendliche sittlich gefährden.

Jungfer

Jungfrau, fehlerfrei gesetzte Seite.

Jungfrau

→ Jungfer.

K

Kakographie
Fehlerhafte Schreibweise. Gegensatz: Orthographie.

Kalander
Maschine zur Papierherstellung. Sie veredelt die Papieroberfläche durch Glätten und Prägen.

Kalandrieren
Veredeln der Papieroberfläche.

Kalender
Verzeichnis der Tage eines Jahres: meist als Buch gestaltet, auch als Abreißkalender (Wandkalender) und Umlegekalender.

Kaliko
Baumwollgewebe für Bucheinbände. Ersetzte teure Stoffe (Maroquin, Seide) und gilt als Vorläufer des modernen Gewebeeinbandes.

Kalkulation
Die Kalkulation oder auch Kostenanalyse ist ein notwendiges Werkzeug für Verleger und Lektor, über Sein oder Nichtsein eines Buches zu entscheiden. Die Erstellung dieser K. (wir unterscheiden Vor- und Nachkalkulation) wird meist von der Herstellungsabteilung eines Verlages vorgenommen und mit Hilfe von Angeboten oder Preislisten durchgeführt.

Die einfachste Art der Angebotseinholung ist, sich an einen Betrieb zu wenden, der alle Arbeiten (*Satz, Druck* und *Bindung*) im eigenen Haus ausführen kann oder sich zumindest federführend um die einzelnen Arbeitsschritte kümmert. Um einen besseren Vergleich über Marktpreise, Kundendienst und Qualitätsmerkmale zu bekommen, sollten 2 oder 3 Angebote eingeholt werden.

Dem graphischen Betrieb oder Anbieter müssen dazu Angaben über Buchformat, Schriftgrößen, Satzspiegel, farbliche Ausstattung, Anzahl der Abbildungen, Papierauswahl, Umschlaggestaltung, Buchbinderische Verarbeitung und Auflage (um die wichtigsten zu nennen) angegeben werden.

Beim Satz kann sowohl ein Originalmanuskript als auch ein Datenträger (Diskette) mit den gespeicherten Texten als Angebotsgrundlage dienen.

Mit diesen Angeboten und Preisen kann nun eine objektbezogene Vorkalkulation erstellt werden. Bei PC-Unterstützung können verschiedene Varianten, auch mit unterschiedlichen Auflagen, einfach und problemlos durchgerechnet werden.

Die Vorkalkulation (siehe Bild) muß den größtmöglichen Grad an Genauigkeit gegenüber der nach Fertigstellung des Buches tatsächlichen Kosten haben, also eventuelle Unsicherheitsfaktoren berücksichtigen. Dazu gehören Autorkorrekturkosten; diese werden im allgemeinen mit ca. 15% der gesamten Satzkosten angesetzt.

Anhand dieser Vorkalkulation können nun *Ladenpreis, Deckungsbeitrag* und andere Werte ermittelt werden.

Während des gesamten Herstellungsprozesses werden die Buchdaten und Teilrechnungen mit dem Kostenplan (Vorkalkulation) verglichen, um mögliche Überschreitungen zu registrieren und notfalls reagieren zu können. Größere Veränderungen sind mit Lektorat oder Verleger abzusprechen.

Nach Abschluß der Arbeiten und Eingang aller Rechnungen wird die Endabrechnung, sprich *Nachkalkulation*, erstellt. Sollten Vorkalkulation und Nachkalkulation stark voneinander abweichen, muß Ursachenforschung betrieben werden, um diese Abweichungen zu lokalisieren. Die Unterschiede können bewußt verursacht worden sein (z.B. Umfangserweiterung, Farbbilder statt s/w, bessere Ausstattung als ursprünglich geplant) und somit legitimiert oder durch unvorhersehbare Faktoren (z.B. Satzerschwernis, überhöhte Autorkorrekturen) entstehen. Wichtig ist, daß Ursache oder Verursacher erkannt und dementsprechend gehandelt wird.

Rainer Hartl

Kalligraphie
Schönschreibkunst.

Vorkalkulation Herstellkosten Buch

TN/DZ:	**22222/1**		
Kurztitel:	**Mustervorlage**		
Auflage:	2.000	Art	NE
Format cm:	17 x 24	Seiten pro Bg.	16
Umfang Seiten:	320	Anzahl der Bogen	20
Bindung: (PF, BF, BK)*	PF	Papiergewicht in g	90
Bindequote:	2.000	Papierformat	65 x 98 cm
Nachdruck 1=ja 0=nein	0	Papierpreis tsd.Bg.	105,00
Umschlag Anzahl Farben	3	Papiersorte:	Offset h'f

* PF= Pappband Fadenheftung BF= Broschur Fadenheftung BK= Broschur Klebebindung

Herstellkosten	**Anzahl**		**Einzelpreis**	**Fix**	**Variabel**	**Gesamt**
Inhalt						
Satz/Filme	320	x	40	12.800		12.800
Umbruch		x	0	0		0
Korrektur	15%	x	12800	1.920		1.920
Seitenmontage/Filme	1	x	0	0		0
Summe Satz/Umbruch				***14.720***		***14.720***
Zeichenarbeit/Kartographie	15 Bilder	x	80	1.200		1.200
Repro/Scans	15	x	35	525		525
Bildbeschaffung	1	x		0		0
Summe Abbildungen				***1.725***		***1.725***
Anzeigenfilme/Satz/Umbruch	1	x		0		0
Anzeigen Druck-Aufschlag	1	x			0	0
Summe Anzeigen				***0***	***0***	***0***
Bogenmontage/Ozalid	20	x	65	1.298		1.298
Platten	20	x	76	1.524		1.524
Platten herrichten	20	x	0	0		0
Einrichten	20	x	61	1.215		1.215
Fortdrucken	20	x	26		1.030	1.030
Papier	23.000	x	DM105,00		2.415	2.415
Summe Druck, Papier				***4.038***	***3.445***	***7.483***
Umschlag/Überzug						
Entwurf/Satz/RZ	1	x	350	350		350
Filme/Repro	1	x	7,5	8		8
Montage, Platten, Ozalid	1	x	265	265		265
Einrichten	1	x	222	222		222
Fortdruck	2.000	x	130		273	273
Papier/Karton	2.000	x	95		200	200
Veredelung	2.000	x	170		357	357
Summe Umschlag/Überzug				***845***	***830***	***1.674***
Verarbeitung						
Bindung	2.000	x	2,43		4.862	4.862
Stempel/Muster		x		0		0
Beilagen		x			0	0
Sonstiges		x				0
Summe Bindearbeiten				***0***	***4.862***	***4.862***
Sonstiges fix		x		0		0
Sonstiges variabel		x			0	0
Summe Sonstiges				***0***	***0***	***0***
Summe Herstellkosten				**21.327**	**9.136**	**30.463**
= Pro Exemplar	2.000	x.		**10,66**	**4,57**	**15,23**

Datum	**25.01.1995**	
Zeichen		**Genehmigt:**

Kaltnadel(radierung)
Im Gegensatz zur Radierung nur geritzt, nicht geätzt.

Kaltsatz
Satz, der ohne Schmelze (im Unterschied zum Bleisatz) hergestellt wird: Fotosatz, Computersatz usw.

Kanalbündelung
→ ISDN.

Kanzleipapier
Alle Art linierte, gefalzte Schreibpapiere.

Kapital
Die Enden, Kopf und Fuß (Schwanz) am Rücken des Buchblocks. (Oft farbiges) Bändchen am Fuß und Kopf des Buchrückens, das die Leimkante verdecken soll.

Kapitalband
Kaptalband.

Kapitälchen
Großbuchstaben in der Höhe der Mittellänge der Kleinbuchstaben.

Kapitel
Gliederungseinheit eines Werkes.

Kaptalband
Kapitalband
Zierband an Kopf und Fuß der Kapitale.

Karolingische Minuskel
Schreibschrift, die vom 8. bis zum 12. Jh. in fast allen Ländern Europas geschrieben wurde.

Karton
Dickeres Papier im Gewicht von 200 bis 500 g/qm.

Kaschieren
Überkleben und Veredeln des Bucheinbandes mit buntem oder bedrucktem Papier.

Kassette
Kartonierte Schutzhülle für gleichformatige Bücher.

Kastenband
Großformatiges Buch mit geradem Rücken.

Kastrierte Ausgabe
→ Editio castrata, → Editio expurgata.

Katalog
Verzeichnis von Büchern, meist systematisch nach Sachgebieten oder autorenalphabetisch geordnet.

KB
→ KByte
Kilobyte.

KByte
Maß für Speicherkapazität für Daten. Ein KByte (Kilobyte) entspricht 1024 Byte. Größere Maßeinheiten: Megabyte (Mbyte), Gigabyte.

Kegel
Die von der Unter- zur Oberlänge gemessene Höhe der Buchstaben einer Schrift im Unterschied zur Dicke. (→ Letter).

Keilschrift
Die im Altertum in Babylonien und Assyrien verwendete Schrift, die mit dem Griffel in Tontafeln geritzt wurde.

Kellerbeitrag
Journalistischer Hintergrundbericht, der auf dem unteren Teil einer Zeitungsseite, im „Keller", abgedruckt und meist vom übrigen Teil durch eine waagrechte „Kellerlinie" abgegrenzt wird.

Kermit
Übertragungsprotokoll für Modemverbindungen.

Kerning
Unterscheidung.

Keyboard
Tastatur.

Kinder- und Jugendliteratur
Alle Veröffentlichungen, die vom heranwachsenden Menschen gelesen werden können.

Kiosk
Verkaufsbude für Zeitungen und Genußmittel.

Klappentext
Beschreibender Text zum Inhalt des Buches und Angaben über den Autor auf den Klappen des Schutzumschlages.

Klassiker
Verfasser, der mustergültige, allgemein anerkannte Arbeiten zu seiner Epoche geschaffen hat.

Klatschpresse
Regenbogenpresse

Klatschspalte
Rubrik einer Publikation, die Gerede über Personalia meist Prominenter enthält.

Klebebindung
Bindeverfahren, bei dem lose Blätter oder im Bundsteg geschnittene oder gefräste Bogen durch Klebemittel verbunden werden.

Kleinbuchstabe
Minuskel.

Kleine Münze
Bezeichnung für das Urheberrecht an Telefonverzeichnissen, Adreßbüchern, Gebrauchsanweisungen, Katalogen, Formelsammlungen, Formularen aller Art und ähnlichem.

Kleinoffset
Druck auf Offsetmaschinen unterhalb des Formats DIN A2, für geringe Auflagenhöhen, meist mit direktbelichteten Folien als Druckform.

Kleinoktav
Buch bis 18,5 cm Rückenhöhe. (→ Buchformate).

Kleinverlag
Verlagsunternehmen mit einem Jahresumsatz unter DM 100.000.

Klischee
1. Schablonenhafte sprachliche Formulierung oder Denkmuster.
2. Im Hochdruck benutzte Platte, auf welcher die nicht zu druckenden Stellen fotochemigraphisch oder mechanisch entfernt wurden. Auf Schrifthöhe in den Satz eingefügt, werden Klischees vor allem zur Bildreproduktion verwendet.

Klischee-Herstellung
Manuell (Schnitt/Stich), fotochemigraphisch (Ätzung: Mehrstufen/Einstufen), elektromechanisch (Elektrogravur, Klischograph), fotomechanisch (Auswaschverfahren)

Klostereinband
Mittelalterliches Band im Ledereinband, das nach dem Herstellerkloster benannt wird.

Klosterhandschrift
Mittelalterliche Abschrift eines Textes durch Mönche, häufig mit Ornamenten geschmückt.

KNO/K&V
Koch, Neff & Oettinger und Köhler und Volckmar. Größtes Barsortiment in der Bundesrepublik Deutschland mit über 100.000 lieferbaren Titeln.

Kochbuch
Meist illustriertes oder mit (Farb-)Fotografien ausgestattetes Lehrbuch für die Speisenzubereitung; Verzeichnis von Rezepten.

Körperliche Inventur
Gesetzlich vorgeschriebene Erfassung des Gesamtbestandes (z.B. einer Buchhandlung) zum Jahresabschluß.

Körperlose Remission
Rückgabe von Buchteilen, meistens Titelblatt oder Defektbogen von Defektexemplaren. → Vereinfachte Remission

Kohlenstoffpigmente
→ Pigmente, → Rußfarben.

Kohlepapier
Einseitig mit Farbe beschichtetes Papier, mit dem beim Schreiben Durchschläge hergestellt werden.

Kollation
1. Vergleich einer Abschrift mit dem Original.
2. In der Buchbinderei Prüfung der Bogen auf Vollzähligkeit und richtige Reihenfolge.

Kollationieren
Zusammentragen der gefalzten Bogen zum Weiterverarbeiten.

Kolonel
Bezeichnung für eine sieben Punkt große Schrift.

Kolophon
Früher am Schluß von Büchern gedruckte Angaben zum vorliegenden Werk, wie Erscheinungs- und Druckort, Auflagenhöhe, Erscheinungsjahr usw.; heute abgelöst durch das → Impressum.

Kolophonium
Balsamharz zum Leimen von Schreibpapier.

Kolporteur
Hausierer, der Druckschriften (und sensationelle Nachrichten) feilbot.

Kolumne
1. Spalte einer Druckseite.
2. Spezieller, regelmäßig erscheinender Meinungsbeitrag.

Kolumnentitel
Überschrift einer Buchseite als lebender (d.h. mit dem Inhalt des Buches veränderter) oder toter (unveränderter oder allenfalls von Teil zu Teil veränderter) K.

Kolumnenziffer
Über oder unter der Kolumne stehende Pagina.

Kolumnist
Autor eines Meinungsbeitrages in einer Zeitung an bestimmtem Platz, mit bestimmtem Raum und an bestimmten Tagen.

Komfortanschluß
ISDN-Anschluß mit zusätzlichen Leistungen.

Kommentar
Interpretation von aktuellen Ereignissen, aber auch z.B. von Gesetzestexten.

Kommersbuch
Liederbuch studentischer Verbindungen.

Kommission
Abnahme von Büchern ohne Festbestellung, sondern mit (befristetem) Rückgaberecht.

Kommissionsbuchhandel
Buchhandelsstufe zwischen Verlag und Sortiment.

Kommuniqué
Offizielle Verlautbarung.

Kommunikation
Austausch, räumliche Übermittlung von Nachrichten und Informationen zwischen Menschen und/oder maschinellen Systemen.

Kompatibilität
Hardware- und softwareseitige Abstimmung von Computersystemen.

Kompendium
Kurzgefaßtes, umfassendes Lehrbuch.

Kompilation
Zusammenstellung von Quellen, ohne neue Erkenntnisse.

Komplementärfarben
Farben, die sich im Farbkreis gegenüberstehen und jeweils ergänzen, also als Lichtfarben Weiß, als Körperfarben Schwarz ergeben. Für die im Druck verwendeten Grundfarben ergeben sich folgende K.: Cyan-Rot, Magenta-Grün, Yellow-Blau.

Kompositum
Aus zwei oder mehreren Worten zusammengesetztes Wort.

Kompreß
Kompresser Satz; Bezeichnung für Satz ohne Durchschuß.

Kompression
→ DFÜ,Datenfernübertragung.

Konfektionieren
Zusammenstellen von verschiedenen Drucksachen, z.B. zu einer Werbeaussendung.

Konkordanz
1. Linie mit einer Länge von vier Cicero bzw. 48 Punkt bzw. 18 mm.
2. Alphabetisches Fundstellenverzeichnis für ein bestimmtes Buch, z.B. Bibelkonkordanz.

Konsultationsgröße
Sehr kleiner, unterhalb der Lesegröße liegender Schriftgrad, im Gegensatz zur Schaugröße.

Kontaktkopie
→ Diazokopie, aber auch Copyproof etc.

Kontaktraster
→ Raster.

Kontern
Eine Abbildung seitenverkehrt reproduzieren.

Kontext
Wortumgebung, die erst die eigentliche Wortbedeutung bzw. den Zusammenhang erkennbar macht.

Kontur
Umrißlinie, Schattenlinie.

Konversationslexikon
Alphabetisch geordnetes, ausführliches Nachschlagewerk über alle Wissensgebiete zum allgemeinen Gebrauch.

Konvertierung
Umwandlung von Daten aus EDV- und Textsystemen sowie PC in eine für Satzanlagen verarbeitbare Form.

Konus
Seitliche Abschrägung um das Schriftbild herum, → Letter.

Konventionalstrafe
Vertraglich vereinbarte Strafe in der Regel bei Leistungsverzug.

Kopfhöhe
→ Letter

Kopfschnitt
Kopfseite des beschnittenen Buchblocks.

Kopfsteg
Oberer, den Satzspiegel umgebender Rand.

Kopfzeile
Textabschnitt, meist Kapitelüberschrift, der am oberen Rand jeder Seite eines Druckwerkes erscheint. Häufig enthält sie einen Kolumnentitel und/oder Pagina. Sie kann auch nur aus einer Linie bestehen.

Kopierverfahren
Alle Vervielfältigungsverfahren, die nicht zu den → Druckverfahren gerechnet werden, da sie ohne → Druckform auskommen. Im engeren Sinn: die Verfahren der → Fotokopie. → Fotokopierverfahren.

Koproduktion
Gemeinschaftsherstellung eines Werkes durch verschiedene, rechtlich selbständige Verlagsunternehmen, häufig aus verschiedenen Ländern.

Korpus
Bezeichnung für eine 10 Punkt große Schrift, auch Garamond.

Korrektor
Fachkraft, die Text bzw. Satz nach Duden und Fremdwörterbüchern sowie nach individuellen Satzanweisungen korrigiert.

Korrekturabzug
Der nach Abschluß der Satzarbeit hergestellte Abzug, der dem Korrektor sowie dem Autor/Besteller zur Überprüfung der Richtigkeit des Satzes dient, auch Bürstenabzug. Für die Korrektur (Satz, Stand usw.) bestimmter → Probeabzug.

Korrekturandruck
Probedruck zur Prüfung des Standes der Texte und Bilder sowie einer letzten Möglichkeit zur Prüfung der Korrekturen.

Korrekturbogen
Korrekturandruck eines Druckbogens.

Korrekturfahne
(Hand-)Abzug des Satzes von minderer Qualität.

Korrekturzeichen
Zeichen und Abkürzungen, die zum Kenntlichmachen von Fehlern und erforderlichen Änderungen im Satz auf den Korrekturabzügen dienen. Die Satzkorrekturzeichen sind in der DIN-Vorschrift 16511 enthalten (siehe Bilder).

Korrespondent
Reporter im Einsatz außer Haus.

Kostenbeteiligung
Finanzieller Beitrag eines Autors zur Veröffentlichung seines Werkes. → Druckkostenzuschuß.

Kostendeckungsauflage
→ Deckungsauflage.

Wichtige Korrekturzeichen

(verkürzte Formulierung mit Zeichenbeispielen entsprechend DIN 16511)

Fehlerhafter Text mit Korrekturzeichen:	Korrektur am Rand:
1. Andere Schrift für Wörter oder Zeilen.	—— halbfett
2. Beschädigte Buchstaben durchstreichen.[1]	| B
3. Fälschlich aus anderen Schriften gesetzte Buchstaben durchstreichen.[2]	|a ⌉S |B
4. Verschmutzte Buchstaben und zu stark erscheinende Stellen einkreisen.	◯ ◯
5. Falsche, auf dem Kopf stehende, quer stehende, umgedrehte Buchstaben bzw. Wörter durchstreichen; in ihrer Reihenfolge mit verschiedenen Zeichen versehen; für ein und denselben Buchstaben das gleiche Zeichen verwenden.	|F ⌉K ⌋r |m ||e
6. Ligaturen: einzeln gesetzte Buchstaben werden durchgestrichen, z. B. Schiff. Fälschlich gesetzte Ligaturen trennen, z. B. Auflage.	⊓ ff ⊓ fl
7. Falsche Trennungen am Zeilenschluß und Zeile-nanfang kennzeichnen.	| en | ↯
8. Kennzeichnung der Getrennt- oder Zusammenschreibung, wenn ein Bindestrich oder Buchstabe gestrichen wird: feucht-fröhlich, auf und ab-gehen.	|↯ ⊂ |↯ ⊥
9. Bei fehlden chstaben den vorangehenden oder nachfolgenden durchstreichen und zusammen mit dem fehlenden wiederholen; u. U. Silbe oder Wort streichen.	|en ⌉Bu ⊢⊣ Wort
10. Fehlende Wörter durch Winkelzeichen ⌈ machen bzw. auf die Manuskriptseite verweisen und ⌈	⌈ kenntlich ⌈ siehe Mskr. Seite 78

[1] Am Rand einmal unterstreichen. [2] Am Rand doppelt unterstreichen.

 Korrekturzeichen

Fehlerhafter Text mit Korrekturzeichen:	Korrektur am Rand:
11. Überflüssige Buchstabene oder Wörter mein streichen und auf dem Rand durch Deleaturzeichen angeben.	
12. Fehlende oder überflüssige Satzzeichen werden wie Buchstaben gekennzeichne	t.
13. Verstellte Buchstaben streichen, richtige Reihenfolge nageben.	an
Verstellte Wörter durch Umstellungszeichen angeben durch oder Zahlen: Bei größeren Umstellungen Wörter beziffern. Verstellte Zahlen immer ganz durchstreichen, richtige Ziffernfolge schreiben, z. B. 1908/	lb 1–5 1980.
14. Für unleserliche oder zweifelhafte Manuskriptstellen zum Blockade anzeichnen.	
15. Sperrung oder Aufhebung einer Sperrung durch Unterstreichen k e n n z e i c h n e n.	sperren nicht sperren
16. Fehlender Wortzwischenraum mit kennzeichnen, zu weiten Wortzwischenraum, zu engen Wortzwischenraum. Wortzwischenraum soll ganz weg fallen.	
17. Durch einen zwischen die Zeilen gezogenen Strich wird gekennzeichnet: fehlender Durchschuß, zu großer Durchschuß. Fehlender Durchschuß, zu großer Durchschuß.	
18. Ein Absatz soll wegfallen: Dies wird durch eine verbindende Linie gekennzeichnet. Ein Absatz wird verlangt: Zeichen im Text und auf dem Rand anwenden.	
19. Ein zu tilgender Einzug erhält das Zeichen Ein fehlender Einzug wird in seiner Größe möglichst genau angegeben.	
20. Aus Versehen falsch Korrigiertes wird im Text punktiert und am Rand durchgestrichen.	auf

Kostenvoranschlag
Aufstellung der für ein Werk anfallenden Herstellungskosten als Grundlage der Preiskalkulation.

Kreuzbruchfalz
Jeweilige Halbierung des Buchbinderbogens beim Falzen.

Krispeln
Mit dem Krispel- oder Levantinerholz erzeugte Narbe im Leder.

Kryptographie
→ Kryptologie.

Kryptologie
Kryptographie
Verschlüsselung von Daten zur Geheimhaltung. Im weiteren: Wissenschaft von der Datensicherheit. Ziele der K. sind: Vertrauchlichkeit, Authentizität.

KSVG
Abkürzung für das 1983 in Kraft getretene Künstler-Sozialversicherungsgesetz, das Verlage verpflichtet, fünf Prozent ihrer Honorarsumme pro Jahr abzuführen.

Künstliche Intelligenz
Artificial Intelligence. Nachbildung menschlicher Intelligenz auf Computern.

Kulissenbuch
Tafelbuch, bei dem ausgestanzte Bilder einen räumlichen Effekt vortäuschen.

Kundenskizze
Eine vom Setzer, Typographen oder Gebrauchsgraphiker vor Beginn des Setzens angefertigte Skizze.

Kunstdruck
Drucktechnische Verfielfältigung eines Kunstwerkes.

Kunstdruckpapier
Für eine originalgetreue Bildwidergabe konzipiertes, edles Papier mit hohem Weißgrad. Es ist glänzend oder matt, mit beidseitigem Aufstrich von weißem oder farbigem Pigment, dem ein Bindemittel beigemischt ist. Es entsteht dadurch eine geschlossene Oberfläche, die einen brillanten Farbdruck zuläßt.

Künstlerdruck
Vom Künstler selbst gefertigter Druck einer Grafik, meist ein Handabzug, im Gegensatz zum Kunstdruck.

Kunstverlag
Spezialisiertes Verlagsunternehmen für Kunstliteratur, Kunstzeitschriften, Kunstdrucke und -postkarten.

Kupfertitel
Im Kupferstichverfahren hergestelltes Titelblatt.

Kursivschrift
Im Verhältnis zur Grundlinie schräg nach rechts geneigte Schrift, die hauptsächlich zum Hervorheben von Zitaten verwendet wird.

Kurzkommentar
Ein auf wenige, wesentliche Aussagen reduzierter Kommentar.

Kurzschrift
Schnellschrift mit Hilfe von Kurzformen zur Beschleunigung des Schreibens. Stenographie.

Kustode
Angabe des ersten Wortes der nächsten Seite in der rechten unteren Ecke bzw. des letzten Wortes der vorangegangenen Seite in der linken oberen Ecke einer Buchseite.

Kustos
Vorsteher oder wissenschaftlicher Betreuer einer Sammlung bzw. einer Bibliothek.

L

Label
Etikett, Aufkleber; auch Markenzeichen.

Lackieren
Veredelung oder Schutz von Oberflächen durch Auftragen flüssiger Harze, Kunststoffe oder Firnisse.

Ladenpreis
Im Buchhandel durch → Preisbindung verbindlich festgelegt.

Lage
Gefalzter Druckbogen; → auch Schriftlage.

Lagerbedingungen
Papier und Bücher bedürfen Lagerbedingungen: Raumtemperatur möglichst konstant auf einem Niveau zwischen 18° und 21°C, relative Luftfeuchtigkeit um 45%, möglichst von Staub und sonstigen Verunreinigungen freie Luft, direkte Sonneneinstrahlung ist zu vermeiden.

Laienwerbung
Anwerbung neuer Abonnenten durch Laien (anstatt durch gewerbsmäßige Werber); meist mit speziell hierfür ausgelobten Prämien belohnt.

Laminieren
Mit Folie überziehen.

LAN
→ Local Area Network.

Längendurchschuß
→ Reglette.

Langholzschnitt
Ursprüngliche Holzschnittverfahren, bei dem das Bild mit einem Messer aus Langholz (parallel zur Faser geschnittenes Holz) herausgearbeitet wurde.

Langsieb-Papiermaschine
Maschine zur → Papierherstellung. Der Papierbrei wird im Stoffauflauf auf ein endloses Sieb getropft und in der Siebpartie durch Sauger (Saugwalzen) entwässert, so daß der Brei verfilzt und als weiche Papierbahn in die weiteren Stationen der Anlage geführt werden kann (Gautschpresse, Naßpresse, schließlich die Trockenpartie mit beheizten Trockenzylindern, Glättwerk). Das fertige Papier verläßt die Papiermaschine „maschinenglatt", die weitere Bearbeitung des Papiers (→ Papierveredelung) erfolgt in separaten Maschinen.

Laser
Light Amplification by Stimulated Emission of Radiation.

Verstärkung des Lichts durch Anregung der Ausstrahlung; scharf gebündeltes Licht gleicher Wellenlänge.

Laserdrucke
Im Laserdruckverfahren hergestellte Druckerzeugnisse; vor allem im → Direct Mailing und für den Druck kleinster Auflagen im Rahmen eines → Electronic Publishing (→ auch Publishing on Demand).

Laserdrucker
EDV-Ausgabe-Gerät, bei dem das Druckbild (ähnlich wie bei der elektrografischen → Fotokopie) zunächst seitenverkehrt auf einer Trommel entsteht und von dort auf das Papier übertragen wird. Auf der lichtempfindlichen und zunächst einheitlich elektrostatisch geladenen Oberfläche der Trommel führt ein elektronisch gesteuerter Laserstrahl Ladungsunterschiede (Entladung) herbei, danach wird elektrostatisch gegenteilig geladenes Farbpulver auf die Trommel aufgebracht, wo es nur an den entsprechend geladenen Stellen haftet und so das seitenverkehrte Druckbild erzeugt; dieses Bild wird anschließend auf das ebenfalls elektrostatisch geladene Papier übertragen und durch Hitzeeinwirkung mit dem Papier verbunden. Die Bildauflösung von Laserdrucken liegt derzeit bei 600 dpi und darüber, die Druckleistung reicht je nach Modell von 4 DIN A4-Seiten pro Minute bis zu weit über 10.000 Seiten pro Stunde (→ Hochleistungslaserdrucker). Außer zur Erzeugung von → Laserdrucken eignen sich Laserdrucker

auch zur Herstellung reproreifer Vorlagen.

Laserdruckverfahren
Druck mit einem → Laserdrucker bzw. → Hochleistungslaserdrucker.

Lasieren
Lasurfarbe auftragen.

Lasurfarbe
Durchscheinende Farbe.

Lauf
→ Schriftlauf.

Laufrichtung
Hauptrichtung des Faserverlaufs in maschinell hergestelltem Papier; bei Breitbahn sind die Fasern parallel zur kürzeren, bei Schmalbahn parallel zur längeren Papierseite ausgerichtet.

Laufweite
Länge eines Wortes oder einer gesetzten Zeile, abhängig von der Dickte der verwendeten Schrift, kann bei Computersatz teilweise durch Veränderung der Dickten auch verringert werden, ansonsten nur durch Spationieren oder Austreiben vergrößerbar.

Laufzettel
→ Auftragstasche.

Lautschrift
Im Unterschied zur Bilderschrift eine Schrift, deren Zeichen einzelne Laute darstellen; die in Wörterbüchern oder linguistischen Texten verwendeten → phonetischen Zeichen.

Lautzeichen
→ phonetisches Zeichen.

Layout
Früher auch Satzspiegel genannt, Festlegung der typographischen Gestaltung eines Druckerzeugnisses; dient als Arbeitsanweisung und umfaßt je nach Erfordernissen alle Angaben zu Seitenformat, zu Satz- und Bildspiegel (global oder auf spezielle Seiten bezogen, im Detail auch Angaben zum Stand einzelner Textblöcke oder Bilder), zu Schriftart, Schriftcharakter und Schriftgrad, zu Druckfarben, Reproarbeiten (Bildfreistellungen, Ausschnittvergrößerungen usw.), zu Falzarten, zur Anbringung von Falz- und Flattermarken usw.

Layoutmuster
→ Layoutvorlage.

Layoutprogramm
Computerprogramm, das die Erstellung und Bearbeitung von Layouts, ggf. auch den Umbruch, bewerkstelligt; heute meist in DTP- oder Textverarbeitungsprogrammen integrierte Unterfunktion.

Layoutvorlage
Layoutmuster, Formatvorlage, in DTP- oder Textverarbeitungsprogrammen bisweilen integrierte Funktion zum Erstellen oder Einbinden bereits vorgestalteter → Layouts.

LCD
Liquid Crystal Display
Flüssigkristallanzeige.

Ld
Ledereinband.

LDA
Logical Device Adress.

Leasing
Mieten (oder Vermieten) von Wirtschaftsgütern; meist mit der Möglichkeit zum Kauf des Gutes nach Ablauf des Mietvertrages verbunden, bisweilen besteht auch die Möglichkeit zur regelmäßig durch den Leasing-Geber vorgenommenen Wartung oder zum regelmäßigen Austausch des Gutes (etwa bei technischen Fortentwicklungen während der Vertragslaufzeit).

Lebender Kolumnentitel
→ Kolumnentitel, der im Unterschied zum → toten Kolumnentitel neben der Pagina weitere Angaben (Autor, Kapitel, Stichworte usw.) enthält; wird zum Satzspiegel gezählt.

LED
Light Emitting Diode
Leuchtdiode.

LED-Drucker
→ Laserdrucker-ähnliches Ausgabegerät, bei dem die Belichtung der Trommel

durch eine Leuchtdiode (anstatt durch einen Laser) erfolgt.

Leerzeile
→ Blindzeile.

Legende
Bildunterschrift oder erklärender Text zu einer Darstellung oder Tabelle.

Lehrvertrag
→ Ausbildungsvertrag.

Leiche
Im Satz vergessenes Wort.

Leiharbeit
Arbeiten, die im Unternehmen und zur Erfüllung der Unternehmenszwecke von Arbeitnehmern durchgeführt werden, die bei einem anderen Unternehmen beschäftigt sind, → Zeitarbeit.

Leihbibliothek
Im Unterschied zur Präsenzbibliothek eine Bibliothek, die Bücher für einen bestimmten Zeitraum an Interessenten ausleiht. → auch Leihbücherei.

Leihbuchhandel
Gewerbsmäßige Vermietung von Büchern.

Leihbücherei
Gewerbsmäßig durch Privatunternehmer betriebene → Leihbibliothek, eigentlich → Leihbuchhandel.

Leipziger Höhe
Früher verwendete, von der → Normalschrifthöhe nach Didot abweichende Schrifthöhe von 66,2 p.

Leitartikel
An bevorzugter Stelle, meist auf der Titelseite einer Zeitung, abgedruckter und eine persönliche Meinung wiedergebender Kommentar zu aktuellen Ereignissen.

Leitseite
Die erste Seite des Angebotes eines Btx-Anbieters, von der aus auf andere Seiten verzweigt werden kann.

Leitungsvermittlung
→ Vermittlung.

Lektor
Mitarbeiter im → Lektorat eines Verlages.

Lektorat
Heute vorwiegend die Stelle im Verlag, die ein Buchprogramm im Sinne des Produkt-Managements pflegt.

Lektoratskonferenz
Die Lektoratskonferenz wird in einem relativ kurzen Turnus, z.B. 14tägig oder monatlich, durchgeführt. Der Verlagsleiter bzw. Cheflektor bespricht mit seinen Lektoren und Lektoratsassistenten den redaktionellen Stand der aktuell bearbeiteten Buchprojekte. Zur Einhaltung von geplanten Erscheinungsterminen kann er Prioritäten vorgeben oder Arbeit innerhalb der Abteilung umverteilen. Zusätzlich wird bereits hier eine Vorauswahl an neuen Projekten getroffen, die im Rahmen der nächsten Verlags- oder Programmkonferenz von der Abteilung zur Inverlagnahme vorgeschlagen werden sollen.
Auch die Zusammenarbeit mit anderen Abteilungen des Verlags, insbesondere Werbung und Herstellung, und mit den Autoren kann – sofern Probleme auftreten oder Verbesserungen möglich sind – thematisiert werden.
Frank Katzenmayer

Lep
Leporellofalz.

Leporellofalz
→ Falzarten.

Leseförderung
Maßnahmen zur Steigerung des Interesses am Lesen sowie zur Förderung der Lesepraxis, → Stiftung Lesen.

Lesegerät
Bildschirmgerät zum Lesen von → Microfiches; Lesemaschine.

Lesemaschine
→ Datenerfassungsgeräte.

Leserforschung
Empirische Untersuchung der Benutzer einer Bibliothek oder der Leser von bestimmten Druckwerken.

Leser pro Exemplar
In der Leseranalyse verwendete Größe.

Leser pro Nummer
In Leseranalyse verwendete Größe.

Leser-Blatt-Bindung
Bindung eines Lesers an eine Zeitung oder Zeitschrift, sowohl im Sinne eines regelmäßigen Bezugs (über längere Dauer hinweg) als auch im Sinne positiver Einstellungen des Lesers gegenüber dem Blatt.

Leseranalyse
→ Medienanalyse, Erforschung der Leserschaft einer Zeitung oder Zeitschrift nach Umfang, Altersstruktur, Bildung, Schichtzugehörigkeit, Leseverhalten usw.

Leseratte
Im 19. Jahrhundert entstandene Bezeichnung für Vielleser (insbesonders negativ für jene, die wahllos alles lesen).

Leserbrief
Zuschrift eines Lesers an die Redaktion; bisweilen (und nach dem Ermessen der Redaktion) in eigener Rubrik veröffentlicht.

Lesering
→ Buchgemeinschaft.

Lesezeichen
Hilfe zur Markierung der zuletzt gelesenen Seite oder des zuletzt gelesenen Eintrags, in Computeranwendungen auch Sprungmarke zu einem Eintrag.

Lesezirkel
Vertriebsform für Zeitungen und Zeitschriften, bei der Zeitschriften mehrmals nacheinander (meist im Wochenturnus) ausgeliehen werden, wobei die Ausleihe je nach Aktualität (bis 12 Wochen) unterschiedlich berechnet wird; neben privaten Abonnenten häufig in Arzt-Wartezimmern oder im Gaststättenbereich.

Lesezirkelwerbung
Werbung auf den Mappen von Lesezirkeln.

Letter
Drucktype aus Schriftmetall („Blei"), von Gutenberg entwickeltes Hauptelement des Buchdrucks; bei großen Schriftgraden finden auch Lettern aus Holz oder Messing Verwendung. Die einzelnen Teile werden benannt als Schriftbild (druckende Fläche, spiegelverkehrtes Buchstabenbild), Punzen (nichtdruckende Innenfläche des Buchstabenbildes), Fleisch (nichtdruckende Fläche um das Buchstabenbild herum), Konus (seitliche Abschrägung um das Schriftbild herum), Schriftlinie (unterer Rand der Buchstabenmittellängen), Schrifthöhe (Letternhöhe, Normalschrifthöhe nach Didot $62^2/_3$ p, 23,566 mm), Achselfläche oder Schulter (Grundfläche der Letter, aus der das Schriftbild herauswächst), Achselhöhe oder Schulterhöhe (Höhe der Letter bis zur Achselfläche), Kopfhöhe (Höhe der Letter zwischen Achselfläche und Schriftbildfläche), Kegel (seitliche Länge der Letter, entspricht dem Schriftgrad), Dickte (Breite der Letter, abhängig vom Buchstabenbild), Signatur (Kerbe an der Vorderseite der Letter) und Fußrille (Kerbe im Fuß der Drucktype). Alle Lettern insgesamt bilden eine Schrift, die in der Regel neben den Buchstaben auch andere Zeichen wie Satzzeichen oder → Ligaturen sowie Blindmaterial (Ausschluß, Quadrate) umfaßt. Die Lettern werden im Winkelhaken zu Textzeilen zusammengesetzt, diese Zeilen werden zu Kolumnen- oder Seitensatz zusammengefaßt und gedruckt; nach dem Druck kann der Satz wieder abgelegt werden, die Lettern sind wiederverwendbar.

Letternhöhe
Schrifthöhe, Normalschrifthöhe $62^2/_3$ p = 23,566 mm, → Letter.

Letterset
→ Druckverfahren.

Letraset
Verfahren zur Erstellung reprofähiger Druckvorlagen mit Hilfe von Klebebuchstaben. Diese befinden sich bereits vorgefertigt auf einer durchsichtigen Trägerfolie und werden mittels Abreiben auf die Vorlage gebracht.

Leuchtdiode
→ LED, findet in Anzeigeninstrumenten und LED-Druckern Verwendung.

LF
→ Line Feed.

Library
Bibliothek; in der EDV meist Programmbibliothek (→ DLL) oder Bildarchiv.

Library Suppliers
Buchhandelsfirmen, die sich auf das Geschäft mit den Bibliotheken spezialisiert haben. Unter den besonderen Verhältnissen des anglo-amerikanischen Buchmarktes entstanden, bieten sie den Bibliotheken Zetteldienste und Ansichtsvorlagen an. Die L. bieten darüber hinaus eine ganze Reihe von Dienstleistungen, die über das Erwerbungsgeschäft hinausgehen; Katalogkarten mit Bibliothekssignatur, Etiketten, Bindungen, Onlineverbindungen. Zetteldienste und Ansichtsvorlagen werden auf die spezifischen Verhältnisse und Wünsche der jeweiligen Bibliothek angepaßt. In Zusammenarbeit mit den Bibliotheken entstehen sog. → Approval Plans. In Deutschland bieten inzwischen eine ganze Reihe von großen Universitätsbuchhandlungen den Bibliotheken die von den L. entwickelten Dienstleistungen an. Die Einkaufszentrale (EKZ) in Reutlingen bietet öffentlichen Bibliotheken in Deutschland die Dienstleistungen eines L.

Lichtdruck
Sonderverfahren im Flachdruck, bei dem der Druck von einer mit Gelatine beschichteten Glasplatte erfolgt; meist zur Faksimile-Reproduktion von Kunstwerken oder ähnlichen Sonderaufgaben.

Lichter
Hellste → Tonwerte eines Bildes oder dunkelste Stelle eines Negativs. → Tiefen.

Lichtpause
→ Diazokopie.

Lichtpauspapier
Beschichtetes Papier für die → Diazokopie.

Lichtsatz
Satzherstellungsverfahren mittels Computern, bei denen die Ausgabe auf Film mittels CRT- oder Laserbelichtern erfolgt.

Lieferungswerke
Alle Druckerzeugnisse, die in Teilen gefertigt und an den Kunden ausgeliefert werden. Fortsetzungswerke sind häufig bibliographisch unselbständige Einzelbände (etwa Lexika, Werkausgaben in Folgebänden, im weiteren Sinne können auch einzelne Ausgaben von Zeitschriften zu solchen Fortsetzungswerken gerechnet werden); bei Loseblattwerken erfolgt der Versand einzelner Blätter, der Kunde muß sie selbst zum Werk zusammenstellen (meist in Hefter, Ringbücher oder Karteikasten einordnen). Die Lieferung kann zeitlich und mengenmäßig begrenzt oder unbegrenzt vereinbart sein.

LIFO
(Last In, First Out) Bezeichnung für die Abfolge eines Programms, bei dem die zuletzt eingelesenen Daten zuerst ausgegeben, Gegenteil → FIFO.

Ligatur
Aus optischen oder technischen Gründen auf einer Letter zusammengefaßte Doppelbuchstaben (beispielsweise ch, ck, ff, fi, fs, sf, tz); aus Rationalisierungsgründen zusammengegossene Silben oder Worte nennt man → Polytypen.

Lignin
Neben Zellulose Hauptbestandteil von Holz; Ursache für das → Vergilben holzschliffhaltiger Papiere.

Lin
Linson (Pappband).

Line Feed
LF, Steuercode für Zeilenvorschub bei EDV-Geräten (ASCII 13)

Linie
→ Schriftlinie.

Linienmaterial
Meist aus Messing in Schrifthöhe gefertigtes Satzmaterial.

Link
Verbindung zu einer anderen Datei oder einem anderen Computer (→ auch Hyperlink); Verknüpfung verschiedener Module zu einem Programm.

Linken
Eingedeutscht für die Herstellung eines → links.

Linolschnitt
Druckstock für den Hochdruck, manuell aus Linoleum geschnitten, heute nur noch für Künstlerdrucke.

Linotype
Maschine für den → Matrizensatz-Zeilenguß, Zeilensetzmaschine

Linters
Kurze Fasern der Samenkapseln der → Baumwolle.

LISP
LIst Processing Language (scherzhaft auch: Lots of Irritating Superfluous Parantheses), Programmiersprache.

Literatur-Agentur
(auch: Literarische Agentur; engl.: literary agency) 1879 gründete A. P. Watt in England die erste L., ein Unternehmen, das die wirtschaftlichen Interessen von Autoren gegenüber Verlagen vertrat (Autorenagentur). Auch heute noch sind im anglo-amerikanischen Raum die weitaus meisten Agenturen Autorenagenturen, während im deutschsprachigen Raum, zumindest ihrer wirtschaftlichen Bedeutung nach die Lizenzagenturen überwiegen. Letztere vertreten ausländische Verlage oder auch ausländische Agenturen (in diesem Fall nennt man sie Subagenturen) und beschäftigen sich hauptsächlich mit der Vermittlung deutschsprachiger Lizenzen. Im englischsprachigen Raum lassen sich heute nach Schätzungen ca. 80% aller Autoren von L. vertreten. Im deutschsprachigen Raum ist der Anteil der vertretenen Autoren noch verschwindend gering (ca. 1-2%).
Lizenzagenturen erhalten als Vergütung üblicherweise 10-15% der Honoraransprüche aus von ihnen vermittelten Verträgen (wenn eine Korrespondenzagentur im Ausland eingeschaltet werden muß, bis zu 20%), Autorenagenturen 10-25%. Die Vergütung der L. übernimmt stets der Auftraggeber.
L. firmieren unter diversen Bezeichnungen, je nach Art ihrer Tätigkeit und Leistungsbild. Während der klassische Schwerpunkt in der Herstellung von Vertragsbeziehungen zwischen Autor/Lizenzgeber und Verlag/Lizenznehmer liegt, spielt heute auch zunehmend der Management- bzw. Marketinggedanke eine wichtige Rolle. So übernehmen L. häufig PR-Aufträge, Produktionsbereiche (z.B. Lektorat), Merchandisingmaßnahmen oder Pressearbeit. Schätzungen über die Zahl der L. im deutschsprachigen Raum schwanken zwischen unter 50 und über 200. Wirtschaftlich erfolgreich dürften derzeit allenfalls zwei Dutzend arbeiten.

Thomas Montasser
Ralf Pauli, M.A.

Lithofilm
Strichfilm, Film mit harter → Gradation, für Strich- oder Textvorlagen oder zu Rasteraufnahmen verwendet.

Lithografie
Steindruck, 1797 von Aloys Senefelder erfundenes Flachdruckverfahren, Vorläufer heutiger Offsetverfahren, heute vorwiegend für Künstlerdrucke eingesetzt. Auf eine geglättete und mit Alaun behandelte Platte aus kohlensaurem Kalkschiefer wird das seitenverkehrte Druckbild mit einer Fettfarbe angebracht, die sich mit dem Stein verbindet; die freigebliebenen Stellen werden mit Säure und Gummi arabicum behandelt. Der Stein wird zuerst gefeuchtet und dann eingefärbt, wobei die Druckfarbe nur an der Zeichnung haften bleibt, der Druck erfolgt dann mittels eines Reibers direkt auf den Bedruckstoff. Als Maschinen kommen Reiberpressen und Steindruckschnellpressen zum Einsatz.

Loading
Selten Uploading, (Herauf-)Laden, bezeichnet die Übertragung von beliebigen Programmen oder spezifischen Daten (etwa Fonts) von einem Peripheriegerät oder einem Datenträger (Magnetband, Disketten) in den Hauptspeicher einer EDV-Anlage. Das „Herunterziehen“ von Daten von einem größeren Rechner (etwa → Host) auf einen kleineren Anlagenteil nennt man Downloading. Im Datennetz-Jargon wird mit Downloading auch jene Datenübertragung bezeichnet, die auf Aufforderung eines Nutzers hin erfolgt (der sich beispielsweise von ei-

nem Anbieter Software oder Daten per → ftp holt).

Local Area Network
Datennetzwerk mit geringer räumlicher Ausbreitung, also meist hausinternes Netz.

Lochstreifen
→ Datenträger.

Löffel
→ Winkelhaken.

Logikbaustein
Elektronisches Bauteil, das → logische Gatter realisiert.

Log in
Auch eingedeutscht „Einloggen“, aktivierendes Anmelden eines Terminals bzw. eines Users beim → Server, Eröffnen der Verbindung zu einem → Host.

Logische Schaltung
→ Logisches Gatter.

Logisches Gatter
Logische Schaltung, Schaltung bzw. Schalter zur Realisierung von Logikfunktionen (Boole'schen Funktionen).

Log off
Beenden der Verbindung zum Server oder Host; bisweilen auch im Sinne von Abschalten (des Rechners) gebraucht.

Logotype
Auf einer → Letter zusammengefügte Silben oder Wörter (beispielsweise usw., ung), → Ligatur.

Lokales
→ Ressorts.

Lokalprogramm
Über Kabel oder (erdgebundene) Sender mit kurzer Reichweite ausgestrahltes Hörfunk- oder Fernsehprogramm.

Lokalzeitung
Vorwiegend Lokalthemen enthaltende Zeitung mit örtlich eingegrenztem Verbreitungsgebiet.

Loseblattwerke
→ Lieferungswerke.

Lösemittel
Druckfarbenzusatzmittel zum Verdünnen (Erhöhung der Farbviskosität), Grundstoff für Druckfarben im Tief- oder Flexodruck (→ Druckfarbentrocknung durch Verdunstung).

LPT
Lineprinter, (Zeilen-)Drucker, auch Bezeichnung für die Schnittstelle zu einem Drucker (→ Parallelschnittstelle).

Ludloff
→ Handsetzmaschine.

Luftpostausgabe
Zur Gewichtsreduzierung auf speziellem Papier gedruckte Teilauflage einer Zeitung.

Luftpostzeitung
Einzeln per Luftpostversand zugestellte Zeitung.

Lum
Lumbeck-Verfahren.

Lumbeck-Verfahren
Klebebindetechnik, → Buchblockherstellung.

Luser
Aus User (Anwender) und Looser (Verlierer) gebildeter Begriff.

Lw
Leinen.

LwL-Werbung
„Leser-werben-Leser-Werbung“, Abonnementwerbung im Bekanntenkreis.

M

Magazin
1. Unterhaltende Zeitschrift mit hohem Bildanteil, oft auch Supplement von Zeitungen.
2. Im Bleisatz: Bei Zeilensetzmaschinen der kastenartige Aufsatz, in dem sich die Matrizen in den sogenannten Matrizenkanälen getrennt nach Größen befinden.

Magazinumbruch
Seitenaufbau, bei dem der Satz in nebeneinander stehenden Spalten angeordnet ist.

Magenta
Bläulichrote Grundfarbe nach Europa-Skala (DIN 16538/16539), früher Purpurrot oder Purpur genannt.

Magere Schrift
Schriftart, die normal dicke, im Vergleich zu halbfetten oder fetten Schriften dünnere Grundstriche aufweist.

Mahlung
Zerlegung der Zellstoffasern bei der Papierherstellung. Rösche M.: Die Fasern werden quer geschnitten, wodurch ein weiches, saugfähiges Papier geringer Festigkeit (z.B. Löschpapier) entsteht.
Schmierige M.: Fasern werden vor allem gequetscht, wodurch ein festes, dichtes Papier entsteht.

Mail
→ E-Mail.

Mailbox
Elektronischer Briefkasten. Öffentlich oder für einen bestimmten Benutzerkreis etwa durch Telefonmodem zugänglicher Computer für Empfang und Abgabe von Mitteilungen.

Mailing
Werbeversand per Post.

Mail-Order
Werbung, die den Empfänger bewegen soll, ein Gut per Post zu bestellen. Die M.-Package besteht meist aus Umschlag, Brief, Prospekt und Bestellkarte.
(→ auch Versandbuchhandel.)

Mainzer
Schriftgrad, 11 p.

Majuskel
Großer Buchstabe der griechischen und lateinischen Schrift. Bei Schreibschriften heißen sie Großbuchstaben, bei Druckschriften Versalien.

Make-up
Verschönerung einer Zeitungs- oder Buchseite durch Vignetten, Linien und Schmuckornamente.

Makrobefehl
Kette aus mehreren einzelnen → Befehlen, die beim Aufruf nacheinder abgearbeitet werden.

Makrotypographie
Typographische Gestaltung eines Druckwerkes, die häufig mit der vorherigen Anfertigung eines Layouts verbunden ist.

Makulatur
1. Beim Druck schadhaft gewordene und fehlerhafte Bogen. Ausschuß → zum Fehldruck.
2. Bücher, die, weil sie nicht mehr verkauft werden können, zu Altpapier gemacht werden.

Mängelexemplare
Bücher, die äußerlich erkennbare Schäden, z.B. durch häufiges Anfassen, aufweisen, ursprünglich jedoch einwandfrei waren. Also im Unterschied zum → Defektexemplar erst nach der Herstellung (beim Buchhändler) beschädigte Exemplare; kein Anspruch auf Umtausch/Gutschrift.

Malstaffel
Nach Anzahl der Anzeigen eines Auftraggebers innerhalb eines Abschlußjahres gestaffelter Nachlaß auf den Anzeigenpreis gemäß Anzeigenpreisliste.
→ Rabattstaffel.

Mandl-Kalender
→ Bauernkalender.

Manteltarif
Rahmentarifvertrag, der die Arbeitsbedingungen über eine längere Zeit hin regelt; so enthält er Regelungen über die Arbeitszeit, Mehrarbeit, Sonn- und Feiertagsarbeit, Urlaubsdauer, Kündigungsfristen (die über die gesetzlichen Regelungen hinausgehen).

Manual
Handbuch, umfangreiche Bedienungsanleitung für eine Maschine (meist einen Computer) oder ein Computerprogramm.

Manueller Matrizensatz
→ Hand-Matrizen-Satz.

Manuskript
→ Typoskript. (Engerer Sinn: handgeschrieben), allgemein: Textvorlage für den Satz.

Manuskriptberechnung
→ Umfangsberechnung.

Manuskriptdruck
Druck von Skripten, Dissertationen u.a. in eher kleinen Auflagen im filmlosen Verfahren.

Marginalien
In Büchern, Broschüren oder Zeitschriften am Rand der Seiten neben dem Satzspiegel angebrachte Bemerkungen, die als Zwischenüberschriften wirken.

Marginaliensatz
Zweispaltiger Seitenaufbau zur Aufnahme von Marginalien.

Marketing
Im engeren Sinne versteht man darunter das auf den Absatzmarkt bezogene Entscheidungsverhalten kommerzieller Unternehmen. Es ist verbunden mit einer spezifisch marktorientierten Denkhaltung (Marketing als Maxime), dem Einsatz von Instrumenten zur Schaffung von Präferenzen und Wettbewerbsvorteilen am Markt (Marketing als Mittel) und einer systematischen Entscheidungsfindung und deren unternehmerischen Institutionalisierung im Marketing Management (Marketing als Methode).
→ Verlagsmarketing.

Markenzeichen
Exakt definiertes Wort-/Bildzeichen, das die Produkte einer eingeführten Firma kennzeichnet und in der Markenzeichenrolle des Deutschen Patentamtes eingetragen ist.

Marke
Kurzbezeichnung für Markenzeichen oder Markenartikel.

Markenartikel
Produkt, das mit einem seiner Herkunft dokumentierenden Merkmal versehen ist. Hierbei kann es sich z.B. um einen Namen oder ein Bildzeichen handeln. Als wesentliche Merkmale, die einen M. charakterisieren, sind zu nennen: Gleichbleibende Qualität, gleichbleibende Aufmachung, hoher Bekanntheitsgrad, Anerkennung am Markt, Markenpolitik.

Marktforschung
Die systematische, methodengestützte Informationsgewinnung und Informationsauswertung in bezug auf die Gegebenheiten und Beeinflussungsmöglichkeiten von Märkten. Es handelt sich um eine Entscheidungshilfe für das Marketing-Management.

Marmorpapier
Ein das Aussehen farbigen Marmors imitierendes Buntpapier für Bucheinbände, auch: marmoriertes Papier genannt. Bei den Mustern unterscheidet man Ader-, Augen-, Kamm-, Schnecken- und Wolkenmarmor.

Maroquin
Edles, dickfleischiges, sehr festes, grobnarbiges Leder für kostbare Einbände.

Maschineller Bleisatz
Mit Maschinen bewerkstelligte Satzherstellung, bei der nicht mit Lettern, sondern mit Matrizen gearbeitet wird, die zu Zeilen oder Drucktypen ausgegossen werden; → Matrizensatz-Drucktypenguß, → Matrizensatz-Zeilenguß.

Maschinengestrichen
Bereits in der Papiermaschine durch Strichauftrag oberflächenveredelte Papierqualität.

Maschinenglatt
„Maschinenbelassene“ Glätte der Oberfläche von Papier, das nicht durch besondere Verfahren nachgeglättet wird.
→ Langsiebpapiermaschine.

Maschinenrevision
Überprüfung der Druckbogen vor Druckbeginn.

Maschinensatz
1. Das Setzen mit einer Setzmaschine.
2. Mit der Maschine gesetzter Schriftsatz.

Maschinenschrift
Mit der Schreibmaschine geschriebene Schrift.

Maschinensprache
Rechnernahe Programmiersprache.

Maske
In der Reproduktionstechnik manuell oder fotographisch hergestellte Decknegative und Diapositive oder Kompositionen beider, die die Aufgabe haben, Ton- oder Farbwerte zu korrigieren.

Massenmedien
Zeitungen und Zeitschriften, die in hoher Auflage verbreitet sind, sowie Hörfunk und Fernsehen.

Matchprint
Abzug eines Vierfarbensatzes zur Kontrolle der Farben.

Mater
Papptafel, die das reliefartige Bild eines Satzes oder Klischees negativ trägt als Form für den Guß der Galvanos im Hochdruck.

Materndienste
Redaktionelle Korrespondenzbüros, die ganze Seiten, Seitenteile und graphische Beiträge in fertig ausgeprägter Maternform oder als Faksimile per Telekommunikation an verschiedene Zeitungen liefern.

Maternzeitung
Zeitung, die einen wesentlichen Teil ihres redaktionellen Inhalts von den Materndiensten bezieht.

Matrixdrucker
→ Nadeldrucker, → Druckertechnologien.

Matrix-Drucktechnik
Drucktechnik, bei der jedes Zeichen aus einzelnen Punkten zusammengesetzt wird. Die Fläche, die ein Druckzeichen einnimmt, wird zu einem Feld von Punkten aufgerastert.

Matrize
Folie, von der nach dem Beschreiben per Hand oder Schreibmaschine Vervielfältigungen hergestellt werden können, hektographieren.

Matrizensatz-Drucktypenguß
Maschinelles Bleisatzverfahren entwickelt 1897 von Tolbert Lanston, bei dem einzelne Drucktypen gegossen werden; mit einem Tastgerät wird ein Lochband hergestellt, welches anschließend in einer Gieß-Setzmaschine den Guß der einzelnen Typen steuert.

Matrizensatz-Zeilenguß
Maschinelles Bleisatzverfahren, erfunden 1884/86 von Ottmar Mergenthaler; gesetzt werden nicht Drucktypen, sondern Matrizen, die zu Zeilen zusammengefaßt und ausgegossen und anschließend automatisch wieder abgelegt werden; Setzen, Gießen und Ablegen können in der Maschine zeitgleich nebeneinander erfolgen.

Mattgestrichen
Durch matten Oberstrichauftrag oberflächenveredeltes Papier.

Mattpost
Mattgeglättetes Schreibmaschinenpapier.

Maus
Eingabegerät für einen graphikfähigen Bildschirm eines Personal Computer. M. mit Mauszeiger, Mauskopf.
Mit ihr werden die vom Cursor gekennzeichneten Felder aktiviert.

MausNet
Datennetz im deutschsprachigen Raum für Hobbyisten, bietet Gateways zu FidoNet, Z-Netz und Internet.

Mäzen
Förderer eines Künstlers ohne werbliche Absicht. Im Gegensatz zum Sponsor.

MB
→ MByte
Megabyte.

MByte
Megabyte. Maßeinheit zu Angabe der Speicherkapazität: ein MByte = 1.024 Kilobyte.

Mechanische Kraftzurichtung
Zurichteverfahren, bei denen die Zurichtung mit Hilfe von Wärmeeinwirkung (Höhenunterschiede durch Quellung) oder Ätzung (chemische Erzeugung von Reliefs) hergestellt wird.

Media-Analyse
Demoskopische Erhebung von Reichweite, Streudichte, Altersgliederung und soziologischer Schichtung der Nutzer von Werbeträgern.

Media-Daten
Sammlung von Anzeigenpreisen, Auflagenhöhen, Reichweiten und anderen Daten von Medien für die kostenpflichtige Einschaltung von Werbung.

Mediäval
Sammelbegriff für lateinische Druckschriften, deren typisches Merkmal die zur Schriftlinie schräg gestellten oberen Schraffen sowie die dezentrierte Formung der Rundungen ist.

Mediävalziffern
Besonders verwechslungssichere arabische Ziffern, mit Ober- und Unterlängen, auch Minuskelziffern.

Mediaforschung
Analyse und Darstellung aller für Werbeträger relevanten Merkmale und Nutzungsdaten, die über die Resonanz der Leserschaft Aufschluß geben.

Mediagattungen
Klassischerweise die Massenmedien.

Mediathek
Erweiterung einer Bibliothek zur Sammlung von Informationen aller Art auf allen Medien.

Medien
Sammelbegriff für die Verbreitungsträger von Bild, Ton und Wort.

Medienmanagement
Durchführung aller Aufgaben im Unternehmen, die die Umsetzung moderner technischer (Informations- und Kommunikationstechnik, Multimedia) und organisatorischer (elektronische Märkte) Gestaltungskonzepte erfordert.

Mehrfachnummer
8-stellige Rufnummer, die zur Identifikation des Endgerätes bzw. zur Durchwahl im Euro-ISDN dient. Bei ISDN-Anschlüssen wird nicht die M., sondern eine → Endgeräteauswahlziffer verwendet.

Mehrfarbendruck
Mehrfarbdruck
Druck mit mindestens zwei verschiedenen Farben. In der Regel ist damit Vierfarbendruck mit den Farben der Europa-Skala gemeint.

Mehrwertsteuer
Mehrwertsteuer mit Vorsteuerabzug. Im Endpreis einer (auch importierten) Ware oder Dienstleistung enthaltene Umsatzsteuer, die nach Abzug der Vorsteuer an den Fiskus abgeführt werden muß. Der allgemeine Steuersatz beträgt ab 1.1.1993 15%. Ferner gibt es einen ermäßigten Steuersatz von 7%, der überwiegend auf der Endstufe angewendet wird (z.B. Personennahverkehr, fast alle Lebensmittel, außer Getränke und Gaststättenumsätze, Zeitungen, Zeitschriften, Bücher, Kunstgegenstände).

Meinungs- und Informationsfreiheit
Im Art. 5 des Grundgesetzes garantiertes Recht jedes Bürgers, seine Meinung in Wort, Schrift und Bild frei äußern zu dürfen, soweit dies nicht durch andere Gesetze eingeschränkt wird.

Meisenbach
Georg, Erfinder des fotomechanischen Verfahrens zur Herstellung von Druckstöcken für Halbtonbilder mit Hilfe eines zwischengeschalteten Rasters (Autotypie).

Meldenummer
Numerisch verschlüsselte Information für Buchhändler über Lieferhindernisse.

Mengensatz
Bezeichnung für das mengenmäßige Erfassen von Satz auf einer Satzanlage ohne besondere Gestaltung. Berechnung per Tausender- (Buchstaben)Preis.

Mengenstaffel
Nachlaß nach dem Umfang des kontrahierten Anzeigenraums. → Rabattstaffel.

Mergenthaler
Ottmar, Erfinder der Linotype-Setzmaschine.

Mettage
1. Arbeitsplatz des Metteurs.
2. Zusammenstellung einer Buch- oder Zeitungsseite.

Metteur
Setzer, der Fahnen in der Mettage zur endgültigen Seitenform umbricht. Umbruchleiter.

Mettieren
Umbrechen.

Mikrofiche
Planfilm im Kleinformat, auf dem mehrere hundert Seiten Informationen optisch gespeichert sind. Er wird über Spezialgeräte aufgenommen und gelesen.

Mikrotypographie
Beachtung der Details in der Typographie.

Millimeterstaffel
→ Mengenstaffel, → Rabattstaffel.

Miniaturbuch
Von lat. miniare = schreiben, zeichnen mit minium, d.h. rote Farbe, abgeleitete Bezeichnung für kleinformatige Bücher aller Art.

Minipresse
Kleinverlag, der inhaltlich engagiert betrieben wird.

Minuskel
Kleiner Buchstabe der griechischen und lateinischen Schrift, im Gegensatz zu Majuskel.

Minuskelziffern
→ Mediävalziffern.

Mirror
Spiegel; Spiegelung von Daten eines Rechners auf einen anderen Rechner um in Netzen schnellen Zugriff auf die Informationen zu ermöglichen.

Mittel
Eine 14 Punkt große Schrift.

Mittelfeines Papier
Papiersorte mittlerer Qualität mit etwa 60% Holzschliffanteil.
→ Holzhaltiges Papier.

Mittellänge
Höhe der Minuskeln ohne Ober- und Unterlänge.

Mittelraster
Raster mit 34 bis 54 Linien pro Zentimeter.

Mittlere Zugriffszeit
→ Zugriffszeit.

Modem
Modulator/Demodulator: Datenübertragungseinrichtung: Peripheriegerät eines Computers, das diesen mit dem Telefonnetz (analog/digital) und damit z.B. mit Datennetzen verbindet.
Kunstwort aus Modulator und Demodulator.

Modernes Antiquariat
Buchhandlung, die Restauflagen mit herabgesetzten Preisen und zu verramschende Bücher führt.

Modulation
Verfahren der Datenübertragung, bei dem das → Nutzsignal als Veränderung einer → Trägerfrequenz codiert wird. Unterschieden werden unter anderem Amplitudenmodulation (AM, das Signal wird in die Amplitude (Lautstärke) codiert), Frequenzmodulation (FM, das Signal wird als Abweichung von der Trägerfrequenz codiert), Phasenmodulation (PM, das Signal wird als Sprung in der Abfolge codiert) und Quadratur-Amplitudenmodulation (QAM, ein komplexes Signal wird teils in AM und teils in PM codiert).

Moiré
Auffallende, regelmäßige Musterbildung, die durch Überlagerung mehrerer Raster in spitzen Winkeln entsteht. Wenn eine Vorlage gerastert ist, läßt sich M. vermeiden, wenn die Rasterweite der Vorlage mit der der Reproduktion übereinstimmt und zwischen beiden auch eine günstige Rasterwinkelung hergestellt werden kann.

Molettewasserzeichen
Unechtes Wasserzeichen, das nachträglich mit Gummimatrizen in das Papier geprägt wird.

Mönchsband
Mittelalterliches Buch mit Ledereinband, das nach den Herstellern benannt wird.

Monitor
Bildschirm einer EDV-Anlage.

Monochrom
Einfarbig, im Gegensatz zu polychrom.

Monofoto
Im Bleisatz: Setzmaschine, die nach dem setztechnischen Prinzip der Monotype auf fotomechanischem Wege Einzelbuchstaben als reproduktionsfähige Satzvorlage herstellt.

Monotype
Satzverfahren, bei der jede Drucktype einzeln gegossen wird.

Montage
Zusammenstellung der Druckformen.

Montagefolien
Kunststoffolien, die sich besonders durch eine hohe Maßbeständigkeit auszeichnen sollen, damit ein genauer Passer erreicht wird. Die heutigen M. sind leicht und flexibel, neigen kaum zum Brechen. Die dünne Folienstärke erlaubt das Übereinanderlegen der Folien beim Montieren mehrfarbiger Arbeiten.

Montagetisch
Durchleuchtungstisch zum Herstellen von Standbögen, Montagen sowie zum Abstimmen von Negativen und Diapositiven.

Morsealphabet
Telegraphisches Alphabet des Amerikaners Samuel Morse, das sämtliche Buchstaben in Punkte und Striche zur Übertragung mittels Tastendruck umwandelt.

Motto
Leitspruch, der einem Werk oder Kapitel vorangestellt ist und auf Inhalt und Bedeutung weist.

MS-DOS
Microsoft Disk Operating System.
Meistverbreitetes Betriebssystem für Personal Computer von der Firma Microsoft (MS).

MS-WORD
Word
Weitverbreitetes Textverarbeitungsprogramm für Personal Computer.

Multicode
Beim Computersatz die Möglichkeit, immer wiederkehrende Wortfolgen und Standard-Satzbefehle so abzuspeichern, daß sie mit einem Kürzel wieder abgerufen werden können; gebräuchlich z.B. bei Satzanweisungen.

Multimedia
Multimedia war und ist das Zauberwort der letzten Jahre. Kaum ein anderer Begriff aus der Welt der Computertechnologien hat bei Soft- und Hardwareherstellern, Printmedien, Politikern und auch Anwendern ein derartiges Aufsehen erregt. Eine konkrete Definition des Modeworts fällt allerdings sowohl den Laien als auch den Experten sehr schwer. Grundsätzlich versteht man unter dem Begriff Multimedia nichts anderes als die gleichzeitige Nutzung verschiedener Medien zur Darstellung eines Sachverhalts. Dabei sind unter Medien sowohl visuelle (Bild, Animation, Video) als auch akustische (Sprache, Musik) Sinneseindrücke zu verstehen. Doch diese Definition alleine macht den Begriff Multimedia noch nicht zu dem, was wir heute darunter verstehen. Betrachtet man die soeben definierte Begrifflichkeit, ist auch eine Fernsehsendung ein multimediales Ereignis. Auch hier werden Bild, Töne, Videos und Animationen dazu verwendet, dem Zuschauer einen bestimmten Sachverhalt

näher zu bringen. Dennoch würde man eine solche Sendung nicht als Multimedia-Erlebnis bezeichnen. Der wichtigste Unterschied liegt in der Interaktion des Anwenders mit dem Medium selbst. Es findet eine Kommunikation mit dem Computer, dem Programm und den Medien statt, nicht nur ein Konsum selbiger. Bei der Fernsehsendung hat der Zuschauer keine Eingriffsmöglichkeit, er kann weder den Ablauf, den Start noch das Ende der Sendung durch eine Interaktion beeinflussen.

Durch die – teilweise auch negative – Abnutzung des Begriffs wird von einigen auch das Schlagwort New Media verwendet, dessen Bedeutung aber genauso undefiniert und unklar ist, wie Multimedia an sich.

Die Problematik beider Termini liegt in der Tatsache, daß Multimedia und auch *New Media* keine physikalisch greifbaren Elemente der Computertechnologie darstellen, sondern eher die Idee, dem Anwender durch die Kombination von Musik, Sprache, Bild und Video den Einstieg in eine schwierige Thematik zu erleichtern. So wie es einfacher ist, einen Film zu konsumieren, als sich durch das entsprechende Druckwerk zu arbeiten, so können multimedial orientierte Softwareprodukte vom Anwender einfacher bedient und leichter verstanden werden. Multimedia stellt somit eine Gestaltungseinheit dar, die auf verschiedenen Technologien der Informationsvermittlung basiert.

Zum Boom wurde Multimedia allerdings erst durch die fortschreitende Entwicklung und den gleichzeitigen Preisverfall der Hard- und Softwarekomponenten, die ein Zusammenspiel der verschiedenen Techniken ermöglichten. Eine der wichtigsten Entwicklungen war hierbei die CD-ROM. Durch die enorme Speicherkapazität, die auf einer dieser Silberscheiben unterzubringen ist, wurde es den Autoren von Multimedia Anwendungen erstmals möglich, mit vergleichsweise geringen Produktionskosten aufwendig gestaltete Anwendungen mit hohem Speicherbedarf auf den Markt zu bringen. Die bei der Entwicklung solcher Applikationen vorherrschende Speicherproblematik wird vor allem durch die Musik- und Videoelemente ausgelöst. So benötigt eine digital aufgezeichnete Minute qualitativ hochwertiger Musik einen Speicherplatz von ca. 10 MB, ein Minute Video mehr als das 20-fache.

Diverse Untersuchungen belegen, daß 1995 ca. jeder fünfte Benutzer eines PC's über ein CD-ROM Laufwerk verfügte. Heute werden 9 von 10 PC's mit CD-ROM Laufwerken ausgestattet. Auch die übrigen Multimedia-Komponenten, wie z.B. Soundkarten (für die Musik) und verbesserte Grafikkarten (für einen schnelleren Bildaufbau) erleben ähnliche Wachstumsraten. Verschiedene Berichte und Forschungen gehen davon aus, daß bis zur Jahrtausendwende ca. 70% aller Haushalte über einen PC (oder ein PC-ähnliches) Gerät verfügen werden!

Das Schlagwort Multimedia ist jedoch nicht nur auf die Computerindustrie und deren Geräte bezogen, sondern stellt eine Philosophie dar, deren Anwendung in vielen wirtschaftlichen Bereichen Einzug halten wird. Diverse Prognosen, so z.B. von der Unternehmensberatung Arthur D. Little, gehen davon aus, daß die Industriezweige Computer, Unterhaltung, Telekommunikation und Medien in den nächsten Jahren zu einem gemeinsamen Industriezweig zusammenwachsen und von den Vorteilen der „Multimedia-Philosophie" profitieren werden. Schon heute existieren Computer, die mehrere Komponenten, wie z.B. den Fernsehempfang, das Abspielen und Aufzeichnen von Videos, das Versenden und Empfangen von Faxen, einen Anrufbeantworter sowie den Zugang zum Internet in einem Gerät integrieren. Einige Studien gehen davon aus, daß bis zum Jahr 2000 mehr als zehn Millionen Arbeitsplätze in Europa direkt oder indirekt von der Multimedia-Entwicklung betroffen sein werden. Das Zusammenwirken der Industriezweige und die immer verschwommeneren Grenzen stellen eine hervorragende Grundlage für neue Konzepte und neue Produkte in allen Lebensbereichen dar.

Neben den „Hardware"-Industriezweigen werden jedoch auch zunehmend dienstleistungsorientierte Unternehmen den Bereich Multimedia für ihre Produkte einsetzen. Als Beispiel sind hier Banken, öffentliche Verwaltungen, soziale Dienste, medizinische Einrichtungen,

Fortbildungsangebote und einige mehr zu nennen. Diese Unternehmen werden in den nächsten Jahren ihre Serviceleistungen zunehmend „interaktiv" verfügbar machen. Einige Beispiele für diese Bereiche, wie z.B. Home Banking, Video on Demand, Leitsysteme, etc. sind bereits heute erfolgreich im Einsatz.

Jörn Steinhauer

Multimediasysteme

Hard- und Softwaresysteme, mit denen multimediale Informationen empfangen, präsentiert und manipuliert werden können. Multimediale Informationen sind Medienarten z.B. Texte, Bilder, Graphiken, Sprachanmerkungen oder Geräuschsequenzen, Bewegtbilder oder bewegte Graphik.

Mumiendruck

Druck auf künstlich alt gemachtem Papier.

Musenalmanach

Bibliophil aufgemachter Almanach mit bislang unveröffentlichten literarischen Arbeiten.

Musikverlag

Verlagsunternehmen, das mit gedruckter Notenschrift und mit Sende- und Aufführungsrechten handelt.

Musterbuch

Buch, das in Umfang, Verarbeitung und Aufmachung dem geplanten Buch ähnlich ist.

N

Nach Korrektur druckreif
→ Imprimatur.

Nachdruck
Druck einzelner Artikel oder Auszüge aus einem schon veröffentlichten Werk; Neudruck; Raubdruck.

Nachkalkulation
Ermittlung der tatsächlich für die Produktion einer Auflage angefallenen Kosten (nach der Produktion); nachträgliche Ermittlung aller mit einer verkauften Auflage in Verbindung zu bringenden Kosten (Honorare, Produktions-, Lager- und Vertriebskosten).

Nachrabattierung
→ Partie.

Nachricht
Im Journalismus ein sachlich-objektiver Bericht, eine unkommentierte Information.

Nachrichtenagentur
Gewerbliches Unternehmen zur Beschaffung und Verbreitung von Nachrichten.

Nachrichtendienst
Geheimdienst; Radio-Nachrichtendienst.

Nachrichtenteil
Teil der Zeitung, in dem vorwiegend Nachrichten stehen.

Nadel
Speziell zugeschliffener Stahlstift für die Herstellung von → Radierungen; bei Matrixdruckern Element im Druckkopf.

Nadeldrucker
Drucker, bei dem in einem Druckkopf angebrachte Nadeln elektronisch gesteuert durch ein Farbband auf das Papier hämmern; der Druckvorgang geschieht zeichenweise (Matrixdrucker) oder in ganzen Zeilen (Zeilendrucker).

Nameserver
Server des → Domain Name Service.

Naß-in-Naß-Druck
Mehrfarbendruck in einer Mehrfarbenmaschine (ohne Trocknung zwischen den einzelnen Farbgängen).

Naturkunstdruckpapier
Nicht gestrichenes, aber besonders geglättetes Druckpapier.

Naturselbstdruck
Druck oder Prägedruck unter Benutzung natürlicher Gegenstände (als Druckform, bisweilen auch als Vorlage für Stereos).

Negativ
Seiten- und tonwertverkehrte fotografische Reproduktion (meist auf Film); bei Schriften oder Grafiken Bezeichnung für vertauschtes Schwarz-Weiß-Verhältnis (weiße Schrift auf schwarzem Grund).

Negative Option
Bei Probeabonnements die Vereinbarung, wonach nach einer bestimmten Bezugszeit das Probeabonnement automatisch in ein festes Abonnementsverhältnis übergeht, wenn nicht Widerspruch eingeht.

Netiquette
Benimmregeln für → Netsurfer.

Netsurfer
Menschen, die das → Internet (oder andere Datennetze) als Medium zur Freizeitgestaltung nutzen und im Netz „herumsurfen“.

Netnews
USENET-Programm; allgemeine Bezeichnung für öffentliche Nachrichten in einem Computernetzwerk, auf die mehrere Benutzer Zugriff haben (→ Brett) oder die an mehrere Benutzer (per Broadcast) verteilt werden.

Network Terminator
NT, Netzabschlußgerät, das die Telekom bei der Einrichtung eines ISDN-Basisanschlusses installiert und das die Anbindung der ISDN-Leitungen im Haus an das öffentliche Netz bewerkstelligt. Der

Anschluß für die Geräte des Kunden an den NT wird → So-Schnittstelle genannt.

Netz
Abk. für → Datcnnctz.

Netzätzung
→ Autotypie.

Neuauflage
Neue Auflage eines Werks, für die große Teile des Satzes neu hergestellt werden müssen.

Neuausgabe
Meist anders gestaltete Ausgabe eines bereits veröffentlichten Werks, erfolgt oft erst nach langen Zeiträumen, durch einen anderen Verlag, bisweilen in → Neufassung.

Neudruck
Neuausgabe oder Reprint eines Werks.

Neufassung
Völlig überarbeitetes Manuskript oder Werk.

Neusatz
Bezeichnung für Teile eines Satzes, die wegen → Autorkorrekturen oder → Bestellerkorrekturen erneut gesetzt werden müssen.

Neue Medien
Als gegenüber den traditionellen Printmedien (Buch, Zeitung, Zeitschrift), Radio und Fernsehen „neue" Medien sind Kabel- und Satellitenfernsehen, Videotext, Btx und andere Online-Dienste (vereint im Internet bzw. dem WWW) sowie die „multimedialen" Anwendungen auf dem PC-Sektor anzusehen. Vor allem die international rasch angestiegene und noch steigende Zahl von geschäftlich wie privat genutzten PCs eröffnete Verlagen ganz neue Märkte und Kontaktgelegenheiten. Auf dem Gebiet der Online-Dienste zeichnen sich schon heute viele konkrete Möglichkeiten zur Ausweitung der klassischen Verlagskonzepte ab – als Anbieter verlagstypischer Leistungen (etwa im Pressebereich) ebenso wie als Nutzer (vor allem im Vertrieb, etwa bei der Verlagswerbung oder bei der Annahme von Direktbestellungen) finden sich viele Verlage längst „online". Im Bereich des Publizierens von → Multimediaprodukten konnte hauptsächlich der Vertrieb von CD-ROM-Ausgaben allgemeiner oder fachspezifischer Nachschlagewerke, Telefon- und Adreßverzeichnisse, Gesetzestexte, multimedial aufbereitete Sprachkurse, Reiseberichte, Kochbücher und vieler anderer Produkte bereits große Zuwächse verzeichnen.

News
Nachrichten; in Datennetzen → Netnews.

Newsartikel
Artikel, einzelner Beitrag im Rahmen einer Newsgroup, im Unterschied zur eMail nicht privat bzw. an eine einzelne Person gerichtet.

Newsgroup
Auch Area, Brett, Chat, Diskussionsgruppe, Gruppe usw., allgemein zugängliches Diskussionforum in einem Datennetz.

Newsreader
Programm zur Teilnahme an einer Newsgroup bzw. zum Empfang und Versenden von Nachrichten/Artikeln innerhalb einer Newsgroup.

NFGt
Nachrichtenfernschaltgerät.

NNTP
Network News Transfer Protocol, im Internet gebräuchliches Protokoll zur Übertragung von Newsartikeln.

Node
Netzknoten (in einem Datennetz), → Site.

Non-Impact-Technologie
→ Berührungsloser Druck. Der Begriff wird teilweise auch verwendet für die Herstellung von Druckplatten (etwa für den Offsetdruck) mit Hilfe von EDV-Ausgabegeräten.

Nonpareille
Schriftgrad, 6 p.

Non plus Ultra
→ Viertelpetit, Schriftgrad, 2 p.

Non-Print-Medien
Sammelbegriff für Radio und Fernsehen.

Non-Print-Verfahren
Sammelbegriff für alle Druck- oder Vervielfältigungsverfahren, bei denen im Gegensatz zu den klassischen Druck-Technologien ohne eine dauerhafte, materielle Druckform gearbeitet wird. Hierzu zählen alle Vervielfältigungen mit Hilfe von EDV-Ausgabegeräten wie Tintenstrahl- oder Laserdruckern (→ Drucker), bei denen an die Stelle einer Druckform die Steuerung des Drucks durch in einer EDV-Anlage gespeicherte Daten oder spezielle Steuerungsprogramme tritt; bisweilen werden auch moderne → Kopierverfahren zu den Non-Print-Verfahren gerechnet.

Norddeutsches Format
Auch Nordisches Format, 400 × 570 mm, → Zeitungsformate.

Nordisches Format
→ Norddeutsches Format.

Norm
→ Bogennorm.

Normale Breite
Eine Schrift ist normal breit, wenn ein „n“ von der Breite eines Halbgevierts ist.

Normale Stärke
→ Normalschnitt.

Normalhöhe
→ Normalschrifthöhe.

Normalschnitt
Grundschnitt einer Schrift mit einfacher Strichstärke und normaler Breite.

Normalschrifthöhe
Höhe einer → Letter (oder eines Klischees), nach Didot auf $62^2/_3$ p, 23,566 mm festgelegt.

Normalsystem
Vereinfacht für deutsch-französisches Normalsystem, → Didot-System.

Notenschrift
Sonderzeichen für die Darstellung von Musik.

Notenzeichen
Kurz für → Fußnotenzeichen; Zeichen der → Notenschrift.

NT
→ Network Terminator.

Nullnummer
→ Dummy.

Numerierung
Manuell, per Numerierstempel oder in der Druckmaschine per Numerierwerk erfolgende Anbringung fortlaufender Nummern auf Druckerzeugnissen.

Nuten
Die Papieroberfläche mit Hilfe eines rotierenden Scheibenmessers spanabhebend (im Unterschied zum → Ritzen) anschneiden.

Nutzen
Drucknutzen, bei kleinen Endformaten oder Buchbinderformaten mögliche Ausnützung des Druckbogens- oder Maschinenformate durch Druck mehrerer Formen nebeneinander (bei entsprechend mehrfach vorhandenem Satz) bzw. durch gleichzeitigen Druck der Schön- und Widerdruckformen (und anschließendes → Umschlagen oder → Umstülpen). Durch „Druck in zwei/drei/vier Nutzen“ (Doppelnutzen, Dreifachnutzen, Vierfachnutzen) wird sowohl die Maschinenrüstzeit als auch die Anzahl der Drucke bzw. die Fortdruckzeit reduziert.

Nutzsignal
Signal, das die eigentlichen Informationen enthält (in Unterscheidung vom Steuersignal).

Nyloprint
Gängige → Fotopolymer-Auswaschreliefplatte.

O

Oberflächenbehandelt
Papier, das durch Verbesserung der Oberfläche (z.B. Besprühen, Leimen) für den Druck anwendungssicherer gemacht wird.

Oberflächengeleimt
Papier, das zur Stabilisierung der Oberfläche zusätzlich in der sogenannten Leimpresse mit Leimstrich versehen wird.

Oberlänge
Die bei einigen Minuskeln (z.B. b, f, k) über die Schriftlinie (Zeilengrundlinie) nach oben herausragenden Teile.

OCR
Optical Character Recognition
Optische Zeichenerkennung
OCR-A und OCR-B sind Namen für zwei auf optischem Wege maschinenlesbare Schriften. Die OCR-Schriften sind auch für den Menschen lesbar.

OCR-Papier
Genormtes Papier für die optisch-elektronische Beleglesung durch Scanner.

OCR-Schrift
An die elektronische Lesemaschine angepaßte Schreibmaschinenschrift.

Øuvre
Bezeichnung für das Gesamtwerk eines Künstlers.

Öffentlichkeitsarbeit
Zielgerichtete Informationsarbeit eines Unternehmens oder einer Organisation.

Offenlegungspflicht
Nach § 5 des Hessischen Pressegesetzes muß einmal pro Quartal im Impressum der Tageszeitungen und einmal im Jahr im Impressum von Zeitschriften „offengelegt" werden, „wer an der Finanzierung des Unternehmens wirtschaftlich beteiligt ist".

Offerte
Angebot.

Offizin
Bezeichnung für eine Buchdruckerei.

Offset
Kurzbezeichnung für Offsetdruck. O., aus dem Englischen, Absetzdruck, zählt zu den Flachdruckverfahren. Für den O. ist bezeichnend, daß die Druckplatte auf ein Gummidrucktuch und von diesem auf das zu bedruckende Material übertragen wird. Das Gummidrucktuch kann sich der Struktur des zu bedruckenden Materials anpassen. Papiere mit unebenen Oberflächen lassen sich leichter als in anderen Verfahren bedrucken. Die Verwendung eines Zwischenzylinders macht den O. zum indirekten Druckverfahren.

Offsetdruck
Illustrationsdruckverfahren, bei dem die druckenden Elemente, die auf einer Ebene mit der nichtdruckenden Fläche liegen, chemisch so präpariert werden, daß die Farbe haften bleibt. Der Druck selbst geht indirekt über ein Gummituch (Offsetprinzip).

O.K.-Bogen
Andruckbogen.

Öko-Audit
Verfahren zur Überprüfung betrieblicher (standortbezogener) Umweltmanagementsysteme von Unternehmen.

Oktav
Buch bis 22,5 cm Rückenhöhe.

Online
Integrierte Datenverarbeitung, bei der die Eingabe- und Ausgabeeinheiten direkt mit der CPU (Central Processing Unit) verbunden sind. Im Fotosatz wird üblicherweise mit Online-Systemen gearbeitet.

Allgemein: direkte oder abhängige Datenfernverarbeitung. Die Datenverarbeitungsanlage ist mit den zur Übertragung von Daten benutzten Fernmeldewegen direkt verbunden.

Online-Katalog
EDV-gestützter Bibliothekskatalog, der sowohl dem Personal als auch den Benutzern einer Bibliothek zur Verfügung steht, die früheren Papier-Katalogsysteme ersetzt und meist mit der Ausleihe gekoppelt ist.

Opak
Lichtundurchlässig.

Opazität
Lichtundurchlässigkeit eines Materials (z.B. Dünndruckpapier); Kehrwert der Transparenz.

Opistographischer Druck
Verfahren zum beidseitigen Bedrucken von Papier: das Bedrucken der Vorderseite heißt Schöndruck, das in einem zweiten Arbeitsgang erfolgende Bedrucken der Rückseite mit einer zweiten Druckform heißt Widerdruck. Daher auch Schön- und Widerdruck.

Option
Wahlrecht auf Erwerb eines Gutes, einer Dienstleistung oder eines Rechtes zu einem bestimmten Termin.

Optische Aufheller
Farblose Substanz in vielen weißen Papieren, die ultraviolette Strahlen absorbiert und als sichtbares Licht wieder abgibt. Papier wirkt dadurch weißer.

Optische Druckfolienbelichtung
→ Filmlose Plattenherstellung.

Optische Mitte
Imaginäre horizontale Linie, die dem Betrachter als optische Mitte erscheint, tatsächlich aber etwas über der mathematisch korrekten Mitte liegt. Dieses Phänomen muß bei der typographischen Gestaltung beachtet werden.

Order
Bestellung.

Ordinärpreis
Durch den Verlag gebundener Ladenverkaufspreis im Buchhandel.

Originalausgabe
Vom Autor betreute Veröffentlichung seines Werkes in einem Verlag.

Originalpreis
Vom Verlag festgesetzter, meist gebundener Preis.

Originalrabatt
Grundrabatt.

Orphan
Engl. für Waisenkind. Die als erste Zeile einer Seite plazierte Ausgangszeile eines Satzes. Deutsch: Hurenkind.

Orthographie
Rechtschreibung.

OTS
Opportunity to See
Der OTS-Wert gibt an, welche und wie viele Möglichkeiten eine Person hat, mit der Werbebotschaft in Kontakt zu kommen. Er ist eine wesentliche Argumentationshilfe beim Anzeigenverkauf.

Outline
Konturierte, lediglich aus einer meist doppelten Umrandung bestehende Zierschrift.

Output
1. Der vermittels eines → Inputs und einer Technologie erzeugte Ausstoß.
2. Die Ausgabe beim Computer auf Ausgabegeräte (Bildschirm, Drucker etc.). → Datenausgabe.

Overhead-Folie
Durchsichtige, beschriebene Folie, die als Vergrößerungsvorlage für Tageslichtprojektoren dient.

Ozalidkopie
Lichtpause.

P

p
Abkürzung für Punkt, → Typographischer Punkt.

Pachulke
Ursprünglich die ungelernte Hilfskraft, die den → Ballenmeister ersetzte (tschech. „pacholek“ = Knecht, ungehobelter Kerl); später für → Gespann, Gehilfe des → Metteurs usw. gebrauchte Bezeichnung.

Packerei
Expedition, Verpackungs- und Versandabteilung.

Packet Assembly/Disassembly Facility
(PAD) technische Einrichtung für den Übergang zwischen leitungsvermittelten und paketvermittelten Datenströmen (→ Vermittlung) – der kontinuierliche Datenstrom wird in Pakete zerlegt bzw. aus Paketen rekonstruiert.

Packetized Ensemble Protocol
PEP, DFÜ-Übertragungsnorm für Modemverbindungen.

Packet Switching
→ Paketvermittlung.

Packmaschine
Maschine zum Bündeln und Verpacken von Zeitungen oder Zeitschriften.

PAD
→ Packet Assembly/Disassembly Facility.

Page Description Language
PDL, Seitenbeschreibungssprache, mit deren Hilfe Ausgabeseiten (für Bildschirm oder Drucker) aus einzelnen grafischen Elementen aufgebaut werden können; sehr verbreitet ist Adobe → PostScript.

Page-View-Screen
→ Ganzseitenbildschirm.

Pagina
Seitenzahl.

Paginieren
Ein Werk mit fortlaufender Seitenzahl ausstatten.

Paketvermittlung
Packet Switching, → Vermittlung.

Panoramaanzeigen
Im → Panoramadruck gefertigte Anzeigen.

Panoramaaufnahme
Mit einer Kleinbildkamera im Panorama-Format angefertigtes Foto; mit einer Spezialkamera angefertigtes Foto, das einen Rundumblick bzw. einen extrem weiten Blickwinkel (180°, 270°, 360°) abbildet.

Panoramadruck
Besonderheit beim Zeitungsdruck: durchgehender Druck über zwei gegenüberstehende Seiten, ohne Mittelstreifen bzw. Innensteg.

Paperback
Einbandart bzw. Buch mit flexiblem Einband (in Unterscheidung zum → Hardcover); Taschenbuch.

Papier
Überwiegend benutzter Werkstoff im Druck- und Verlagswesen, aus Faserstoffen hergestellte Bogen oder Bahnen.

Papierbahn
Die endlose Bahn des in der Langsiebpapiermaschine hergestellten Papiers; Rollenpapier (in Unterscheidung zum Bogen).

Papierformate
Von → Hausformaten abgesehen, wird Papier üblicherweise in → DIN-Formaten geliefert bzw. auf DIN-Formate endbeschnitten; gebräuchlich ist vor allem die Verwendung der Formate der A-Reihe (→ Vorzugsreihe), die B-Reihe findet für Ordner und Schnellhefter Verwendung, die C-Reihe gilt für Briefumschläge. Gemeinsam ist in allen DIN-Format-Reihen das Seitenverhältnis der Bogen (1:WURZEL2), der Übergang zum

nächstkleineren Format durch Halbierung der längeren Seite, sowie der Bezug auf die metrische Einheit (A0 = 1 m^2); man unterscheidet unbeschnittene (→ Rohrformat) und beschnittene Größen (→ Endformat). Die Benennung der Formate erfolgt unter Angabe der Formatreihe sowie mit Ziffern (von 0 bis 8), die sich auf die Anzahl der auf das Ausgangsformat bezogenen Halbierungen (oder Falzungen) ergeben. Die Millimeter-Maße der beschnittenen Ausgangsformate sind: A0 = 841 × 1.189 (dann A1 = 594 × 841, A2 = 420 × 594 usw.), B0 = 1.000 × 1.414 (B1 = 707 × 1.000 usw.) und C0 = 917 × 1.297 (C1 = 648 × 917 usw.).

Papiergewicht
→ Flächengewicht.

Papierherstellung
→ Langsiebpapiermaschine, → Rundsiebpapiermaschine, → Handschöpfen.

Papiermaße
→ Papierformate, → Zählmaße.

Papiersorten
Papiere werden u.a. nach Stoffzusammensetzung (etwa: Hanfpapier), Herstellungsart (etwa: handgeschöpft), Verwendungszweck (etwa: Druckpapier, Schreibpapier, Zeichenpapier, Packpapier, Fotokopierpapier) oder Oberflächenbeschaffenheit (Naturpapiere, gestrichene Papiere, Spezialpapiere) in Sorten eingeteilt.

Papierstereotypie
1829 patentiertes, von Claude Genoux entwickeltes → Stereotypie-Verfahren; von einer Hochdruckform wird ein Abdruck in einer hitzebeständigen Papiermater angefertigt, diese Papiermater dient dann als Gußform für Bleistereos.

Papierveredelung
Weiterverarbeitung des maschinenglatten Papiers in der Papierherstellung, vorwiegend → Satinierung im → Kalander und → Streichen, vereinzelt auch Gummieren, Kleben, Leimen usw.

Pappe
Aus mehreren miteinander (durch Gautschen oder Leimen) verklebten Papierschichten bestehender Werkstoff für die Druckverarbeitung; verschiedene Sorten wie Graupappe (Buchbinderpappe), Braunpappe (Lederpappe) oder Holzpappe (Preßspan).

Pappband
Einband, bei dem stabiler Rücken und Deckel mit Papier überzogen sind.

Papyrus
Aus dem Stengelmark von Papyruspflanzen angefertigtes Schreibmaterial.

Paralleldrucker
Ein an die → Parallelschnittstelle eines Computers angeschlossener Drucker.

Parallelfalzung
→ Falzarten.

Parallelmittenfalz
Die Falzung erfolgt in der Mitte, d.h. der Hälfte der Einlauflänge in das Falzwerk.

Parallelschnittstelle
Standardisierte Datenschnittstelle für die gleichzeitige (parallele) Übertragung mehrerer Bits (meist 8 Bit/1 Byte); meist die an PCs übliche sog. Druckerschnittstelle, an die neben Druckern auch andere Geräte (→ Modems, externe → Festplatten usw.) angeschlossen werden können.

Paralleltitel
Zweitfassung eines Buchtitels in einer anderen Sprache.

Parameter
In Fotosatzsystemen, DTP- oder Textverarbeitungsprogrammen frei einstellbare Vorgabewerte (für Schrift-, Absatz-, Seitenformate usw.).

PARC
Palo Alto Research Center.

Parenthese
Eingeschobener (und eventuell in Klammern gesetzter) Satzteil; Bezeichnung für die runden und eckigen Klammern (Satzzeichen) im Text.

Paritätsbit
Zur Kontrolle der Datenkonsistenz (im Speicher, bei der DFÜ) an ein → Byte angehängtes → Bit, das bei gerader Anzahl der Einsen des Byte (auf 1) gesetzt wird.

Parity Check
Überprüfung des oder der → Paritätsbits.

Partie
Im Buchhandel zwischen Verlag und Sortimenter festgelegte Abnahmemenge (meist 10 Exemplare), für die ein Mengenrabatt durch Lieferung von Freiexemplaren (→ Partiestücke) gewährt wird; durch Nachbestellungen innerhalb des → Partieergänzungszeitraums können die Bestellmengen unterschiedlicher Einzelbestellungen zur Partie ergänzt werden.

Partieergänzungszeitraum
Vereinbarter Zeitraum, innerhalb dessen Bestellungen für die Gewährung von Rabatten aufaddiert werden dürfen.

Partiestücke
Die bei Mengenabnahme einer → Partie beigelegten Freiexemplare desselben Titels; bei → gemischter Partie Freiexemplare aus dem entsprechenden Teilprogramm.

Passer
Paßgenauer Druck bzw. Übereinanderdruck mehrerer Druckformen.

Paßform
Einzelne Druckform beim Mehrfarbendruck (die genau zu den anderen passen muß).

Paßsystem
System für die Gewährleistung paßgenauen Arbeitens von der Repro bis zur Druckmaschine; von der Herstellung der Farbauszüge bis zum Einbau der fertigen Druckplatten in die Maschine sorgen eingestanzte → Paßlöcher und Paßstiftvorrichtungen (in der Reprokamera, an Montagegeräten, in der Druckmaschine) während des gesamten Verfahrensablaufs für genaues Passen der zusammengehörigen Teile.

Passiver Prüf-Anschluß
Bauelement in TAE-Dosen, das ein Durchmessen der Leitung auch dann erlaubt, wenn kein Gerät angeschlossen ist.

Paßkreuz
Bei der Erstellung von → Farbauszügen oder bei der Filmmontage einkopiertes Kontrollzeichen, das später das exakte Einpassen der Druckformen in die Druckmaschine bzw. die Kontrolle während des Fortdrucks erleichtert.

Paßlöcher
Zur Vereinfachung der Montage und zur Herbeiführung paßgenauer Übereinstimmung bei Mehrfarbensätzen in Filme oder Montagefolien sowie Druckplatten gestanzte Löcher, durch die Paßstifte geführt werden können, die sich an speziellen Montagerahmen bzw. in der Druckmaschine befinden.

Patenschaftsabonnement
Geschenkabonnement, ein von einem Dritten bezahltes Abonnement einer Zeitung oder einer Zeitschrift.

Patrize
Prägestempel, zur Herstellung von → Matrizen oder für die Blindprägung.

Pay-on-demand
Auch Video-on-demand, interaktives Fernsehen, bei dem Filme nach Wahl über Datenleitungen von einem Server abgerufen und angesehen werden können, bezahlt wird entsprechend der Inanspruchnahme.

Pay-TV
Privates Fernsehen mit besonderem Angebot (Spielfilme, Sport), für das extra bezahlt werden muß; die Sendungen sind verschlüsselt und können nur mit Hilfe eines → Decoders betrachtet werden.

Pb
Paperback; Blei (Plumbum).

PC
Personal Computer; Program Counter (Zähler).

PDL
→ Page Description Language.

PEP
→ Packetized Ensemble Protocol.

Peripheriegeräte
An ein eigentlich vollständiges und eigenständig arbeitendes Gerät zusätzlich angeschlossene Geräte; im EDV-Bereich Sammelbegriff für alle Ein- und Ausgabegeräte (Lesegeräte, Modems, Drucker,

zusätzliche Speicher usw.), bei Netzbetrieb auch alle an einem Hauptrechner angeschlossenen Terminals.

Perfor-Bindung
Klebebindeverfahren, bei dem die Lagen am Rücken Ausstanzungen erhalten (und keinen Rückenbeschnitt); der Klebestoff bindet an den Ausstanzungen auch die innenliegenden Viertelbogen.

Perforation
Lochung; Linie aus kleinen Löchern.

Perforator
Lochstreifenstanzgerät im Maschinensatz; buchbinderisches Gerät zur Herstellung einer Perforation.

Perforieren
Mit Löchern versehen.

Pergament
Ungegerbte, mit Kalk haltbar gemachte Tierhaut, früher für Einbände oder wichtige Dokumente verwendet.

Periodika
In regelmäßigem Zeitabstand erscheinende und für die Öffentlichkeit bestimmte Druckerzeugnisse (vorwiegend Zeitungen, Zeitschriften).

Perl
Schriftgrad, 5 p.

PersMail
PM, persönliche Nachricht.

Personal Computer
Im engeren Sinne ein aus dem zum inoffiziellen Industriestandard erhobenen früheren IBM-Personal Computer weiterentwickelter Mikrocomputer; im allgemeinen Sprachgebrauch einfach ein kleiner, preiswerter Computer, der im Unterschied zu einem Großrechner jedermann zur Verfügung steht.

Personalisiert
Auf eine bestimmte Person hin ausgerichtet; beim → Direct Mailing wird durch Anschrift, persönliche Anrede u.dgl. der Eindruck eines individuell produzierten Anschreibens erweckt.

Petit
Schriftgrad, 8 p.

Pflichtbibliothek
Bibliothek, zu deren Aufgaben die Übernahme von → Pflichtexemplaren gehört; allgemein in der Bundesrepublik Deutschland die → Deutsche Bibliothek, die → Deutsche Bücherei und die jeweiligen Landesbibliotheken; in speziellen Fällen (Dissertation, Habilitation) auch die jeweilige Hochschulbibliothek.

Pflichtblatt
Tageszeitung mit überregionaler Verbreitung, die als Medium für → Pflichtveröffentlichungen geeignet ist.

Pflichtexemplare
Gratis und portofrei an bestimmte → Pflichtbibliotheken abgegebene Buchexemplare.

Pflichtveröffentlichung
Bei Aktiengesellschaften gesetzlich vorgeschriebene Veröffentlichung der Bilanzen in → Pflichtblättern.

Pgt
→ Pergament.

Phasenmodulation
PM, → Modulation.

Philologie
Sprach- und Literaturwissenschaft.

Phonem
Laut.

Phonetik
Lautlehre.

Phonetische Zeichen
Lautzeichen, Zeichen zur Darstellung der Aussprache und Betonung von Lauten oder Wörtern; in Wörterbüchern wird allgemein die Lautschrift der International Phonetic Association (IPA) verwendet.

Phonothek
Geordnete Sammlung von Tonträgern.

Pigmente
Im Unterschied zu → Farbstoffen in Wasser unlösliche Farbkörper, nach Herkunft in Mineralpigmente (meist Metalloxide

bzw. -Salze), Metallpigmente (Broncen) und Kohlenstoffpigmente (Ruße) unterschieden (außerhalb der Druckindustrie finden auch Erdpigmente und Organische Pigmente Verwendung), wesentliche Bestandteile der → Druckfarben.

Pigmentkopie
Zur Druckformherstellung im Tiefdruck wird das Bild zunächst auf ein mit einer lichtempfindlichen Dichromat-Kolloidschicht versehenes Pigmentpapier (bzw. eine Pigmentfolie) belichtet, das Pigmentpapier wird anschließend mit der Schichtseite nach unten auf den Druckzylinder aufgelegt, die Schicht wird entwickelt und das Trägerpapier abgelöst. Nach dem Entwicklungsprozeß befindet sich auf dem Zylinder ein Gelatinerelief, das den Ätzvorgang bestimmt.

Pinxit
(Lat. = hat es gemalt) Angabe des Künstlernamens.

Pl
Plastikeinband.

Placierung
Allgemein alle vom Auftraggeber geforderten Bedingungen zur Streuung von Werbemitteln oder Ausstrahlung einer Werbebotschaft; im Zeitungsbereich Platzvorschrift für einen Anzeigenauftrag (Erscheinungstag, Seite, Rubrik usw.).

Plagiat
Akt oder Resultat geistigen Diebstahls, Verstoß gegen urheberrechtliche Schutzbestimmungen durch Verwendung der geistigen Leistung anderer.

Plakatschriften
Druckschriften in großen Schriftgraden (mindestens 14 p).

Planfilm
In einzelnen Filmbogen vorliegender Film, in Unterscheidung zum → Rollfilm.

Plano(bogen)
→ Druckbogen in Unterscheidung zu Rollenpapier.

Planoformate
→ Bogenformate.

Plattenton
Beabsichtigtes Mitdrucken der Plattenoberfläche bei Künstlerdrucken im Tiefdruck.

Plattenzylinder
Bei Offsetmaschinen der Zylinder, der die Offset-Druckplatte trägt (→ Formzylinder, → Zylinder).

Plattform
Ausdruck für die gesamten Hard- und Softwarebedingungen (Betriebssystem, Browser), unter denen eine Anwendung läuft.

Plattformunabhängig
Anwendungen, die auf unterschiedlichen → Plattformen einsetzbar sind, gelten als plattformunabhängig oder plattformunspezifisch; Voraussetzung bildet die Programmierung in einer Sprache, die auf den jeweiligen Plattformen verfügbar ist (etwa: C, JAVA), oder die Verwendung eines entsprechenden Standards (etwa: HTML).

Platzvorschrift
→ Placierung.

Plotter
EDV-Ausgabegerät, bei dem das Bild mittels eines elektronisch gesteuerten Schreibstiftes auf das Papier übertragen wird.

PM
Phasenmodulation, → Modulation; → PersMail.

PoD
→ Publishing on Demand.

Poesie
Durch Rhythmus oder Reim gebundene Sprachform, Gegenteil von Prosa; Dichtkunst

Point
Set, in Amerika verwendetes → typographisches Maß, entspricht etwa 0,94 p oder 0,35 mm.

Polierstahl
Beim Tiefdruck verwendetes Werkzeug zur Bearbeitung von Tiefdruckformen.

Polierstift
Beim Offsetdruck verwendeter Stift mit Glasfaserspitze zur Bearbeitung von Offsetdruckplatten.

Politik
→ Ressorts.

Polling
Überprüfung des aktuellen Zustandes eines angeschlossenen Gerätes (Statusabfrage); Verfahren zur Steuerung einer Datenübertragung, bei dem die Kommunikation im Gegensatz zum → Handshake-Verfahren einseitig durch regelmäßiges Anfragen des Senders an den Empfänger geregelt wird.

Polytype
Häufig beim Satz gebrauchtes Wort, das auf ein Stück gegossen vorliegt.

Positivretusche
→ Retusche.

Postbezieher
→ Bezieher eines Abonnements, der über die Post beliefert wird.

Postdebit
Beförderungszwang.

Posting
Versenden von → Newsartikeln.

Postmaster
Ein für News- und eMail-Belange verantwortlicher Sachbearbeiter bzw. Systemoperator.

Postmonopol
Recht einer Post bestimmter Staaten zur ausschließlichen Beförderung von Briefen, Paketen oder sonstigen Beförderungsgütern (innerhalb des Hoheitsgebiet des entsprechenden Staates).

Postregal
Veraltete Bezeichnung für → Postmonopol.

PostScript
→ Seitenbeschreibungssprache der Firma Adobe, weit verbreitet im DTP-Bereich zur Erstellung hochwertiger Druckvorlagen oder Filme.

Postscriptum
PS, Nachschrift.

Postvertriebskennzeichen
Postalische Kennzeichnung von → Postvertriebsstücken.

Postvertriebsstück
Durch die Post beförderte Zeitung oder Zeitschrift.

Postzeitungsabkommen
Vereinbarung des Weltpostvereins über den → Postzeitungsdienst.

Postzeitungsdienst
Postdienst zur Beförderung von Zeitungen und Zeitschriften (zu ermäßigten Gebühren).

Postzeitungsliste
Verzeichnis der zum Postzeitungsdienst zugelassenen Zeitungen.

Postzeitungsordnung
Vorschriften für den Postzeitungsdienst.

Postzeitungsvertrieb
Für den Postzeitungsdienst zuständiger Zweig der Post.

PPA
→ Passiver Prüf-Anschluß.

PR
→ Public Relations.

PR-Abteilung
→ Public-Relations-Abteilung.

PR-Agentur
→ Public-Relations-Agentur.

Prachtausgabe
→ Bibliophile Ausgabe.

Prägedruck
Prägung, durch starken Druck herbeigeführte Verformung des Bedruckstoffs; meist in Unterscheidung zum → Reliefdruck nur für vertiefendes Prägen verwendete Bezeichnung.

Prägepresse
→ Blindpresse.

Prägung
→ Prägedruck, → Reliefdruck.

Praktikum
Zeitlich befristete Ausübung bestimmter praktischer Arbeiten im Rahmen einer Gesamtausbildung (etwa Betriebspraktikum während des Studiums, Satz-Praktikum während einer Drucker-Ausbildung).

Privatdrucksachen
→ Akzidenzen für private Anlässe (Geburts-, Hochzeits-, Todesanzeigen usw.).

Probedruck
→ Andruck.

Präsenzbibliothek
Im Unterschied zur → Leihbibliothek eine Bibliothek (oder Abteilung innerhalb einer Bibliothek), deren Bestände nur im Lesesaal eingesehen werden dürfen.

Presseausweis
Von Journalisten- und Verlegerverbänden an hauptamtliche Journalisten ausgegebener, bundesweit einheitlich gestalteter Lichtbildausweis.

Pressedienst
Von → Pressestellen oder → Public-Relations-Abteilungen bzw. → Public-Relations-Agenturen herausgegebene kostenlose Informationsschrift, die sich speziell an Journalisten richtet.

Pressegesetz
→ Landespressegesetz.

Presserecht
Allgemein alle für die Presse geltenden Gesetze und Vorschriften; speziell die jeweiligen → Landespressegesetze der Bundesländer.

Pressestelle
Für Öffentlichkeitsarbeit zuständige Abteilung (etwa einer Behörde oder eines Unternehmens).

Pressestenograph
In Zeitungsredaktionen tätiger Berufsstenograph, der telefonisch eingehende Berichte aufnahm (nahezu ausgestorbener Beruf).

Pressevertreter
Redaktioneller oder journalistischer Mitarbeiter eines Presseunternehmens.

Preßkraft
→ Druckkraft.

Primärerhebung
In der Meinungsforschung die direkte Datenermittlung durch Befragung.

Prime
→ Bogensignatur der ersten Seite des Druckbogens.

Printer
→ Drucker.

Printmedien
Für die Verbreitung in der Öffentlichkeit bestimmte Druckwerke aller Art (hauptsächlich Bücher, Zeitungen und Zeitschriften), in Unterscheidung gegenüber den → Non-Print-Medien.

Prinzipal
Lehrherr, Geschäftsinhaber (einer Druckerei).

Privatdruck
Privat veranlaßte Buchauflage (ohne Verlag, ohne bibliographische Erfassung).

Probeabzug
Drucktechnisch (Andruck, Probedruck) oder reprografisch (Lichtpause) hergestellter Abzug der Druckform, der zur Prüfung und gegebenenfalls zu Korrekturzwecken vor dem Fortdruck dient.

Probeband
Selten auch Dummy, nicht zum Verkauf bestimmter, jedoch inhaltlich und technisch fertiggestellter Band.

Probedruck
Der → Bürstenabzug, auf einer Andruckpresse oder in einer Druckmaschine hergestellter → Probeabzug.

Probelieferung
→ Werbeexemplar.

Probemanuskript
Die Veröffentlichung eines Studienwerkes, das von einem Bildungsträger mit eigenen Verlag im Rahmen der angebotenen Lehrveranstaltungen oder Seminare eingesetzt wird, unterscheidet sich von einer Buchveröffentlichung u.a. bei der

Gewinnung neuer Autoren für den Verlag. Neben dem Inhalt wird der Zielgruppe (der Leser oder Nutzer des Studienwerkes) große Bedeutung beigemessen. Daher muß der Autor den Text so verfassen, daß er für die Zielgruppe geeignet ist und sinnvoll mit den Bildungsprodukten kombiniert werden kann.

Bei der Akquisition eines neuen Autors oder der Ausarbeitung eines neuen Themas fordert der Verlag grundsätzlich ein Probemanuskript an. Den Auftrag für die Erstellung eines Probemanuskripts erhält der Autor nach Vorlage einer Gliederung, die mit den Inhalten der Bildungsangebote abgestimmt wird.

Auf der Basis dieses Probemanuskiptes stellt der Verlag zusammen mit dem Bildungsträger fest, ob noch Änderungen hinsichtlich der methodisch-didaktischen Gestaltung des Textes bestehen.

Besteht bereits ein solches Studienwerk und wird dieses überarbeitet, so muß der Autor darauf achten, daß sich die Gliederung und der neue Text in die bestehende Systematik integrieren lassen. Das Probemanuskript sollte je nach Umfang des insgesamt zu vergebenden Auftrages etwa 10-20 Seiten umfassen und in seiner Form der Systematik des Studienwerkes entsprechen. Hilfreich sind hierbei bereits vorgegebene Manuskriptseiten.

Nach der eingehenden Prüfung des Probemanuskriptes und der evtl. notwendigen Rücksprache bzw. Abstimmung mit dem Autor erhält dieser dann – bei Zustimmung – den Auftrag zur Erstellung des endgültigen vollständigen Manuskriptes.
Matthias Pfeil

Producer
→ Hersteller.

Produktioner
→ Hersteller.

Produktionskosten
→ Druckkosten.

Produktionsplan
Nach Autor oder Buchtitel geordnete Aufstellung aller sich in Produktion befindlichen Bücher mit Angaben ihrer technischen Daten: Umfang, Format, Auflage, Erscheinungsziel.

Produktionssteuerung
Koordination aller anfallenden Arbeiten der Buchherstellung mittels → Produktionsplan; Steuerung der Satzherstellung, Disposition der Druckmaschinen, Bereitstellung des Papiers, Festlegung des Bindetermins.

Programmiersprache
Formalisierte Sprache zur Programmierung von Computern.

Prokura
Rechts-Vollmacht im Geschäftsverkehr.

Prosa
Nicht (durch Formen der Dichtkunst) gebundene Sprache, Gegenstück zur → Poesie; freier Text.

Prospekt
Druckschrift für Werbezwecke.

Promotion
Werbung, Werbeveranstaltung.

Promotional books
Anders gestaltete Auflage eines Buchs, für Wühltische oder auch für Werbezwecke (etwa: Verwendung als Werbegeschenk).

Protocol
→ Protokoll.

Protokoll
Übertragungsprotokoll, Bezeichnung für die Richtlinien, nach denen eine Datenübertragung stattfindet, beispielsweise zwischen Faxgeräten, zwischen Computern bei der Datenübertragung oder in einem LAN, oder zwischen Computern und Peripheriegeräten. → Dienst.

Provision
Vergütung im Anzeigen- oder Abonnementgeschäft, die für die Auftragsvermittlung an Dritte (Abonnementvertriebsunternehmen, Handelsvertreter, Werbeagenturen) geleistet wird.

PS
→ Postscriptum.

Pseudo-Duplex
→ Duplex.

Pseudonym
Auch Deckname oder Federname, vom Autor eines Druckwerkes in täuschender Absicht gewählter falscher Autorenname.

PSTN
Public Switched Telephone Network, öffentliches Telefonnetz.

Public Relations
PR (wörtl. „öffentliche Beziehungen"), Öffentlichkeitsarbeit, kommunikativer Kontakt mit der Öffentlichkeit, im Unterschied zur → Werbung mit dem Ziel der Erzeugung bestimmter Einstellungen (Verständnis, Vertrauen, Wertschätzung) eines Publikums (oder der Medien) gegenüber einer Person, einer Institution oder einem Unternehmen. → auch Human Relations.

Public-Relations-Abteilung
PR-Abteilung, die innerhalb einer öffentlichen oder privaten Institution oder in einem Unternehmen für alle Public-Relations-Angelegenheiten zuständige Abteilung.

Public-Relations-Agentur
PR-Agentur, Dienstleistungsunternehmen zur Konzeption, Organisation und eventuell Durchführung von PR-Aktivitäten.

Publikumskatalog
→ Benutzerkatalog.

Publikumszeitschrift
Eine für ein breites Publikum vorgesehene und mit vielfältigen Inhalten versehene Zeitschrift, im Unterschied zur → Fachzeitschrift.

Publishing on Demand
(Vervielfältigung je nach Anforderung), verlegerisches Konzept der kurzfristigen und raschen Herstellung kleiner und kleinster Auflagen in Anpassung der Auflagenhöhe an die aktuelle Marktsituation bzw. an den Eingang der Bestellungen (Extremforderung: Herstellung auch zeitlich erst nach der Bestellung).

Publizitätspflicht
Aktiengesellschaft und Gesellschaften mit begrenzter Haftung gesetzlich vorgegebene Pflicht zur Nennung der Rechtsform, des Sitzes, des Eintrags im Handelsregister, des Geschäftsführers, des Aufsichtsratsvorsitzenden und des Vorstandes bei Vorgängen im Geschäftsverkehr (meist als Angabe auf dem Briefpapier des Unternehmens, bei Verlagen im Impressum); bisweilen auch gesetzlich vorgeschriebene Pflicht zur Publikation von → Pflichtveröffentlichungen.

Pufferspeicher
→ Zwischenspeicher.

Punkt
→ Typographische Maßeinheit, → Didot-Punkt, → Point.

Punktiermanier
Zerlegung von Flächen oder Linien in Punkte, bisweilen bei Kaltnadelradierung, Radierung oder Kupferstich anzutreffen.

Punze
Meißelartig geformter Prägestempel, der mit einem Hammer in den Bedruckstoff eingeschlagen wird (meist zur Lederverzierung).

Punzen
Nichtdruckende Innenflächen des Schriftbildes auf der → Letter; die nichtdruckenden Flächen um das Schriftbild herum nennt man → Fleisch.

Q

QAM
Quadratur-Amplitudenmodulation
→ Modulation.

Quadräteln
Eine Art Würfelspiel; es wird mit mindestens zwei (meist drei) Cicero-Gevierten gewürfelt, und anstelle von Würfelaugen zählt die nach oben liegende Signatur.

Quadratmetergewicht
Flächengewicht
Bezeichnung für das spezifische Gewicht der verschiedenen Papierqualitäten, in Gramm pro Quadratmeter (g/qm).

Quadratur-Amplitudenmodulation
QAM
→ Modulation.

Qualitätskontrolle
Beim Satz: Kontrolle der angegebenen Satzbreite sowie der unterschiedlichen Schriftgrößen, ausgeglichene Wortzwischenräume und Gleichmäßigkeit des Schriftbildes.
Beim Druck: Vorher: Kontrolle der Blaupause auf Stand, richtige Paginierung und Reihenfolge der einzelnen Bogen. Nachher: Kontrolle der Druckbogen (Aushänger) auf gleichmäßige Farbgebung, einheitliche Schwärzung der Texte, Farbgleichheit bei Buchreihen; beim Farbdruck Vergleich von Andrucken mit dem Druckbild.
Bei der Bindung: Richtiger Stand des Einbandes und des Textes (Kopf und Bund), Flexibilität und Bruchsicherheit bei Klebebindung; Stabilitätsprüfung von Buchdecke und Vorsatzpapier.

Quality papers
Überregional verbreitete Zeitungen mit meist politisch-wirtschaftlichem Charakter.

Quart
Buch bis 35 cm Rückenhöhe.
→ Bogenformate, → Buchformate, → Zweibruchbogen.

Quelle
Ursprungs(angabe).

Quellenangabe
Urheberrechtlich vorgeschriebener Hinweis auf die Fundstelle bei Entlehnungen oder Zitaten aus einem fremden Text.

Quellennachweis
Angabe der Quelle, die der Autor verarbeitet hat.

Querbücher
Bücher, deren Seitenformat breiter als hoch ist. Häufig verwendet im Notendruck.

Querformat
Seitenformat, das breiter als hoch ist, im Gegensatz zum Hochformat.

QWERTY-Tastatur
In Deutschland gebräuchliche Computertastatur (nach der Anordnung der Tasten).

QWERTZ-Tastatur
In Großbritannien oder den USA gebräuchliche Computertastatur.

R

Rabatt
Nachlaß auf den Kaufpreis, Preisermäßigung; im Buchhandel Bezeichnung für die Differenz zwischen Einkaufs- und Verkaufspreis eines Buches; → auch Rabattstaffel, → Partie.

Rabattrückbelastung
→ Nachlaßrückvergütung.

Rabattstaffel
Im voraus offerierte Rabatte für Mengenabnahmen, in von der Abnahmemenge abhängiger Staffelung; bei Zeitungen Bezeichnung für Preisermäßigungen im Anzeigengeschäft bei mehrfacher Insertion, bestimmt nach Millimetern (Millimeterstaffel, Mengenstaffel) oder nach der Häufigkeit der Erscheinung (Malstaffel).

Radierung
Tiefdruck mit manuell geätzter Kupferplatte; in die mit einer säurefesten Schicht (Ätzgrund) überzogene Platte wird mit einer (erhitzten)Nadel die seitenverkehrte Zeichnung eingeritzt, anschließend wird die seitlich und rückseitig gegen Säure geschützte Platte geätzt. → dagegen Kaltnadelradierung und Kupferstich).

Rakel
Linealförmige Schabvorrichtung, die beispielsweise zum Abstreifen der überschüssigen Farbe vom Druckzylinder (im Tiefdruck) oder zum Reinigen von Farbwalzen eingesetzt wird.

Rakelstreifen
Fortdruckstörung im Tiefdruck, Streifenbildung im Druckbild durch Scharten in der Rakel.

Rakeltiefdruck
→ Tiefdruckmaschinen.

RAM
Random Access Memory
Schreib-Lese-Speicher, Speicherbereich eines Computers, der beliebig gelesen und überschrieben werden kann, → ROM.

Random Sample
Mit statistischen Verfahren ermittelte Gruppe von Versuchspersonen oder Versuchsobjekten (Zufallsstichprobe). → Leseranalyse.

RARE
Reseaux Associes pour la Recherche Europeene
Europäisches Forschungsnetz.

Raster
Auf einem Glas (Distanzraster) oder einer Kontaktfolie aus Kunststoff (Kontaktraster) angebrachtes Liniengitter (bisweilen statt eines Gitters auch Texturen, Wellenlinien, Spirallinien usw.), das bei der Belichtung zwischen Vorlage und Film angebracht wird und die → Halbtöne der Vorlage in einzelne Punkte (Wellenmuster, Spiralstrukturen etc.) zerlegt; das durch Anwendung eines Rasters entstehende Punktmuster.

Rasterätzung
→ Autotypie.

Rastermesser
Durchsichtige Schablone zur Ermittlung von Rasterweite und Rasterwinkel.

Rasternäpfchen
Die farbführenden, gleichflächigen napfförmigen Vertiefungen der Tiefdruckform beim Raster- bzw. Rakeltiefdruck.

Rasterstege
Im Rakel- bzw. Rastertiefdruck die in gleichen Abständen zwischen den Rasternäpfchen erhöht liegenden, nichtdruckenden Teile der Druckform; sie trennen die Rasternäpfchen voneinander ab und führen die Rakel.

Rastertiefdruck
→ Tiefdruck.

Rasterweite
Im Reprobereich verwendete Kennzahl für die Angabe der Rasterlinien je cm. Je

nach Papierqualität und Druckverfahren werden Rasterweiten zwischen 20 und 70 verwendet.

Rasterwinkel
Winkelung der Rasterlineatur, angegeben in Grad; im Einfarbendruck zur Vermeidung optisch unschöner Effekte benutzt, im Mehrfarbendruck zur Vermeidung des Übereinanderdruckens der verschiedenen Grundfarben; im Einfarbendruck beträgt der Rasterwinkel meist 45° (oder 135°), im Vierfarbendruck 0° (Yellow), 15° (Magenta), 75° (Cyan) und 45° (Schwarz).

Raubdruck
Unter Verstoß gegen den Urheberrechtschutz nachgedrucktes Werk, → Doppeldruck, → Faksimilie-Druck.

Rauhsatz
→ Freimanier, freie Richtung, in Unterscheidung zum → Glatten Satz, → Flattersatz oder → Axialsatz eine typographische Satzanordnung, bei der nicht ausgeschlossene Zeilen ohne festen Rand und ohne Achse frei untereinander stehen.

Rauschen
Zusätzlich zu den → Nutzsignalen und zur → Trägerfrequenz empfangene Informationen, die als Störungen bei der Datenübertragung auftreten; in der elektronischen Bildverarbeitung auch Bezeichnung für (meist farbliche) Verzerrungen im Bild.

RD
Receive Data, Steuerzeichen bei der Datenübertragung; Remove Directory (Löschbefehl).

Recognition Value
Durch Meinungsforschung erhobener Wert für die Wiedererkennung (eines Produkts, eines Firmennamens, oder einer Anzeige).

Redaktionelle Werbung
Eine Anzeige, die durch ihre Aufmachung den Eindruck eines redaktionellen Beitrags erweckt, muß zumindest (am Rand) mit dem Wort „Anzeige“ versehen sein.

Redaktionsgemeinschaft
Gemeinsame Redaktion (oder Teil-Redaktion) mehrerer Zeitungen.

Redaktionsprogramm
Grundsätzliche oder kurzfristige Aufgaben und Ziele einer Redaktion.

Redaktionsschluß
Termin für den Abschluß aller redaktionellen Arbeiten an einem Text; Schlußtermin, nach dem keine redaktionellen Texte mehr (für die nächste Ausgabe) in den Satz gegeben werden können.

Redaktionsstatut
Die „Verfassung“ einer Redaktion, meist in Form einer schriftlich zwischen Redaktion und Verleger festgelegten Vereinbarung über redaktionelle Freiheiten und Einschränkungen, über Mitbestimmungsrechte, Richtlinien-Kompetenzen u. dgl.

Redaktionssystem
Computersystem (meist Teil eines größeren Systems), das von der Erfassung und Bearbeitung redaktioneller Beiträge über den Zugriff auf Archivdaten bis hin zum Seitenumbruch möglichst alle in einer Zeitungsredaktion (und teilweise in der Satztechnik bzw. dem Umbruch) anfallenden Arbeitsabläufe unterstützt; meist in Unterscheidung zu sonstigen abteilungsspezifischen EDV-Systemen des Zeitungsverlags (etwa: Anzeigensystem, satztechnisches System, kaufmännisches System, Vertriebssystem).

Redigieren
Redaktionelles Bearbeiten von Texten, also Korrigieren, Kürzen, Ergänzen, Berichtigen, Kommentieren, Verifizieren, Betiteln und alle sonstigen Arbeiten, die dazu dienen, einen Text satzfertig (oder sendefertig) zu machen.

Referenz-Datenbank
→ Verweisdatenbank, vor allem → Bibliographische Datenbank.

Regionalpresse
Über den engeren (Herausgabe-) Ort hinaus in die umliegenden Gebiete vertriebene Zeitung.

Register
Alphabetisch geordnetes Sach- oder Stichwortverzeichnis mit Seitenangabe; beim → Schön- und Widerdruck, → Umschlagen und → Umstülpen das Aufeinanderpassen der Satzspiegel der Vorder- und Rückseiten (bisweilen Druckregister genannt, in Unterscheidung zum → Falzregister), drucktechnisch auch das durch spezielle Einrichtungen der Druckmaschine (→ Registermarke) bedingte Einhalten des Standes auf dem Druckbogen (beim Mehrfarbendruck → Passer).

Registermarke
Mitgedruckte Markierung, die in der Druckmaschine abgetastet wird und der automatischen Regelung des → Registers dient; bewegliches Teil (Schiebemarke) der → Anlage einer Druckmaschine, das den Bogen seitlich paßgenau ausrichtet; in Tiefdruckmaschinen.

Registratur
Geordnete Aufbewahrung von Daten und Dokumenten.

Reglette
Blindmaterial, Längendurchschuß ab 5 cic, aus Blei, selten auch Kunststoff oder Gummi.

Reiber
Werkzeug für die Herstellung eines Druckes beim → Holzschnitt, → Falzbein.

Reichweite
Durchschnittlicher prozentualer Anteil jener Personen einer ausgewählten Gruppe, die regelmäßig eine bestimmte Zeitung lesen.

Reinschrift
Bezeichnung für eine (für den Setzer) ideale Satzvorlage, also maschinenschriftliche Abschrift eines handgeschriebenen Manuskriptes, oder Manuskript ohne Korrekturen, → Tekturen usw.

Reinzeichnung
Reproreife, gezeichnete Vorlage.

Reiseabonnement
Vom Abonnementvertrieb zum Urlaubsort umgeleitete Zeitung.

Reiseanzeigen
Rubrik im Anzeigenteil mit Inseraten aus dem Hotel- und Touristikbereich.

Reisebuchhandel
Buchhandel unter Einsatz von Vertretern (hauptsächlich Lexika, spezielle Reprints u. dgl.).

Reispapier
Aus Reisstroh hergestelltes Papier.

Reißlänge
Maß für die Reißfestigkeit eines Papiers, angegeben in Metern und bezogen auf die Länge, ab der eine senkrecht aufgehängte Papierbahn durch ihr Eigengewicht reißen würde.

Reiten
Aufsitzen der Oberlängen von Buchstaben auf benachbarten Linien, Lettern oder Blindmaterial.

Reiterwalze
Farbwalze, die auf einer oder mehreren Farbwalzen „reitet“ und hauptsächlich der Verreibung und Speicherung von Farbe im Farbwerk dient.

Reiz-Partie
Besonders hohes Freimengenangebot bei Abnahme mehrerer → Partien.

Reliefdruck
Reliefprägung, häufig syn. zu → Blindprägung gebraucht; im Unterschied zu der per → Prägedruck erzeugten Vertiefung im Bedruckstoff ist die Verformung beim Reliefdruck bzw. bei der Blindprägung erhaben, da der Bedruckstoff nicht nur von einer Seite mit einem Prägestempel, sondern von beiden Seiten mit Patrize und Matrize bearbeitet wird. Während die Blindprägung als eine Art der → Blindverzierung immer ohne Farbauftrag erfolgt, kann beim Reliefdruck auch zusätzlich eine Einfärbung des Reliefs erfolgen.

Reliefprägung
→ Reliefdruck.

Remissionsrecht
→ Rückgaberecht.

Remittenden
Im Handel nicht verkaufte und an den Verlag zurückgesandte (oder für die Rücksendung bereitgelegte) Bücher, Zeitschriften oder Zeitungen (→ auch vereinfachte Remission).

Remote Access
Fernzugriff auf einen Host bzw. Server (über Datenleitungen, im Unterschied zum Zugang über direkt an den Server angeschlossenen Rechner oder Terminals); im Internet meist über → telnet.

Remote Login
Anmeldung bei einem Host beim → Remote Access; häufig auch synonym zu Remote Access verwendet.

Replik
Täuschend echte Druckwiedergabe eines Kunstwerkes.

Reply
Antwort; im Newsgroup-Jargon Bezeichnung für das Senden einer eMail als Antwort auf einen Artikel (anstelle eines öffentlichen → Followups); Bestätigungssignal eines angeschlossenen Gerätes.

Reportage
Aktueller journalistischer Tatsachenbericht, meist knapp gehalten und auf Wesentliches konzentriert, häufig mit Fotos (oder kurzen Filmbeiträgen) ergänzt, der sich auf das eigene Miterleben einer Situation stützt.

Reporter
Journalistischer Mitarbeiter einer Redaktion, der vorwiegend vor Ort recherchiert und berichtet (früher vorwiegend → Reportagen, heute auch zunehmend → Features und → Hintergrundberichte).

Reprint
→ Faksimile-Ausgabe.

Reproduktion
Nachbildung, Wiedergabe eines Originals.

Reproduktionstechnik
Alle Verfahren zur Anfertigung von Wiedergaben bzw. Kopien von Originalen; im Druckbereich alle Verfahren, die die Herstellung einer Druckform zum Ziel haben, meist im eingeschränkten Sinne nur für die nicht-satztechnischen Verfahren verwendet.

Reproduktionsfotografie
Verfahren und Ausrüstungen zur Herstellung von Filmen, die zur Herstellung von → Druckformen dienen.

Reprofähige Vorlage
Zwar grundsätzlich zur Reproduktion geeignete, jedoch erst nach Zwischenschritten (Farbkorrektur, Maskierung, Retusche) zur Druckformherstellung verwendbare Vorlage (Foto, Grafik etc.).

Reprografie
→ Reproduktionsfotografie, → Reproduktionstechnik.

Reprokamera
Spezialkamera für Reproduktionsfotografie.

Reproreif
Reproduktionsfertig, ohne weitere Zwischenarbeiten für die Erstellung von Filmen zur Plattenherstellung geeignet.

Reprotusche
→ Retusche.

Reprotechnik
→ Reproduktionstechnik.

Reset
Zurücksetzen (eines Computers oder einer Anlage auf einen definierten Anfangszustand).

Respektblatt
→ Fliegendes Blatt.

Respondent
→ Disserent.

Ressorts
Einteilung redaktioneller Themen in Sparten bzw. Einteilung einer Redaktion in Unterabteilungen; meist Politik, Wirtschaft, Feuilleton, Lokales, Sport, sowie ggf. Unterressorts.

Retrieval
Suche in einem (meist elektronisch gespeicherten) Datenbestand (→ Datenbank).

Retusche
Korrigierende Überarbeitung von Bildern; werden Vorlagen bearbeitet, spricht man von Vorlagenretusche oder Positivretusche, meist erfolgt die Korrektur jedoch auf den Reprofilmen (Reproretusche).

Revers
Schriftliche, rechtsverbindliche Erklärung.

Revisionsbogen
Erneuter Korrekturabzug nach Satzkorrekturen.

Rezensent
Verfasser einer → Rezension.

Rezension
Besprechen einer künstlerischen Leistung in der Presse, → Buchbesprechung.

Rezensionsexemplar
Vom Verleger an Rezensenten verbreitete Exemplare eines Buchs.

RFC
Request for comments
Dokumente mit Angaben zu den Internet-Standards.

RGB
Red-Green-Blue
Darstellungsart von Bildern bzw. Darstellungsmodus von Bildschirmen.

Rheinisches Format
350 × 510 mm, → Zeitungsformate.

Rheinländer
Schriftgrad, 11 p.

RI
Ring Indicator, Signal der V.24-Schnittstelle beim Eintreffen eines Anrufs.

RIB
Research Interagency Backbone
Hochgeschwindigkeitsnetz in den USA.

Ries
Ursprünglich für 500 Bogen Druckpapier bzw. 480 Bogen Schreibpapier (jeweils 20 → Buch) vorbehaltenes Zählmaß; heute allgemeine Bezeichnung für ein (meist klimasicher verpacktes) Druckpapierpaket, das 100, 250 oder 500 Bogen enthalten kann.

Rillen
Mit Hilfe einer rotierenden Rillenscheibe und einer Unterlage mit Rillform Linien in Papier prägen.

Ringb
→ Ringbuch.

Ringbuch
Buch aus einem stabilen Einband und einer im Rücken montierten Ring-Mechanik, in das einzelne Blätter eingeordnet oder aus dem Blätter entnommen werden können; wird vorwiegend für → Lieferwerke (Loseblattsammlungen) und → Manuals verwendet.

RIPE
→ Reseaux IP Europeenne.

Ritzen
Mit Hilfe einer Ritzeinrichtung (rotierendes, rundes Messer und Gegenwalze) Papier oberflächlich anschneiden.

Rohbogen
Beim Buchbinder aufgelieferte bedruckte Bogen.

Rollendruck
Druck auf Rollenpapier.

Rollensoffset
Offsetdruck auf Rollenpapier, häufig Kurzbezeichnung für eine Offset- → Rollenrotationsmaschine.

Rollenpapier
Endlospapier, in der Papierfabrik zu Rollen aufgewickeltes Papier für den Rollenrotationsdruck bzw. Endlosdruck.

Rollenrotationsmaschine
Rotationsmaschine, in der Rollenpapier verarbeitet wird.

Rollfilm
Aufgerollter Film, in Unterscheidung zum → Planfilm.

ROM
Read Only Memory
Speicherbereich bzw. Datenträger (CD-ROM), auf den (im Gegensatz zum → RAM) nur Lesezugriff möglich ist.

Rotation
→ Rotationsmaschine.

Rotationsmaschine
Rotation, Zeitungsrotation, meist Kurzbezeichnung für die Hochdruck- oder Flachdruckrotationsmaschine einer Zeitungsdruckerei oder die Tiefdruckrotationsmaschine im Zeitschriftendruck; allgemein jede Druckmaschine, bei der Formzylinder und Druckzylinder (und ggf. Gummizylinder) rotieren.

Roulette
Im manuellen Tiefdruck verwendetes Werkzeug, Laufrädchen mit Spitzen, die sich in die Druckplatte eingraben.

Router
Node, Knotenrechner zwischen Datennetzen, der das → Routing bewerkstelligt.

Routing
Weiterleitung von Daten innerhalb eines Internets; die Zieladresse eines Datenpakets wird ermittelt, die geeignete Übertragungsleitung (anhand von Informationen über Leitungszustand, Netzaufbau usw.) ausgewählt und das Datenpaket versandt.

RR
Rückgaberecht, Remissionsrecht, im Buchhandel übliche Abkürzung für → Fest mit Rückgaberecht.

RS-232
Norm für serielle Schnittstellen bei PCs.

RTS
Request to Send
Aufforderung zum Senden, Steuersignal der V.24-Schnittstelle.

Rubrik
Überschriftzeile (einer Kolumne, eines Zeitungsartikels oder eines Kapitels), zur Hervorhebung früher meist in roter (lat. rubrum) Farbe gedruckt; in Zeitungen auch Bezeichnung für die in jeder Ausgabe einem bestimmten Themenkreis vorbehaltenen Artikel (feste Rubrik).

Rubrizierte Anzeigen
Nach bestimmten Themen oder Stichworten unter entsprechenden Überschriften (Gesucht, Gefunden, Entlaufen, Er sucht Sie usw.) geordnete Anzeigen (meist Fließtext).

Rubrum
Kurze Inhaltsangabe (auf Akten); → Impressum einer Zeitung oder Zeitschrift; → auch Rubrik.

Rücken
Buchrücken, → gerader Rücken, → runder Rücken.

Rückentitel
→ Buchbindertitel.

Rückgaberecht
→ Bar mit Rückgaberecht, → Fest mit Rückgaberecht.

Rufnummernübermittlung
Bei Telefonaten innerhalb des → ISDN wird die Anschlußnummer des Anrufers weitergeleitet und auf dem Display des angerufenen Telefongerätes angezeigt.

Rufumleitung
→ Anrufweiterschaltung.

Runden
Herstellung eines → runden Rückens in einer Buchblockbearbeitungsmaschine.

Runder Rücken
Gewölbter Buchrücken, in Unterscheidung zum → geraden Rücken; wird durch das Einziehen der mittleren Lagen des Buchblocks erzeugt (→ Runden) und verhindert das bei häufigem Gebrauch eines Buches entstehende Überragen von Blättern über den Deckenrand.

Rundsiebpapiermaschine
Heute nur noch für die Herstellung von Spezialpapieren (Maschinenbüttenpa-

pier, spezielle Kartons usw.) eingesetzte Maschine zur Papierherstellung.

Rundstereotypie

Herstellung gebogener Stereodruckstöcke für den Rotationshochdruck, → Stereotypie.

Runenschrift

Germanische Schriftzeichen; das Alphabeth heißt Futhark.

Rußfarben

Aus Kohlenstoffpigmenten (→ Pigmenten aus Ruß) hergestellte → Druckfarben.

S

Sachbuch
Buchveröffentlichung von Fakten und Kenntnissen in allgemeinverkäuflicher Form. Dazu gehören auch Lexika, Wörterbücher und Ratgeber.

Sachprämie
Ausgelobte Vergütung, die für die Vermittlung eines Abonnementsauftrages gewährt wird. Sie darf je Monat Bezugsverpflichtung den halben Monatsbezugspreis (auf Ladenverkaufspreis) nicht übersteigen.

Sättigung
→ Dichte.

Salón Internacional del Libro
Jährlich abwechselnd in Madrid oder Barcelona stattfindende Buchmesse.

Sammelausgabe
Sammelband.

Sammelband
Zusammenstellung kleinerer Schriften und Beiträge.

Sammelbuch
Album.

Sammelrevers
Vertrag zwischen Verlegern, Lieferanten und Buchhändlern über die gegenseitige Anerkennung der Preisbindung von Büchern, auch Franzen-Revers.

Sammeltitel
Gesamttitel für ein Werk, das in mehreren Bänden oder Teilen mit jeweils eigenem Haupttitel (Stücktitel) erscheint.
→ Titelei.

Sammelwerk
Umfangreiches Werk mit thematisch aufeinander abgestimmten, in sich abgeschlossenen Beiträgen verschiedener Autoren, z.B. Lexika.
Im urheberrechtlichen Sinne sind S. auch Sammlungen von schriftstellerischen Werken, die durch Auslese oder Anordnung eine persönliche geistige Schöpfung sind. Das Urheberrecht an einem S. steht demjenigen zu, der die Auslese oder Anordnung getroffen hat (Herausgeber).

Sammler
Vorrichtung in der Zeilensetzmaschine, mit der die über die Tastatur angeschlagenen Matrizen zu Zeilen gesammelt werden.

Sämtliche Werke
Das gesamte Lebenswerk eines Autors.

Satellitenanzeige
Mehrere Anzeigen eines Inserenten, die in beliebiger Anordnung auf einer Zeitungs-/Zeitschriften-Seite im Anzeigen- oder Textteil plaziert sind.

Satinieren
Glätten (veredeln) von Papier durch Druck und Wärme.

Satinierung
Papierveredelung.

Satz
1. Art der Satztechnik, Handsatz (aus Einzeltypen), Maschinensatz (mit Setzmaschine), Fotosatz (Fotosetzgeräte, Kompaktsysteme, Verbundsysteme), Schreibsatz (Composer) und Anreibsatz (Transferschriften).
2. In sich gegliederte, einen zusammenhängenden Sinn ergebende Einheit der Sprache.

Satzanordnung
Gruppierung von Wörtern, Zeilen und anderen Satzelementen. Man unterscheidet: zentrierter oder axialer Satz; linksbündiger Satz; rechtsbündiger Satz; Blocksatz; Rauhsatz; Zeilenspaltung; Form- und Figurensatz.

Satzanweisung
Vordruck, auf dem der Arbeitsvorbereiter, der Setzereileiter oder auch der Auftraggeber (z.B. der Verlag) alle für die Herstellung des Satzes notwendigen Angaben machen.

Satzart
Unterscheidung des Satzes nach dem Verwendungszweck.
1. Mengensatz (Werksatz für Bücher, Broschüren und Hefte, Zeitungssatz, Zeitschriftensatz).
2. Akzidenzsatz (Privatdrucksachen, Geschäftsdrucksachen, Werbedrucksachen)
3. Reihensatz (Tabellen, Übersichten, Formulare).

Satzbild
Durch den Satzspiegel bestimmte ästhetische Wirkung einer Buchseite.

Satzbreite
In mm angegebene Breite, in der der Satz laufen soll.
→ Tabellarischer Satz, → Satzherstellung.

Satzfahne
Fahne.

Satzfehler
Fehler im Schriftsatz, Setzfehler, im Gegensatz zum Druckfehler.

Satzfertig
Ausgezeichnetes Manuskript, das an den Setzer übergeben werden kann.

Satzherstellung
→ Fotosatz, → Lichtsatz.

Satzkosten
Gesamtkosten für das Setzen eines Druckwerkes.

Satzlayout
Im Gegensatz zum Grobumbruch verbindliche Vorgabe für den Setzer.

Satzprogramm
Es enthält alle zur Satzherstellung erforderlichen Daten, wird in den Satzrechner eingelesen und steuert unter anderem alle erforderlichen Setzvorgänge bis zur Silbentrennung und den Filmtransport.

Satzrechner
DV-Anlagen, die für die Texterfassung und -bearbeitung programmiert ist. Er kann in die Fotosetzmaschine eingebaut sein, steht aber vielfach auch separat.

Satzspiegel
Die bezogen auf Randbreite, Kopfzeile, Pagina, Spaltenbreite und Spaltenanzahl definierte Fläche einer Seite. → Layout, → Bundsteg, → Steg, → Kolumnentitel

Satzzeichen
Gliederungszeichen für den geschriebenen Text nach den Regeln der Interpunktion.

Saugpost
Stark saugfähiges Papier zur Verwendung auf Schablonenvervielfältigern und Matrizendruckern.

Scanner
Peripheriegerät eines Computers, das Zeichnungen, Bilder auf Texte abtasten, digitalisieren und einlesen kann. Früher auch Farbauszugsgerät.

Scanning
Registriermethode, bei der durch Lesestifte oder stationäre Systeme eine automatische Erfassung der Daten erfolgt. Zugleich Metapher für geschlossene computergestützte Warenwirtschaftssysteme.

Schafleder
Preiswertes Leder für Bucheinbände mit schwacher Narbe und geringer Haltbarkeit.

Schattierung
Im Hochdruck entstehendes Relief auf der Rückseite des bedruckten Papiers.

Schaubild
Vereinfachte Darstellung komplizierter Sachverhalte in grafischer Form.

Schaugröße
Sehr großer, oberhalb der Lesegröße liegender Schriftgrad (ab 14 p).

Schiebemarke
→ Registermarke.

Schieberecht
Aus zwingenden technischen Gründen kann ein Erscheinungstermin einer Anzeige geschoben werden.

Schiff
Metallplatte mit dreiseitig umlaufendem Steg, als Handwerkszeug im Bleisatz zur Zusammenstellung der Satzzeilen zu Rubriken.

Schimmelbogen
Versehentlich nur einseitig bedruckter Bogen, der ebenso versehentlich in ein Buch geriet.

Schlagwort-Bibliographie
Auflistung von Buchtiteln nach Stich- und Schlagwörtern.

Schlagwortkatalog
Verzeichnis von Buchtiteln nach Stich- und Schlagwörtern.

Schlagzeile
Überschriftszeile in Zeitungen, auf der ersten Seite stehend und meist sich über mehrere Spalten erstreckend.

Schleichwerbung
Werbung, die ungewollt in einem Medium erscheint, also auch nicht bezahlt ist.

Schließrahmen
Für den Rotationsdruck im Bleisatz verwendeter Metallrahmen im Seitenformat zur Aufnahme des umbrochenen Satzes.

Schmalbahn
Laufrichtung.

Schmelzkleber
Schnelltrocknendes, rasch erstarrendes thermoplastisches Harz, das bei Temperaturen ab 150°C meist bei Klebebindungen verarbeitet wird.

Schmelzmassenkleber
Hotmelt.

Schmuckbuchstabe
Besonders verzierter, oft bildhaft ausgeschmückter Anfangsbuchstabe eines Textes, auch Initial.
→ Zierbuchstaben, → Zierschrift.

Schmöker
Dickes Buch mit Unterhaltungsstoff. Ursprünglich: ein „durchräuchertes", altes Buch.

Schmuckfarbe
Buntfarbe neben dem üblichen Schwarzdruck zur Unterlegung bzw. zusätzlichen Gestaltung von Text- und Bildelementen.

Schmutztitel
Lediglich aus Name des Verfassers und Haupttitel bestehende, sonst leere, erste Seite eines Buches, auch Schutz-, Vor- oder Vorsatztitel genannt. Früher: Antiporta. → Titelei.

Schneidemaschine
Elektronisch gesteuerte und programmierbare Maschine zum → Beschneiden von Papierstapeln oder Buchblöcken. Mit Hilfe eines Preßbalkens werden die an einer Seiten- und End-Anlage geführten Stapel festgehalten, ein Messer trennt dann den ganzen Stapel durch, bei der Buchherstellung werden auch Maschinen mit drei Messern (zum Beschneiden des Buchblocks in einem Arbeitsgang) eingesetzt.

Schneidewerk
Bestandteil in Rollenrotationsdruckmaschinen, in dem die Papierbahn dem gewünschten Papierformat entsprechend in Längs- und/oder Querrichtung geschnitten wird.

Schnellhase
Scherzhafte Bezeichnung für einen flinken Setzer.

Schnellpresse
Flachformzylindermaschine. 1810 von Friedrich Koenig erfundenes Druckprinzip, bei dem die flache Buchdruckform unter einem beweglichen Gegendruckzylinder hindurchgezogen wird.

Schnellschuß
Auftragsarbeit, deren Ausführung brandeilig ist und vorrangig erledigt werden muß.

Schnelltrennsatz
Durch eine Trennleiste festverbundene Form des Geschäftsvordruck-Satzes aus selbstdurchschreibendem Papier.

Schnittstelle
Datenübertragungspunkt. Verbindung von unterschiedlichen PC-Komponenten.

Übergabestelle: V-Schnittstellen für die Datenübertragung über Fernsprechwege; X-Schnittstellen für die Datenübertragung in Datennetzen.

Schnurzug
Schreibweise, bei der immer die gleiche Strichstärke entsteht.

Schöndruck
Das nur einseitige Bedrucken des Papiers insbesondere als Bedrucken der Vorderseite, dem der Widerdruck als Bedrucken der zweiten Seite folgt.

Schöner
Zusatz von Teerfarbstoffen zur Verbesserung der Tiefenwirkung von Druckerschwärze.

Schönseite
Die Seite des Papiers, die bei der Fabrikation „oben" liegt und dadurch eine gleichmäßigere Oberflächenstruktur bekommt als die auf dem Sieb liegende Rückseite.

Schön- und Widerdruck
Das zweiseitige Bedrucken von Papier mit jeweils unterschiedlichen Druckformen; opistographischer Druck. → Register.

Schrägschrift
Eine in der Regel schräg nach rechts stehende Schrift. Kursiv.

Schraffen
Schlußstriche an Antiqua-Buchstaben, die den Zeilencharakter betonen.

Schraffieren
Die Fläche einer Zeichnung mit vielen parallelen Linien bedecken.

Schrankfalz
Fensterfalz.

Schrenz
Rückeneinlage der Buchdecke aus dünner, extrem zäher Pappe.

Schreibsatz
Satz, der mit einer Schreibsetzmaschine in den Schriftgrößen von 6 p bis 12 p auf Papier oder transparente Spezialfolie hergestellt wurde.

Schrift
1. Schriftarten
2. Literarisches Werk.

Schriftart
Die Darstellung der einzelnen Buchstaben einer Schriftfamilie, zum Beispiel Helvetica, New York, Times usw. Die S. von Druckschriften wird nach DIN 16518 klassifiziert.

Schriftbild
1. Äußere Form einer Schrift.
2. Druckende Fläche der → Letter.

Schriftbildträger
Die meist zu rechteckigen oder kreisrunden Einheiten zusammengefaßten negativen Schriftzeichen der Fotosetzmaschine und -geräte. Das können neben auswechselbaren Einzelnegativen, die sich in einem Rahmen befinden, Schriftscheiben, Schrifttrommeln aus Glas oder ähnlichem Material sein oder Schriftbänder aus Film. Sie werden auch als → Font, Grid oder Segment bezeichnet.

Schriftbreite
Breite des Schriftbildes. Man unterscheidet schmal-, normal- und breitlaufende Schriften. Vergleichsmaßstab ist, wie viele Gemeine auf 40 Cicero Breite gehen.

Schriftdatei
→ Font.

Schriftdeutung
Graphologie.

Schriftenklassifikation
Einteilung aller Druckschriften nach der Norm DIN 16518.
Gruppe I: Venezianische Renaissance-Antiqua (Trajanus, Schneidler-Mediäval, Amalthea, Centaur)
Gruppe II: Französische Renaissance-Antiqua (Garamond, Weiß-Antiqua, Trump-Mediäval, Palatino)
Gruppe III: Barock-Antiqua (Caslon-Antiqua, Baskerville-Antiqua, Janson-Antiqua, Times)
Gruppe IV: Klassizistische Antiqua (Bodoni-Antiqua, Didot-Antiqua, Walbaum-Antiqua, Augustea)
Gruppe V: Serifenbetonte Linear-Antiqua (Beton, Memphis, Melior, Candida)
Gruppe VI: Serifenlose Linear-Antiqua

(Futura, Folio, Akzidenz-Grotesk, Helvetica)
Gruppe VII: Antiqua-Varianten (Largo, Neuland, Weiß-Lapidar, Mosaik)
Gruppe VIII: Schreibschriften (Charme, Virtuosa, Mistral, Legende)
Gruppe IX: Handschriftliche Antiqua (Post-Antiqua, Time-Script, Delphin, Hyperion)
Gruppe X: Gebrochene Schriften (Untergruppe a: Gotisch (Jessen-Schrift, Gotenburg, Manuskript-Gotisch, Maximilian))
(Untergruppe b: Rundgotisch (Wallau, Weiß-Rundgotisch, Gotico, Kühne-Schrift))
(Untergruppe c: Schwabacher (Alte Schwabacher, Renata, Lutheran, Nürnberger Schwabacher))
(Untergruppe d: Fraktur (Breitkopf-Fraktur, Unger-Fraktur, Frühling))
(Untergruppe e: Fraktur-Varianten (Claudius, Rhapsodie, Koch-Schrift, Postfraktur))
Gruppe XI: Fremde Schriften (Chinesisch, Sanskrit, Kyrillisch, Arabisch u.a.)

Schriftfamilie
Liegt eine Schrift in allen Schriftgraden vor, spricht man von einer Schriftfamilie.

Schriftform
Druckstock für den Textsatz.

Schriftgarnitur
Zusammenstellung von normalen, fetten und kursiven Schriftschnitten einer Schriftart.

Schriftgießerei
Werkstatt zur Herstellung von Lettern aus Metall.

Schriftgrad
Kegelstärke der → Letter, im Handsatz meist in p (typographische Maßeinheit) angegeben.

Schriftgradbenennung
Typographische Maße: Viertelpetit (Non plus Ultra), Viertelcicero, (Brillant), Halbpetit (Diamant), Perl, Nonpareille, Kolonel (Mignon), Petit, Borgis, Korpus (Garmond), Cicero, Mittel, Tertia, 1½ Cicero, Text, Doppelcicero, Doppelmittel, Doppeltertia, 3 Cicero (Kanon), Doppeltext, 4 Cicero (Kleine Missal), 5 Cicero (Sabon).

Schriftgrade
→ Borgis etc. → Schriftgradbenennung.

Schriftgröße
→ Schriftgrad.

Schriftgruppen
→ Druckschriften, → Fraktur, Gr. 1 Venezianische Renaissance-Antiqua, 2 Französische Renaissance-Antiqua, 3 Barock-Antiqua usw.

Schrifthöhe
Letternhöhe
Gemessen von der Unterkante des Fußes bis zur Oberkante der Bildfläche: Normalschrifthöhe 62 2/3 p. → Letter.

Schriftkegel
Die Ausdehnung der Bleisatzletter in der vertikalen Achse (entspricht in der Regel dem Schriftgrad).

Schriftlage
Rechtsneigung der Buchstaben von der Senkrechten bis etwa 30 Grad (kursiv).

Schriftbreite
Buchstabenbreite im Verhältnis zur Buchstabenhöhe: extra schmal, schmal, normal, breit, extra breit.

Schriftleitung
Redaktion einer Zeitung.

Schriftline
Unterer Rand der Buchstabenmittellängen, → Letter.

Schriftmetall
Legierung aus Blei (Pb, ca. 67%), Antimon (Sb, ca. 28%) und Zinn (Sn, ca. 5%), früher teils auch noch mit Kupfer oder Wismuth. Blei läßt sich bei niederem Schmelzpunkt gut gießen und nimmt leicht Farbe an, Antimon härtet die Legierung und Zinn macht sie leichtflüssig und bindet die beiden anderen Metalle.

Schriftprobe
Kurzer, gesetzter Text als Probe einer Druckschrift.

Schriftsatz
Aus Lettern zusammengefügte Vorlage für den Druck, auch: Satz.

Schriftscheibe
Schriftbildträger. Glasscheibe aus optischem, dimensionsstabilem Glas, versehen mit einer Chromschicht oder mit Scheiben aus Kunststoff.

Schriftschnitt
Bestimmtes Buchstabenbild innerhalb einer Schriftfamilie, unterschieden nach Schriftlage, Strichstärke und Schriftbreite.

Schriftspiegel
Satzspiegel.

Schriftstärke
Angabe über die Stärke des Schriftzuges (Duktus) einer Druckschrift: mager, halbfett, fett.

Schriftverlauf
→ Aristerographisch, → bustrophedisch, → dexiographisch.

Schriftsteller
Schöpfer und Verfasser von Sprachkunstwerken.

Schriftlinie
Die Hauptstilrichtungen, nach denen Druckschriften im lateinischen Alphabet unterschieden werden, sind Fraktur und Antiqua.

Schuber
Futteral aus Leder oder Pappe zum Schutz oder zur Zusammenfassung von Büchern, oft mit Chamois gefüttert.

Schuhebauen
Aus Stegen und Regletten hergestellte Unterlagen, um Klischees im Bleisatz auf Schrifthöhe zu bringen.

Schulbuch
Vom Kultusministerium eines Bundeslandes genehmigtes Buch, das Unterrichtszwecken dient. Es ensteht in der Regel unter Anleitung von Pädagogen und ist nach didaktischen Prinzipien aufgebaut.

Schulbuchverlag
Verlagsunternehmen, das sich mit der Herausgabe und dem Vertrieb von Schulbüchern beschäftigt.

Schulterhöhe
Typenhöhe vom Fuß bis zum Kopfansatz eines Buchstabens. Die Schulter ist die Fläche, auf der der Buchstabenkörper liegt.

Schundliteratur
Abwertende Bezeichnung für literarisch anspruchslose und moralisch minderwertige Texte der Trivialliteratur.

Schuster
Scherzhafte Bezeichnung für einen Setzer, der sein Handwerk nur schlecht beherrscht.

Schusterjunge
Die als letzte Zeile einer Seite oder einer Spalte plazierte, häufig eingezogene Anfangszeile eines Satzes (Absatzes); → Hurenkind.

Schutzfrist
Im Urheberrecht festgelegte Dauer des urheberrechtlichen Schutzes für Werke der Literatur. Danach sind die Werke eies Autors bis zum vollendeten 70. Kalenderjahr nach seinem Tod urheberrechtlich geschützt.

Schutzumschlag
Zusätzlich zum Einband und um diesen lose herumgelegter Umschlag.

Schutzzeichen
Internationales urheberrechtliches Signet (Artikel III WUA). Bestandteile: 1. eingekreistes ©, 2. Name des Inhabers des Urheberrechts, 3. Jahreszahl der ersten Veröffentlichung.

Schwabacher
Eine um 1400 aus der Bastard entstandene, derb und behäbig wirkende Druckschrift.

Schwarzdruck
In der Philatelie gebräuchliche Bezeichnung für unbunte, also mit schwarzer Farbe gedruckte Briefmarke.

Schwarzweißzeichnung
Zeichnung mit schwarzen und weißen Flächenelementen mit Strichcharakter.

Schweizer Broschüre
Fadengeheftete oder klebegebundene Broschüre, die am Rücken mit Gewebe gefälzelt ist.

Schweizerdegen
Facharbeiter, der sowohl Setzer als auch Drucker ist. Das Wort stammt von jenen hochqualifizierten Arbeitern, die ursprünglich aus der Schweiz kamen und nach ihrer handlichen Nahkampfwaffe benannt wurden.

Scouts
Verlagsrepräsentanten, die sich um den Verkauf von Übersetzungsrechten in andere Länder bemühen.

SC-Papier
Nichtgestrichenes Papier, das für hochauflagige, im Tiefdruck hergestellte Zeitschriften verwendet wird.

Scribble
Skizzenhafter Rohentwurf eines Druckwerkes.

Scriptorium
Schreibraum im mittelalterlichen Kloster.

Scroll-Einrichtung
Sichtbarmachung des gesamten Textes aus dem Bildschirmspeicher durch Vor- und Rückwärtsbewegung der Zeilen.

Search engine
→ Suchmaschine.

Sedez
→ Bogenformate, → Vierbruchbogen.

Seite
Vorder- und Rückseite eines Blattes, die in der Regel durch Paginierung gekennzeichnet ist.

Seitenbeschreibungssprache
Programmiersprache, mit der die Elemente von Satz- und Bildseiten wie z.B. Zeichen, Flächen, Abbildungen, Linien etc., für die Ausgabe mit Druckern und Belichtern beschrieben werden. → Page Description Language; → PostScript.

Seitengröße
Die in Zentimetern oder Millimetern ausgedrückten Abmessungen der Seiten eines aus mehreren Blättern bestehenden Druckerzeugnisses (z.B. eines Buches). Üblicherweise spricht man vom Seitenformat. Zu unterscheiden ist zwischen der unbeschnittenen (sich durch das Falzen eines Druckbogens ergebenden) und der beschnittenen (nach dem dreiseitigen Beschneiden entstehenden) S.

Seitenlauf
Abfolge der Seiten eines Buches oder einer Zeitschrift.

Seitenmontage
Standgerechte Film- oder Papiermontage von Seiten.

Seitenpreis
Preis für eine Anzeigenseite.

Seitenrichtig
Leserichtig.

Seitensteg
Äußerer, den Satzspiegel umgebender Rand, auch: Außensteg.

Seitenumbruch
→ Umbruch.

Seitenverhältnis
Verhältnis der kürzeren zur längeren Seite bei Formaten.

Seitenverkehrt
Leseverkehrt. Das Gegenteil von seitenrichtig.

Seitenzahl
1. Gesamtzahl der Innenseiten eines Druckerzeugnisses inklusive der unnumerierten Vakatseiten.
2. Pagina.

Sekundärliteratur
Untersuchungen und Kommentare zu Werken der sogenannten Primärliteratur.

Sekundärfarbe
Mischfarbe aus zwei Grundfarben, die deshalb auch Zweitfarbe genannt wird.

Sekunde
Sternchen im Beschnitt der dritten Seite eines Bogens als Bogennorm zur Orientierung für den Buchbinder.
→ Bogensignatur.

Selbstkostenverlag
Verlag, der sich sämtliche Herstellungskosten vom Verfasser bezahlen läßt.

Selbstverlag
Eigenverlag eines Autors, der ausschließlich eigene Werke verlegt, bewirbt und ausliefert.

Senefelder
Erfinder der Lithographie (Steindruck), dem kunsthandwerklichen Vorläufer des modernen Offsetdrucks.

Semiotik
Allgemeine Zeichentheorie, die alle Arten sprachlicher und nichtsprachlicher Codes und Zeichensysteme untersucht.

Sequentieller Zugriff
→ Zugriff auf Daten oder Speicherbereiche in vorgegebener Reihenfolge, im Unterschied zum → Direktzugriff.

Serielle Schnittstelle
→ RS232

Serifen
Kleine Abschlußstriche an Dach, Kopf und/oder Fuß der Buchstaben bestimmter Schriftfamilien (z.B. Times), die damit als Serifenschriften im Unterschied zu serifenlosen Schriftarten bezeichnet werden.

Serifenlose Linear-Antiqua
Schriftgruppe VI der Schriftenklassifikation nach DIN 16518, auch Grotesk-Schrift genannt. Bekannteste Schrift dieser Gruppe ist die Helvetica.

Serigraphie
→ Siebdruck.

Server
Hauptrechner innerhalb eines Netzes mit Programm- und Datenangeboten, auf die → Client-Rechner oder -Programme zugreifen können (daemon, → Host)

Set
→ Point.

Setzer
Fachkraft, die Satz erstellt.

Setzerei
Betrieb, in dem Manuskripte gesetzt werden.

Setzfehler
Satzfehler.

Setzkasten
Kasten, in dem Bleilettern für den Handsatz geordnet liegen.

Setzmaschine
Maschine zur Herstellung des Schriftsatzes (z.B. Zeilengußmaschine). → Matrizensatz-Drucktypenguß, → Matrizensatz-Zeilenguß.

SGML
Standard Generalized Markup Language ANSI-Standard für die Formatierung von Dokumenten.

Shift
Buchstaben-Ziffern-Umschaltung bei Texterfassungsgeräten zur besseren Tastaturnutzung.

Siebdruck
Durchdruckverfahren, bei dem die Farbe durch ein Sieb, das straff auf einen Druckrahmen gespannt ist, hindurch auf den Druckträger gebracht wird.
Auch: Silkscreen-Druck.

Siebseite
Die Seite, mit der das Papier bei der Herstellung auf dem Sieb liegt, so daß sich die Siebstruktur bei maschinenglatten Qualitäten rasterförmig leicht markiert.

Sigeln
Aufnahme von Buchtiteln in Katalogen oder auf CD-ROM mit einem Abkürzungszeichen, aus dem ersichtlich wird, welche Barsortimente den betreffenden Titel führen.

Signalfarbe
Zusatzfarbe, meistens Rot, die zur Hervorhebung von Textpassagen oder Überschriften dienen soll.

Signatur
1. Bogenziffer am Fuß oder im Beschnitt der ersten Seite eines Bogens, meist zusammen mit der Norm. Kontrollhilfe für das Zusammentragen der gefalzten Bogen zum Buchblock. → Bogensignatur; → Letter.
2. Künstlerzeichen auf einem druckgrafischen Blatt.
3. Kurzzeichen als Unterschrift.

Signet
Graphisch gestaltetes, meist vom Künstler entworfenes Betriebs- und Markenzeichen.
Von der mittelalterlichen Druckermarke, die die Ursprungsstätte des Druckerzeugnisses dokumentierte, abgeleitetes Verlagszeichen, das auf den Bucheinbänden aufgedruckt wird.

Silbenschrift
Im Unterschied zur → Buchstabenschrift oder zur → Wortschrift werden bei der Silbenschrift ganze Silben durch Zeichen wiedergegeben.

Silbentrennung
Bei ausgeschlossenem Satz (Blocksatz) gegebenenfalls erforderliche Aufteilung von „überlaufenden" Wörtern am Zeilenende nach den grammatischen Regeln der S. Computer-Satzprogramme umfassen auch ein S.programm. Sie sind eine Kombination aus sprachlogischen Regeln und Wörterbuch. Ein hundertprozentige Trenngenauigkeit ist bisher nicht erreicht worden.

Silkscreen-Druck
Siebdruck.

Sitz-Redakteur
Der Redakteur, der V.i.S.d.P. (verantwortlich im Sinne des Pressegesetzes) ist, also gegebenenfalls im Gefängnis „einsitzen" muß.

Skalieren
Maßstabsgerechtes Vergrößern oder Verkleinern von Schriften und Bildern.

Skonto
Preisnachlaß, der dafür gewährt wird, daß ein Rechnungsbetrag innerhalb einer bestimmten Frist bezahlt wird.

Slogan
Einprägsamer Spruch, mit dem in der Werbung ein Produkt angepriesen wird.

SMTP
Simple Mail Transport Protokoll.
Erstes eMail-Protokoll im Internet, später ergänzt durch → MIME.

Softcopy
Textausgabe auf dem Bildschirm zum Korrigieren und Redigieren.

Software
Programme zum Betrieb eines Computers.

Software-Handshake
→ Handshake.

Solandermappen
Ursprünglich seitlich versteifte Mappen zum Aufbewahren botanischer Präparate. Heute für Kleinauflagen oder wertvolle Briefpapiere als Staubschutz und Schmuck.

Sonderdruck
Teildruck aus Sammelwerk oder Zeitschrift für den Autor oder einen bestimmten Leserkreis. Vorzugsausgabe.

Sonderzeichen
Sammelbegriff für arabische Ziffern, Interpunktionszeichen, Ligaturen, Akzente, phonetische, mathematische, botanische Zeichen, Währungszeichen usw.

Sortiment
Warenangebot (z.B. einer Buchhandlung).

Sortimenter
Buchhändler, der aus dem Gesamtangebot der Verlage sein eigenes Sortiment auswählt. → Sortimentsbuchhandel.

Sortimentsbuchhändler
Bucheinzelhändler, der ein Angebot von unterschiedlichen Büchern aus verschiedenen Verlagen bereithält, im Unterschied zum → Verlagsbuchhandel.

Sortimentsbuchhandlung
Buchhändlerischer Geschäftsbereich, der Bücher im Ladengeschäft auf der Grund-

lage des dort eingelagerten Sortiments anbietet.

SO-Schnittstelle
Ermöglicht die Anschaltung von → ISDN-Endgeräten.

Spacing
Ausschluß.

Spalte
In der Breite bestimmte Anordnung des Satzes in einem Druckwerk.

Spaltenbreite
Maß für die Zeilenlänge einer rubrizierten Textseite. Bei der Anzeigenberechnung ist dies die Bezugsgröße für den Millimeterpreis.

Spaltenlinie
Graphisches Trennelement zwischen Spalten in Druckwerken.

Spaltensatz
Belichten von Fotosatz in Spalten bestimmter Breite.

Spaltenumbruch
Umbruch.

Spationieren
Erweitern der Laufweite durch Vergrößern der Buchstabenabstände.

Spatien
(Einzahl: Spatium)
Blindmaterial im Bleisatz zum Herstellen der Wortabstände.

Spatienkeile
Keilförmige Ausschlußvorrichtung bei Bleisatzmaschinen zum automatischen Regulieren der Abstände zwischen den Wörtern.

Special-interest-Zeischrift
Zeitschrift für ein spezielles Marktsegment (z.B. Reiter, Gourmets, Briefmarkensammler, Kapitalanleger usw.).

Speck
Manuskript, für das sehr viel Stehsatz verwendet werden konnte. Der Ausdruck stammt aus der Zeit der Akkordsetzer.

Spektralfarben
Die Farben des Spektrums (Violett, Blau, Cyan, Grün, Gelbgrün, Gelb, Orange, Rot, Dunkelrot).

Sperren
Vergrößern der Abstände zwischen den Buchstaben, im Gegensatz zum Unterschneiden.

Spiegel
1. Die Hälfte des → Vorsatzes, die mit dem Buchdeckel verklebt wird.
2. In der Montage die Bezeichnung für den Satzspiegel mit Seitengröße und Einteilung der Seite.

Spieße
Hochstehendes Blindmaterial im Bleisatz.

Spiralbindung
Fadenloses Bindeverfahren, bei dem lose Blätter am Rücken so durch eine Spirale aus Metall oder Plastik verbunden werden, daß sie planliegend aufgeschlagen werden können.

Spitzmarke
Überschrift am Anfang eines Textabschnittes z.B. bei Lexika.

Splendid
Stark durchschossener Satz, im Gegensatz zu kompreß.

Splitting
Auflagensplitting: Prospektbeilage nur bei einem Teil der Auflage. Anzeigensplitting: Belegung der gesamten Auflage eines Werbeträgers mit verschiedenen Anzeigenmotiven. Diese können in der gleichen Auflage abwechselnd erscheinen (mechanischer Split) oder in verschiedenen, nach Verbreitungsgebieten getrennten Teilen der Auflage erscheinen (geographischer Split). Beim Partner-Split belegen mehrere Inserenten je einen Teil der Auflage.

Sponsor
Finanzieller Förderer eines Künstlers oder Kunstwerkes mit werblichen Absichten.

Sponsored Books
Auftragsproduktionen und entsprechend finanzierte Bücher für Firmen, Organisationen, Behörden oder Einzelpersonen, die auch für den freien Verkauf bestimmt sind.

Spooler
Programm für Spooling, daemon.

Spritzretusche
Graphisches Verfahren, bei dem die Farben über verschiedene große Flächen gesprüht werden. Je nach dem verwendeten Farbton erreicht man eine Aufhellung oder Abdunkelung der bearbeiteten Stelle.

Sprungmarke
Im Code eines Computerprogramms die Stelle, auf die durch einen Sprungbefehl verzweigt wird; auf Anwenderebene auch → Lesezeichen zum direkten Zugang zu einer Eintragung.

Sprungrücken
Einband des Geschäftsbuches, der den Buchblock aus der Rückenrundung herausdrückt und die einzelnen Blätter flach aufschlagen läßt.

SQL
Structured Query Language. Standard-Datenbankabfragesprache für relationale Datenbanken.

Stärkemuster
Leerblock, Probeband aus unbedruckten Bogen (Blindmuster).

Staffelrabatt
Neben dem Grundrabatt zusätzlicher Preisnachlaß für den Buchhändler bei der Abnahme größerer Mengen eines Titels oder einer Reihe.

Stand
Die Zeilen einer Seite sind auf Stand (registergenau), wenn die Grundlinien von nebeneinanderstehenden Seiten in allen Spalten exakt auf gleicher Höhe stehen.

Standard-Buchnummer
ISBN.

Standbogen
Probeabzug, der zur Überprüfung des Verhältnisses von Satzspiegel zur Buchseite dient. Formatbogen mit Angaben zum Format, Satzspiegel usw. (Layout), Ausschießschema.

Standing Order
Auf eine einmalige Bestellung hin liefert der Verlag bis auf Widerruf Fortsetzungen der bestellten Serien, Reihen, u.ä. an den Besteller. In Deutschland wird dieser Begriff umgangssprachlich auch für die → Blanket Order verwendet.

Stapelverarbeitung
→ Batch-Betrieb, Gegensatz Dialogbetrieb.

Steg
→ Bundsteg.

Stege
In cm gemessene, den Satzspiegel umgebende Ränder.

Stehsatz
Aufgrund von Layoutvorschriften nicht verwendbare Satzfahnen eines Textes bzw. geschlossene, nicht tagesaktuelle Artikel, meist aus der Produktion von Tageszeitungen, die zur späteren Verwendung aufbewahrt werden, im Gegensatz zu Neusatz.

Steindruck
Lithographie (Flachdruck).

Stenogramm
Niederschrift in Kurzschrift.

Stenographie
Durch Verschmelzen von Buchstabengruppen verkürztes Zeichen-Alphabet.

Steppstichheften
Bei diesem Bindeverfahren werden die Bogen durch den Rückenfalz vernäht (Reisepässe, Sparbücher).

Stereo
Duplikat-Druckstock im Buchdruck, der dadurch hergestellt wird, daß eine vom Originalklischee geprägte Mater ausgegoßen wird.

Stereotypie
Mechanische Erzeugung von Duplikatdruckstöcken für den Hochdruck, wobei vom Original (Satz, Originaldruckstock) zunächst ein Abdruck in Maternpappe hergestellt und dieser dann mit Stereometall oder Gummi ausgegoßen wird. Die so erzeugten Druckstöcke (Bleistereo, Gummistereo) können auch gebogen sein (Rundstereo); derartige Druckformen werden für den Rotationshochdruck (etwa im Zeitungsdruck) benötigt.
→ Flachstereotypie.

Stichel
Werkzeug zur Gravur beim Kupferstich oder Stahlstich. Der sogenannte Mehrlinienstichel mit 25 feinen Schneiden im gleichmäßigen Abstand voneinander dient zur manuellen Darstellung von Rastern.

Stiftung Lesen
In der Bundesrepublik 1987 geschaffene zentrale Einrichtung zur Koordination aller Aktivitäten zur Förderung von Buch und Lesen.

Stil
Unverwechselbare, besondere Art und Weise der Formung und Gestaltung von Sprache.

Stockflecken
Gelbliche Flecken auf alten Papieren, die mit Wasserstoffperoxid (3%) entfernt werden können.

Streichen
→ Papierveredelung.

Streifband
Umhüllung für den Versand von Zeitungen im Postzeitungsdienst.

Streulicht
Bildfremdes Licht, das bei Wiedergabe von dunklen Bildpartien zur Verflachung der Zeichnung führt.

Streuung
Planvolle Verteilung von Werbemitteln auf mehrere ausgewählte Werbeträger.

Streuverlust
Maß, in dem eine Werbebotschaft Personen erreicht, die nicht der für dieses Produkt definierten Zielgruppe angehören.

Strich
Vorlagen mit Strichcharakter ohne Halbtöne (Halbtonbilder) bzw. ohne wiederzugebende Halbtöne.

Strichätzung
Original-Druckstock zur Wiedergabe von Schwarzweißbildern (Zeichnungen, graphische Darstellungen) im Hochdruck.

Strichcode
Maschinenlesbarer EAN-Code auf der Rückseite des Bucheinbandes (Eindruck oder Etikett) zur Rationalisierung des Verkaufs (Scannerkasse).

Strichvorlage
Druckvorlage, bei der alle Bild- oder Schriftelemente nur in einem Farbton vorliegen (im Gegensatz zu Halbtonvorlage).

Strichzeichnung
Zeichnung, die nur aus Strichen, Flächen oder Punkten besteht.

Strippingfilm
Spezialfilm für die Fotosatzkorrektur, dessen Schicht sich als dünne Membran entfernen und an der Korrekturstelle einstrippen läßt.

Strohpapier
Einseitig oder beidseitig glattes, ungeleimtes Packpapier geringwertiger Qualität, das aus mechanisch gelöstem Strohstoff hergestellt wird.

Stückdurchschuß
Kurzer Durchschuß (bis 5 Cic.).

Stückkostenrechnung
Umlage aller für einen Titel entstandenen Kosten (Herstellungs- Vertriebs- und Gemeinkosten) auf die Stückzahl der Exemplare.

Stundenbücher
Bedeutsame Gruppe spätmittelalterlicher Gebetbücher.

Sub-Headline
Zwischenüberschrift.

Subscriptio
→ Kolophon.

Subskribent
Besteller einer Subskriptionsausgabe.

Subskription
Vorbestellung eines noch nicht fertiggestellten kostspieligen Werkes, um die Herstellungskosten abzusichern. Der ermäßigte S.preis gilt höchstens bis drei Monate nach Erscheinen des Werkes.

Subskriptionspreis
Sonderpreis, der bei Vorbestellungen eines noch nicht auf dem Markt erhältlichen Produktes gewährt wird. Der S. dient als Kaufanreiz. Vorzugspreis.

Subtraktive Farbmischung
Mischung von Körperfarben, beispielsweise der drei subtraktiven Grundfarben Gelb (Y = yellow), Magenta (M) und Cyan (C) zu Schwarz. Die S. ist stets mit einer Minderung (Subtraktion) der Helligkeit verbunden. Aus jeweils zwei Grundfarben (Erstfarben, Primärfarben) entstehen die Zweit- oder Sekundärfarben: Y + M = Rot, Y + C = Grün, M + C = Blau.

Suchmaschine
Search engine
Suchhilfe im Internet (Alta Vista, Inktomi, Lycos, Yahoo usw.), indiziert Internetdokumente und ermöglicht Zugriff über Stichwort.

Sulfatkarton
Überwiegend aus Sulfatzellulose hergestellter, besonders zäher Karton für anspruchsvolle Verpackungen.

Suntester
Gerät, bei dem mittels starkem Licht das Alterungsverhalten von Papier und Druckfarbe in kurzer Zeit simuliert werden kann.

Supplement
Magazin-Beilage einer Tages- bzw. Wochenschrift mit eigenständigem redaktionellem Inhalt.

Supralibros
Sonderform der Exlibris, auch Superexlibris genannt, bei dem der Name des Besitzers, sein Wappen, Porträt, Wahlspruch oder Signet, auch seine Initialen oder sein Monogramm auf dem Außendeckel eines Buches aufgeprägt ist.

Superbalin
Hochwertiger leinenähnlicher Bezugsstoff für Pappbände.

Symmetrischer Satz
Axialer, zentrierter Satz.

Syndication
Zweitverwertung von Bild- und Textmaterial.

Szenarium
1. Schriftlicher Plan für die technische Umsetzung eines Theaterstückes.
2. Literarische Grundlage des Drehbuches.

T

TA a/b
→ ISDN-Terminaladapter zum Anschluß analoger Endgeräte (Telefon, Telefax) an ISDN.

TA V.24
→ ISDN-Terminaladapter, Modemanschluß.

TA X.21
→ ISDN-Terminaladapter, für den Anschluß von Datenendeinrichtungen mit X.21-Schnittstelle.

Tabellarischer Satz
In Unterscheidung zum → Tabellensatz der Satz tabellarisch untereinander angeordneter Texte oder Zahlen ohne Verwendung von Trennlinien, Rahmen oder sonstigen Tabellenelemente; wird meist auf ganze Satzbreite gesetzt.

Tabelle
In Listen, Spalten und Kolonnen geordnete Übersicht von Text- oder Zahlenelementen, häufig mit Trennlinien, Rahmen und weiteren grafischen Elementen versehen.

Tabellenelemente
Unterschieden werden Kopf, Fuß, Kopflinie, Randlinie, Kopfabschluß- oder Halslinie, Querlinie, Unterteilungslinie, Kolonnen-Unterteilungslinie, Längslinie, Kopflängslinie, Fußlinie, Kolonne und Feld.

Tabellensatz
Im Unterschied zum → tabellarischen Satz der Satz von Tabellen mit trennenden Linien zwischen den Kolonnen, Rahmen und anderen strukturierenden grafischen Tabellenelementen.

TAE
Telefon-Anschluß-Einheit (Telefonsteckdose) der Deutschen Telekom, für ISDN 8-polig, ansonsten 6-polig.

TAE-6-Stecker
Telefonstecker, → TAE.

TAE-8-Stecker
Telefonstecker, → TAE.

Tafel
Gedruckte Abbildung, die in einem Buch auf einer eigenen Seite (und gegebenenfalls innerhalb eines Tafelteils) steht; früher häufig auf speziellem Papier und getrennt vom Werkdruck im Tafeldruck angefertigt.

Tafeldruck
Bilder- oder Illustrationsdruck, separate Herstellung der → Tafeln eines Buches.

Tafelverzeichnis
Abbildungsverzeichnis, Verzeichnis der Tafeln.

tag
Bezeichnung für die HTML-Sprachelemente in HTML-Dokumenten; beispielsweise Formatier-Anweisung, Dialogbefehl (→ form) oder → Link-Definition; <tags> werden in Winkelklammern eingeschlossen.

Tariflohn
Tarifvertraglich vereinbarter Mindestlohn (für eine bestimmte Beschäftigung oder für Lohngruppen).

Tarifvertrag
Kollektiv-Normen-Vertrag, abgeschlossen zwischen Arbeitnehmer- und Arbeitgebervertretern (eines Betriebes, oder einer Region), zur Festlegung tariflicher Rahmenbedingungen (Entlohnung, Arbeitszeit usw.).

Taschenbuch
Buch in einfacher Aufmachung (→ Broschur, → Paperback) im Westentaschenformat.

Tauen
Papiersorte, die im Buchdruck vor allem als → Deckbogen bei der Erstellung des Aufzugs auf dem Druckzylinder oder Drucktiegel Verwendung findet.

Tauschanzeigen
Anzeigen, die von einem Verlag angenommen und an einen anderen Verlag zur Veröffentlichung weitergegeben wurden, spezieller Verrechnungsmodus üblich; → auch Anzeigengemeinschaft.

Tauschexemplar
Zeitungsexemplare, die zwischen Redaktionen (verschiedener Verlage) ausgetauscht werden.

Tausend-Kontakte-Preis
→ Tausenderpreis, bezogen auf je 1.000 Kontakte (von Zielpersonen mit einem Werbemittel).

Tausend-Leser-Preis
→ Tausenderpreis, bezogen auf je 1.000 Leser.

Tausendermillimeterpreis
Millimeterpreis (von Anzeigen), bezogen auf jeweils 1.000 Exemplare einer Auflage (→ Tausenderpreis).

Tausenderpreis
Preis von Drucksachen, umgerechnet auf 1.000 Exemplare; im Anzeigengeschäft bzw. in der Werbung der auf 1.000 Stück umgerechnete Preis einer Millimeterzeile (→ Tausendermillimeterpreis) oder einer Anzeigenseite (→ Tausenderseitenpreis) oder einer sonstigen Werbedrucksache, wobei unterschiedliche Bezugsgrößen zugrundegelegt werden können (Druckauflage, verkaufte Auflage, verbreitete Auflage, Leserzahl, Kontakte).

Tausenderseitenpreis
→ Tausenderpreis von Anzeigenseiten, bezogen auf je 1.000 Exemplare einer Auflage.

TCP/IP
Transmission Control Protocol/Internet Protocol, Übertragunsprotokoll im Internet, inzwischen auch in → intranets sehr verbreitet.

TD
Transmit Data, Sende Daten, Steuersignal der V.24-Schnittstelle.

Technik
Im Verlagsbereich zur Unterscheidung gegenüber der → Herstellung verwendete Sammelbezeichnung für alle Abteilungen, die an der technischen Durchführung der Buchherstellung beteiligt sind (Satz, Repro, Druck, Verarbeitung).

Teilausgabe
Regional begrenzte Ausgabe einer überregionalen Zeitung, meist mit eigenem Lokalteil.

Teilbelegung
Schalten einer Anzeige in einer → Teilausgabe einer Zeitung oder in ausgewählten Zeitungen einer → Anzeigengemeinschaft.

Teiltitel
Einzelner Band einer größeren Werkausgabe oder Reihe, → Reihentitel, → Bibliographische Einheit.

Teilungszeichen
Trennungszeichen, → Bindestrich.

Teilzeitarbeit
Mobilzeitarbeit, in Unterscheidung zur → Vollzeitarbeit ein Arbeitsverhältnis mit vertraglich vereinbarter Arbeitszeit, die unter der betrieblichen Regelarbeitszeit liegt; nach gesetzlichen Vorgaben pauschal besteuert und entweder ganz sozialversicherungsfrei (geringfügige Beschäftigung, weniger als 15 Stunden je Woche und DM 610,– monatlich), frei von Abgaben für die Arbeitslosenversicherung (Wochenarbeitszeit von unter 18 Stunden) oder voll sozialversicherungspflichtig.

Tektieren
Mit Papier überkleben (zu Korrekturzwecken).

Tektonik
Lehre von inneren Aufbau (einer künstlerischen Schöpfung, eines Gedichtes).

Telearbeit
→ Teleheimarbeit.

Tektur
Über eine Textstelle geklebtes Papier mit einem berichtigenden Text.

Telefonische Anzeigenannahme
Annahme einer Anzeige bzw. Aufnahme eines Anzeigentextes am Telefon.

Telefonische Aufnahme
Tonbandaufnahme oder stenographisches Erfassen telefonisch übermittelter Korrespondentenberichte bei einer Zeitung (heute selten).

Telefax
Fax, meist nicht reprofähige Fernkopie, mit Telefaxgeräten bzw. entsprechender DFÜ-Einrichtungen im Computer erzeugte Wiedergabe einer Vorlage.

Telefaxgerät
Fax, an das Telefonnetz angeschlossenes Gerät zur Übertragung von Faksimiles über das Fernsprechnetz.

Telefonmonopol
Bis Ende 1997 vorhandenes Recht der Deutschen Telekom AG, als einziges Unternehmen öffentliche Kabelnetze zu betreiben.

Teleheimarbeit
Auch Telearbeit. Form der → Heimarbeit, bei der daheim an einem PC gearbeitet wird, der über DFÜ mit einem Firmencomputer Verbindung aufnehmen kann; durch die Verbreitung allgemein zugänglicher Datennetze (Internet) technisch problemlos zu niedrigen Kosten realisierbar. In Europa erst wenig verbreitet; als Nachteile werden meist soziale Aspekte (u.a. Isolation, Karriere-Barrieren, sowie eventuelle Schwierigkeiten bei der Gewährleistung von Datensicherheit und Datenschutz erwähnt; als besondere Vorteile werden soziale Aspekte (u.a. Familienfreundlichkeit), Erhöhung der Motivation, große Flexibilität hinsichtlich Arbeitszeiteinteilung und Arbeitsorganisation, Ortsunabhängigkeit, Fahrtkostenersparnisse sowie Arbeitsplatz- und Gemeinkostenreduzierung genannt.

Telesoftware
Über → Btx beziehbare Computerprogramme.

Teletext
→ Videotext.

Teletypesetting
1939 entwickeltes Fernsatzverfahren für Matrizensatz-Zeilengußmaschinen: die Markierungen eines Lochstreifens zur Steuerung einer solchen Setzmaschine wurden elektrisch abgetastet, die Impulse wurden über Telefonleitungen geleitet und konnten beim Empfänger wieder in Lochstreifenperforationen umgesetzt werden.

Television
TV, Fernsehen.

Telex
→ Fernschreiben, → Telexdienst.

Telexdienst
1933 eingeführtes Datennetz, weltweite Fernschreiberverbindung. Sender- und Empfängererkennung, Uhrzeit- und Datumseintrag und Empfangsbestätigung gewährleisten ausreichend Sicherheit für den geschäftlichen oder behördlichen Nachrichtenverkehr, heute meist durch → Telefax und → eMail ersetzt.

telnet
Internet-Protokoll bzw. → Dienst für → Remote Access.

Tenakel
Manuskripthalter.

Tendenzbetrieb
Bezeichnung für Betriebe, in denen die Mitspracherechte der Mitarbeiter in bestimmter Hinsicht (und rechtlich zulässig nach dem Betriebsverfassungsgesetz) eingeschränkt sind; sich einer bestimmten politischen Richtung zurechnenden Zeitungsverlage oder Verlage mit kirchlich-religiösem Verlagsprogramm sind Tendenzbetriebe.

Tendenzblatt
Zeitung, die eine bestimmte politische oder weltanschauliche Richtung vertritt; bisweilen näher bezeichnet mit Begriffen wie links (oder rotes) Blatt oder rechtes (oder schwarzes) Blatt.

Terminal
→ Bildschirmgerät.

Terminalemulation
Programm zur → Emulation eines Terminals (auf einem fremden Terminal oder einem PC).

Terminator
Schlußzeichen, das am Ende eines → Btx-Befehls stehende Steuerzeichen (#); → Initiator.

Terminüberwachung
Kontrolle der festgelegten Ausdrucktermine, rechtzeitiges Anliefern der Rohbogen und des Umschlagmaterials an die Buchbinderei, Ablieferung der fertigen Bücher.
Als Hilfsmittel der Terminüberwachung dienen Dispositionstafeln oder Terminlisten, auf denen die einzelnen Arbeitsschritte kontrolliert werden können.

terminus technicus
Fachausdruck.

Terminvorschrift
Vorschrift zur → Placierung einer Anzeige zu einem bestimmten Termin.

Tertia
Schriftgrad, 16 p.

Testimonial
Zeugnis von zufriedenen Kunden (in Werbeanzeigen).

TeX
Textformatierprogramm, Unix-Welt, vor allem im Hochschulbereich verbreitet.

Text
Text (1) Veralteter, aus Zeiten des Bleisatzes stammender Name für einen größeren Schriftgrad im traditionellen typografischen Maßsystem, der eine Schrifthöhe mit 20 Didot-Punkten bezeichnete (ca. 7,5 mm; 1 p = 0,376 mm); heute wird die Schriftgröße in Millimetern angegeben.
Text (2) Aus latein. textus, mittelhochd. text „Zusammenhang, Aufeinanderfolge" eigentlich „Gewebe, Geflecht". Daher auch die Definition für T.: „Gefüge einer Schrift oder Rede, fortlaufende Darstellung"; zu latein. texere/textum „weben, flechten, zusammenfügend verfertigen". T. bezeichnet den gesprochenen oder geschriebenen Wortlaut eines Liedes, Schriftstücks, Vertrags, einer Überschrift oder Anmerkung. Es handelt sich also 1. um eine Folge von Aussagen, Sätzen, die untereinander in Zusammenhang stehen (Kontext; Kotext bedeutet die „situationelle Umgebung einer sprachlichen Einheit" in der Sprachwissenschaft); 2. die thematisch-inhaltliche Folge einer Schrift oder Rede; 3. das Thema einer Rede, Unterhaltung; 4. die Beschriftung z.B. von Abbildungen; 5. die zu einem Musikstück gehörenden Worte. 6. Als sprachwissenschaftlicher Fachbegriff bezeichnet T. eine begrenzte Folge von sprachlichen Zeichen, die in sich zusammenhängend ist und die als Ganzes eine erkennbare mitteilbare Funktion deutlich macht (Kommunikation). Etymologisch verwandt ist textus mit griech. téchné, téktón. T. bedeutete ursprünglich „Text der Bibel". T. ist immer an Sprache gebunden. Sprache dient in erster Linie der Verständigung zwischen Menschen. Mimik und Gestik zählen zwar auch dazu, aber deren Möglichkeiten sind auf wenige elementare Akte beschränkt. Sprache wird gebraucht, will man sich über komplexe Sachverhalte oder über räumlich und zeitlich Entferntes verständigen. Sprachliche Verständigung erfolgt in Texten. Kleinere Einheiten – Wörter, Wortgruppen, Sätze – tragen zwar zur Textbildung bei, sie reichen aber allein nicht zur Verständigung aus. T. ist im wesentlichen von vier charakteristischen Merkmalen geprägt: a) Texte sind Geflechte von Äußerungen; b) Texte stehen zueinander in Beziehung; c) Texte haben eine nachvollziehbare Struktur; d) Texte sind sortenspezifisch. Das bedeutet: Menschen sprechen mit dem Ziel, sich zu verständigen, führen soziale Handlungen aus, vollziehen Verständigungshandlungen in Form von Sprechakten; diese haben eigene Ausprägungen in den Einzelsprachen, unterscheiden sich aber nicht in den verschiedenen Sprachen, wohl aber in ihren Ausdrucksformen – den Äußerungen, die definiert werden als die einzelsprachliche Realisierung der Sprechakte. Texte bestehen also nicht aus Sätzen oder anderen sprachlichen Konstrukten, sondern aus Äußerungen. Sätze sind satzbauliche, Äußerungen sind mitteilbare/mitteilsame Einheiten, also kommunikativ.

Äußerungen werden zu Sequenzen verbunden, diese wiederum zu höheren Einheiten – und sie benötigen bestimmte Verbindungsmittel, um zum Text werden zu können. Somit trägt eine Äußerung, neben ihren Ausdrucksformen, verbindende Merkmale, die in wechselseitigem, innerem Zusammenhang stehen. Dabei unterliegen T. bestimmten Regeln des Aufbaus mit Groß-/Außenstruktur und Einzelstruktur/Einzeläußerung. Je nachdem von wem, für wen, wozu, unter welchen Umständen sie produziert wurden, erhalten T. ihr eigenes „Gesicht“: jeder T. ist so durch immer wiederkehrende Ausdrucksformen charakterisiert; einen erheblichen Teil dieser Ausdrucksformen ordnen die Grammatiken der deutschen Sprache unter „Stilistisches“ oder „Stilebene“ ein – ein weites Feld. Die Menge der zu klassifizierenden T. ist riesengroß. Aber es gibt durchaus sinnvolle Kriterien für ein System von Textsorten oder -klassen, Texttypen oder -arten. Im wesentlichen hängen die verschiedenen Sorten von Texten der gesprochenen oder geschriebenen Sprache von Absichten, den verfolgten Zielen, speziellen Interessen des Sprechers/Schreibers einerseits sowie von Vorwissen, Aufnahmefähigkeit, Bedürfnissen des Hörers/Lesers und den Beziehungen zwischen Sender und Empfänger andererseits ab. Durch diese Faktoren wird hauptsächlich die Funktion der Textsorte bestimmt. Es sind vor allem sechs Hauptziele zu nennen, durch deren Merkmale somit jeder Text einer Textsorte (von Abmeldung über Mietvertrag bis Zusage) zugeordnet werden kann: 1. Informieren, 2. Veranlassen, 3. Überzeugen, 4. Belehren, 5. Kontaktpflege, 6. Emphase-Abbau.

Jeder Text hat ein spezielles Ziel und zu ihm gehört ein spezielles Zusammentreffen bestimmter Umstände und daraus resultierende Bedingungen, die die Ausdrucksform eines T. regieren. Das Kommunikationsverhältnis zwischen Textproduzenten und -rezipienten entscheidet über die Textart resp. Textsorte. Dem Textproduzenten müssen Ziel und Konstellation bekannt sein, will er den Hörer/Leser erreichen; er muß aber auch wissen, daß Ziel und äußere Umstände (Konstellation) ihm gewisse Ausdrucksweisen vorschreiben, zumindest nahelegen. Und der Hörer/Leser (Rezipient) sollte wissen, daß er von bestimmten Ausdrucksformen auf Absichten, Umstände und Bedingungen schließen kann – nur so kann er den Text verstehen, richtig deuten. Aufgabe des Textes ist es, das bisher Gesagte zu wissen und beim Texten zu berücksichtigen. Ist er geübt, hat er Erfahrung durch praktische Anwendung, läuft vieles „automatisch“ ab; gleichwohl muß er jeden T. neu erarbeiten, genau überlegen – und muß ihn auf die für die Zielgruppe (Rezipienten) bestimmten, formulierten Inhalte hin „abklopfen“.

Texten (s. Text, Texter) bezeichnet die Tätigkeit im Verfassen, Niederschreiben eines oder mehrerer Sätze zu einer Aussage; sie ist eine sinnvolle sprachliche Äußerung, also mit Bedeutung. Das T. in schriftlicher Form kann in Kombination mit bildlichem und gesprochenem Medium erfolgen. Im engeren Sinn versteht man heute unter T., Werbe- oder Schlagertexte zu verfassen.

Texter Mitte des 20. Jahrhunderts entstehen die Ableitungen texten und Texter(in). T. ist eine ganz allgemeine Bezeichnung für einen Verfasser von Texten, eben Textproduzenten. Eine moderne Variante ist der Begriff *Textdichter*, der zu einem Musikstück oder ganzen Musikwerk einen Text dichtet; es beinhaltet gleichzeitig, daß er die Anmutung und emotionalen Formen in der Musik beim Verfassen eines ersonnenen, geeigneten Textes wieder aufnimmt, Melodie und Sprache in Rhythmus und Reim zu einer Ganzheit verbindet. Die Tätigkeit des T. ist eng mit Werbung in all ihren Erscheinungsformen verknüpft. Die Kurzform T. meint heute eigentlich immer den *Werbetexter*. Berufsausbildung: Werbetexter ist kein amtlich anerkannter Beruf, es gibt keinen Ausbildungsplan und kein Berufsbild; in der Liste der freien Berufe erscheint er auch nicht. Die Kollegen von der Zeitung, die Journalisten, haben einen freien Beruf, der nicht zur Gewerbesteuer veranlagt wird. Die Inhalte in der beruflichen Tätigkeit des T. ergeben natürlich ein umfangreiches Berufsbild, und es ist längst überfällig, daß es – ähnlich den Journalisten – eine offizielle, anerkannte Berufsausbildung gibt. (Gleiches gilt auch für Lektoren und Korrektoren). Man erlernt die Arbeit im Training on the Job (z.B. bei Zeitung, Verlag, Werbeagentur), aber auch in Kursen der

Werbefachschule oder Werbefachlichen Akademie.

Arbeitsinhalte: Häufig sind Werbetexter in Werbeagenturen angestellt oder als „Freiberufliche" tätig. Ihre Arbeit ist recht umfangreich und vielseitig, sie können auch spezialisiert sein auf bestimmte Themenbereiche. Hilfreich ist immer, wenn der T. viel gelesen und angesehen hat: Werbebotschaften in unterschiedlicher Form, wie Prospekte, Broschüren, Kataloge, Werbeschreiben, Bewerbungsschreiben, Produktbeschreibungen, Gebrauchsanweisungen, Geschäftsberichte, Inhaltsangaben, Slogans, Anzeigen, Headlines, Fernseh- und Radiowerbung usw. Aus diesem Fundus kann er neue Ideen schöpfen. Bestimmte Eigenschaften sind fürs Werbetexten gefordert: vor allem muß der T. kreativ sein, phantasievoll; originell sein, wahrheitsgemäß und neuartig, frisch formulieren und faszinierend darstellen können; gleichzeitig über klare Ausdrucksweise verfügen, mit Worten gestalten und Stilarten beherrschen und gezielt einsetzen können. Klischees, abgedroschene, überstrapazierte Formulierungen, Worthülsen sind nicht angebracht. Für das Handwerkszeug wichtig sind: 1. analytisches Denken, Disziplin, 2. schnelle Auffassung, 3. Denken im Sinne des Produkts und des Adressaten, 4. Wesentliches von Nebensächlichem unterscheiden, 5. Wesentliches einfach und bildhaft formulieren, 6. Interesse wecken und Rezipienten führen, 7. AIDA-Formel anwenden und USP-Merkmal hervorheben. Werbetexte sind der Textklasse einer kurzlebigen „Konsumliteratur" zuzuordnen. Unerläßlich ist es deshalb, AIDA beim Textaufbau einzusetzen. A = Attention: Aufmerksamkeit erzeugen (Überschrift und Einleitung), I = Interest: Interesse wecken (Leser in den Text ziehen, zum Produkt führen), D = Desire: Verlangen auslösen (Wunsch zum Erwerb des Produkts erreichen), A = Action: Aufforderung zur Handlung aussprechen (Entschluß zum Kauf beeinflussen). USP = *U*nique *s*elling *p*roposition: Einzigartiges Verkaufsargument, das durch überzeugende Aussagen die besondere Eigenschaft eines Produkts hervorhebt, durch die es sich von Konkurrenzprodukten unterscheidet. Ein weiterer, besonders wichtiger Faktor ist die Kenntnis der Zielgruppe(n). In Mediadaten werden qualitative und quantitative Strukturen von ZG erfaßt. Sinnvoll selektierte Marktzielgruppen (= definierter Kreis zukünftiger, potentieller Kunden, der nach Kriterien der Struktur, des Bedarfs oder der Gewohnheiten der Zielpersonen ausgewählt wurde) machen es möglich, angebotsgeeignete ZG ohne Streuverluste (= Summe der nichterreichten Adressaten einer Werbeaussendung = Mailing) zu erschließen. Ein Trick beim Schreiben eines erfolgreichen Werbetextes besteht darin, sich auch in die Befindlichkeit, in die Realität einer Zielperson zu versetzen; durch Umfragen (Meinungsforschung) kann man herausfinden, was und wie eine ZG über das Erfragte denkt. Damit ist der bedeutende Button („Knopf") ermittelt, der bereits im Titel einer Werbebotschaft formuliert werden kann und somit sicher beim Adressaten „zündet". (Nicht zu verwechseln ist der Button mit der eigentlichen Aussage eines Textes.) Nur so erhält die Werbebotschaft Resonanz aufgrund erweckter Übereinstimmung. Werden all diese Faktoren nicht berücksichtigt, verfehlt der Werbetext sein Ziel, Geldmittel sind verschwendet, das Produkt ist nicht oder nur sehr schwer zu verkaufen. Dieselben Kriterien gelten übrigens auch für Stellenangebote/Personalanzeigen. Anzeigen im „Gutsherrenstil" funktionieren heute nicht mehr.

Einige Bereiche seien hier nur aufgezählt, mit denen ein T. in Berührung kommt oder zu tun hat: Linguistik, Mediaforschung, Medienwissenschaft, Marktforschung, Werbemedien, Werbewirtschaft, Kommunikationswissenschaft. Von einem professionellen T. werden heute Kenntnisse aus verschiedenen Berufsfeldern erwartet, zumindest sind sie wünschenswert, z.B.: Werbewirt, Grafiker, Layouter, Schriftsetzer/Typograf, Druckvorlagenhersteller, DTP-Fachmann, Korrektor, Lektor, Journalist, Drucker, Buchbinder, Fernsehreporter, Filmberichterstatter, Drehbuchautor, Redakteur ...

Zu einem guten Texter gehört auch das Handwerkszeug der Stilistik. Ob journalistische oder werbliche Texte, „wie Worte wirksam werden, wird durch die Spielarten der Stilarten bestimmt.“ Das bedeutet: lockerer Umgang mit Stilmitteln, den rhetorischen Figuren (von Akkumulation über Metapher bis Zeugma), die je nach Kontext, Textsorte, Thema, Situation und Adressat verschiedene Effekte erzeugen. Die suggestive Kraft des Wortes kann gezielt eingesetzt werden, um bestimmte Reaktionen auszulösen. Wortspiel (Anagramm, Calembour), Anspielung (Allusion), Wiederholung (Anapher, Epiphora), Gegensatz (Antithese), bildhafte Übertragung (Metapher), unerwartet Widersinniges (Paradoxon, Oxymoron), gleichklingender Anlaut (Alliteration), Steigerung (Klimax), um nur einige Sprachmittel zu nennen, werden in Werbetexten gerne verwendet. In Mode gekommen und unangebracht häufig eingesetzt werden Reihungen von „Isolierungen“, die zum „Asthmastil“ mancher Journalisten und Werbetexter führen, z.B.: „Alles gut. Peferkt. Wirklich. Und für Sie. Heute. Und morgen. Und übermorgen.“ Gut, originell und einprägsam dagegen der Slogan für einen Verlag: „Lesen ist Schweigen, Silber ist Gold“ (Allusion und Paradoxon). Neben einer gewissen verbalen Virtuosität sollte der T. eine visuelle Vorstellung von der Darstellung seines Textes haben (Layout, Typografie der Headlines, Subheads, Body type, Satzspiegel = Type area). Die „Optik“ sollte also in Absprache mit dem Grafiker erfolgen – gute T. denken auch optisch und konzeptionell. Der T. steht zwischen Kunde und Verbraucher. Der T. muß so schreiben, wie er die Sache versteht und nicht, wie der Kunde es sich vorstellt. Im Briefing (Instruktion, genaue Anweisung) wird die Aufgabenstellung festgehalten mit allen wichtigen Informationen, u.a.: 1. Wie lautet die Strategie, 2. Welche Ziele sollen erreicht werden, 3. Wer soll angesprochen werden, 4. was soll ausgesagt werden, 5. Was sind die Eigenschaften/Vorteile des Produkts, 6. Worin besteht der Nutzen des Produkts für Verwender/Verbraucher, 7. Welches Medium soll eingesetzt werden, usw. Schließlich muß der T. die vielen Infos ordnen und muß sie verstanden haben; fehlt etwas – nachfragen. Feingefühl und Sichhineinversetzen in die Sache, für die Wünsche des Verbrauchers sind unerläßlich für einen guten, überzeugenden, verkaufsstarken Werbetext.

Literatur: Esther Mikus (Hrsg.): Berufe in Werbeagenturen. Econ-Verlag; Düsseldorf, 1989. Ernst Högn/Hans-J. Pomplitz (Hrsg.): Der erfolgreiche Werbetexter. Verlag Moderne Industrie; Landsberg 1991. David Ogilvy: Ogilvy über Werbung. Verlag Beruf + Schule; Düsseldorf 1984. Heinz Hartwig: Wirksames Werbetexten. Verlag Beruf + Schule; Itzehoe 1983. Al Ries/Jack Trout: Positioning – Die neue Werbestrategie. Verlag McGraw-Hill Book Co.; Hamburg 1986.

Armin Schüler

Text

Schriftgrad, 20 p.

Textanschließende Anzeigen

Anzeigen, die in einer Zeitung im Anschluß an den Text (im redaktionellen Teil, am unteren Seitenrand) stehen.

Textbearbeitung

Gestalterische oder sonstige Bearbeitung eines bereits erfaßten Textes (am Computer bzw. Textsystem).

Textbearbeitungsprogramm

→ Textverarbeitungsprogramm.

Texter

Verfasser von Texten; der für die Entwicklung des Texts zuständige Mitarbeiter einer Werbeagentur. → Text

Texterfassung

Eingabe und Speicherung von Text für die elektronische Weiterverarbeitung; neben der manuellen Eingabe ist auch das Erfassen mittels spezieller Geräte (→ OCR) oder die Übernahme (und ggf. Konvertierung der Daten) von anderen EDV-Systemen zur Erfassung zu zählen.

Texterfassungsprogramm

Editor, ein Computerprogramm, welches in erster Linie der Erfassung von Texten (und ggf. einfachen Formatieranweisungen) dient, Teilprogramm komplexerer Computersatzsysteme oder auch Programm für die Text-Datenerfassung außer Haus (Heimarbeit); heute meist Teilfunktion gängiger Textverarbeitungsprogramme.

Textgrafik
Künstlerische Grafik, die aus Buchstaben oder Texten als den wesentlichen Gestaltungselementen komponiert wird.

Textprogramm
Meist syn. zu Textverarbeitungsprogramm; auch als abgrenzende Bezeichnung im Unterschied etwa zu → Layoutprogramm, → Umbruchprogramm usw. für → Texterfassungsprogramme verwendet.

Textsatz
Satz von Text (im Unterschied etwa zu Tabellensatz).

Textspiegel
Beim → Layout der evtl. vom → Bildspiegel zu unterscheidende Satzspiegel einer Textseite.

Textsystem
Auch Textverarbeitungssystem, jedes Computersystem zur Verarbeitung (Erfassung, Gestaltung, Ausgabe) von Text, heute meist PCs mit → Textverarbeitungsprogramm oder → DTP-Programm und gegebenenfalls → OCR-Programm sowie spezieller Hardwareausstattung (→ Laserdrucker, → Scanner).

Textteil-Anzeigen
Anzeigen, die im Text (im redaktionellen Teil) einer Zeitung untergebracht sind.

Textumfangsberechnung
Rechnerische Ermittlung des Platzbedarfes für den gesetzten Satz (für die Vorkalkulation, die Berechnung des Seitenumfangs usw.); wird anhand des Manuskriptes und unter Berücksichtigung der zu verwendeten Schrift bzw. des Schriftgrades sowie des Layouts (Satzspiegel, Kolumnenbreite usw.) durchgeführt.

Textura
Gebrochene Schrift (von Gutenberg für die 42-zeilige Bibel verwendet), Vorläufer der → Fraktur.

Textverarbeitungsprogramm
Computerprogramm, das alle mit der Verarbeitung von Texten zusammenhängende Arbeitsschritte wie die Erfassung (oder auch Konvertierung), die inhaltliche und gestalterische Bearbeitung (→ Formatierung) sowie die Ausgabe von Texten ermöglicht.

Textverarbeitungssystem
→ Textsystem.

Theaterverlag
→ Bühnenverlag.

Thema
Der wesentliche Gegenstand eines Textes.

Thermodruck
→ Thermotransferdruck.

Thermodrucker
→ Nadel- oder Matrixdrucker, der das Bild mit heißen Nadeln und ohne Farbauftrag auf Thermopapier erzeugt.

Thermopapier
Spezialpapier, das sich durch Hitzeeinwirkung verfärbt, zum Einsatz in → Thermodruckern.

Thermotransferdruck
Spezialverfahren des Textildrucks, bei dem Papierbahnen, die zunächst im Flexodruck- oder Tiefdruckverfahren mit Spezialfarbe bedruckt wurden, unter Wärmeeinwirkung gegen eine Textilbahn gedrückt werden und dabei die Farbe auf die Textilbahn übertragen.

These
Eine Behauptung, deren Richtigkeit erst noch zu belegen ist; auch Leit- oder Lehrsatz.

Thesenpapier
Schriftsatz, der Thesen (und eventuell Beweise für deren Richtigkeit) enthält.

Tiefdruck
Alle → Druckverfahren, bei denen die Druckelemente der Form als Vertiefungen angelegt sind; im industriellen Rastertiefdruck wird die lasierende Farbe aus gleichflächigen, jedoch unterschiedlich tiefen Näpfchen der seitenverkehrten zylindrischen Druckform direkt auf den Bedruckstoff übertragen.

Tiefdruckmaschinen
Im Tiefdruck werden meist Rotationsmaschinen eingesetzt, bei denen eine zylin-

drische Druckform (Formzylinder) unter hoher Druckspannung gegen den ebenfalls zylindrischen Druckkörper (Presseur) gepreßt wird. Die Druckform ist gerastert (daher auch Rastertiefdruck genannt) und wird mit Farbe übergossen bzw. in einem Farbbad geführt (→ Farbwerk), eine Rakel streift die überschüssige Farbe ab (daher auch Rakeltiefdruck genannt). Daneben finden, vorwiegend für die Herstellung von Künstlerdrucken, handbetriebene Flachpressen Verwendung.

Tiefen
Dunkelste → Tonwerte eines Bildes oder hellste Stellen eines Negativs, Gegenteil der → Lichter.

Tiegel
Auch Drucktiegel, metallischer, auf der Seite der Druckform flacher → Druckkörper der → Tiegeldruckpresse.

Tiegeldruckpresse
Druckmaschine für den Hochdruck; auch für Sonderarbeiten (Stanzen, Prägen, Numerieren) eingesetzt; ein flacher → Druckkörper (Tiegel) preßt den Bedruckstoff gegen eine ebenfalls flache → Druckform, wobei die gesamte Form gleichzeitig gedruckt wird; berühmteste Tiegeldruckpresse: der Original Heidelberger Tiegeldruckautomat (OHT).

Timeout
Steuerzeichen bzw. Signal für die Überschreitung eines vorgegebenen Zeitrahmens (Rückmeldung bei der Kommunikation zwischen Rechnern oder Rechnern und Peripheriegeräten).

Tintenstrahldrucker
→ Druckertechnologien.

Titelaufnahme
Aufnahme der → Bibliographischen Angaben eines Werkes in ein Verzeichnis, etwa einen Bibliothekskatalog.

Titelbild
Bei Büchern → Frontispiz, bei Zeitschriften das Bild auf der ersten Umschlagseite.

Titelbogen
Der erste (oder die ersten) Druckbogen eines Werkes, der die → Titelei enthält.

Titelei
Alle dem Text eines Werkes vorangestellten Seiten (→ Schmutztitel, → Titelbild, → Sammeltitel, → Haupttitel, → Impressum, → Dedikationstitel, → Geleitwort, → Vorwort, → Inhaltsverzeichnis und → Abbildungsverzeichnis).

Titelkopf
Der Titel einer Zeitung, zu Beginn der ersten Seite angebracht, mit Angaben zu Ausgabenummer, Verlagsort usw.

Titelkopfanzeige
Anzeigen im Titelkopfbereich einer Zeitung.

Titelkupfer
Kupferstich als → Frontispiz.

Titelschutz
Gesetzliche Schutzrechte bei Buch-, Zeitschriften- und Zeitungstitel, basierend auf urheber- und wettbewerbsrechtlichen Bestimmungen.

Titelseite
Erste Seite einer Zeitung oder Zeitschrift.

TLA
Three Letter Acronym
Selbstbezügliche Bezeichnung für Drei-Buchstaben-Akronyme wie CPU, EOF, EOT, usw. → ETLA.

Tln
Teilnehmer.

TNX
Thanks, Danke.

Toluol
Lösemittel in Druckfarben.

Toner
Farbpulver in Laserdruckern und Fotokopiergeräten.

T-Online
Datennetz bzw. Online-Dienst der Deutschen Telekom, umfaßt die früher getrennten Btx- und Datex-Dienste.

Tonholzschnitt
Fortentwicklung des → Hirnholzschnittes: manuelle oder später auch maschinelle (→ Xylograph) Herstellung eines Holzdruckstocks, bei dem Grauwerte durch Linien (sog. Weißlinien) oder Raster dargestellt werden; Vorläufertechnologie der Metallklischeeherstellung (→ Klischograph).

Tonwert
Die Einteilung der Grau-Abstufungen (Dichte-Abstufungen) eines Halbtonbildes ergibt sogenannte Tonwerte.

Tonwertumfang
Menge der Halbtöne bzw. Tonwerte in einem Bild, → Gradation.

Toter Buchstabe
Defekte Letter, die versehentlich wieder im Setzkasten (anstatt in der Zeugkiste) landete.

Toter Kolumnentitel
→ Kolumnentitel, der nur die Seitenzahl (Pagina) enthält; wird im Unterschied zum → lebenden Kolumnentitel nicht zum → Satzspiegel gezählt.

Tourenwagen
Bezeichnung für den auf regelmäßigen Touren verkehrenden Lieferwagen des Barsortiments im → Büchersammelverkehr.

Traffic
Menge der Daten, die in einem Netz unterwegs sind bzw. über → Links laufen; Datendurchfluß.

Trägerfrequenz
Eine bestimmte Frequenz, die als Grundlage für die bei der Datenübertragung verwendeten Modulationsverfahren (→ Modulaton) benutzt wird.

Trägermaterial
→ Bedruckstoff.

Trägerlohn
Entgelt, das der Zeitungs- oder Zeitschriftenausträger erhält.

Trägerwelle
Bei der Datenübertragung Bezeichnung für die physikalische Beschaffenheit des Übertragungsmediums, teils auch als Synonym für → Trägerfrequenz benutzt.

Transferdruck
→ Thermotransferdruck.

Transparenz
Durchsichtigkeit, Lichtdurchlässigkeit; bei Papier → Opazität.

Trema
Betonungszeichen (Akzent) aus zwei Punkten, die über dem Buchstaben stehen, äëïöü, → Diaresis; Trennpunkt (etwa in Wörterbüchern zur Anzeige der → Trennfuge).

Trennfuge
Stelle in einem Wort, an der eine Trennung (bei der Silbentrennung) erfolgen darf; in Wörterbüchern durch → Trema oder senkrechten Strich angezeigt; kann in Textverarbeitungsprogrammen oder Satzsystemen von Hand markiert werden (Priorität vor automatisch vorgenommener Trennung).

Trennpunkt
→ Trema.

Trennungszeichen
→ Divis.

Trichter
Falztrichter, Teil eines → Falzwerks.

Trichterfalzung
Falzung im Falztrichter, → Falzwerk.

Trommel
Maschinenteil in → Laserdruckern.

TTS
→ Teletypesetting.

TV
Fernsehen.

TXNAsl
Telexnebenanschlußleitung.

TXNStAnl
Telexnebenstellenanlage.

TXVerAnl
Telexverteileranlage.

Type
Drucktype, → Letter.

Typenkörper
Kegel, der Teil einer Letter, auf dem das Schriftbild steht.

Typenrad
Träger der Typen bei T.-Schreibmaschinen.

Typenwalze
Träger der Typen bei Schreibmaschinen.

Typographie
Die Kunst, mit Schriftzeichen zu gestalten; im allgemeineren und eher gebräuchlichen Sinne die Kunst, ein gesamtes Druckwerk zu gestalten. Druckerzeugnisse sind immer (auch) Medien, das wesentliche Ziel jeder Typographie ist daher die Förderung eines kommunikativen Geschehens mit gestalterischen Mitteln. Zur Verwirklichung dieses Ziels gilt es, durch die geeignete Auswahl und Anordnung von Schrift, Bild, Farbe, Papier, Druckverfahren und Weiterverarbeitung (Falzung, Einband, Schutzumschlag) einen einheitlichen Gesamteindruck des fertigen Druckerzeugnisses herbeizuführen, der zum textlichen oder bildlichen Inhalt ebenso wie zum speziellen Verwendungszweck des Druckwerkes paßt.

Typographische Datenbank
Datenbank, in der satzspezifische Daten gespeichert sind.

Typographische Maßeinheit
In Europa der → Didot-Punkt.

Typographischer Punkt
→ Didot-Punkt.

Typographischer Satz
→ Schriftsatz.

Typographische Maße
Die Verwendung metrischer Maße setzt sich im Bereich der Typographie erst langsam durch; in Europa wird oft noch das den → Didot-Punkt als kleinste Maßeinheit benutzende und auf der Basis des früheren französischen Zolls entwickelte → Didot-System verwendet, während in Amerika häufig noch das auf dem → Point (oder auch Set) basierende Set-System zur Anwendung kommt, das vom amerikanischen Zoll ausgeht. (Umrechnung: 1 mm = 2,66 p = 2,83 Set/Point, 1 p = 1,07 Set/Point = 0,3759 mm, 1 Set/Point = 0,94 p = 0,35 mm). Für größere Maße gibt es spezielle Bezeichnungen: 12 p ergeben 1 Cicero, 12 Point sind 1 Pica; daneben finden sich in der Praxis häufig Begriffe wie Nonpareille (6 p), Petit (8 p), Konkordanz (4 Cicero) usw., die als Maßbezeichnungen in Satzanweisungen sowie vor allem auch zur → Schriftgradbenennung verwendet werden.

Typomaß
Zeilenmesser, transparenter → Typometer mit metrischer und typographischer Maßeinteilung sowie Einteilungen zur Messung von Zeilenabständen.

Typometer
Stahllineale mit metrischer und typographischer Maßeinteilung, meist 30 cm/798 p lang (teils auch längere Typometer gebräuchlich).

Typoskript
Maschinengeschriebener Text (als Vorlage für den Satz).

U

UDC
→ Universal Decimal Classification.

Überdruck
In der Auflagenabrechnung die Differenz zwischen der Anzahl der gedruckten Exemplare und der buchhalterisch nachgewiesenen Auflage zuzüglich Freistücke und Werbeexemplare.

Übersatz
Stehsatz.

Überschrift
Titelartige Inhaltsbezeichnung über den Kapiteln und Abschnitten eines Buches oder anderer Druckerzeugnisse. Größere Schrift als die Grundschrift. Headline.

Übersetzung
Wörtliche, möglichst wortgetreue Wiedergabe eines Textes in einer anderen Sprache.

Übersetzervertrag
Normvertrag zwischen Übersetzer und Verlag für die Übersetzung eines Werkes in die deutsche Sprache.

Übertragung
Frei, auf die zeitgemäße Erfassung des geistigen Inhalts ausgerichtete Übersetzung eines Textes in eine andere Sprache.

Übertragungsprotokoll
→ Protokoll, → Dienst.

Übertragungszylinder
Auch kurz Gummituchzylinder, der Zylinder einer Offsetmaschine (oder einer Maschine beim indirekten Hochdruck), der das Druckbild vom Formzylinder abnimmt und auf den Bedruckstoff überträgt; → Zylinder.

Überzugspapier
Bezugspapier.

Überzugsstoff
Bezugsstoff.

Umbrechen
Zusammenstellen von Text und Bild zu fortlaufend numerierten Seiten.

Umbruch
Der Übergang von einem Absatz zum nächsten. Normalerweise scheint ein Absatz direkt unterhalb des jeweils vorigen oder am Anfang der nächsten Spalte oder Seite, wenn eine Spalte oder Seite voll ist (Zeilenschaltung). Beginnt ein Absatz immer am Anfang einer neuen Spalte, wird dies als Spaltenumbruch bezeichnet. Beginnt er dagegen stets am Anfang einer neuen Seite, spricht man von einem Seitenumbruch.

Umbruchbogen
Von den umbrochenen Buchseiten erhalten Verfasser, Verleger und Herausgeber Probebogen, um den Umbruch, die richtige Anordnung der Abbildungen zu prüfen und letzte Korrekturen vorzunehmen.

Umbruchprogramm
Programm (innerhalb einer Programmgruppe bei Satzsystemen), das den Umbruch (Seitenumbruch) bewerkstelligt.

Umdrucke
Duplikatherstellung des Druckstocks in der Lithographie.

Umdruckpapier
Satiniertes, meist holzhaltiges, vollgeleimtes Druckpapier für das Spirit-Carbon-Umdruckverfahren.

Umfang
Seitenzahl eines Buches.

Umfangsberechnung
Manuskriptumfangsberechnung: Zeichen*Zeilen*Seiten = Textumfang des Manuskripts (in Zeichen angegeben) (evtl. korrigiert um Abbildungen etc.); Buchumfang: Zeichenumfang des Manuskriptes/Zeichenzahl je Buchseite (nach Tabellen, Erfahrung usw.) = Textseiten des Buchs, ggf. ergänzt um Abbildungen etc., plus Titelei, Anhang = Um-

fang des Buchs; Druckbogenumfang = Umfang des Buchs/Nutzen (meist 16).

Umfangsspiegel
Ermittlung des Gesamtumfangs und Festlegung der Stoffverteilung sowie der Seitenreihenfolge für eine Ausgabe der Zeitung/Zeitschrift anhand des redaktionellen Materials und der vorliegenden Anzeigen.

Umfeld
Das redaktionelle Umfeld dient oft als Verkaufsargument für Anzeigen in Sonderbeilagen.

Umlegekalender
Kalender mit Tischständer, bei dem die einzelnen Seiten zum Umlegen gelocht sind.

Umsatzsteuer
→ Mehrwertsteuer.

Umschlag
Umhüllung eines Buches. Schutzumschlag.

Umschlagen
Bei zweiseitigem Bedrucken mit der gleichen Druckform das Wenden des Papiers um die Mittelachse zum Bedrucken der Rückseite. Die Seiten erscheinen auf dem jeweiligen Bogen danach nebeneinander. → Register.

Umschlagkarton
Maschinenglatter oder geprägter, holzhaltiger oder holzfreier, meist farbiger Karton zwischen 130 und 400 g/qm für Umschlagzwecke.

Umschlagseiten
Erste, zweite, vorletzte und letzte Seite einer Zeitschrift. Für U1, U2, U3 und U4 (Bezeichnungen dieser Umschlagseiten) werden in der Regel höhere Anzeigenpreise berechnet.

Umschlagshäufigkeit
Betriebswirtschaftliche Kennzahl dafür, wie oft (wert- oder mengenmäßig) der durchschnittliche Lagerbestand eines Jahres in diesem Jahr umgesetzt wird.

Umschlagtitel
Deckentitel.

Umspinnen
Satz um ein Klischee bzw. um eine Abbildung herum formen, → Formsatz.

Umstülpen
Bei zweiseitigem Bedrucken von Druckbogen mit der gleichen Druckform das Wenden des Papiers um die Querachse zum Bedrucken der Rückseite. Die Seiten erscheinen auf dem jeweiligen Bogen danach gegeneinander.

Umweltschutzpapier
Papiersorte, die auf besonders umweltschonende Weise hergestellt wird (z.B. aus Altpapier), auch UWS-Papier.

Unbunte Farben
Neutrale Farben von Weiß über Grau zu Schwarz.

Ungekürzte Ausgabe
Nicht gekürzte bzw. veränderte Ausgabe eines Buches.

Ungeschützte Werke
Werke, die keinen Schutz nach dem Urheberrechtsgesetz genießen oder deren Schutzfrist abgelaufen ist.

Unikat
Einzige Ausfertigung eines graphischen Erzeugnisses.

Universal Decimal Classification
UDC
Brüsseler Dezimalklassifikation (BDK), eine das System der → Deweyschen Dezimalklassifikation etwas variierende → Dezimalklassifikation, 1895 in Brüssel von Paul Otlet und Henri LaFontaine entwickelt und heute vor allem in nichtenglischsprachigen Ländern eingesetzt.

UNIX
Betriebssystem für Mehrplatz-Computersysteme.

Unlauterer Wettbewerb
Handlungen, die gegen die guten Sitten im Wettbewerb verstoßen, mit dem Ziel, wirtschaftliche Vorteile gegenüber den Wettbewerbern zu erreichen.

Unterlänge
Bei einigen Minuskeln (z.B. g, p, q) über die Schriftlinie (Zeilengrundlinie) nach

unten herausragende Teile, im Gegensatz zur Oberlänge.

Unterschlag
Der unbedruckte untere Rand einer Seite, → Fußsteg.

Unterschneiden
Verringerung der Laufweite oder einzelner Buchstabenabstände bei bestimmten Zeichenpaaren wie z.B. To, Ve, Wa. Auch Kerning. Gegensatz ist Überschneiden, sperren.

Untertitel
Den Haupttitel ergänzender und erläuternder Titel eines Buches.

Unveränderte Neuauflage
Neuauflage ohne wesentliche Veränderungen.

Unverlangtsendung
Dem Buchhandel vom Verlag ohne Bestellung zugesandte, zum Verkauf bestimmte Neuerscheinung.

Updates
Neue Version eines Programms.

UPI
United Press International.
1907 von dem Scripp-Howard-Konzern gegründete nordamerikanische Nachrichtenagentur.

Urausgabe
Erste Ausgabe, in der ein schriftstellerisches Werk veröffentlicht wurde.

Urfassung
Zuerst erschienene, vom Autor selbst betreute Originalfassung seines Werkes.

Urheber
Schöpfer eines Werkes der bildenden Kunst, Tonkunst, Werkkunst, Literatur oder Fotographie.

Urheberrecht
Schutzrecht für geistiges Eigentum, wonach der Urheber das ausschließliche Recht zur Verwertung seiner Schöpfung hat. Ihm steht das Vervielfältigungs-, Aufführungs-, Vorführungs- und Senderecht zu. Die Schutzfrist des U. beträgt bei literarischen, wissenschaftlichen und musikalischen Werken und solchen der bildenden Kunst 70 Jahre nach dem Tode des Urhebers.

UrhG
Gesetz über Urheberrecht und verwandte Schutzrechte vom 9.9.1965 sowie Gesetz zur Änderung des Urheberrechtsgesetzes vom 10.11.1972 mit weiteren Änderungsgesetzen.

URL
Uniform Resource Locator
Standardisierte Bezeichnung (Adresse) für ein Objekt (eine einzelne Datei oder eine → Newsgroup) im → Internet; Aufbau einer Adressierung nach dem Muster dienst://rechner/datei.

Ursprungsort
Postrechtlicher Begriff für den Ort, an dem eine Zeitung/Zeitschrift „aus dem internen Kreis der Herstellungsbeteiligten an die Öffentlichkeit tritt".

User Manual
Handbuch für Hard- und Software. Benutzerhandbuch.

USP
Unic Selling Proposition
Aussage einer Werbebotschaft, die die Alleinstellung des beworbenen Produktes deutlich macht.

UWG
Gesetz gegen den unlauteren Wettbewerb.

UWS-Papier
Umweltschutzpapier.

V

Vademekum
(Geh' mit mir) Taschenbüchlein, meist mit religiösem Inhalt.

Vakat
Eine leere Seite.

Vanilla
Hacker-Slang (nach der meistverkauften Eiscreme-Geschmacksrichtung) für: gewöhnlich, dem üblichen Standard oder dem allgemeinen Geschmack entsprechend.

VDZ
Verband Deutscher Zeitschriftenverleger e.V.

Vektorgrafik
Elektronisch gespeicherte und skalierbare (im Format veränderliche) Grafik.

VeO
→ Verkehrsordnung.

Veränderte Neuauflage
Neue Auflage mit inhaltlichen Veränderungen.

Verarbeitung
Kurz für → Druckverarbeitung; häufig auch buchbinderische → Ausstattung eines Buches (in Unterscheidung zur typographischen Gestaltung).

Verband Deutscher Bahnhofsbuchhändler e.V.
Ab 1905 bestehende, 1947 neugegründete Organisation der Bahnhofsbuchhändler.

Verbindungsaufbau
In der DFÜ allgemeine Bezeichnung für die Abläufe, die vor der Übertragung der eigentlichen Daten stattfinden müssen (Festlegung des Übertragungsprotokolls, der Übertragungsgeschwindigkeit usw.), wird normalerweise von Modems bzw. DFÜ-Software automatisch erledigt.

Verbreitete Auflage
Durchschnittszahl verkaufter Exemplare (einer Zeitung oder Zeitschrift) je Ausgabe, einschließlich der Frei- und Werbeexemplare.

Verbreitungsanalyse
Untersuchung zur Verbreitung von Zeitungen.

Verbreitungsgebiet
Gebiet, innerhalb dessen eine Zeitung ständig (im Handel) verbreitet ist.

Verbundanzeige
Anzeige, die für verschiedene Produkte wirbt.

Verbundwerbung
Gemeinsame Werbung mehrerer Firmen (für ein Produkt, eine Veranstaltung usw.)

Verdünner
→ Lösemittel.

Veredeln
In der Druckweiterverarbeitung alle auf den Satz- und Bilderdruck folgenden Tätigkeiten und Techniken, die ein Druckprodukt qualitativ hochwertiger machen (oder erscheinen lassen); dazu gehören u.a. → Lackieren, → Laminieren, → Kalandrieren, → Kaschieren, → Vergolden oder → Zellglasieren (angewandt auf Drucke oder auch Einbände); in der Papierherstellung bezeichnet Veredeln das Herstellen einer hohen Oberflächenqualität des Papiers durch Zugabe entsprechend geeigneter Stoffe in den Papierbrei sowie mittels spezieller Oberflächenbehandlung des geschöpften Papiers (→ Kalandrieren, → Streichen, → Walzen).

Vereinfachte Remission
Körperlose Remission, Rückgabe von Teilen eines Buches oder einer Zeitschrift (meist Titelblatt) an den Verlag zu Umtausch- oder Gutschriftzwecken.

Verein für Verkehrsordnung im Buchhandel e.V.
Herausgeber der „Verkehrsordnung des Deutschen Buchhandels", zu deren Ein-

haltung sich die Vereinsmitglieder verpflichten.

Vereinspresse
Regelmäßig erscheinende Publikationen von Vereinen für ihre Mitglieder, wie etwa Mitgliederzeitschriften oder Veranstaltungskalender (mit redaktionellem Teil).

Verfischter Kasten
Setzkasten, der voller → Fische ist (etwa weil ein kompletter Satz falsch abgelegt wurde).

Verfügtgut
→ Disponend.

Vergilben
Gelbbräunliche Verfärbung und Zunahme der Brüchigkeit von Papier aufgrund von Umwelteinflüssen (hauptsächlich Licht); besonders bei stark holzhaltigen Papieren (→ Lignin).

Vergolden
Zur Buchverzierung mit Gold (Einband, Schnitt) angewandte Techniken des Buchbinders; neben echtem Blattgold kommen auch Goldfolien und Goldbroncen zum Einsatz.

Vergolderolle
Buchbinderwerkzeug zum Vergolden.

Vergriffen
Weder im regulären Handel noch beim Verlag weiterhin erhältlich.

Verhaltensgrundsätze des Buchhandels
Vom → Börsenverein in Abstimmung mit dem Bundeskartellamt herausgegebene → Verkehrsordnung, die als „Orientierungshilfe für das Verhalten gegenüber den Partnern der jeweils anderen Sparten“ (Präambel) dient.

Verheben
Eine Zeile falsch einordnen (bei Korrekturen oder beim Umbruch im Bleisatz).

Verkaufte Auflage
Durchschnittliche Anzahl der pro Ausgabe verkauften Exemplare einer Zeitung oder Zeitschrift.

Verkehrsmittelwerbung
Werbung auf oder in Fahrzeugen des öffentlichen Nah- und Fernverkehrs.

Verkehrsnummer
Vom → Börsenverein an Mitglieder (Verlage und Buchhandlungen) vergebene Identifikationsnummer, zur Vereinfachung des Geschäftsverkehrs.

Verkehrsordnung
Festschreibung von Handelsbräuchen und Verhaltensregeln beim Verkehr von Unternehmen des Buchhandels untereinander; → Verkehrsordnung des Deutschen Buchhandels, → Wettbewerbsregeln des Börsenvereins, → Verhaltensgrundsätze des Buchhandels.

Verkehrsordnung des Deutschen Buchhandels
Vom → Verein für Verkehrsordnung im Buchhandel herausgegebene Verkehrsordnung.

Verlag
Unternehmen des herstellenden → Buchhandels, das mit der Vervielfältigung und dem Vertrieb von Werken der Literatur, der Kunst und der Tonkunst befaßt ist.

Verlagsauslieferung
Zwischenbuchhandelsunternehmen, das die vollständigen Verlagsprogramme von Verlagen in deren Namen (und auf deren Rechnung) lagert und vertreibt.

Verlagsbuchhandel
Mit einem Verlag verbundener Buchhandelsbetrieb, in dem vorwiegend oder ausschließlich die eigenen Bücher angeboten werden (im Unterschied zum → Sortimentsbuchhandel).

Verlagsgesetz
Urheberrechtliche Bestimmungen zum Verlagsvertrag.

Verlagskaufmann
Berufsbezeichnung, setzt den Abschluß einer staatlich anerkannten Berufsausbildung voraus. → Ausbildung.

Verlagskonferenz
Die Verlags- oder Programmkonferenz ist ein verlagsinternes Podium zur Prä-

sentation und Inverlagnahme neuer Buch- bzw. Produktideen. Sie wird mehrmals im Jahr durchgeführt; üblicherweise nehmen der Verleger/die Geschäftsleitung, der Vertrieb, das Lektorat, die Werbung und die Herstellung teil. Das Lektorat stellt neue Buchideen vor, die im Vorfeld sowohl mit den Autoren geplant als auch – zumindest in größeren Verlagen – im Rahmen einer → Lektoratskonferenz ausgewählt wurden.
Zur Vorbereitung verteilt das Lektorat an die teilnehmenden Abteilungen einige Tage vorher Inhaltsübersichten mit wichtigen Rahmendaten (Terminplanung, Umfang, Ausstattung, Konkurrenztitel).
Neben dem Inhalt geht es auf der Verlagskonferenz vor allem um Verkaufschancen und Investitionskosten. Bei Projekten mit relativ niedrigen Investitionskosten, die zudem in vertrauten Marktsegmenten verkauft werden sollen, wird oft ad hoc nach verlegerischem Gespür entschieden. Dagegen kommt bei aufwendigen Produktinnovationen, z.B. der Einführung einer neuen Reihe in einem seither unbekannten Marktsegment, inzwischen zunehmend das moderne betriebswirtschaftliche Instrumentarium zur rationalen Entscheidungsunterstützung bei der Neuproduktplanung zum Einsatz. Die Lektoren bzw. Produktmanager erarbeiten in diesen Fällen, eventuell in Zusammenarbeit mit dem Marketing, vorab Marktchancen- und/oder Marktprofilanalysen (ausführlich Haedrich/Tomczak, Produktpolitik, Stuttgart 1996; Kap. IV), die insbesondere die wirtschaftlichen Chancen intensiv beleuchten.
In der Regel behält sich der Verleger/die Verlagsleitung die letztendliche Entscheidung über die Inverlagnahme vor. Für die positiv bewerteten Projekte erhalten die Autoren im Anschluß Verlagsverträge. Frank Katzenmayer

Verlagsmarketing

I. Allgemeines Marketing und Verlagsmarketing

Wortgeschichtliche Entwicklung: Ganz allgemein kommt M. von lat. mercatus, das zu dt. Markt, engl. market und frz. marchet wurde; in seiner historischen Bedeutung ist „marketing" mit Marktbesuch zu übersetzen. *Wirtschaftsgeschichtliche Entwicklung:* Historisch wandeln sich bei ungestörter Entfaltung der Wirtschaft ehemalige „Verkäufermärkte" (Knappheit der Güter, die Verkäufer haben das Sagen) in moderne „Käufermärkte" (Angebot übersteigt die Nachfrage, die Käufer haben das Sagen). Seit Jahrzehnten ist das auch für die Verlagsmärkte der Fall. *Grunddefinition:* M. wird übereinstimmend als „Führung vom Markt her" und „vom Standpunkt des Verbrauchers aus" verstanden. *Entwicklung und Gliederung der M.-Lehre:* Verlagsmarketing hat sich als Lehre in Deutschland ab Mitte der 80er Jahre zu entfalten begonnen. Wie das allgemeine M. gliedert es sich in die Bereiche (Instrumente) Produktpolitik, Preispolitik, Kommunikationspolitik und Distributionspolitik. Dies gilt für das strategische (weitfristig planende) wie das operative

Gliederung des nach Beschaffung und Absatz organisierten Marketings mit Einmündung in ein Marketing-„Mix"

Abb. 1 Marketing-Mix

und taktische (praktisch durchführende) Marketing, es umfaßt die beschaffungspolitische Seite (Marktdatenbeschaffung und Akquisition) wie die absatzbezogene (Marktgestaltung). Alle münden in der Konstituierung des sog. „Marketing-Mix“. Das für das Buch Formulierte gilt entsprechend für die Presse und die elektronischen Produkte.

II. Beschaffungspolitisches Instrumentarium
Verschiedene klassische Lehrbücher des Marketing konzentrieren sich einseitig auf den Absatz: dies ist falsch, besonders für Buchverlage. Deren Bedarf entsprechend geht es um *Autoren für neue Titel,* die Findung von *Ideen für neue Titel* sowie *Marktforschung* in bezahlbarer Form, um von dort aus neue Titel zu finden oder am Markt zu lancieren. *Autoren:* Die Zahl möglicher Autoren ist stets groß, die Zahl guter knapp. Es kommt darauf an, die guten zu finden, zu akquirieren und mittels eines Instrumentariums (Verlegerpersönlichkeit, Lektoratseinsatz, Konditionenpolitik, Herstellungsqualität, Werbeeinsatz, Vertrieb) zu binden – denn die Autoren bilden die Substanz des Verlags –, unter bestimmten Bedingungen aber auch zu eliminieren; die Gesamtheit aller Maßnahmen auf diesem Sektor bilden das „Autorenmarketing“ eines Verlages. *Idee:* Sofern Autoren nicht von sich aus selber die neuen Werke kreieren, sondern der Verlag sie autonom plant, sind (interne oder externe) Kreativteams zu bilden, die unter Rückgriff auf schon in anderen Branchen geläufige Kreativtechniken (s.u. Produktpolitik) Ideen für marktgängige Neutitel entwickeln; der Einsatz dieses Instrumentariums und seine Auswertung ist als „Ideenmarketing“ zu bezeichnen. *Marktforschung:* Exakt bezeichnet der Begriff die von den Universitäten oder gewerblichen Instituten vorgenommene professionelle Forschung, die einen Markt oder ein Segment schlagartig vollständig erhellt. Eine beauftragte primäre exklusive Erhebung ist für Buchverlage aus Kostengründen meistens unmöglich, eine sog. Omnibus-Befragung (Mehrthemenbefragung mit mehreren Auftraggebern) aber bezahlbar. Neben der externen, professionellen Marktforschung ist semiprofessionelle primäre „Marketing-Intelligence“ (Marktbeobachtung) möglich. Bei ihr erfolgt nicht eine schlagartige Erhellung des Gesamtmarktes durch einen Dienstleister, sondern eine partielle, aber sukzessive und permanente durch Einsatz von verlagseigenen Angestellten (Primärdatenforschung vom Markt aus: systematische Berichterstattung durch die Reisenden und Vertreter während der saisonalen Frühjahrs- und Herbstreise, Einbeziehung von Sortimentsbesuchen bei den nichtsaisonalen Reisen von Lektorat und Verlagsleitung. Primärdatenforschung aus dem Verlag heraus: permanenter Kontakt der Vertriebsleitung zu den wichtigsten Buchhandelskunden und des Lektorats zu den Autoren etc.). Mittels Marketing-Intelligence kann so aus den Einzelbeobachtungen ein immer vollständiger werdendes aktuelles Marktbild entstehen; Primärforschung dieser Art ist Buchverlagen aufgrund der gegebenen Kapazität (Personal) und Finanzierung (aus den Gemeinkosten) fast jederzeit möglich. Für die Sekundärforschung liegen außer der aktuellen Auswertung der Branchenblätter und Verlagsvorschauen etc. 9 empirische, vom Börsenverein mit Bertelsmann und Marktforschungsinstituten erhobenen Umfragen bis 1986 vor sowie, bis 1996, 5 weitere unabhängig entstandene. Die Behandlung der Marktforschung in Entsprechung zur Gliederung des absatzpolitischen Instrumentariums ist dennoch nicht möglich, da hierfür noch nicht ausreichende Forschungen vorliegen.

III. Absatzpolitisches Instrumentarium
Absetzbar ist nur, was verkaufbar ist, gekauft wird nur, was für den Käufer/Verwender einen *Nutzen* stiftet. Ein Buch z.B. wird nicht wegen seiner physischen, *materiellen* Eigenschaften gekauft (Papier, Druckfarbe, Einband), sondern wegen seiner *immateriellen Service*-Eigenschaften (z.B. Informationsgewinn, Unterhaltungsnutzen = *Grund*nutzen) oder *Image*-Eigenschaften, die sich auf den Käufer/Verwender/Besitzer übertragen (= *Zusatz*nutzen). Marketing heißt demnach: einen Nutzer finden (oder er-finden, kreieren), produzieren, kommunizieren, distribuieren und preislich absetzbar anbieten. 1. Produktpolitik: An der

Nutzentheorie orientiert müssen Verlage erkennen, was sie an ihren Produkten tatsächlich verkaufen: die immateriellen Komponenten oder ggf. auch die physischen (z.B. Ausstattung, Gestaltung). Ein entsprechendes „Mix" zu konstituieren ist das Ziel bei der Entwicklung neuer Produkte und seine Berücksichtigung eine Voraussetzung für die Durchführung der absatzbezogenen Maßnahmen. Produktpolitik im Verlag ist nach dem chronologischen Prinzip in 4 Bereiche gegliedert, die *Innovation* neuer Produkte, die *Gestaltung* neuer Produkte, die *Einführung* neuer Produkte sowie die Bildung der *produktpolitischen Strategien* für neue oder Backlist-Produkte. *Innovation* neuer Produkte: Da kein Verlagsprodukt ewig lebt, stehen Verlage ständig unter Innovationszwang. Zum Finden von Ideen sind die verlagsinternen und -externen Quellen ausfindig zu machen (zu den internen zählen außer den mit Marktforschung beauftragten Lektoraten und Redaktionen z.B. die Kreativen aus Werbung und Vertrieb, die Einrichtung unregelmäßig tagender Kreativteams; externe Quellen sind die Händler, Autoren, Letztkäufer, Scouts, Agenturen, Verlagsberater, Producer, ausländische Buchmessen), ferner die im Marketing allgemein angebotenen Kreativitätstechniken auf ihre Anwendbarkeit hin zu überprüfen (von sog. einfachen Übungen wie Rollenwechsel über logisch-systematische Methoden wie die Morphologie und intuitiv-systematische wie Brainstorming/-writing bis zum Einsatz sog. Stimulantia). *Gestaltung* neuer Produkte: Es geht nicht um die Erzielung eines ästhetischen Selbstzwecks, sondern darum, daß das Produkt auch durch die Gesaltung, im Extrem sogar nur um ihretwillen gekauft wird. Gestaltungspolitische Ansätze liegen im Produktkern (beim Buch: geistige Seite; verantwortlich: Autor, Lektorat), in Form und Design (Hersteller, Künstler), in der (Signal- oder Haus-) Farbe und in der Verpackung (Deckel, Schutzumschlag, Schuber, Schrumpffolie) und in den übrigen Ausstattungsmerkmalen (Bindung, Einband, Papier). Im Fall einer optimalen Gestaltung/Ausstattung werden auch die physischen, materiellen Eigenschaften verkaufsfördernd. *Einführung neuer Produkte:* Für die Markteinführung ist die Orientierung an den subjektiven, physischen, qualitativen Prozessen im Individuum bis zur Produktannahme (sog. Adoption) von Bedeutung sowie die massenbezogene, quantitative statistische (Diffusion). Dabei ist in dem Adoptionsprozeß der klassische „AIDA"-Ablauf (Attention – Interest – Desire – Action) durch „AIDTA" (mit T für Test) zu ersetzen, da Leser verstärkt vor dem Kauf die Produkte erproben wollen (z.B. Lesetest im Laden der Sortimenter, In-Home-Test im Rahmen eines Mail-Order-Angebots); aus der Analyse des Diffusionsprozesses lassen sich nicht nur operative Maßnahmen ableiten (Gegensteuerung mittels Werbung bei schleppendem Absatz eines für erfolgreich gehaltenen Neutitels), sondern, in Verlängerung der Einführungsphase in Richtung einer vollständigen Lebenskurve des Produkts, auch die 4 möglichen produktpolitischen Strategien. *Produktpolitische Strategien:* Variation – Differenzierung – Diversifikation – Eliminierung. *Variation:* Bei der Variation geht es darum, neue Produkte, die allmählich veraltern, vor Beginn ihrer Veralterung zu verjüngen oder zu erneuern. ‚Neu' bedeutet dabei nicht die Schaffung eines absolut neuen (zusätzlichen) Produkts, sondern Variation bis zu dem Stand, in dem die Käufer das Produkt als neu empfinden. Die Möglichkeiten im Buchverlag sind inhaltliche Variation (Aktualisierung), optische (Cover, Typografie und Gestaltung) und physische (Ausstattung); sie ist als Verjüngungsstrategie eine Strategie, bei der sich die Produktpalette nicht ausweitet. *Differenzierung:* Das Produkt wird nicht einfach verändert, sondern von einem außerordentlich erfolgreichen Erstprodukt (z.B. E. Däniken) ausgehend wird ein von diesem Erfolg abgeleitetes Nachfolgeprodukt (z.B. Bilder-Däniken) entwickelt; die Differenzierung ist damit eine Erweiterungsstrategie. *Diversifikation:* Bei dieser Strategie stößt der Verlag in Bereiche vor, die für ihn grundsätzlich neu sind. Sie geschieht horizontal (z.B. der Verlag diversifiziert vom Erwachsenen- ins Kinderbuch, aber bleibt in der Branche), vertikal (der Verlag diversifiziert in die vorgelagerte Druck- oder nachgelagerte Sortimentssstufe) oder bilateral (der Verlag diversifiziert in für ihn grundsätzlich fremde Branchen); die Diversifikation ist die zweite Produkterweiterungsstrategie. Diversifikationen sind anzuzielen, wenn eigene (z.B. Print-) Märkte stagnieren oder rückläufig sind, neue (z.B. Non-Print) sich zu entwickeln beginnen. *Eliminierung:* Konstruktive Herausnahme des Produkts aus dem Markt, aus Markt-, Kosten- oder programmpolitischen Gründen. *2. Preispolitik:* Verlage betreiben Produktpolitik dreimal: beim Ladenpreis, beim Abgabepreis (Rabattsetzung) und der Festlegung der Konditionen (Preis-„Mix"). *Ladenpreispolitik:* Der Ladenpreis muß nicht gebunden sein, neben ihm gibt es auch für Bücher den empfohlenen und freien Preis (letztere erhöhen den preispolitischen Spielraum des Händlers). Wird ein Ladenpreis festgelegt, müssen aber stets mehrere Entscheidungskriterien in die Preisbildung einfließen: Kalkulatorischer Preis (Berücksichtigung aller Kosten inklusive eines Plangewinnanteils), psychologischer Preis (entweder nur als ‚Schönerung', z.B. DM 9,80 statt DM 10,–, oder getestete Preisakzeptanz in Bezug auf die Höhe), reale Kaufkraft der Zielgruppe, Konkurrenzpreise und Umgebungspreise (Preisniveau am Verkaufsort); daneben steht noch die politische Setzung von Preisen. Mindestens diese Konstituenten müssen, entsprechend einer vermuteten Gewichtung in die Konstitution des Ladenpreis-Mix einfließen. Preise sollten ferner in wichtigen Fällen (Großobjekte, einheitliches Preisniveau einer Reihe) erst nach Maßgabe einer Nachfragekurve (Preis-Absatz-Funktion) festgelegt werden, aus der sich der maximale Umsatz errechnen läßt und die Nachfrageelastizität der Käufer erkennbar wird; diese gibt Auskunft darüber, ob und wie sich für den Verlag bei einem angenommenen Ladenpreis Erhöhungen oder Senkungen für eine Umsatzverbesserung auszahlen. Mit dem Cournot' schen Verfahren, das auch die Kosten mit einbezieht, ist dann der optimale Gewinn kalkulierbar. Ein gefundener Preis kann schließlich noch differenziert werden: zeitlich als sog. Abschöpfung (der Markt wird mit einem politisch erhöhten Preis beschritten, um die Kaufkraft des Teils der Zielgruppe, die aufgrund ihrer geringen Elastizität dem Kauf nicht ausweichen kann, abzuschöpfen, anschließend erfolgt Senkung auf das normale Niveau) oder nach dem Prinzip der Durchdringung (der Markt wird mit einem politisch niedrigem Preis beschritten, zu dem der Hauptteil der Zielgruppe einkauft, für den verbleibenden Rest später erhöht), durch Produktvariation (zeitgleiches oder versetztes Angebot von Hardcover-, Paperback-Ausgaben, evtl. durch Splitting aus einer Auflage) und Preisdifferenzierung gegenüber dem Publikum (z.B. bei wissenschaftlichen Verlagen die Ausgabe von Hörerscheinen an ihre Autoren/Dozenten). *Rabattpolitik:* Weil durch den Rabatt der Abgabepreis festgelegt wird, betreiben die Verlage zum zweitenmal Preispolitik. Für das Marketing sind die einsetzbaren Arten und Höhen relevant sowie die mit der Rabattpolitik verfolgbaren taktischen und strategischen Ziele. Neben dem grundlegenden Einzeltitelstückrabatt stehen der gestaffelte Mengenrabatt, der Partiebezug (z.B. klassische Partie 11/10, Reizpartie z.B. 130/100, aber auch 4/3, Partieergänzung und gemischte Partie), die Gewährung eines Bonus (ab einem bestimmten Jahresumsatz) sowie die Einstufung der Buchhandlungen in Rabattklassen; alle Rabattarten können auch zeitlich differenziert eingesetzt werden (Einführungsrabatt, Aktionsrabatt, Reiserabatt, Messerabatt). Die Höhen schwanken von 20% (Grundrabatt Schulbuch) bis zu 60% (Kunst- und Kinderbuch), wenn auch über das Barsortiment bestellt wird. Die taktischen Ziele sind bei der Rabattstaffelung Mengenverkauf, bei der Partie Hineinverkauf, beim Einführungs- und Aktionsrabatt Marktbeschreitung oder Marktausschöpfung, beim Reiserabatt die Akquisition von Vorbestellungen etc.; die strategischen Ziele dienen der Vertriebsrationalisierung: die auftragsfixen Kosten sollen sich auf größere Mengen verteilen. *Konditionenpolitik:* Rundet das preispolitische Instrumentarium ab, indem sie die Bezugsformen, die Zahlungsbedingungen, die Versandkostenaufteilung u.a. als aktive Marketingmittel einsetzt. Festbezug: Der Verlag gewährt optimalen Grund- und Nachfolgerabatt; die Festkondition ist allerdings nur bei absatzsicheren Titeln erreichbar. Bedingtbezüge: Hier wird Remission (RR oder RU) eingeräumt, um ‚durchschnittliche' Titel ins Sortiment zu bringen, der Rabatt ist geringer; die Kondition „à.c." (= à condition, in Kommission) ist anzubieten, wenn risikoreiche Titel im Sortiment überhaupt präsent werden sollen, sie wird am niedrigsten rabattiert. Bei den Zahlungsbedingungen haben die Verlage zu entscheiden, ob und welche Skonti und Valuta sie anbieten/gewähren wollen, genauso ist das Vorgehen im Versandkostenbereich zu planen. Im abschließenden Preis-Mix sind auf einander abgestimmte Elemente der Ladenpreis-, Rabatt- und Konditionenpolitik zu kombinieren. *3. Kommunikationspolitik:* Für das Mix zur Verfügung stehen hier die sog. „Klassische Werbung", die *Presse- und Öffentlichkeitsarbeit* sowie drittens die Verkaufsförderung, *„Klassische Werbung":* die meist gedruckte Werbung (Anzeigen), die sich auf die Anbahnung (Novitätenwerbung, Einführungswerbung) und Erhaltungswerbung (Backlistwerbung) richtet; sie ist in die Händlerwerbung und Leserwerbung zu teilen. Die *Pressearbeit* bemüht sich um eine optimale Publizität von Titeln durch den Versand von Rezensionsexemplaren an die Medien (Multiplikatoren, Propagatoren); die *Öffentlichkeitsarbeit* (PR) verfolgt den Aufbau eines optimalen Images des Verlagsprogramms und des Verlags. *Verkaufsförderung* (VKF, Sales Promotion etc.): gliedert sich in die „Staff-", die „Dealer-" und die „Consumer-"Promotions. Bei den Staff-Promotions (Außendienst) sind alle Maßnahmen mit den oder durch die Vertreter und Reisenden gemeint, bei den Dealer-Promotions die Maßnahmen und Aktionen mit den Sortimentern, bei den Consumer-Promotions werden die Endverbraucher mit einbezogen. Im Gegensatz zu der Werbung, die durch ihre Mittel „Sog" erzeugt („Pull-Marketing"), will Verkaufsförderung über den Druck („Push-Marketing") operieren. *4. Distributionspolitik:* In Analogie zu der Kommunikationspolitik geht es nicht allein um Vertrieb oder Auslieferung, sondern den Gesamtkomplex der physischen und akquisitorischen Distribution. Zu Grundfragen verdichtet lauten die distributionspolitischen Entscheidungen: Eigen- oder Fremdauslieferung? Vertreter oder Reisende? Was für Vertriebs- bzw. Akquisitionskanäle? *Eigen- oder Fremdauslieferung (physische D.):* Marketingmäßig besteht beim Eigenvertrieb der Vorteil der größeren Marktnähe, der Verlag erhält durch den direkten Kundenkontakt permanent Marktinformation (Marktforschung) und kann auf Sortimenterwünsche und/oder Reklamationen sofort flexibel und endgültig eingehen (Service, Konditionen). Marketingmäßig steht dem aber auch die Langsamkeit des Systems entgegen, denn die Eigenauslieferung erreicht keinesfalls die Schnelligkeit der Barsortimente oder der Kommissionäre – bei den Sortimentern oft Ursache für den Verzicht von Bestellwünschen ihre Buchhandelskunden. Kostenmäßig müßten Kommissionäre, da sie stets mehrere Verlage bedienen, aufgrund ihrer größeren spezialisierten EDV zumindest für mittlere Verlage günstiger sein; marketingmäßig entlasten sie den Verlag, indem sie den Vertrieb von den administrativen Aufgaben freistellt, er kann sich mehr seinen eigentlichen zuwenden. Marktmäßig und strategisch ist zu bedenken, daß der ohnehin oligopolistische Markt der Auslieferer durch deren Konzentration zu einer nicht unkritischen Marktmacht gegenüber den Verlagen führt. *Reisender versus Vertreter (akquisitorische D.):* Es geht um die Wahl der sog. Organe für die Einholung der Vorbestellungen und den Service im Buchhandel. Im Prinzip gliedern sich die Organe in Absatzhelfer (fest Angestellte der Verlage) und Absatzmittler (selbständige Handelsvertreter). Ihr Einsatz ist unter Kosten- oder Marketinggesichtspunkten sehr unterschiedlich. Kosten: Unterhalb eines gewissen „kritischen" Umsatzes, ist der Handelsvertreter, da er in der Hauptsache aufgrund seiner Provisionen verdient, der billigere; oberhalb des kritischen Umsatzes ist es der Angestellte, da dessen Gehaltsfixum bei weiterer Umsatzerhöhung nicht proportional mitwächst. Die kritische Grenze (Kostengleichheitspunkt) liegt heute (1996) bei ca. DM 100.000,– pro Kopf und Monat;

darunter müßten Vertreter, darüber Reisende eingestellt werden. Marketing-Sicht: Da die fast ausschließliche Einnahmequelle der Vertreter die Provisionszahlung ist, konzentrieren sie sich tendenziell auf die absatz- und umsatzstärksten Titel oder suchen bestimmte Städte und Buchhandlungen gar nicht erst auf, und da der Verlag aufgrund ihrer Selbständigkeit nicht ihren Tourenplan, die Besuchshäufigkeit oder die Beratungszeit beeinflussen kann (Weisungsbefugnis), ist die Hinzunahme von Reisenden auch vor Erreichen der Kostengleichheit geraten. Sowohl zur Stärkung der Verkaufsleistung der freien Vertreter auf den für sie weniger lukrativen Gebieten wie bei den fest Angestellten mit ihren zum Vekaufseinsatz nicht motivierenden Fixum existieren inzwischen flexible Anreizsysteme. *Wahl der Vertriebskanäle (akquisitorische und physische D., Channel Policy):* Während es sich bei den Organen hauptsächlich um die Personen

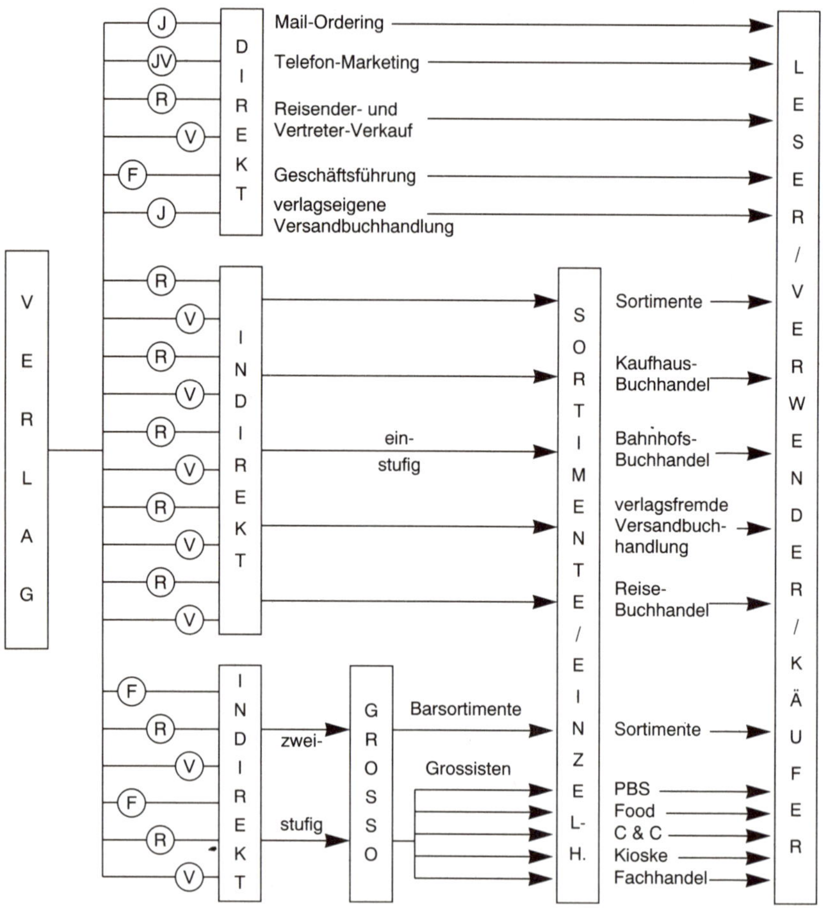

Distributions-Politik: Akquisitions- und Absatzwege. In Kreisen: Organe (J = Innendienstmitarbeiter, JV = Innenverkäufer, R = Reisender, V = Vertreter, F = Führungsebene), Pfeile = Kanäle.

Abb. 2 „Kanäle“

handelt, über welche die Bestellungen erlangt werden, betreffen die Kanäle die Wege. Da sie den Fluß des Absatzes leisten, sind sie natürlich Bestandteil der physischen, da die Organe aber auf ihnen den Absatz anbahnen, vor allem der akquisitorischen Distribution. Die Zahl der für die Erlangung von Bestellungen im Prinzip möglichen Kanäle ist nicht so begrenzt, wie oft vermutet; in Entsprechung zum physischen Auslieferungsbereich mit seiner Gliederung in die direkte, indirekt einstufige und indirekt zweistufige Distribution ist er auch für die Akquisiton in allen Bereichen ansteuerbar. Die Skala reicht im Direktmarketing (= vom Verlag direkt an den Leser) vom Mailordering über das Telefonmarketing, den Reisenden- und Vertreterverkauf an Endkunden bis zu Großverkäufen durch die Geschäftsführung oder eine verlagseigene Versandbuchhandlung; im indirekten einstufigen Marketing (= vom Verlag in den Einzelbuchhandel) vom Erreichen des normalen Sortiments über den Kaufhaus- und Bahnhofsbuchhandel bis zum Einsatz verlagsfremder Reise- und verlagsfremder Versandbuchhandlungen; im indirekt zweistufigen (= vom Verlag nur zum Zwischen- oder Großbuchhandel) von den Barsortimentern (für die Sortimentsbuchhandlungen) zu den Buch- und Pressegrossisten (PBS, Food-Kettenläden, Cash & Carry, Kioske, buchfremder Facheinzelhandel, alle „Nebenverkaufsstellen"). Dabei ist zu berücksichtigen, daß die Erschließung bestimmter Kanäle ggf. zusätzliche Organe erfordert (z.B. beim Mailordering Einstellung eines Innendienstmitarbeiters, beim Telefonmarketing eines dafür geschulten Innenverkäufers), zusätzliche Aktivitäten der Vertriebsleitung (z.B. läßt sich der Kaufhausbuchhandel nur über deren Zentraleinkäufer erschließen), aber auch überraschende Chancen bietet (z.B. die Gewinnung der 5 wichtigsten Grossisten eines Bundeslandes bedeutet ca. 5.000 zusätzliche Verkaufsstellen). Verlage sind gehalten, aus dem potentiell zur Verfügung stehenden Angebot die für sie passenden auszuwählen und mit denen im Bereich der physischen Distribution und der Organe zu einem optimalen Distributions-„Mix" zu verbinden.

IV. „Marketing-Mix"
Alle beschriebenen Elemente des produkt-, preis-, kommunikations- und distributionspolitischen Sektors sind Einzelkomponenten zur Bildung des gesamtheitlichen Marketing-Mix, für das ausgewählte aufeinander abgestimmte Elemente der Sub-Mixe zum Gesamt-Mix kombiniert werden müssen. Die Bildung dieses Mix ist eine Optimierungsaufgabe.
Literatur: E. Schönstedt, Der Buchverlag. Geschichte, Aufbau, Wirtschaftsprinzipien, Kalkulation und Marketing, Stuttgart 1991. Eduard H. Schönstedt

Verlagsrecht
Das vom Urheberrechtsinhaber durch → Verlagsvertrag auf den Verleger übertragene Recht zur Vervielfältigung und Verbreitung.

Verlagsstruktur
Buchverlage sind meist in Lektorat, Herstellung und Vertrieb untergliedert, Zeitungs- und Zeitschriftenverlagen gliedern sich in Redaktion, Anzeigenabteilung, Produktion und Vertrieb.

Verleger
Inhaber oder Geschäftsführer eines → Verlags.

Verlegerbeilagen
Beilagen, die im Verlegerinteresse einer Zeitung oder Zeitschrift beigelegt sind (beispielsweise Eigenwerbung, Abonnementbestellkarten).

Verlegerbeischlüsse
→ Beischlüsse.

Verlegersignet
Auf dem Buchtitel angebrachtes Zeichen des Verlegers oder des Verlags (Firmenzeichen, Logo).

Verlegerzeichen
→ Verlegersignet.

Vermittlung
Bezeichnung für die bei der Weiterleitung von Daten in einem Netz verwendete Technik. Bei der Leitungsvermittlung wird für die Dauer der Kommunikation zwischen den Teilnehmern eine Standleitung geschaltet, über welche die Datenströme geleitet werden. Bei der Paket-

vermittlung werden die Daten in Blöcke fester Länge eingeteilt und mit Adress- und Steuerinformationen versehen (Paket), diese Datenpakete werden dann ins Netz eingespeist. Anhand der Steuerinformationen können einzelne Rechner innerhalb des Netzes (sogenannte Knoten bzw. Nodes) die Pakete weitersenden, bis der Adressat erreicht wird, bei dem die Daten mit Hilfe der Steuerinformationen wieder aus den Paketen rekonstruiert werden. Da zur Übermittlung der Pakete nicht nur eine einzelne Leitung, sondern das gesamte Netz zur Verfügung steht, ist die Paketvermittlung im Gegensatz zu Leitungsvermittlung besonders ausfallsicher, bei hohem Datenaufkommen jedoch auch unter Umständen recht zeitintensiv.

Vermittlungsnetz
Anderer Ausdruck bzw. andere Sichtweise (Schwerpunkt liegt auf der → Vermittlung von Daten) für Datennetzwerk.

Veronica
Very Easy Rodent-Oriented Network Index to Computer Archives.
→ Gopher → Suchdienst.

Verpackungsmittelherstellung
Eigener Sektor der Druckindustrie, der mit der Gestaltung und Produktion von Verpackungen beschäftigt ist; verwendete Druckverfahren sind u.a. → Letterset, → Siebdruck und → Tiefdruck; häufige Verwendung von besonderen Bedruckstoffen (Pappen, Kunststoff- und Metallfolien, Bleche usw.), meist überdurchschnittlicher Aufwand für die Druckverarbeitung, die vielfach mit einzelkonstruierten Maschinen erfolgt.

Versacken
Einpacken von Postvertriebsstücken in Postsäcke.

Versalie
Großbuchstabe.

Versalhöhe
Schriftgrößenangabe in Millimeter, gemessen an Versalien (H oder E).

Versalsatz
Satz aus Versalien, erfordert hohen Aufwand beim → Ausgleichen.

Versandbuchhandel
Mail-Oder-Unternehmen, Bucheinzelhandelsunternehmen, die einem festen Kundenkreis regelmäßig Angebote zusenden und die bestellten Bücher per Post ausliefern; meist spezialisiert (auf Themenbereiche, auf aktuelle Neuerscheinungen, Antiquariat, Restauflagen usw.).

Verschießen
Kolumnen falsch ausschießen.

Verschnitt
Beim Zuschneiden auf das Endformat entstehender Abfall.

Verschränken
Kurzes und langes Blindmaterial beim Durchschießen wechselweise versetzt verwenden (ergibt besseren Halt des Satzes, reduziert Spieße).

Vertatur
(Lat.: „wird umgedreht“) Korrekturzeichen für das Vertauschen zweier Buchstaben.

Vertrauensremission
→ Vereinfachte Remission.

Vertreterkonferenz
Normalerweise zweimal im Jahr veranstaltet der Vertrieb die mehrtägige Vertreterkonferenz zur Präsentation des Verlagsprogrammes des folgenden Halbjahres. Alle Außendienstmitarbeiter („Vertreter“), seien es fest angestellte Reisende oder freie Handelsvertreter, die das Programm und den Verlag gegenüber dem Buchhandel „vertreten“, nehmen daran teil; zusätzlich Lektorat, Werbung und eventuell die Herstellung.
Zentrales Werbemedium für die folgende Halbjahresreise der Vertreter durch den Buchhandel ist die Verlagsvorschau. Sie enthält alle Titel, die in diesem Zeitraum erscheinen sollen.
Folgender Ablauf ist branchenüblich: Zunächst klären die Vertreter mit dem Vertrieb die auf der letzten Reise aufgetretenen Probleme. Dann folgt die Präsentation der neuen Titel durch die Lektorate; vorab werden Werbetexte und Umschlagandrucke verteilt. Die Werbung stellt unterstützend ihre geplanten

kommunikationspolitischen Maßnahmen vor. Abschließend bewertet die Vertriebsleitung mit den Vertretern das vorgestellte Gesamtprogramm und gibt die verkaufspolitischen Schwerpunkte für die folgende Reise vor.

Die Vertreter erhalten vom Vertrieb die „Vertreter- oder Reisemappen", die alle Informationen zu den neuen Titeln enthalten.

(Quelle: Schönstedt, Der Buchverlag, Stuttgart 1991) Frank Katzenmayer

Vertrieb
Organisation, Förderung und Durchführung des Verkaufs.

Vertriebsauflage
Der Teil einer Auflage, der tatsächlich vertrieben wurde.

Vertriebsgebühren
Gebühren für den Postvertrieb, im Abonnementspreis enthalten.

Vertriebsgemeinschaft
Von mehreren Zeitungsverlagen gemeinschaftlich unterhaltener Abonnentenbetreuungs- und Zeitungszustelldienst.

Vertriebsgesellschaft
Meist aus → Vertriebsgemeinschaften hervorgegangenes, bisweilen auch allein von Dritten gegründetes Unternehmen für den Abonnementsvertrieb von Zeitungen und Zeitschriften.

Vertriebskennzeichen
→ Postvertriebskennzeichen.

Vertriebsstelle
Verkaufs-Außenstelle eines Zeitungs- oder Buchverlags; Verlagsbuchhandlung.

Vertriebsstück
→ Postvertriebsstück.

Vertriebswege
Bei Zeitungen bzw. Zeitschriften: Post- oder Verlagszustellung, Händler- und Kioskverkauf, Buchhandel, Lesezirkel; bei Büchern: Zwischenbuchhandel, Sortimenter- oder Verlags-Buchhandel, Direktbestellung/Mail-Order, Büchertisch.

Vervielfältigung
Jede Anfertigung von Kopien, Imitaten oder Duplikaten einer Vorlage; bisweilen auch als Bezeichnung nur für jene Verfahren verwendet, die nicht als Druckverfahren gelten.

Verwaltungskatalog
→ Dienstkatalog.

Verweisdatenbank
Datenbank, die nach Art eines Index nicht die gesuchten Informationen, sondern Verweise auf den Fundort (oder auch Bestellnummern u. dgl.) und ggf. (nach Art einer Titelkartei) weitere Informationen zum gesuchten Objekt enthält.

Verwendungsbindung
Bindung des Zwischenbuchhandels an den vom Verlag vorgegebenen Verwendungszweck der Verlagserzeugnisse.

Verwertungsgesellschaft
Unternehmen zur Wahrnehmung von Urheberrechten; u.a. Gesellschaft für musikalische Aufführungs- und mechanische Vervielfältigungsrechte (GEMA), Verwertungsgesellschaft Wort vereinigt mit der VG Wissenschaft, Verwertungsgesellschaft Bild-Kunst.

Verwertungsrecht
Nur dem Urheber zustehendes (jedoch von diesem auf einen Dritten übertragbares) Recht an einem Werk bzw. dem aus diesem Werk zu ziehenden Nutzen (Vervielfältigung, Verkauf, Veröffentlichung).

Verzeichnis lieferbarer Bücher
VLB, Katalog aller lieferbaren (bzw. mit → ISBN versehenen) deutschen Bücher, seit 1971 jährlich neu von der → Buchhändlervereinigung Frankfurt herausgegeben.

VFsDx
Verordnung für den Fernschreib- und Datexdienst.

VG Wort
→ Verwertungsgesellschaft Wort.

Video
Kurz für → Videotechnik.

Video-on-demand
→ Pay-on-demand.

Videotext
Teletext, System zur Übermittlung und Darstellung von Textdaten (und einfachen Grafiken) mit Hilfe des Fernsehens; die Daten werden vom Sender zusammen mit der eigentlichen Fernsehübertragung ausgestrahlt (oder ins Netz eingespeist) und von einem speziellen → Decoder im Fernsehgerät sichtbar gemacht.

Videotechnik
Verfahren bzw. Ausstattung zur elektronischen Aufzeichnung, Speicherung und Wiedergabe von Ton- und Bildinformationen (Videokamera, -cassette-, -recorder).

Vierbruchbogen
→ Sedez, Falzbogen mit vier Brüchen, 32-seitig, → Bogenformate, → Falzarten.

Vierfarbendruck
Bei allen heutigen → Druckverfahren verwendete Vorgehensweise zur Wiedergabe mehrfarbiger Vorlagen. Zunächst werden gerasterte → Farbauszüge (für Magenta, Cyan und Yellow sowie Schwarz) und die entsprechenden Druckformen erstellt, beim (Naß-in-Naß- oder auch Hintereinander-) Druck aller vier Farbenformen entsteht dann ein Bild, welches alle Farbabstufungen wiedergibt. → Farbmischung, → Raster.

Viertelcicero
→ Brillant, Schriftgrad, 3 p.

Viertelpetit
→ Non plus Ultra, Schriftgrad, 2 p.

Vignette
Zierstück im Bleisatz (Linienornament, auch florale oder figürliche Muster), meist zum Abschluß von Kapiteln verwendet.

V.i.S.d.P.
Verantwortlich im Sinne des Pressegesetzes; bei Publikationen ist die Nennung der für den Inhalt bzw. Wortlaut verantwortlichen bzw. haftenden Person gesetzlich vorgeschrieben.

VKR
→ Vollkostenrechnung.

VLB
→ Verzeichnis lieferbarer Bücher.

V-Normen
Innerhalb der CCITT-Normen jene Normen, die sich auf Telefon-Datenübertragung beziehen.

Volksbücher
Ab dem späten Mittelalter Ausdruck für Prosaerzählungen wie Schwänke, Märchen, Abenteuer- oder Ritterromane, die dem Geschmack und Aufnahmevermögen des „einfachen Volkes“ entsprachen.

Volkskalender
→ Bauernkalender.

Vollbild
Bild, das eine ganze Seite einnimmt.

Vollduplex
→ Duplex.

Vollkostenrechnung
VKR
Im Unterschied zur → Deckungsbeitragsrechnung eine Art der Kosten- und Leistungsrechnung, die möglichst sämtliche im Unternehmen auftretende Kostenarten (und einen kalkulatorischen Gewinn) erfaßt und nach Arbeitsplätzen oder Produktionsschritten zeitlich sowie mengenmäßig aufschlüsselt; solchermaßen ermittelte Stundensätze oder Stückkosten werden zur Auftragskalkulation verwendet. Die VKR ist die übliche Art der Kostenrechnung, sie kann jedoch bei mangelhafter Betriebsauslastung zu überhöhten Sätzen (und entsprechend schlechten Angebotspositionen) führen.

Vollredaktion
Eine alle Ressorts umfassende Redaktion.

Vollzeitarbeit
Arbeitsverhältnis, bei dem die Tätigkeit im tariflich vereinbarten (oder hausüblichen) Zeitumfang stattfindet, in Unterscheidung zur → Teilzeitarbeit.

Volontär
Eigentlich „Freiwilliger", ein nicht in einem Lehrlingsverhältnis stehender, aber dennoch in Ausbildung befindlicher Mitarbeiter in einem Betrieb bzw. einer Redaktion.

Vorausexemplar
Alle vor der Lieferung der kompletten Auflage dem Verlag (etwa für Rezensions- oder Werbezwecke) oder dem Autor gelieferten Exemplare.

Vorauskorrektur
Korrektur eines Manuskriptes, bevor es in den Satz gegeben wird.

Vorlage
→ Druckvorlage.

Vorlagenretusche
→ Retusche.

Vorrichten
Ordnen und Sortieren der Lagen vor dem Zusammentragen zum Buchblock.

Vorkalkulation
Ermittlung der voraussichtlichen Kosten für die Produktion einer Auflage; vor Produktionsbeginn (für den Kostenvoranschlag, die Budgetplanung usw.) durchgeführt.

Vorsatz
Das Vorsatz ist ein Papier im doppelten Format einer Buchseite, das Buchdeckel und Buchblock miteinander verbindet; eine Hälfte des Vorsatzes (→ Spiegel) wird auf die Innenseite des Buchdeckels geklebt, die andere Hälfte (→ fliegendes Blatt) wird etwa 3 bis 4 mm breit mit der ersten (oder letzten) Seite des Buchblocks verklebt.

Vorschlag
Leerer Raum über einem Kapitelanfang.

Vorteil
Immer wieder benutzter Stehsatz kürzeren Umfangs (meist einzelne Zeilen, etwa Rubrikenüberschriften oder Anzeigenfloskeln).

Vorwort
Vorrede des Verfassers oder Herausgebers, wird in der → Titelei zwischen Titelseite und Textbeginn plaziert.

Vorzugsausgabe
Zusätzlich zur eigentlichen Auflage hergestellte → Sonderdrucke von besserer Papier-, Druck- oder Verarbeitungsqualität.

Vorzugspreis
→ Autorenrabatt, → Partiestück, → Subskriptionspreis.

VR
→ Vereinfachte Remission.

VSt
Vermittlungsstelle.

W

Wachsmarke
Matrize aus Wachs zur Vervielfältigung kleiner Auflagen.

WAIS
Wide Area Information Service

Dienste im Internet. Sammlung von im ganzen Netz verteilten Datenbanken, in denen über Schlüsselwörter nach Dokumenten oder Dateien gesucht werden kann. Die gelieferten Daten werden aufbereitet und angezeigt.

Waise
Zeile, die in einem Gedicht keinen Partner findet.

Wandkalender
Abreißkalender.

Wandzeitung
Plakatzeitung der chinesischen Kulturrevolution, die unzensiert beschrieben bzw. ergänzt werden konnte.

Warenflußprotokoll
DV-gesicherter Abrechnungsbeleg bei der körperlosen Remission, den der Grossist als Abrechnungsgrundlage sowohl an den Verlag als auch an den Einzelhändler gibt.

Warenzeichen
Kennzeichen, das in die Warenzeichenkontrolle eingetragen ist.

Titel von Zeitungen/Zeitschriften können „Kennzeichen" im Sinne von W. sein, wenn die Voraussetzungen der Schutzfähigkeit, Priorität und Unterscheidungskraft vorliegen.

Waschzettel
Werbezettel für Bücher, die Rezensionsexemplaren beigelegt werden. Dieser Text findet sich häufig auch auf dem Schutzumschlag (Klappentext) im Buch.

Washi
Handgeschöpftes Japanpapier aus den Rinden wertvoller Hölzer.

Wasserlinien
Parallel zur Laufrichtung bei Rollenpapieren angebrachte Wasserzeichen in Form durchlaufender Linien.

Wasserzeichen
Durchscheinende Zeichen im hochwertigen Papier, die mit einem → Egoutteur (W.walze, Dandy-roll) durch Zurückhalten, Verdrängen oder Zusammendrücken des Papierstoffes an den Zeichnungsstellen erzielt und in der Durchsicht sichtbar werden.

WBZ
Werbender Buch- und Zeitschriftenhandel. Spezielle Vertriebsform für Bücher und Zeitschriften.

Wechselfestplatte
→ Datenträger mit hoher Kapazität und meist ähnlich einer Festplatte aufgebaut, jedoch einfach auswechselbar (in Wechselrahmen montiert, oder in einer festen Umhüllung, ähnlich einer Floppy Disk).

WDW
Wirtschaftsverband Deutscher Werbeagenturen e.V. Der W. versteht sich als Partner aller für Werbeagenturen relevanten gesellschaftlichen Institutionen und Gruppen.

Wegegeld
Zusätzliche Pauschalvergütung der Verlage an Träger für unwegsame Bezirke oder bei weit gestreuter Zustellung.

Wegschlagen
Eindringen der Druckfarbe bzw. des Lösemittels in den Trägerstoff.

Weißlinien
Unterschiedlich breit gestochene Linien zur Erzeugung eines Grauwert-Eindrucks beim → Tonholzschnitt.

Weißschnitt
Nicht eingefärbter Beschnitt des Buchblocks, auch Naturschnitt, im Gegensatz zum Farbschnitt.

Weiterbildung
→ Berufliche Fortbildung.

Weiterverarbeitung
→ Druckverarbeitung.

Wellpappe
Aus mehreren Lagen wellenförmig geprägten Papiers bestehende Hartpappe, die zu Verpackungszwecken dient.

Welturheberrechtsabkommen
Auf Betreiben der UNESCO kam am 6.9.1952 zwischen 48 Staaten das Genfer W. zustande, das neben die Berner Übereinkunft trat.

Werbeagentur
Dienstleistungsunternehmen, das im Auftrag Dritter für deren Produkte Werbung betreibt.

Werbeetat
Budget für finanzielle Werbeaufwendungen in einem bestimmten Zeitabschnitt oder zur Durchführung einer bestimmten Werbeaktion.

Werbeexemplare
Zeitungen/Zeitschriften, die unentgeltlich verteilt werden, um die Empfänger als Bezieher zu gewinnen (maximal 14 Tage).

Werbeplan
Aufschlüsselung der Gesamt- und Einzelkosten einer Werbeaktion nach Werbeträgern und Werbemitteln mit einer Übersicht der Einsatztermine und Koordinierung aller Verkaufsförderungsmaßnahmen.

Werbeträger
Alle Werbemittel und -hilfen. Anzeigen und Beilagen in Zeitungen/Zeitschriften stehen in direktem Wettbewerb mit dem Werbefunk, Werbefernsehen, dem Plakatanschlag und der Kinowerbung.

Werbung
Direkte, meist gekaufte, zielgerichtete Zielgruppenansprache, z.B. über Anzeigen, Funk- oder Fernsehspots, Plakate usw.
Im Unterschied zu → Public Relations Information über Dienstleistungen und Produkte.

Werbungskosten
Kosten, die zur Erzielung, zur Sicherung und Erhaltung von Erlösen erforderlich sind. Sie können von den steuerpflichtigen Einnahmen der Einkommensart abgezogen werden, bei der sie entstanden sind.

Werk
Das künstlerische oder literarisch materielle Produkt.

Werkanalyse
Analyse eines literarischen Werkes unter Berücksichtigung von Form, Struktur und Stil.

Werkdruck
1. Meist holzfreies Druckpapier für Buchherstellung, das mit Volumen gearbeitet ist.
2. Bücherdruck im Hochdruckverfahren.

Werklieferungsvertrag
Lohndruckvertrag zwischen einem Verlag und einer Druckerei zur technischen Herstellung eines Druckwerks, wenn der Drucker sich verpflichtet, das erforderliche Papier zu beschaffen und das Objekt komplett liefert und in Rechnung stellt (§§ 651ff. BGB).

Werknutzungsrecht
Recht des Urhebers, das Werk zu verwerten.

Werksatz
Arbeiten im Rahmen von Satz und Umbruch von Büchern. Dazu gibt es spezielle Umbruchprogramme, die die Zuordnung von Fußnoten, Marginalien, Abbildungsfeldern, Bildunterschriften etc. zum Text steuern.

Werkvertrag
Lohndruckvertrag zwischen einem Verlag und einer Druckerei zur technischen Herstellung eines Druckwerks, wenn der Verlag das erforderliche Papier einkauft und der Drucker lediglich die Druckleistung erbringt und berechnet (§§ 631ff. BGB). Auch der Verlagsvertrag zwischen Autor und Verlag ist ein W.

Wettbewerbsregeln
Vom Bundesverband Deutscher Zeitungsverleger 1970 festgelegte Bestim-

mungen für den werblichen Vertrieb von Zeitungen. In den W. ist z.B. die Sachprämienwerbung, kostenlose Vorauslieferung bei Neuabonnenten und die Lieferung kostenloser Werbeexemplare festgelegt.

Wertdruck
Druck besonders wertvoller (oder einen Wert darstellender) Druckerzeugnisse (Aktien, Banknoten, Briefmarken usw.).

Wickelfalz
Parallelfalzung, bei der die Bogenteile nach innen eingeschlagen werden.

Widerdruck
Das Bedrucken der Rückseite eines beidseitig bedruckten Blattes in einem zweiten Arbeitsgang. Opistographischer Druck.
Die Druckqualität der W. seite ist „schöner" als die im ersten Druckgang gedruckte Schöndruckseite, auf der sich der W. markiert.

Wiederholungsrabatt
Nachlaßvergütung für die wiederholte Veröffentlichung von Anzeigen (Mengen- oder Malstaffel).

Widmung
Handschriftliche oder gedruckte Zueignung in einem Buch, Dedikation, Envoi.

Widmungsexemplare
Mit einer Widmung versehene Freiexemplare von Büchern und Broschüren, die vom Verfasser oder Verlag verschenkt werden.

Wiegendruck
Druckerzeugnis aus der Frühzeit des Buchdrucks, auch Inkunabel.

Windowtechnik
Aufteilung eines Bildschirmes in mehrere Fenster zur gleichzeitigen Abwicklung mehrerer Programme.

Winkelhaken
Werkzeug des Handsetzers: eine Winkelschiene aus Metall zur Zusammensetzung der Einzelbuchstaben in Zeilen mit einem einseitig beweglichen Anschlag zur Justierung der Zeilenlängen. → Frosch.

Winkelklammer
<>, markiert in HTML ein <tag>.

Wischwasser
→ Feuchtmittel.

Wissenschaftlicher Satz
→ Formelsatz.

Wochenzeitung
Wöchentlich an einem festen Tag erscheinende Zeitung.

Wörterbuch
Meist nach dem ABC geordnetes Verzeichnis der Wörter einer Sprache mit Erklärungen.

WOMBAT
Waste Of Money, Brains, And Time
Geld-, Gehirn- und Zeitverschwendung. Bezeichnung für völlig überflüssige Projekte (EDV-Slang).

Word
MS-WORD.

WORD PERFECT
Verbreitetes Textverarbeitungsprogramm für IBM-Computer.

Workstation
Vernetzter PC.

World Wide Web
Von → CERN ab 1989 entwickeltes, verteiltes → Hypermedia-System im → Internet; mit Hilfe von → WWW-Browsern ist der einfache Zugang zu den WWW-Basisdateien (→ HTML-Dokumenten) möglich.

Wortschrift
Schrift, bei der im Unterschied zur → Buchstabenschrift oder zur → Silbenschrift das einzelne Zeichen ein ganzes Wort repräsentiert.

Wühltische
Vor Buchhandlungen stehende Tische mit beschädigten Büchern oder Ramschexemplaren zu besonders günstigen Preisen. W. haben Stopper-Funktion, sollen also Passanten bremsen und für die Buchhandlung interessieren.

WWW
→ World Wide Web.

WWW-Browser
Programm zum Umgang mit den im World Wide Web als HTML-Dokumenten gespeicherten Daten.

WYSIAWYG
What You see is almost what You get.
→ WYSIWYG

WYSIAYG
What You see is all You get.
→ WYSIWYG

WYSIMOLWYG
What You see is more or less what You get. → WYSIWYG

WYSIWYG
Abkürzung von engl.: What You see is what You get. Aus dem Desktop-Publishing und der Textverarbeitung: Was auf dem Bildschirm erscheint, wird auch gedruckt. Es bezeichnet die möglichst genaue Darstellung eines zu druckenden Textes auf dem Bildschirm eines Personal Computer.

WZG
Warenzeichengesetz.

X

X.500
CCITT/ISO-Protokoll für Verzeichnisdienste.

Xerografie
→ Fotokopie.

Xerox Parc
Palo Alto Research Center.

XModem
Übertragungsprotokoll für Modemverbindungen.

X-Normen
Innerhalb der CCITT-Normen jene Normen, die sich auf Datennetze beziehen.

XOFF
Steuerzeichen bei der Datenübertragung, Rückmeldung für das Ende der Empfangsbereitschaft eines Computers oder eines Peripheriegerätes.

XON
Steuerzeichen bei der Datenübertragung, Rückmeldung für den Beginn der Empfangsbereitschaft eines Computers oder eines Peripheriegeräts.

Xylografie
Holzstich, → Tonholzschnitt; Holzschneidekunst.

Xylograph
Maschine zur Gravur von Holzdruckstöcken, → Tonholzschnitt.

Xylol
Lösemittel in Druckfarben.

Y

Yellow Book Standard
Standard bei der Produktion der CD-ROM: Einteilung des Datenbestandes in logische Einheiten (Sektoren), um eine präzisere Adressierung und Fehlererkennung zu ermöglichen.

Yellow Press
Ausdruck für Heftchenromane und Regenbogenpresse (Boulevardpresse).
„Gelbe Presse“, vornehmlich in den USA gebräuchliche Bezeichnung für reißerisch aufgemachte Kaufzeitungen vom Typ der Boulevardblätter. Die Bezeichnung stammt von einer farbigen Comicstrip-Serie, die unter dem Titel „The yellow kid“ seit 1895 in der New Yorker Tageszeitung „The World“ erschien.

Yield-Prinzip
Feststellung des adäquaten Preises für Papiere gleicher Qualität mit unterschiedlichem spezifischem Gewicht mit Hilfe der Formel:

$$\frac{\text{Basispreis} \times \text{Flächengewicht}}{\text{Alternativflächengewicht}}$$

Z

Zählmaße
Traditionelle Sonderbezeichnungen für Zählmaße, wie etwa → Buch oder → Ries, finden heute nur noch selten oder nur noch in abgewandelter Bedeutung Verwendung.

Zahlensysteme
Alle Ordnungssysteme, nach denen Zahlen dargestellt werden; normalerweise wird das sogenannte → Dezimalsystem (Zahlenbasis 10) verwendet, bei Computern wird jedoch das Binärsystem (Zahlenbasis 2) zur internen Zahlendarstellung eingesetzt.

ZAW
→ Zentralausschuß der Werbewirtschaft.

Zeichengenerator
Elektronisches Bauteil zur Erzeugung von Schriftzeichen auf einem Fernsehbildschirm (wird beispielsweise für die Darstellung von Videotext benötigt, meist im Fernsehgerät eingebaut).

Zeichensetzung
→ Interpunktion.

Zeilenabstand
Abstand zwischen den Ober- und Unterlängen der Buchstaben untereinanderstehender Zeilen; im Bleisatz durch → Kegel vorgegeben (→ kompresser Satz) der per → Durchschuß erweiterbar, beim Computersatz (mit DTP und Textverarbeitungsprogrammen) meist frei regelbar.

Zeilenbreite
Zeilenlänge, Kolumnen- oder Spaltenbreite, in Textverarbeitungs- und DTP-Programmen auch über Absatzbreite regelbar.

Zeilendrucker
→ Nadeldrucker, bei dem eine ganze Zeile gleichzeitig gedruckt wird.

Zeilengießmaschine
Maschine für den → Matrizen-Zeilenguß.

Zeilenhonorar
Im Unterschied zum → Festhonorar oder → Auflagenhonorar nach der Anzahl der Druckzeilen errechnetes Honorar, bei Zeitungs- oder Zeitschriftenveröffentlichungen üblich.

Zeilenmaß
→ Typomaß.

Zeilenmesser
→ Typomaß.

Zeilenrestwertanzeige
Digitale oder analoge Anzeige der Differenz zwischen Zeilenlänge und der Gesamtbreite der bereits gesetzten Zeichen, bei Fotosatzgeräten oder im Computersatz.

Zeilensetzmaschine
Maschine für den → Matrizensatz-Zeilenguß.

Zeilenzähler
Fortlaufende oder in regelmäßigen Abständen außerhalb des Satzspiegels angebrachte Nummer.

Zeitarbeit
Zeitlich befristete → Leiharbeit, meist von speziellen Zeitarbeitsunternehmen angebotene Dienstleistung, die häufig zur Überbrückung von vorübergehenden Personalengpässen (etwa Krankheits- oder Urlaubsvertretung), seltener zur Erbringung ansonsten im Unternehmen nicht benötigter Leistungen dient.

Zeitschrift
Meist wöchentlich, zweiwöchentlich oder monatlich erscheinende Druckschrift mit redaktionell aufbereiteten Informationen zu allgemeinen oder speziellen Themen, die im Unterschied zur → Zeitung mit größerem drucktechnischen und buchbinderischem Aufwand hergestellt wird.

Zeitschriftenherstellung
Zeitschriften werden meist vierfarbig im Rollenrotationstiefdruck gedruckt und

broschiert (mit Klammerheftung oder Klebebindung).

Zeitung
Üblicherweise täglich, werktäglich oder wöchentlich erscheinende Druckschrift mit möglichst aktuellen redaktionell aufbereiteten Informationen aus allen Bereichen des öffentlichen Lebens sowie privaten und gewerblichen Anzeigen, auf einfachem Papier meist in Ein- oder Zweifarbendruck hergestellt.

Zeitungsbestandteile
Im Postsinne gelten neben der eigentlichen Zeitung auch → Zeitungsbeilagen als Zeitungsbestandteile, nicht jedoch andere → Beilagen.

Zeitungsbund
Für den Versand bzw. Postvertrieb gebündelte Zeitungen.

Zeitungsdruckverfahren
Zeitungen werden ein- oder zweifarbig im Rollenrotationsdruck (Hochdruck) oder im Rollenoffsetdruck hergestellt; als Besonderheiten im Zeitungsdruck sind → Panoramadruck und Insettingdruck zu erwähnen.

Zeitungsformat
Genormtes Seiten-Format einer Zeitung (abhängig von der Zylindergröße der Druckmaschine), → Norddeutsches Format, Berliner F. und Rheinisches F.

Zeitungskennzahl
→ Postvertriebskennzeichen.

Zeitungspapier
Holzhaltiges, maschinenglattes Rollenpapier mit 50 g/m² Flächengewicht.

Zeitungsrotation
→ Rotationsdruckmaschine.

Zellglasieren
Mit einer Zellstoff-Glasur oder -Folie (Cellophan) versehen.

Zellstoff
Hauptbestandteil von Pflanzen, wird zu → Zellulose verarbeitet.

Zellulose
Aus Zellstoff gewonnenes Ausgangsmaterial für die Papierherstellung.

Zensur
Bewertung oder Veröffentlichungsverbot oder Leseverbot von Druckwerken durch Behörden oder sonstige Stellen (→ Index librorum prohibitorum).

Zentralausschuß der Werbewirtschaft e.V.
ZAW
Verband der deutschen Werbewirtschaft, → Deutscher Werberat.

Zentraleinheit
Kern einer Rechenanlage (veralteter Ausdruck für Steuereinheit, Recheneinheit und Speicher eines Elektronenrechners).

Zentrale Zulassungsstelle im Fernmeldewesen
ZZF, Nachfolgebehörde der FTZ, → Bundesstelle für Zulassungen Telefon.

Zentrierter Satz
→ Axialsatz.

Zeug
Schriftmetall, meist im Sinne von „abgenutztes Schriftmetall".

Zeugkiste
Abfallbehälter, in dem ausrangiertes Lettern-, Zeilensatz oder Blindmaterial für die Wiederverwendung (Einschmelzen) gesammelt wird.

Zeugschnitt
Technik der Matrizenherstellung, bei der Zeugblöcke mechanisch bearbeitet und anschließend vernickelt werden. Die abgelöste und mit Zink hintergossene Nickelhülse dient als Matrize.

Zeitungsbeilagen
Im weiteren Sinne alle → Beilagen in Zeitungen, im engeren Sinne nur jene Beilagen, die als redaktionelle Sonderleistung (meist als „Special" zu einem bestimmten Thema erstellt) identifizierbar sind.

Zeugnisverweigerungsrecht
Recht zur Geheimhaltung der Namen von Informanten im Pressebereich.

Zeitungsformate
In der DIN 16604 (März 1973) sind das Berliner Format (315×470 mm), das Rheinische Format (316×530 mm) und das Nordische Format (400×750 mm) als Standard-Papierformate für die Tagespresse festgelegt.

Zickzackfalz
→ Falzarten.

Zielgruppe
Bestimmter Personenkreis, für den ein Produkt entwickelt wird oder der als Kreis potentieller Käufer für ein Produkt angesehen wird; in der Werbung der Personenkreis, der mit der Werbung erreicht werden soll.

Zielinformationen
Die gesuchten Informationen oder Datenseiten.

Zierbuchstaben
Schmuckbuchstaben, → Zierschrift.

Zierschrift
Schrift mit verziertem bzw. verändertem, von der Grundform der Buchstaben deutlich abweichendem Schriftbild; meist werden nur einzelne Buchstaben (etwa als Initialen) verwendet.

Zifferanzeige
→ Chiffreanzeige.

Zinkätzung
Manuelle Herstellung eines Druckstockes aus Zink für den Hochdruck/Künstlerdruck (eine mit Lack bemalte Zinkplatte wird mit Säure geätzt, nur die lackierten Stellen bleiben erhaben); bisweilen auch Bezeichnung für → Autotypie.

Zinkdruck
Flachdruckverfahren mit Druckformen aus Zink, direkter Druck.

Zirkular
Rundbrief, Rundschreiben.

Zitat(e)
Werden Textstellen, Tabellen, Abbildungen usw. wörtlich oder in enger Anlehnung aus anderen Quellen übernommen, so handelt es sich um *Zitate*. Diese sind durch eine Quellenangabe (im Text oder am Ende des Textes) kenntlich zu machen. Dabei genügt es, wenn neben dem Autor die Jahreszahl der Veröffentlichung (und ggf. die Seitenzahl) angegeben wird. In der Regel darf das Material nur mit ausdrücklicher Genehmigung des Eigentümers der Urheberrechte (Copyright-Eigner) wiedergegeben werden (siehe auch „Copyright"). Ist der Umfang des übernommenen Materials geringfügig, so ist im allgemeinen keine ausdrückliche Genehmigung erforderlich. Um lange Textstellen als Zitate übernehmen zu können, ist die schriftliche Genehmigung des Copyright-Eigners (in der Regel des Verlegers) einzuholen. Der Autor wiederum ist dafür verantwortlich, daß in dem von ihm verfaßten Text keine Urheberrechte verletzt worden sind.

Wörtlich übernommene Textteile *(wörtliche Zitate)* aus dem Werk eines anderen Autors sind wortgetreu wiederzugeben. Dabei muß ein wörtliches Zitat der Vorlage auch in Details – wie Zeichensetzung oder optisches Hervorheben einzelner Begriffe oder Textteilen – entsprechen. Auch offensichtliche Fehler im Originaltext dürfen beim Zitieren nicht verbessert werden. Soweit es sich um kürzere Zitate handelt, sind sie im Text in doppelte Anführungszeichen einzuschließen. Beispiel für ein wörtliches Zitat: *Da die Verknüpfung von Wirtschaft und Lehre bzw. Forschung als eine wichtige Voraussetzung für eine gut funktionierende Gesellschaft angesehen wird, findet die Aussage „Die Wirtschaft ruft nach guten, nach erstklassigen Köpfen. Ihre Probleme sind groß und entscheidend, daß die Besten ihr gerade genug sein müssen."* (Herrhausen, 1990) *breite Zustimmung.*

Längere Zitate (ca. drei Zeilen oder mehr als 40 Worte) sind ggf. als eigene Textblöcke darzustellen *(Blockzitate)*. Dabei beginnen die Blockzitate üblicherweise mit einem neuen Absatz oder werden eingerückt. Beispiel:

„Will man einen Überblick über die wirtschaftliche Lage eines Landes gewinnen, so ist dies unmöglich durch Sammeln und Aneinanderreihen von einzelwirtschaftlichen Faktoren zu erreichen. Um überschaubar zu werden, müssen Zusammen-

fassungen vorgenommen werden." (Görgens/Ruckriegel/Giersberg, 1995)
Textteile, in denen Gedankengänge anderer Autoren übernommen oder umformuliert wiedergegeben werden *(sinngemäße Zitate)*, sind ohne Anführungszeichen am Schluß mit den entsprechenden Quellenangaben in Klammern zu versehen. Beispiel: *Kreditinstitute müssen sich somit in einer Zeit, in der die Qualitätsanforderungen steigen und Produkte, Preise und Technik vielfach austauschbar sind, über die Kompetenz ihrer Mitarbeiter im Markt profilieren.* (Süchting, 1992)
Literatur: E. Beisel/G. Hochleitner/R. Huba-Sochiera/M. Pfeil/A. Reichel, Autorenleitfaden, Frankfurt am Main 1993.
Matthias Pfeil

Zoll für Presseerzeugnisse
Presseerzeugnisse sind international einfuhrzollfrei.

Zone
Zusammengehörige Gruppe von Netzteilnehmern, im → FidoNet auch Bezeichnung für Nodes und Netzes eines Kontinents.

Zugangsberechtigung
Erlaubnis für den Zugang zu Daten oder Diensten.

Zugriff
Zugang (eines Benutzers) zu Daten oder Diensten; Lesen oder Schreiben von Daten bzw. Zugang (eines Programms, einer Hardwarekomponente) zu Speicherbereichen; auch im Sinne von → Zugriffsart gebraucht.

Zugriffsarten
Art des Zugriffs auf Dateien, man unterscheidet → seriellen Zugriff und → Direktzugriff.

Zugriffsbeschränkungen
Der Zugriff auf Dateien auf einem Datenträger wird durch → Dateiattribute festgelegt, man unterscheidet beispielsweise auf PCs den Nur-Lese-Zugriff (Attribut R, Löschen oder Überschreiben der Datei nicht möglich) vom Standard-Zugriff (kein spezielles Attribut, Lesen, Schreiben, Löschen erlaubt), daneben ist das Verbergen einer Datei (Attribut H, Zugriff nur mit speziellen Programmen) oder das Markieren einer Datei als Systemdatei (Attribut S, erlaubt Zugriff nur für spezielle Betriebssystemroutinen) möglich.

Zugriffszeit
Access time
Aktuelle oder durchschnittliche („mittlere") Zeitspanne für den Zugriff auf Daten im Hauptspeicher oder auf einem Datenträger (etwa Festplatte) sowie auf Daten innerhalb eines Netzes.

Zurichtebogen
Bogen, der für die Anbringung der → Zurichtung im Aufzug einer Druckmaschine verwendet wird.

Zurichtung
Arbeitsvorgänge im Hochdruck (oder deren Resultat), die zur Erzielung unterschiedlicher → Druckspannung unternommen werden. Dies ist fast immer erforderlich, da nicht nur Unebenheiten in der Druckform auszugleichen sind, sondern vor allem auch unterschiedlich große Druckflächen mit unterschiedlichem Preßdruck belastet werden müssen. Die übliche → Handzurichtung wird vor allem beim Druck von Bildern, → Bildzurichtung durch Verfahren der → mechanischen Kraftzurichtung ergänzt.

Zusätzliche Geschäftsbedingungen
Neben den Allgemeinen Geschäftsbedingungen zusätzlich vereinbarte Bedingungen, bedürfen der Schriftform und ggf. der Einverständniserklärung der Gegenseite.

Zusammentragen
Manuelles oder maschinelles Aufeinanderlegen der zu einem Werk, zu Durchschreibesätzen oder anderen mehrteiligen Druckerzeugnissen gehörigen Teile.

Zuschuß
Aus technischen Gründen über die bestellte Menge hinaus für den Druck oder die Verarbeitung zur Verfügung gestellte Bogen; über die bestellte Menge hinaus gelieferte Druckwerke.

Zuschußexemplar
Über die bestellte Auflage hinaus gefertigtes Exemplar.

Zustelldienst
Privater Brief- oder Paketbeförderer; bei Zeitungs- oder Zeitschriftenverlagen (oder → Vertriebsgemeinschaften) auch firmeninterner Lieferdienst an Abonnenten (Austräger); im Buchhandel (→ Barsortiment) → Bücherwagen-, → Lieferwagen- oder → Tourenwagendienste.

Zusteller
Briefträger, → Austräger.

Zustellgebühren
Gebühren für die Postzustellung bzw. die Zustellung per Austräger.

Zustellpostamt
Das für die Postzustellung innerhalb eines bestimmten Bezirks zuständige Postamt.

ZVSt
Zentralvermittlungsstelle.

ZV + ZV – Zeitschrift für Presse und Werbung
Organ des Bundesverbandes deutscher Zeitungsverleger und des Verbandes deutscher Zeitschriftenverleger e.V.

Zweibruchbogen
→ Quart, Falzbogen mit zwei Brüchen, 8-seitig, → Bogenformate, → Falzarten.

Zweifarbendruck
Druck mit zwei (oft komplementären) Farben oder Druck mit Schwarz und einer Zusatzfarbe.

Zwiebelfisch
Alburnus Lucidus
Falsch abgelegte Letter (auch kurz → Fisch), ein umgeworfener Setzkasten ergibt einen Haufen Zwiebelfische.

Zwischenaufnahme
In der Repro alle Aufnahmen, die vor der Belichtung des für die Plattenbelichtung benötigten Films erforderlich sind (etwa zur Markierung, zur Negativ-Positiv-Umkehrung, usw.).

Zwischenbuchhandel
Handelsunternehmen zwischen den Buchhandlungen und den Verlagen, → Barsortiment, → Büchersammelverkehr, → Grosso-Buchhandlung, → Verlagsauslieferung.

Zwischenschlag
Meist durch „Zwischenschlagen" von Stegen hergestellter Leerraum zwischen Spalten, Kolumnen oder sonstigen zusammengehörigen Satzelementen im Bleisatz.

Zwischenspeicher
Buffer, cache, Pufferspeicher, Speicherbereich zur vorübergehenden Speicherung von Daten.

Zwölferformat
→ Duodez.

Zyanokopie
Blaupause, Blue Print
Verfahren zur Erstellung von Lichtpausen (ähnlich der → Diazokopie) auf der Basis von Eisensalzen (Ferrizyankali und Ammoniumferrizitrat).

Zylinder
Je nach Druckmaschinentyp unterscheidet man den die Druckform tragenden → Formzylinder oder Plattenzylinder, den Gegendruckzylinder (bisweilen auch kurz Druckzylinder genannt) und den → Gummituchzylinder oder Übertragungszylinder.

ZZF
→ Zentrale Zulassungsstelle im Fernmeldewesen.